조선 의 영토

朝鮮の領土

【分析・資料・文献】

Korea's Territory
Analyses, Articles and Documents

日本大学名誉教授

浦野 起央

はしがき

　本書は、朝鮮の領土、国境、領海、海洋主権を分析し、関係資料を収めている。

　朝鮮は1つの国家であるべきところ、2つの対峙した国家がイデオロギー的にも軍事的にも、人民の強い統一願望にもかかわらず、指導体制は、いかなる手段をとろうとも、域外諸国をも巻き込んで相手側の併呑を目的としている。北朝鮮は、核武装を達成し、宇宙衛星開発の大義でアメリカ本土に到達する長距離弾道弾の開発を達成しつつあり、南部の併呑は時間の問題であるとのシナリオは極めて実現可能性が高いとされる。

　私は、韓国国防大学院教授崔敬洛と、朝鮮をめぐる外圧と宿命のなかで、新しい胎動の実現を希望して『朝鮮統一の構図と北東アジア』を1989年に刊行した。現下の事態はまったく一変してしまった。

　風水の分析なしには、韓国の政治、青瓦台の政策決定は分からないと述べる説がある。自然の環境が厳しければ、それだけ環境と人との対話と対処が高まる。日本列島が自然と人の調和を求めるのとは対照的である。朝鮮半島では常に対決と支配が基本となり、傍観的態度、あるいは一定の線を引いて引き下がり構えるという姿勢を1つの選択とする方策はない。韓国の数学者金容雲漢陽大学名誉教授の半島文化と島嶼文化の流れをめぐる価値・精神構造分析は貴重である。日本語に対する朝鮮の影響は大きい。韓国に留学した研究者が、ようやく文化の本質に辿りついたといったが、それは多様に織りなされる文化エネルギーの発露と根源を垣間見たからであろう。

　朝鮮半島は、大陸と島の架け橋にある。望ましい状態が機能していれば、関係の地域、東アジアは安定する。半島は交流の中心となり、東アジア地域の繁栄が生まれる。半島の因子が爆発したりネットワークを崩して秩序を解体してしまうと、この地域全体が動揺し、埋没してしまうことになる。朝鮮半島の非核化が追求され定着すべきことは、地域の大義といわなければならない。半島の安定化は、地域全体の均衡した状態を可能にするもので、地域の調和と統一の条件において要諦である。

半島には、渤海国、高句麗、大韓帝国などが興隆し、それが地域の安定を可能にしてきた。そのことが半島諸国の地政学的使命であった。半島諸国は大陸の北京に朝貢し、島の日本とも交流してきた。半島の任那日本府はそうした地域圏の存在において一定の役割を果たしてきた。しかし、その地域の歴史においては、韓国も北朝鮮もその任那日本府の存在の事実は許されるべきことではないとして、その歴史を抹殺してしまった。そのことは日本との交流は文化関係ではない、正確にはあるべきでないからだとされる。朝鮮には、その主体性において文化と歴史は取捨選択して創っていくものであるとの強い決意にあるからである。核開発による強国の創造もそのいまひとつの姿といえる。

　韓国では、旧総督府の記念館を解体することで、民族精気の回復に応えた。台湾では、旧総督府を貴重な国民財産としており、現在、総統府に使用している。中国では、青島の日本海軍施設は青島海軍司令部となっている。韓国では、植民地支配の国民記念館を建設し、日帝を処断することで、国民的念願に応えた。その1つ、日帝侵略館は歴史創造の極みである。国民記念館を創造し国民運動を宣揚する韓国に対し、日本では、国民の伝統と遺産を保存することを文化としている。

　こうした朝鮮の姿、その領土問題は、朝鮮人民の思考と行動に強く負っている。朝鮮人／韓国人の恨の構造と指摘される認識図式ないし行動もその1つであろう。私は第1章で朝鮮の位相を指摘し、その分析の基本として、「太陽はひとつ」の格率に象徴される帝王的支配、その支配の絶対的な歴史的連続性、及び中華主義の文明国たる自負と優越性及びその行動の絶対性の3つをあげる。

　竹島／独島は、韓国が一方的に実力行使による支配を強行し、これに関連して日韓漁業協定による共同漁業水域も遵守されることなく、日本海近隣水域での日本漁業に対する物理的排除を当然の権利行使としている。その基本は、中華主義にならった非文明国の日本にはそうした行動は許されないという大義が通用しているのである。北朝鮮は、竹島の支配にはないが、2003年の独島切手で、その支配を確認している。

　一方、朝鮮の中国関係は、中華文明圏にあっても、その主導性をめぐり長い論争、対立の歴史が続けられ、それは今も終わっていない。中国は半島をその版図であることを捨象していない。混乱でも生じることがあれば、その処理を自からの責

務としている。その中国の笠を受けつつも、北朝鮮は、勝手気ままに行動に邁進している。その瀬戸際ぎりぎりの外交を常として、自からの主体的存在を見せている。韓国は、中国に礼をとることで、日本と対決する選択を忘れていない。韓国では、その韓国人民の国民的信念において檀君神話が生きており、同神話の発祥地は中国延辺朝鮮族自治州である。ソウルと同自治州延吉とは直行便がある。韓国は、北部（北朝鮮）も自国の領土としており、北部の監理事務局はソウル市に置く。檀君神話は北朝鮮の民族的理解にあって、ために北朝鮮は、中国と国境条約で、その聖地とされる図們江北岸の長白山地区の一部を確保した。但し、中国延辺朝鮮族自治州は中国に残った。

　韓国は、日本の対馬併合を未だ達成していない。この対馬は日本・朝鮮交流の拠点として歴史的に大きな役割を果たしてきているのには変わりない。その交流を封じるべく企図されている韓国の対馬併合工作は、地域の安定にならないし、日本にも同調者がいるが、許してはならない。

　朝鮮の領土問題は単なる領土の画定・帰属の域を超えた、民族の理解をかまえて十分な理解が必要である。私は、韓国で講義を行い、風土を理解して各地を旅行した。北朝鮮も共同研究で訪問する機会があり、地方にも出掛けた。中国と北朝鮮の1つの窓口である安東には、東3省での幾度かの滞在の際に、生活を見聞きしてきた。本書は、朝鮮の領土関係の資料集成と分析を行ったものであるが、領土問題の認識ばかりか、広く朝鮮を理解する上でお役に立てば幸いである。

2016年3月

浦野 起央

目 次

図・表リスト——x

掲載資料リスト（年代順）——xii

第1章　はしがき——朝鮮

1、朝鮮半島の認識—— 2

2、半島の領土—— 5

3、朝鮮半島に生起している諸問題—— 8

4、朝鮮理解の3つの基本——権力の帝王支配、
国家・民族の連続性、及び中華主義—— 10

第2章　朝鮮半島をめぐる歴史論争

1、領土の歴史論争—— 18

2、渤海史論争—— 20

3、東北工程論争—— 21

4、高句麗論争の争点—— 24

5、檀君神話論争—— 27

6、任那日本府論争—— 31

第3章　中朝辺界史

1、中朝辺界—— 33

2、中国・朝鮮の国境画定と往来—— 35

3、白頭山—— 52

4、中朝勘界会談—— 58

5、間島—— 65

6、間島への朝鮮人の侵入・定着—— 67

7、間島協約——— 72

8、中国朝鮮族起源論争——— 80

9、中国朝鮮族遷入史論争——— 80

10、間島の朝鮮人闘争——— 81

11、白頭山の革命伝説——— 82

第4章　新中国・北朝鮮の国境処理

1、新中国・北朝鮮関係——— 87

2、1962年中国・朝鮮国境条約——— 91

3、国境条約論争——— 96

第5章　鴨緑江と水豊ダム

1、鴨緑江——— 102

2、鮮満一如の象徴水豊ダム建設——— 104

3、戦後の水豊ダム——— 114

4、鴨緑江の架橋と朝鮮・満州連絡鉄道——— 117

第6章　中国・北朝鮮国境河川協力と往来

1、中国・北朝鮮国境河川協力——— 125

2、中国・朝鮮国境地区の安全維持——— 131

3、図們江——— 158

第7章　朝鮮・ロシア国境

1、朝鮮・ロシア国境の成立——— 173

2、朝鮮の境界認識と朝鮮人のロシア領流入——— 177

3、ソ連・北朝鮮国境秩序——— 179

第8章　西海と東海

1、黄海——— 203

2、北方限界線——— 208

3、波浪島——— 211

4、波浪島論争——— 215

5、東海論争——— 216

6、プエブロ号事件——— 221

第9章　独島／竹島紛争

1、独島／竹島の支配と一島二名説——— 224

2、独島／竹島の地図認識——— 230

3、独島／竹島の領有——— 240

4、竹島帰属紛争——— 245

5、竹島切手事件——— 258

6、竹島紛争の解決——— 261

7、独島／竹島学界論争——— 264

第10章　朝鮮半島の海上境界

1、李承晩と韓国の国際認識——— 270

2、李ラインの宣言——— 271

3、李ラインの問題点——— 278

4、日韓大陸棚協定——— 280

5、領海論争——— 289

第11章　朝鮮半島の統一問題

1、半島国家の宿命——— 308

2、分断国家の選択——— 309

3、朝鮮統一問題——— 311

4. 南と北における核の選択——— 318

5、韓国の宥和・関与政策と北朝鮮の選択——— 320

6、南と北の統一シナリオ——— 326

第12章 済州島

1、済州島と三姓神話——— 332

2、済州島蜂起事件——— 333

3、済州人と金石範の思想——— 334

第13章 韓国の対馬併合要求

1、対馬——— 337

2、対馬と対外防衛——— 339

3、対馬紛争——— 345

文献———351

索引———412

図・表リスト

図1-1　「混一疆理」の朝鮮　　3
図1-2　八道総圖　　4
図1-3　中国三大龍と朝鮮・日本　　4
図1-4　大東輿地全圖　　5
図1-5　中国鳳凰山　　7
図2-1　高麗の版図、5道2界　　19
図3-1　長白山鴨緑江・図們江水源図、1907年　　53
図3-2　大東輿地地図の白頭山　　54
図3-3　鳥喇管穆克登の査辺定界　　55
図3-4　長白山定界碑、1712年　　55
図3-5　北間島図、1903年　　57
図3-6　内藤虎次郎の間島地域図、1908年　　57
図3-7　白頭山／間島略図、1938年　　58
図3-8　中韓第2次勘界地図、1887年　　63
図4-1　中国・朝鮮国境条約での北朝鮮支配地域　　96
図4-2　中国・朝鮮国境条約での北朝鮮支配地域（中国・北朝鮮分割線）　　97
図4-3　中国・朝鮮国境　　98
図5-1　鴨緑江　　102
図5-2　水豊ダム　　105
図5-3　朝鮮民主主義人民共和国国章　　105
図5-4　破壊された鴨緑江鉄橋　　120
図6-1　鴨緑江の中朝国境碑、中国丹東（旧安東）　　125
図6-2　図們江　　159
図8-1　北方限界線及び北朝鮮の軍事境界線　　209
図8-2　離於島　　212
図8-3　離於島の韓国海洋総合科学基地　　213
図8-4　朝鮮海、1809年　　216
図9-1　竹島／独島　　223
図9-2　竹島地図、1871年　　224
図9-3　鬱陵島と竹島　　225
図9-4　林子平「三國通覧輿地路程全圖」1785年　　231

図・表リスト

図9-5 「日本國大略之圖」1757年　**232**

図9-6　長久保赤水「改正日本輿地路程全圖」1779年　**232**

図9-7　長久保赤水「新刻日本輿地路全圖」1779年　**233**

図9-8　山村才助「華夷一覧圖」1806年　**234**

図9-9　「海左全圖」1809年　**235**

図9-10　「大東輿地圖」の鬱陵島、1861年　**236**

図9-11　シーボルト「日本圖」／ Ph. F. von Siebold, Karte vom Japanischen Reiche, 1840　**237**

図9-12　「大日本全圖」陸軍参謀局、1877年　**238**

図9-13　「大日本國全圖」内務省地理局、1880年　**239**

図9-14　日本海竹島外一島地籍編纂方伺の2島、1877年　**242**

図9-15　韓国の独島切手、1954年　**259**

図9-16　韓国の独島切手、2004年　**259**

図9-17　日本の竹島切手、2004年　**259**

図9-18　北朝鮮の独島切手、2004年　**259**

図9-19　北朝鮮の独島切手、2014年　**261**

図10-1　朝鮮水域要図　**273**

図10-2　李ラインの適用範囲　**274**

図10-3　韓国の漁業保護水域案　**275**

図10-4　韓国の漁業管轄地域　**277**

図10-5　日韓大陸棚北部境界画定の境界線　**283**

図10-6　日韓大陸棚共同開発区域　**285**

図12-1　済州島　**331**

図12-2　済州島の山勢　**333**

図13-1　対馬と朝鮮、1757年　**338**

図13-2　申淑舟の日本国対馬島之図、1471年　**349**

表3-1　白頭山地区住民の西・北間島地方への進出、1638年〜1742年　**69**

表3-2　朝鮮族の白頭山地域への侵入状況、1646年〜1704年　**70**

表3-3　黒頂子朝鮮開墾者戸口、1890年　**70**

表3-4　延辺地区和竜峪中国・朝鮮戸口農地、1893年　**71**

表3-5　北朝鮮の革命史跡、1993年　**85**

表6-1　図們江地域の概況　**168**

掲載資料リスト（年代順）

紀元前475～221　「山海経」　211

1145年　「三国史記」　19

1270～1280年　「三国遺事」　29

1451年　「高麗史」1451年、地理志　225

1461年　「世宗實録」　225、332

1481年　「東國輿地勝覧」　226

1581年　大清帝国康熙帝の長白山賦　35

1608年　「李朝實録」　68

1614年7月　朝鮮国東菜府特使尹守護の対馬州太守平公あて書簡　227、228

1618年5月16日　徳川幕府の竹島渡海免許状　228

1667年　日本出雲藩士斎藤豊仙「隠州視聴合紀」　229

1696年5月23日　徳川幕府伯州藩の元禄9丙子年安龍福らの朝鮮舟着岸1巻之覚書　230

1751／63年　北園通莆「竹島圖説」　229

1750年　「擇里志」　5、65

1798年　対馬守の海邊御備覺　339

1798年2月6日　対馬藩の家中への達示　340

1861年5月21日　興凱湖界約中俄黒龍江記文の交界道路紀文　176

1862年11月21日　対馬藩情説明書　340

1863年1月30日　幕府の対馬藩に対する勅書　341

1863年1月30日　幕府の対馬藩に対する沙汰書　341

1863年5月28日　日本朝廷の対馬藩達書　341

1868年5月27日　対馬藩宗義達の上書「朝鮮国との通交刷新建議の件」　342

1868年5月　対馬侍従の両國交際の節目　343

1877年3月17日　日本政府の日本海内竹島外一島地籍編纂方伺　241

1877年3月20日　日本太政官指令、日本内務省稟議の日本海内竹島外一島地籍編纂の件　241

1881年　清国の、間島開放咨文　35、36

1882年8月23日　中国・朝鮮商民水陸貿易章程　36

1883年4月3日　朝鮮・中国奉天・朝鮮辺民交易章程　38

1886年6月3日　中国・ロシア琿春界約　97

xii

掲載資料リスト（年代順）

1889年9月11日　大韓帝国・大清帝国友好・通商条約　　**46**

1900年10月25日　大韓帝国勅令、鬱陵島を鬱島と改称し、島監を郡守とする件、
　　第41号　　**242**

1901年11月　中国・朝鮮陸路通商章程草案　　**61**

1904年5月2日　中国・大韓国の暫定画界防辺約章　　**61**

1904年6月15日　中国・韓国辺界善後章程　　**63**

1905年1月28日　日本閣議の竹島に関する決定　　**243**

1905年2月22日　島根県知事の竹島名称告示　　**243**

1905年2月22日　島根県知事の竹島に対する訓令　　**244**

1905年12月22日　満洲に関する日清条約　　**75**

1906年11月18日　韓国政府の大日本統監伊藤博文あて要請　　**73**

1907年5月　斎藤季次郎・篠田治策の間島視察報告　　**72**

1908年4月9日　統監府間島派出所の施政方針4綱　　**74**

1908年9月25日　日本政府の満州5案件の閣議決定　　**76**

1909年8月26日　漂流木に関する日本・中国協定事項　　**103**

1909年9月4日　間島に関する日本・中国協約　　**77**

1910年4月4日　鴨緑江架橋に関する中国・日本覚書　　**118**

1911年11月2日　国境列車運転に関する日本・中国協定　　**119**

1912年　朝鮮人の移動に関するイェ・グラーウェ報告　　**178**

1926年6月9日　図們江架橋に関する日本・中国協定　　**159**

1926年6月26日　図們・天図両鉄道暫行聯運弁法　　**160**

1935年5月22日　図們江国境を通過する列車直通運転及び税関手続き簡捷に関する
　　日本・満洲協定　　**161**

1935年5月24日　図們江国境を通過する列車直通運転及び税関手続き簡捷に関する
　　日本・満洲協定に基づく規則　　**163**

1937年8月18日　満州鴨緑江水力発電株式会社法、勅令第250号　　**107**

1937年8月18日　朝鮮総督府・満州国間の鴨緑江及び図們江発電事業の実施につい
　　ての了解事項に関する覚書　　**110**

1937年8月20日　朝鮮鴨緑江水力特電株式会社及び満州鴨緑江水力特電株式会社間
　　の水力発電事業共同経営に関する約定　　**111**

1937年8月23日　鴨緑江及び図們江発電事業に関する日本・満洲国覚書　　**112**

1938年　篠田治策「白頭山定界碑」　　**79**

1948年7月17日　大韓民国憲法　　**309**

1948年8月5日　愛国老人会の連合軍総司令部あて界文書「領土の回復と東洋の平
　　和に関する島嶼調整の要請」　　**213、245、345**

1951年7月19日　梁佑燦在米韓国大使のアチソン米国務長官あて書簡　　**255**

xiii

1951年8月10日　ラスク極東担当国務次官補の梁韓国大使あて書簡　**256**

1951年9月8日　日本国の平和条約　**258**

1952年1月18日　李ライン宣言　**271**

1952年1月27日　韓国政府の李ライン注解声明　**273**

1952年9月27日　国連軍韓国防衛水域の設定布告　**275**

1953年8月27日　国連軍司令官クラーク大将の韓国防衛水域実施停止の指令
276

1953年12月1日　韓国の漁業資源保護法　**277**

1955年11月17日　韓国参謀本部の李ライン防衛声明　**274**

1954年10月28日　韓国政府の竹島問題の国際司法裁判所への付託に関する日本政
府あて公文　**251**

1955年4月17日　鴨緑江水豊水力発電所に関する中国・北朝鮮協定　**114**

1955年6月8日　安東から新義州に至る鴨緑江橋の安全保護に関する中国・北朝鮮
臨時議定書　**125**

1955年11月17日　韓国外務部長官卞榮泰の独島声明　**279**

1957年10月14日　ソ連・北朝鮮国境問題手続き協定　**179**

1959年8月25日　黄海における漁業の中国・北朝鮮協定　**204**

1959年9月5日　中国・北朝鮮国境鉄道協定　**121**

1960年5月23日　中国・北朝鮮国境河川における運送協力協定　**129**

1960年5月26日　中国遼寧省・朝鮮平安北道地方政府間の連携に関する中国・北朝
鮮議定書　**131**

1961年7月11日　中国・北朝鮮友好・協力相互支援援助条約　**89**

1962年10月28日　中国・北朝鮮国境条約　**91**

1962年11月5日　北朝鮮・中国通商・航海条約　**90**

1964年5月5日　中国・朝鮮境界河川の共同利用と管理に関する中国・北朝鮮相互
援助協力協定　**133**

1964年6月9日　中国・朝鮮辺境地区における国家安全と社会秩序を守る活動に関
する中国・北朝鮮相互協力議定書　**134**

1964年6月10日　海上運輸に関する中国・北朝鮮議定書　**206**

1965年9月26日　中国・朝鮮国境地区における国家安全と社会秩序に関する工作の
中国・北朝鮮相互協力会議記録　**140**

1965年12月28日　日韓条約の紛争解決に関する交換公文　**261**

1966年4月8日　中国・北朝鮮鴨緑江・図們江における水門建設議定書　**116**

1972年7月4日　韓国・北朝鮮の7・4共同声明　**311**

1974年1月30日　日本・韓国北部境界画定協定　**281**

1974年1月30日　日本・韓国間に隣接する大陸棚南部の共同開発協定　**283**

掲載資料リスト（年代順）

1974年2月3日　中国外交部の東海大陸棚画定協定に関する声明　**288**

1974年4月23日　中国外交部の日韓大陸棚南部共同開発協定に関する声明　**288**

1975年　丁一権「間島問題資料集」序文　**67**

1977年6月7日　北朝鮮外務省の声明「「韓日大陸棚協定」は無効である」　**290**

1977年6月21日　北朝鮮の200海里経済水域に関する政府声明　**292**

1977年8月1日　北朝鮮人民軍最高司令部の軍事境界線令　**210**

1977年12月31日　韓国の領海法　**293**

1978年8月12日　北朝鮮の経済水域における外国人・外国船・外国航空機の経済活動に関する規定　**296**

1978年9月20日　韓国の領海法施行政令、第9162号　**301**

1980年10月10日　高麗民主連邦共和国の十大施政方針　**313**

1986年1月22日　経済地帯及び大陸棚画定に関するソ連・北朝鮮協定　**184**

1987年8月31日　日本・韓国交換公文による南部開発協定の修正　**284**

1990年9月3日　ソ連・北朝鮮国境条約調印に関するモスクワ放送　**185**

1990年9月3日　ソ連・朝鮮国境制度に関するソ連・北朝鮮協定　**185**

1991年12月13日　南・北間の和解と不可侵及び交流・協力に関する基本合意書　**314**

1993年　白頭山の革命伝説　**82**

1996年7月31日　韓国の領海法改正施行法に関する規定、大統領令第15133号　**304**

1996年8月8日　韓国の排他的経済地帯法、第5151号　**304**

1999年10月26日　統一日報「北朝鮮は領土を取り戻した」　**98**

2004年　韓国の歴史教科書『国史』　**19**

2006年10月19日　金大中のソウル大学統一研究所講演「北朝鮮核と太陽政策」　**321**

2007年3月　韓国の国民行動本部の6項目声明書　**321**

2008年8月8日　韓国外交通商部文書「獨島は韓国の領土──獨島に對する大韓民國政府の基本的立場」　**254**

2009年6月13日　金大中の6・15南北共同宣言9周年記念演説「行動する良心になろう！」　**323**

2012年2月1日　日本衆議院議員横粂勝仁の日本海呼称問題に関する質問主意書　**218**

2012年2月10日　野田佳彦日本首相の衆議院議員横粂勝仁の日本海呼称問題に関する質問主意書に対する答弁書　**219**

xv

第1章　はしがき──朝鮮

　朝鮮という名称は、『史記』、『山海経』などの中国古典にみえる。それは、中国からみて「東方日出の地」という意味である。それは、元来、朝鮮半島西北部から満州南部にわたる地域の名称で、箕子・衛南の王朝の名称であった。

　それは、伝説の檀君王朝の名称に用いられ、さらに李王朝の成立で、王朝の名称に用いられ、国号とされ、「その朝の鮮やかな」山紫水明の国土を誇っていた。それは現在、半島全体の地域名称となった。第二次世界大戦後、半島は南・北の分裂政権の2つの国家形成にあるが、その双方とも、統一国家の樹立を大義とし、それぞれが半島の統一を国家目標としており、それが外交及び各種政策の優先条件となっている。その一方は、朝鮮を使用し、他方は韓を使用した。韓は、朝鮮人の名称である。

　朝鮮という地域名称には、青丘、槿域、韓、鶏林という用語がある。青丘、槿域は「東方の国」の雅号である。韓は、古代に半島にいた朝鮮人の名、韓族に由来し、李朝を経て第二次世界大戦後、南朝鮮で国号となった。鶏林は新羅の古代伝説に由来し、古代に新羅と対抗して北朝鮮と南満州を占領した高句麗は、高麗の国号として用いた。Korea、Corea、Coréeは高麗からきたもので、朝鮮を意味する用語として一般化した。Korea使用の最初は、マルコ・ポーロの『東方見聞録』である。

　李朝の成立で、鴨緑江・豆満江以内の半島全体が、大陸勢力の介入に代わって自ら統治し、北進政策をとりつつ、半島全体が朝鮮領土として成立し、理解され

るところとなっている。そして、漢江、錦江、東津江、栄山江、船津江、蟾江、及び洛東江の流域である半島の平野地帯は、古来、半島の穀倉地帯で南部に集中し、その支配は半島における分裂国家の国家政策の基本課題となって、北朝鮮による朝鮮戦争の発動と遂行は、この穀倉地帯の征服が課題であった。

　国境は国家の変遷と共に変動するが、その国境は、地政学でいうところの国家の生命線の存在にあったからである。朝鮮の国境は、その風水説の理解＊もあり、国家の運命を決定づけてきた。

　　＊風水は、中国古代思想に発し、ジョゼフ・ニーダムも、『中國の科學と文明』
　　（1900〜95年）第2巻吉川忠夫・他訳『思想史』思索社、1974年、312、401－5、
　　　421、434頁にその意義が記述されている。それは、地理的特質に発し、天・地・
　　　生・人系統の整体有機循環を視点に、大地活体の理念に立脚している。干希賢・干
　　　桶編『中国古代風水的理論与実践──対中国古代風水的再認識』（2005年）の記述
　　　は的確である。渡邊欣雄『風水気の景観地理学』（1994年）は、風水を「気」の景
　　　観地理学と捉え、地人相関論に立って諸相を描き出している。

1、朝鮮半島の認識

　朝鮮半島とその近隣についての世界地図は、1402年、天台僧清濬の「混一疆理歴代都之圖」、通称「混一疆理」である。その作成をもって李王朝創始当初から国防が十分に認識されていたと見做され、「東國輿地勝覧」の八道總図の基礎が形成された。そこで注目されるのは、中国東北の黒龍江の溝まで朝鮮の領域として表示されており、白頭山は東へ偏在する形で鴨緑江は長く西へ流れていて、豆満江は東北に流れる小河となっている。この図も、後の「大東輿地全圖」も、いわゆる中国地図表示方式といわれるもので、朝鮮認識の原型となっている。特に、妙香山は山形の図で表示され、その関心をみせる。南では、巨済島の南に対馬があり、さらに、図では、兵営と水営の配置が図示され、対外認識に立った作製がはっきりしている。

　それから60年、1481年に50巻が完成した八道總図の「東国輿地勝覧」では、

半島の形態がより正確になっている。1486年に55巻が刊行され、鴨緑江と白頭山と豆満江がほぼ同一直線に配されている。その地図は実地踏査によるとされており、それは、科学的認識の深まりをみせていた。

その世界は、中国と日本がこの朝鮮世界と深くかかわっており、西国はその世界の主役として朝鮮と並んでいる。

中国朱子学の説く風水学説に従うと、黄河に沿って黄海に至る中龍脈、長江に沿って東海に至るいまひとつの中龍脈、あるいは香港で龍穴を結び、台湾に至り再び龍穴を結ぶ南龍脈と並んで、朝鮮半島を通る北龍脈が指摘されている。中龍は、北京／北平で龍穴を結んで中国悠久の歴史と文化を生み出した。南龍は、太平天国の乱以後、旺運となり、現代の発展における原動力となっており、それは、香港・台湾における文化と経済の隆盛を築いたところである。九龍は、大帽山から東南に伸びる主龍脈が九龍半島の主峰筆架山に発し、九本の龍脈に分かれ、九龍の名を残している。

図1-1 「混一彊理」の朝鮮
（出所）龍谷大学所蔵の原図、張保雄による作図、張保雄「李朝初期、15世紀において製作された地図に関する研究」地理科学、第16号、1972年。

北龍の朝鮮半島は、中華思想文化圏にあり、風水の理解にある。朝鮮総督府が、北岳山から流れ出る気脈を断つため、いいかえれば朝鮮統治にある朝鮮人民の反抗を封じるために、その地に建設され、さらに南山の朝鮮神社を朝鮮人民に対する威圧のためとしたと指摘されるのは、いずれも風水の説であり、その建物

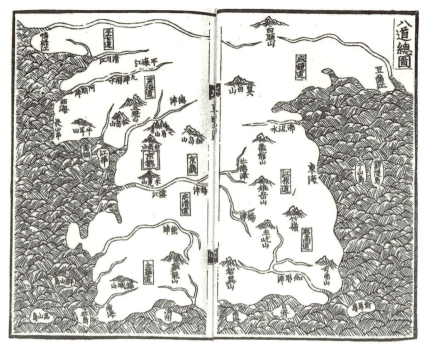

図1-2 八道総圖
(出典)『新増東國輿地勝覧』京城、朝鮮史學會、1930年。

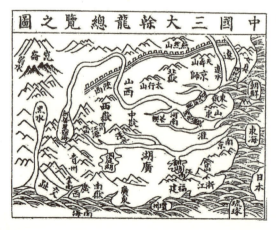

図1-3 中国三大龍と朝鮮・日本
(出所)徐善斷・徐善『地理人子須知——總論龍法・穴法・砂法・水法』台北、武陵出版、1985年の復刻。

図1-4 大東輿地全圖
(出所) 金正浩『大東輿地圖』京城、京城帝國大学文學部、1936年／『大東地志』ソウル、漢陽大學附設國學研究院／亞細亞文化社、1976年。

は現在、風水の故をもっていずれも完全に破壊され、排除されてしまっている。いうまでもなく、漢城、京城、ソウルの都市建設は、風水説に従っている。

2、半島の領土

　風水を踏まえた朝鮮半島の具体的記述は、朝鮮最初の地理書、実学者李重煥の『擇里志』（1750年上梓）である。同書の八道総論は、以下の記述に始まっていて、「八道総図」は、その朝鮮半島の位相を明確に物語っており、同書は、国防上の必要性から、『新増東國輿地勝覽』（1530年）などの成果を見直すべく、実学の第一人者により執筆されていた。
　李重煥は、朝鮮半島について、こう述べる。
　　崑崙山の一脈は、大漠（タクラマカン砂漠・ゴビ砂漠）の南を行き、東は医巫閭山となる。これより大きく切断されて医巫閭山となる。これ

より大きく切断されて遼東平野となる。遼東平野を渡ると起きて白頭山となる。『山海経』に述べている不威山というのがこれである。

　精気が北に千里走った所で、2つの川を挟んで南に向かい、寧古塔となる。南に一脈が抜き出て朝鮮山脈のはじめとなる。八道があって、平安道は、瀋陽の隣りにある。咸鏡道は、女真と隣り合っている。つぎは江原道といい、威鏡道を受けついでいる。黄海路というのは、平安道を受けつぎ、京畿というのは、江原道と黄海道の南にある。京畿道の南は、忠清道及び全羅道という。全羅道の東は、即ち古新羅・卞韓・辰韓の地である。京畿道・忠清道・全羅道は、古の馬韓・百済の地であり、威鏡道・平安道・黄海道は、古朝鮮の高句麗の地である。江原道は別途で、濊貊の地である。その興滅については、いまだにつまびらかではない。唐末に太祖（王建）が現れて三韓を統合して高麗となり、そしてわが朝を継承することになった。……（平木實訳『択里志――近世朝鮮の地理書』東洋文庫、平凡社、2006年、13－16頁）

北龍は、中国東北から朝鮮半島に至り、龍穴を結び、それは海を越えて日本で龍穴を結ぶ。この地帯を私も2005年に瀋陽、本渓、丹東と移動を重ね、その今までに見聞したことのない鋭い天に刺す剣の山あるいは幽壑に面して白山山脈の鳳城、海抜836.4メートル、面積216平方キロメートルの龍脈のひとつの姿を目撃した（図1-5）。

1861年李朝朝鮮の実学者・地理学者朝鮮人金正浩は「大東輿地全圖」を作成した。それは朝鮮最大・最高の科学的実測図で、同地図は、興宣帝大院君に献上され、その精巧地図から見て、国家機密を漏らした廉で彼は投獄されたといわれているが、それは事実ではない。その地図には、以下の説明がある。

　「崑崙山に発源する三大幹龍の1つ（北條幹龍）は医巫閭山となり、脈から発した遼東の平原となった後、白頭山として隆起する。この白頭山こそ朝鮮の山脈の祖山であり、……」。

この地気の移動と王朝の盛衰の歴史観から、朝鮮では、その白頭山から発した脈は、半島全域の生命体組織を形成し、その気のネットワークこそ、地域の存在

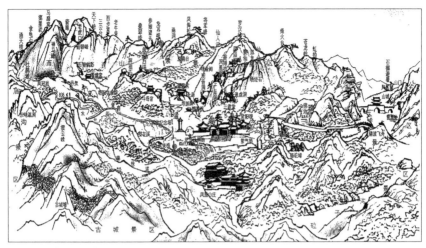

図1-5　中国鳳凰山
(出所)『丹東交通旅游図』哈尔滨、哈尔滨地図出版社、2008年。

を規定するところとなるとされる。

　金正浩にとっても、その半島とその付け根、中国東北吉林の朝鮮人地区にある朝鮮人社会に対する龍を制する中国遼寧省の医巫閭山の存在はキイとされる。その問題関心の地域は、現在、渤海史論争、そして高句麗史論争、さらに東北工程論争を生んでいる。一方、清国は、間島の支配をもって龍の穴を押さえ、白頭山平原を制して、北朝鮮にその支配地を拡大した。鴨緑江は朝鮮の白頭山に発するが、その河川は中国が支配しており、北朝鮮の経済的窓口は依然、中国の支配にある。その一方、この白頭山は、朝鮮民族の国神の降誕の地であり、また抗日闘争ゲリラの活動の地である。したがって、朝鮮民族の聖地である。朝鮮で風水が重視されるのは、朝鮮が中華文化圏にある以上に、風水の龍法で中国に対抗する意識がその歴史力学を形成してきているからである。領土の主題をめぐる社会的・政治的・国際的考察は、すべてその射程のなかにある。

　朝鮮の中華思想にある歴史認識には、反日ナショナリズムも底流している。北朝鮮は、任那日本府論争にみるように、朝鮮半島における日本の存在をすべて否定するところにある。そのためには、北朝鮮は、1963年朝鮮・中国国境条約に

みるように、中国との妥協、朝鮮半島における中国の存在を受け入れてきた。韓国も、その歴史認識において同調してきており、現在、その歴史認識は朝鮮半島における国威認識の構図において白頭山を認める独自の状況を形成している。そして、竹島の占領、日本海呼称の拒否にみるように、その小中華主義の認識と主張は依然、根強い。

3、朝鮮半島に生起している諸問題

　朝鮮半島に興隆した朝鮮民族、その歴史、文化、及び社会は、多くの諸問題を抱えている。それは、半島が中国大陸東北部にその宿根を有しているからである。満州という地名が清初に定着した（『満文老檔』）この地方は、紀元前4～3世紀にハルビン郊外、顧郷屯遺跡などにおいて、人類の居住と文化が確認されている。この地に起こった政治・社会勢力が発達し、松花江一帯に前1世紀に高句麗が登場した。以後、それは韓人国家の出現にはなかったが、その支配が朝鮮半島に南下し拡大し、韓人による半島をめぐる対立が多くの局面を生んできた。それは、6つの争点に絞ることができる。

1、朝鮮王朝の成立と統一国家中国の関係、半島の自然を画する水源の源流地帯、鴨緑江・松花江をめぐる関係

　半島水源の源流は、白頭山地帯にあり、そこは、中国・朝鮮の生誕地であり、両民族間の抗争地となり、朝鮮人の移住による間島問題となり、さらに、朝鮮民族の民族闘争がその地で展開された。一方、その水源は生活資源であり、河流は物の移動を大きく促し、水豊ダム建設は世界の最大プロジェクトとして金字塔を印した。

2、半島をめぐる歴史論争

　高句麗の登場は、それが朝鮮人の国家であったかをめぐって、朝鮮史観の論争となった。そこに成立していた任那日本府をめぐる論争ともなった。さらに、それは、民族発祥地、白頭山をめぐる檀君神話論争となった。

3、西海・東海の海洋論争

第1章　はしがき——朝鮮

西海には波浪島があり、東海では鬱陵島と並ぶ千山島／独島があり、前者は中国の間で係争があり、後者の独島／竹島は日本との間で帰属論争となった。独島は日本が統治していたが、日本の敗戦でその統治が中断され、韓国が武力を行使して占領し、併合した。北朝鮮は、国境を日本と接していないため、軍事対立にはないが、すべてのレベルでの日本内政に対する思想工作・干渉事件・テロ工作を進めている。

4、半島の分断、民族の分裂、そして統一の追求

朝鮮半島は、日本の敗戦で日本統治が解消され、南・北に分裂した国家形成を辿り、それはイデオロギーと国際戦略に組み込まれた対立にあった一方、民族として南部・北部とも国民の間には統一感情が極めて強い。北部は、国家の生存を賭けた至上命題として南部穀倉地帯の確保を戦略としており、そのため1950年に北部は同盟国ソ連・中国の支援・関与で朝鮮戦争を発動した。中国は、自国と国境を接する北朝鮮の存在を保証すべく、徹底して関与した。戦争手段による半島の統一は成功することなく、対南スパイ・テロ・破壊工作による統一・接収工作とともに、国家イデオロギーの強調による統一工作を進めている。その北部の工作は、南部韓国との対決のみか、対日工作を射程に置いている。

北部は、朝鮮戦争の再発動を予告しており、米国は1979年に韓国に対する軍事防衛の一時停止も検討したが、その支援・関与体制は維持され継続されている。一方、北朝鮮は、対外脅威の行使のためのミサイル発射を含む軍事手段を外交道具とした発動を続けている。そして、その核戦略の行使は瀬戸際外交の手段として目前にある。

5、朝鮮の領土ナショナリズム

北部は隣邦、中国及びソ連／ロシアとの共存による国家社会秩序にあるが、南部は北部との対決及び南北統一の模索の追求にある。他方、韓国のネット社会への移行とともに、小中華ナショナリズムが発動され、北東秩序における日本の責任を問い、独島支配による国威宣揚、そして伝統的に日本・朝鮮交流の窓口にあった対馬の併合工作にある。また、日本海の存

9

在を、その名称が日本の海の表現であるとして拒否し、その名称は中華国
際秩序の東海でなければならない、と対外工作を進めている。それは、小
国意識とそのナショナリズムの跳ね返りでもある。北部は、東海での北東
秩序に関与した米国の存在と干渉を拒否しており、1968年に米船拿捕事件
を起こした。

6、朝鮮人／韓国人、半島人と島国人

　　朝鮮史／韓国史では老論・少論・南人・北人の4つの、4色党派やその
他の党派争いが主題にされてきたが、これは階層の特殊な状況を形容した
もので、市井の大衆がどんな考え方をし、どんな行動をするかを反映して
いた。民衆は蔑視の代名詞となっていたが、民衆こそは、なんびともこれ
を抑制できない恐ろしい力をもっていた。李朝時代の慕華思想（中華意識）
や日本統治時代の親日派をもって、朝鮮人は事大主義思想の民族とされる
が、それは中国に連なる半島国家の条件に関連があった。結局、それは、
朝鮮人の政治・経済・社会・文化の面で人間関係の民族的紐帯を切断し、
分裂してしまったと指摘できるからである。ここに朝鮮人の権力志向が生
まれ、怨み（ハン）の爆発として集約され指摘される思考構造、「対面を
重視する」行動がとられる。それは、朝鮮民族でも半島人でない、島国人
の済州人とまったく対照的である。しかも、半島人の指導者は、今も1948
年済州島事件に対する解明に応じていない。自然人としての済州人の認識
と行動は、共存の座標を提示し、朝鮮半島の統一の考え方はそこに展望さ
れる。

4、朝鮮理解の3つの基本
──権力の帝王支配、国家・民族の連続性、及び中華主義

　　以上の朝鮮理解の基本は、以下の3つにある。韓国の政治文化と対外選択を考
える場合の、そして労働党支配にある北朝鮮の事例においても、その機能条件も
同じである。

　　第一は、朝鮮の独立以後、南部では、政党政治が定着せず、二極化された明確

な対立が指摘されてきた。その変貌は独裁と反独裁、保守と進歩を軸とした明確化、そして大統領の全権支配と民主化闘争として続いてきた。その政治空間は「太陽はひとつ」の格率に象徴され、したがって「最高権力者はひとり」それ以上であってはならないのであり、そこでの権力分配は合理的政（まつりごと）にはなく、絶対な権力を有する帝王的大統領制にある。それは、グレゴリー・ヘンダーソンの上昇型渦巻き権力モデルといえるもので、その基礎は両班社会にある。両班は高麗以来の支配階級を指し、東班と西班で構成され、それは族譜をもって同族意識とその管轄の任を果たしてきた。日本の新聞記者、産経新聞前ソウル支局長加藤達也が朴槿恵大統領の2014年8月3日の記事を執筆したことで、大統領に対する名誉毀損罪で同年10月8日提訴されるという事件が起きた。同じ大統領の動静記事は韓国の新聞にも報道されたが、それは問題ではなかった。そこには、絶対支配という振り子が作用している。その政治図式は帝王支配による安定化が機能しており、その反対の極にあるのが厳しい弾圧であり、加藤事件は日本の糾弾と記者の虚偽事実報道への責任追及であった。しかし、その結末は、報道の自由という国際世論の判断に従うほかはなかろう。そこには、情報の歪み以上に二者択一のリスクがある。朝鮮人の「対等以上に」という序列意識も、ここに発する。韓国社会が日本以上にネットワーク社会である自負もそうである。一般的には、対面（チェミョン）という虚偽のプライドに体現され、敗北の結果を受け入れず非現実の主人公となるスタイルである。そして、それは「殺人こそ愛国の表現」とされる狂気で、2015年11月日本の英霊を祀っている靖国神社の抹殺がその課題とされ、その爆発・放火こそ韓国の最高の愛国的表現とされ、その決行者は韓国の国民的英雄として讃えられる。2004年1月29日ソウルの日本人学校園児襲撃事件が起きたが、それは植民地日本に対する英雄的行為として韓国国民に受け取られた。2013年5月ソウルの公園での老人がその発言「日本の植民地支配はよかった」で殴り殺される事件が起こり、これに対するある韓国新聞のコメントは、「日帝賛美は内乱罪」とあった。

　北部のチュチェ思想は、その権力支配の最たる神格化を規定している。そして、チュチェ思想は、人民の絶対的服従を要件として、その独裁支配は、物理的

支配の究極的行使、死刑・粛清の堂々たる行使を含む絶対的権力の強行へと進んでいる。同思想を構想した朝鮮大学校校長、朝鮮労働党書記を歴任した黄長燁（公式の提唱者は金正日とされる）は、韓国に亡命した後、チュチェ思想は思考停止がその根本にあると指摘した。米国と対等、それ以上の認識もそれである。

　第二は、朝鮮国家の起こりは韓人でなかったが、その事実は否定されている。そして、大韓帝国－日本併合（朝鮮統治）－大韓民国の連続性が追求され、それを実証するべく、日本併合に代わって中国における大韓民国臨時政府の存在が組み込まれている。その結果、韓国は第二次世界大戦における日本に対する勝利者であり、英雄であった姿勢を崩されない。そして、1948年7月12日朝鮮で初めて制定された憲法前文には、西暦表記はなく、「檀紀4281年7月12日に憲法を制定する」とある。この檀紀とは檀紀神話の年代に従うところで、独裁と革命の図式で政権交代が続いても、檀紀の年代から国家が継承したこの理念において有史以来の王国であり、その本質は帝王支配を中核としている。その一方、かかる正統的連続性において2012年8月29日朝鮮日報は、「過去の問題について根本的責任を負うべき日本が存在する限り、日本人がこの過ちを認めるには限界がある」と指摘した。さらに、2013年5月18日東亜日報は「日本の右傾化の根本は天皇制にある」と糾弾した。その一連の指摘の背景には、日本人の万歳（マンゼー）に対する拒否がある。つまり、「万歳」は中国皇帝のためのもので、王にしか「万歳」を叫ぶことは許されなかった。そして、大韓帝国が樹立され、朝鮮が夢にまで見た皇帝が生まれ、中国皇帝の使臣を迎えてきた屈辱の迎恩門と慕華館はそれぞれ独立門と独立館に代わった。とすれば、日本の天皇はその残された課題である。その限り、日本国民の天皇崇拝が廃除され、天皇制が解体されてこそ真の独立が達成されるというもので、その政治文化は中華主義に立脚した考え方を根底にしている。1989年1月7日昭和天皇の崩御に際して、1月10日朝鮮日報は持論「ヒロヒトの戦争責任」を掲げ、韓国国立精神文化研究院の朴成壽部長が昭和天皇の戦犯を糾弾した。結局、国葬参列の外交的儀礼を盧泰愚大統領は拒否し、訪日しなかった。2012年8月14日李明博大統領は天皇による謝罪を要求する演説を行い、その姿勢は変わらない。

北部は、長い間、日本の朝鮮支配に対する抗日戦争を戦い、その文脈で民族解放闘争が展開され、朝鮮民主主義人民共和国の樹立に成功した。但し、その闘争は、中国共産党の支援を受けた共同闘争にあったが、大韓民国臨時政府には参加しなかった。それで、対日戦争の勝利者にはない。北部は、檀紀神話に従っており、その歴史的正統性の主張は韓国よりも根強い主張にある。

　第三は、日本は中華主義にない非文明国で、文明国韓国には非文明国日本の絶対悪に対する神の懲罰は当然とする論理がある。大韓民国臨時政府大統領であった李承晩の大韓民国大統領としての李ラインの宣言は、非文明国に対する文明国の仕切りであった。それは、1948年8月5日の李承晩の命を受けた愛国老人会の領土要請の文書に確認される。

　その中国を事大として朝鮮の中華主義は、1875年2月24日明治日本政府の書契送付による国交樹立交渉が進められた際、その日本の要求は、華夷秩序の破壊を企図したものとされ、大院君により斥退された。開化派朴珪寿の行動は封じられ、大韓帝国は全面拒否した。その対等な国交樹立は、日本の砲艦外交で日本が書契を韓国に受け入れさせ、大韓帝国の独立を確認したが、しかし、韓国は、清国からの受け入れ指示があるまで、それはできないとした。結局、1876年2月11日国際法に従う、華夷秩序を認めない「自主ノ邦」韓国としての日朝修好条約が成立した。そして、韓国は前例のない朝鮮国王の署名と「大朝鮮国主上之寶王璽」の捺印となった。これにより、韓国は国際社会に参加し、それを拒否した重臣は更迭された。しかし、小中華主義の認識図式は残り、李大統領は李ラインで日本領竹島を古来自国領土として自国支配に組み込んだ。それには、文明対非文明の二者択一が機能しており、韓国は2005年のある会合で、与党議員が米国政府筋に対し「日本は韓国にとり仮想敵国」であり、事実上の主敵は北朝鮮ではない、と指摘した（2012年7月2日京郷新聞）。北朝鮮との対決は米国の役割であり、われわれは中華主義の文明国北朝鮮とは対決せず、軍事的にも非文明の日本を屈服させなければならない、というのがその趣旨であった。韓国の対馬併合論もこの文脈にある。2012年10月8日対馬の海神神社から統一新羅時代の重要文化財「銅造如来立像」、観音寺の文化財「銅造観世恩菩薩座像」が韓国

人窃盗団により盗まれた。翌13年1月窃盗団は韓国で逮捕され、仏像は韓国政府に回収された。しかし、2013年2月韓国地方裁判所は、日本への返還拒否を決定した。その理由は、文禄・慶長の役の際に仏像が流出したもので、日本に持ち出された当時の公式文書がなければ、返還の必要はないとの決定にあり、その日本からの持出し行為は韓国人に称賛された。その仏像は非文明国には必要のないとの注解もあった。但し、その仏像についての韓国寺院の記録もなければ、その判決は非文明国に対する決定そのものであった。それは、中華主義の認識の文脈にある。韓国では、日本文化への関心が高いが、その日本文化開放が実施されたのは1998年金大中大統領の登場においてであった。それは漫画の開放に始まり、2000年の第3次開放で大衆歌謡公演が認められた。劇場用アニメ映画の映画館上映は2004年1月開放された。中華主義の自国文化の維持と管理は韓国政府の大きな課題である。

　韓国は、対日戦勝国として、1949年「対日賠償要求調書」を作成し、対日賠償を要求した。そしてサンフランシスコ講和条約の署名を要求したが、いずれも米国に拒否された。韓国は対日戦争状態にあったと主張したが、米国は「朝鮮は第二次大戦期には、実質的に日本の一部として日本の軍事力に寄与した」としてその署名から外し、そして日本は、「韓国を合法的に統治しており、韓国の要求する賠償は成立しない」とした。結局、韓国は、1951年10月米国の仲介で日本との国交正常化交渉が始まり、その間、1953年4月韓国による竹島上陸事件が起きた。1965年6月22日日韓基本条約が締結され、同条約は、1910年韓国併合条約はすべて無効とされ、韓国が朝鮮における唯一の合法政府であると確認し、国交正常化となった（そのため、北部は地域名として北朝鮮が使われる）。その際、両国間の財産、請求権のいっさいの完全かつ最終的な解決が確認された。但し、竹島は棚上げとなった。それは、独島が紛争地域でないと、韓国は固執したからである。それで、日本は交換公文による紛争解決の規定にもかかわらず、国際司法裁判所への日本の提訴をできなくした。日韓交渉の文書の完全公開は、日本も一部同意していないが、それは昭和天皇に対する公表できないやりとりにあるとされており、あるいは独島をめぐる韓国の拒否にある。その公表は、日韓交渉を

受け入れなかった北朝鮮にとって1つの望ましい話題ともなろう。

　そこでは、個人の補償も、強制徴用などを含めその交渉で処理された。2005年以降、請求の要求が浮上し、2005年4月韓国の与野党議員が日韓基本条約は屈辱的であるとし、同基本条約を破棄し、個人の賠償を解決すべきだとした。そして、2012年韓国最高裁判所は、韓国政府の対日補償要求終了の告知につき、「日本帝国主義が侵した反人道的不法行為に対する個人の損害賠償請求権は依然として有効である」とした。そこでは、日韓関係の基礎が崩壊しており、北朝鮮は同基本条約を認めていないので、そこには法的空白状態が存在している。その限り、力による韓国の竹島占領も問われないという矛盾にある。韓国は、日本の竹島問題の国際司法裁判所への提訴を、同基本条約の交換公文により拒否しており、韓国裁判所には基本条約とそのために締結された日韓請求権協定につきそれは違憲であるとの提訴が個人の請求権関連において提起されている。他方、韓国憲法裁判所に2006年の日本軍慰安婦被害者が審判請求を行い、その決定が2011年8月30日下された。その趣旨は、かかる請求は被害者の基本権を侵害する違憲行為であるので、政府は日本と交渉すべきとした。それは、慰安婦問題は日韓請求権協定には含まれなく、日本政府は、個人賠償請求権は消滅したとの立場にもかかわらず、1995年7月女性のためのアジア平和基金（アジア女性基金）を設立して解決に応じ努力してきた。韓国は、慰安婦像を韓国、米国各地に設立し、国民運動の展開となった。結局、韓国の判決に従う要求から、日本は、請求権は認めないが、人道的見地で日本が基金を提供し、韓国が内政処理とするしか解決はなかろう。結局、2015年12月日本と韓国は国際的に是認された客観的で不可逆的解決文書に合意したが、韓国にはそれを実施できる中華主義の政治風土になく、なかなか難しい。この従軍慰安婦問題は、日本では2014年以降、朝日新聞が1982年以来の虚偽報道で問題を混乱させた責任を問われており、事態を混乱させた責任への批判が強まった。一方、韓国では、世宗大教授朴裕河の『帝国の慰安婦——植民地支配と記憶の闘い』（2013年）が2015年6月34カ所削除版の刊行となり、2015年11月朴裕河は名誉毀損で起訴され、慰安婦の人格権を侵害したとして地方裁判所は賠償を命じた。慰安婦問題の学術研究が封じられ、この

問題は反日政治イデオロギーの文脈以外において論じてはならないとの決定となった。韓国では、学者、政治家がその執筆、発言において厳しい批判に曝されており、そうした政治文化のなかでの情報管理が成立している。

1973年8月東京都心のホテルで、韓国野党指導者金大中が拉致され、ソウルの自宅で解放された。日本捜査当局の調査で、韓国公権力の関与が判明し、日韓両国の外交問題に発展した。11月両国首相会談で、事態の再発防止に合意した（第一次政治決着）。1975年7月両国外交会談で、容疑事実が確証できないとの第二次決着をみた。こうして主権侵害問題は1983年8月終わった。金大中は1985年3月政治活動を解禁され、1987年公民権を回復した。1997年大統領選挙に勝利し、2003年まで大統領を務めた。

北部は、1977年9月から1983年にかけ、工作員による日本人拉致を続けた。その国家犯罪の背景は、対外工作のための日本人拉致であり、よど号グループによる工作もあった。もっとも、南・北間では、拉致工作が続いていた。2002年9月第1回日朝首脳会談で、北朝鮮は拉致の事実を認め、10月拉致被害者5名が帰還した。2004年5月第2回首脳会談、引き続き実務者協議、さらに日朝国交正常化作業部会が開催されたが、進展はない。

以上3点は、半島国家の独得な認識図式の基本で、それはすべての主題を中華主義の民族的認識、そして歴史的文脈へ変質させており、領土問題もその理解なくては解されないものとなっている。

第2章　朝鮮半島をめぐる歴史論争

　高句麗は、紀元前1世紀頃から紀元668年まで中国東北地域及び朝鮮半島北部
地域に存在した東アジアの古代王国である。従来、朝鮮古代史において高句麗
は、独立存在の国家体として見做されてきたが、1980年代頃から、中国の歴史
学会において、それは、歴代の中国中央に隷属し臣属された地方政権であり、そ
れで中国の歴史に属するという提起がなされた。一方、高句麗は、中国境内の国
内城（吉林省集安市）から平壌へ都を移して以後、朝鮮の古代史として正式に見
做されるなかで、高句麗の歴史は中国史あるいは朝鮮史の一史両用論が主流と
なった。

　以後、高句麗が領土としていた朝鮮半島北部地域は中国人が建国した箕子朝
鮮・衛満朝鮮の故地であり、漢四郡（樂浪郡・臨屯郡・真番郡・玄菟郡）が所在
した地域であることから、韓国・北朝鮮によって歴史事実を檀君神話をもって解
し、その建国をナショナリズムの発揚と接合してその歴史認識が確認される一
方、中国では、社会科学院で、2002年2月東北辺境の歴史と現状に対する系列プ
ロジェクト、東北工程が着手され、歴史論争の素地のある高句麗・渤海研究が深
められ、論争となった。

　この地域は、満州間島省（延吉県・和龍県・汪清県・琿春県・安図県）を経
て、現在も朝鮮族が圧倒的に居住する延辺朝鮮族自治州で、そこはかつて間島と
呼ばれていた。そしてその地域は、朝鮮を統治した日本が朝鮮人の意志を代弁
して、中国清朝との交渉で1909年9月締結した間島協約の対象とされた地域で、

17

これまで領有権・統治権をめぐり争点となってきた。

　その最初の交渉で確認された白頭山の定界碑は、1712年の建立当初から、問題を生じていた。清朝と朝鮮の国境線は、西は鴨緑江を境とし、東は土門江を境としていた。この土門江を、中国側は図們江／豆満江と解したが、朝鮮側は松花江と解した。後者の解釈では、中国・朝鮮国境は、松花江とその下流は黒龍江となり、間島を含む広大な土地が朝鮮領土となってしまう。このために、間島協約で、間島は中国の版図とされた。

　そして、新中国は、金日成への圧力で、1962年10月中国・朝鮮条約が成立し、中国の意図を明確にした版図が確認された。そして、再び高句麗論争、そして高句麗を継承した高麗の歴史論争となった。それは、中国・朝鮮国境問題の根源を論じた現在性の問題として議論が提起されている。その高句麗は、朝鮮半島とも漢民族の歴史とも関係のない異民族が建国した国家である。それは、句麗、貊、穢、貉、貊、狛などと記し、その人種は蒙古人種、ツングース人種が主で、シベリアの古代アジア人が移住していた。中国は、その高句麗史を中国の地方政権の歴史として、韓国の歴史認識を封じ込める方向をみせた。これに対し、韓国は、建国神話と歴史事実を混同させつつ、現在の政治的イデオロギーを押さえ込もうとする対決へと走った。ここに間島問題が再現されて論争となった。

1、領土の歴史論争

　2004年7月中国蘇州で開催された国連教育科学文化機関世界遺産委員会で、北朝鮮の平壌と南浦、及び中国東北の高句麗古墳群が、同時に世界遺産として登録された。新華社は、この中国古墳群の存在に関して、7月2日「高句麗は、歴代中国王朝と隷属関係を含む、王朝の制約と管轄を受けた地方政権であった」と報じ、さらに「強固な山城、雄壮な陵墓、煌びやかな古墳壁画は、中国文化の重要な構成部分となっている」と述べた。人民日報も、7月20日「高句麗は漢・唐時代に中国東北にあった少数民族の政権であった」と報じた。北朝鮮は、この認識を受け入れた。この朝鮮半島の3国時代における北朝鮮の高句麗に関する報道に、

百済と新羅が存在していた歴史を強調する韓国が反発した。それは、朝鮮民族のルーツにかかわる根源的な問題にあった。

高句麗は、韓国史書『三国史記』の高句麗本紀に、始祖東明王が紀元前37年に卒本川に都を創り、国号を高句麗と称し、その卒本川は現在の中国遼寧省丹東であった。高句麗は、427年平壌に遷都し、5世紀には中国東北にもまたがる最大の国土を誇り、中国の国家、及び朝鮮半島中南部に出現した新羅及び百済と覇権を争った。

図2-1 高麗の版図、5道2界

『三国史記――高句麗本紀』には、以下の記述がある。これは、韓国の歴史教科書『国史』（2004年）に、引用されている。

> 引き続く対外膨張によって、高句麗は、東北アジアの覇者として君臨した。高句麗は、満州と韓半島にかけて広大な領土を占め、政治制度が完備した大帝国を形成し、中国と対等な地位で、力を争った。（井上秀雄訳『三国史記――高句麗本紀』東洋文庫、平凡社、2006年、193頁）

> 煬帝は、近習の重臣に「高句麗は異民族の小国であるのに、上国を侮辱している。いま（隋の方は）海を抜き山を移してなお余力があると思うほどである。ましてこの異民族など問題にするに足るだろうか」といった。

> 煬帝は（高句麗）王に入朝するよう求めたが、王はこの勅命に従わ

かった。(そこで楊帝は) 将軍たちに勅命を出して、再び後退挙 (討伐)
をはかるよう命じたが、ついに実行されなかった。(同、196頁)

高句麗は、668年唐と新羅の連合軍によって滅亡した。高句麗は進んだ鉄器文
化と騎馬軍団を有する軍事国家で、その古墳の壁画文化は評価が高く、その北朝
鮮遺跡の壁画に描かれる高句麗の貴人の姿は、奈良明日香村の高松塚古墳の壁画
との比較においても注目された存在である。このことは、この5〜7世紀に、高
句麗と日本との交流があったことを証拠づけている。この高句麗は、部族社会を
統合して王が支配した国家であり、律令制度や法律体系、さらに古墳壁画の文化
において、独自の存在を誇った。中国社会科学院では、1996年に「東北辺境歴
史と現状の系列研究工程」(略称、東北工程) が着手され、その壮大な研究に対
して、韓国は強く反発した。そして、論争となり、韓国政府は2004年春、高句
麗研究を目的とする高句麗研究財団を設立し、研究は大きく進み、高句麗研究会
報告『高句麗正体性』(2004年)、『韓国学界の東北工程対応論理』(2007年) が
刊行された。さらに、2006年9月東北亞歴史財団がソウルに創設され、本格的な
研究に入った。その成果として、『東北アジアの歴史和解に向けての大きな一歩』
(2009年) が刊行された。

2、渤海史論争

渤海は、698年から926年にかけ、中国東北から朝鮮半島北部、そしてロシア
の沿海地方にかけて存在した国家で、唐、新羅、日本間の通交の要所であった。
『新唐書』によれば、本来、粟末靺鞨で、高句麗に従っていた。渤海は、遼東半
島と山東半島の内側にあって、現在、黄河が注ぎ込む湾状の海域を指す名称であ
る。初代国王大祚栄が河北省渤海郡の郡王に任ぜられたことで、その国の国号と
なった。690年即位の武則天は遼寧に強制移住させられていた契丹の暴動に乗じ
て、粟末靺鞨人が高句麗の残党とともに、高句麗の故地に進出し、東牟山 (延辺
朝鮮族自治州敦化市) に震国を樹立し、713年大祚栄が唐に入朝し、渤海郡王に
冊封され、その後、同国は、著しい軍事膨張を続けた。

日本では、渤海史は、交流史として注目されており、考古学研究を通じて満州史における歴史認識の主題を形成してきた。そうした渤海史研究のなか、北朝鮮では、渤海を高句麗を継承する国家として位置づけ、渤海史を新羅史と対置した。これに対して、韓国では、渤海史を南北国時代の北国史として、韓国史に組み入れた。但し、李熙範『中世東北亞細亞史研究』は、渤海を高句麗の遺民によって建国された高句麗の復興国としつつも、それを韓国の体系史に組み入れるのは慎重であった。

ここでもまた、近年、渤海の歴史的地位をめぐって、渤海国を朝鮮民族の王朝と見做すか、中国の少数民族による地方政権と見做すかをめぐり、韓国及び北朝鮮と中国の間で歴史論争となった。それを提起したのは、中国の東北工程の歴史観で、高句麗を継承して成立した渤海は、新羅と対立し南北時代を形成した朝鮮史観に対し、高句麗と同様に中国の中原国家の冊封関係にある地方政権に過ぎないとしている。日本では、渤海を靺鞨人と高麗の遺民の国家であるとする説が有力である。

その東北工程は、鳥山喜一の渤海定説に挑戦した。一方、2011年の東北亞歴史財団の報告『渤海對外關係史資料集成』は、渤海国の没落期における唐・新羅・渤海交渉と対立、渤海遺民と高麗関係などを論じて、渤海の国家存在を明らかにした。

3、東北工程論争

高句麗史・渤海史研究の基礎を築いたのは南満州鉄道株式会社東京支社に設置された満鮮歴史地理調査部で、その事業は、東京帝国大学文科大学に移管して実施された。白鳥庫吉・箭内亙・松井等・稲葉岩吉らは、高句麗人・渤海人は北方ツングース民族、今日の韓族でないと認識し、朝鮮古代史の中心は新羅であるとした。それで、朝鮮総督府の朝鮮史編纂事業による刊行の『朝鮮史』には、渤海に関する記述はなかった。

中国の国家プロジェクトとして1997年に中国社会科学院中国辺疆地史研究中

心を母体に東北工程が着手され、2000年以降、その成果が公表されるに至った。その主要成果は、以下の通りであった。

馬大正「発展中国辺疆史地研究几点思考」中国辺疆史地研究、1988年第4期。

馬大正「中国古代辺疆政策研究綜述」上・下、中国辺疆史地研究、1989年第3期、1989年第4期。

馬大正主編『中国東北辺疆研究』東北邊疆研究、北京、中國社会科學出版社、2003年。

馬大正・李大龍・耿哲華・漢赫秀「古代中国高句麗歴史続論」東北邊疆研究、北京、中國社会科學出版社、2003年。

耿哲華『好太王碑一千五百八十年祭』東北邊疆研究、北京、中國社会科學出版社、2003年

李大龍『漢唐藩属体制研究』東北邊疆研究、北京、中國社会科學出版社、2006年。

張碧波「高句麗研究中的誤区」中国辺疆史地研究、1999年第3期。

李徳山「東北辺疆和朝鮮半島古代国族研究」中国辺疆史地研究、2001年第4期。

李徳山・欒凡『中国東北古民族発展史』東北邊疆研究、北京、中國社会科學出版社、2003年。

刁書仁「論明前記幹朵里女真与明、朝鮮的関係——兼論女真対朝鮮向図們江流域拓展疆域的抵与闘争」中国辺疆史地研究、第12巻第1期、2002年。

王暁菊『俄國東部移民開発問題研究』東北邊疆研究、北京、中國社会科學出版社、2003年。

張鳳鳴『中国東北与俄國』東北邊疆研究、北京、中國社会科學出版社、2003年。

李国強「"東北工程"与中国東北史的研究」中国辺疆史地研究、第14巻第4期、2004年。

利淑英・耿哲華「兩漢時期高句麗的封国地位」中国辺疆史地研究、第14巻第4期、2004年。

楊郡『高句麗民族与国家的形成和演変』東北邊疆研究、北京、中國社会科學
　出版社、2006年

郝慶雲『渤海国史』東北邊疆研究、北京、中國社会科學出版社、2006年。

馬大正編『中国東北辺疆研究』はその集大成で、所収の姜維東「高句麗研究
的若干問題」は、白鳥庫吉の「箕狐は朝鮮の始祖に非ず」（1910年）に対して、
箕狐を完全に否定し、それは「朝鮮と中国の悠久の歴史的淵源を割断して」い
る、と断定した。姜維東は、さらに、白鳥庫吉の1894年以降の「檀君考」、「朝
鮮古伝説考」、「朝鮮古代地名考」、「朝鮮古代王号考」、「高句麗の名称に就きての
考」など満鮮史研究に対して、「朝鮮と中国の歴史的・文化的関係を過小評価し、
古朝鮮と満州・蒙古との関係を粉飾し、努めて朝鮮人の民族意識を宣伝強調し、
「韓国の独立」と「満州の中立地区化論」を主張した」と論断した。この指摘は、
歴史に対する妄言というほかはなかろう。この白鳥庫吉の業績を集成した『満鮮
史研究』は、漢民族中心の中国史に対して、満州・朝鮮における異民族支配が事
実であったとするもので、その意味では、この地域の主体性を確認し、中国東北
史・朝鮮史に新天地を開拓した意義があった。そこでは、日鮮満同源論も批判さ
れた。

東北工程は、高句麗と渤海を中国の地方政権として扱い、遼寧省庄河県の高句
麗城入口の石碑にある「國利民族是中國古代華夏民族大過程的一圓」、「高句麗政
権是中國東北少数民族地方政権」の碑文をもって、『中国東北史』は、東北工程
の研究成果を集成したとしており、蒋韭韭・王小甫・他『中韓関係史』（1998年）
における高句麗を中国王朝に対応するとしたこれまでの朝鮮史の王朝記述は拒否
され、孫進己らの東北工程グループが「高句麗は歴代中国王朝と隷属の関係にあ
り、中原王朝の管轄にあった地方政権」とする公式見解をもって全面的に修正・
変更し、中国東北史はここに新しい次元の記述となり、それは渤海史論争にも発
展した。

その論争をめぐる韓国報道は、以下の経過を辿った。

「中国、「政府樹立前」韓国をHPから削除」朝鮮日報、2004年9月17日。

「［高句麗史歪曲］中国、「5項目の高等了解」順守確認」朝鮮日報、2004年9

月21日。

「高句麗史、いつまで中国に引きずられるのか」朝鮮日報、2004年9月17日。

「中国遼寧省の石碑「高句麗は中華民族」」朝鮮日報、2005年12月13日。

「中国の大学教材も高句麗・扶余は中国史の一部」朝鮮日報、2006年8月9日。

「「東北工程」に沈黙する北朝鮮」朝鮮日報、2006年9月10日。

「東北工程——百済・新羅も「中国史の一部」＝中国社会科学院」朝鮮日報、
　2007年6月4日。

「韓国古代史研究の争点と韓国学界の研究水準」朝鮮日報、2007年8月20日。

「東北工程——高句麗史の歪曲を止めない中国政府」上・下、朝鮮日報、2011
　年9月19日。

　これに対する韓国の研究は、白山学会が早くから取り組んできたており、東北亜
歴史財団を中心に本格的に始まった。そして、韓国歴史教科書に高句麗史の記述
が盛られるところとなった。

4、高句麗論争の争点

　以下、高句麗論争をめぐる中国、韓国それぞれの立場を明記しておこう。

　高句麗史を中国史の一部とする中国の見解

1、高句麗は、中国の中原王朝の統治秩序のなかで建設された。

　　　高句麗が誕生した地域は、紀元前3世紀には燕の領域であり、秦が6国を
　統一した後は、秦の遼東外邀に属した。漢が紀元前108年衛満朝鮮を滅亡
　させ、玄菟郡を設置した時点では、高句麗は玄菟郡高句麗県に属していた。
　紀元前37年に高句麗始祖朱蒙が高句麗の5部を統一しており、これは朝鮮
　とは直接関係はない。

2、高句麗は独立国家ではなく、中国の中央王朝の地方政権である。

　　　高句麗の始祖朱蒙の建国以前の高句麗県は、それまで東漢王朝に臣属し
　ていた。したがって、220年から436年までの高句麗は、中央により高句
　麗・高句麗王・征東大将軍・営輯刺史・樂浪郡公などの官職を授与され、

朝貢関係にあった。

3、高句麗は、中国古代の一民族である。

　高句麗が滅亡した後、高句麗の末裔は中原地域・突厥・渤海などに吸収され、朝鮮半島の大同江以南の一部高麗人は新羅に統合された。現在の朝鮮民族は、古代の3韓、即ち新羅人で、高句麗の末裔は少数に過ぎない。

4、隋・唐と高句麗の間の戦争は、中国の国内戦争である。

　高句麗の領域は漢民族が支配していた地域であることから、隋・唐の高句麗との戦争は中国民族内部の統一戦争に過ぎなかった。

5、王氏高麗は高句麗を継承していない。

　新羅の将軍、王建は新羅を滅亡させて高麗を建設したが、新羅の金氏王族を継承したもので、高句麗の高氏王族を継承していない。首都開城は新羅の旧領土であり、高句麗の旧領土ではない。王氏高麗は、新羅人と百済人が建設したもので、高句麗の末裔が建設したものではない。王氏高麗は朝鮮の歴史であり、高句麗（高氏高麗）は中国人が建設した中国の歴史である。

6、したがって、朝鮮半島の北部地域は、中国の歴史に属する。

　朝鮮半島の北部地域が朝鮮民族の居住地となったのは15世紀以後のことで、5世紀に高句麗が首都を平壌に移しても、高句麗は朝鮮の歴史として論じられないし、高句麗が2つの国に分かれて隷属することなどできはしない。5世紀以後の高句麗も、中国にあった地方政権であった。

　唐は、大同江以南の地域を、新羅に割譲した。遼は、鴨緑江の東側の女真領土を、高麗に割譲した。明は、図們江／豆満江以南の土地を、朝鮮に割譲した。現在の朝鮮国境北部は、こうして朝鮮民族が勢力を拡張して形成したものである。

高句麗史を中国史ではないとする韓国の見解

1、高句麗は一貫して独立王朝を形成してきた。

　高句麗は、中国東北地域及び朝鮮半島北部から中国の漢民族を消滅させ、半島の百済・新羅両王朝の形成を促し、朝鮮民族の形成に与った。

2、高句麗は、中国中原王朝に朝貢する時期があり、官職も授与されたが、それは前近代の外交的儀礼に過ぎない。他方、高句麗は、百済・新羅・倭国と国交関係にあり、高句麗と百済・新羅の存在とは本質的に区別がない。高句麗の独立期には、中国には一貫して中央政府のような統一政府は存在せず、高句麗は地方政権ではない。

3、高句麗が滅亡した後、高句麗の末裔は中国中原地域・投厥・渤海などに吸収され、高句麗人の一部が唐の強制移住によって中国内地に移住したものの、高句麗の故地に残された高句麗人は高句麗の復興運動を行い、その結果として渤海国が建設された。彼ら高句麗人は渤海と新羅に加わり、渤海の滅亡後は、その大多数が高麗に吸収され、現在の朝鮮民族を形成している。

4、高句麗が独立国家である以上、隋・唐と高句麗の間の戦争は国内戦争ではなく、国内戦争の論理は成立しない。

5、高麗が高句麗の復興運動を継承して建国されたものである以上、高麗王朝における高句麗の継承意識は明確で、国名を高麗としたのもそのためである。

6、箕子朝鮮・衛満朝鮮は、中国人が建設したとの伝承で、朝鮮半島北部を中国の歴史とする主張は成立しない。

殷の箕子東来説である箕子朝鮮の建国説は伝承に過ぎない。燕の衛満朝鮮も中国の歴史とすることはできない。

その争点である箕子朝鮮・衛満朝鮮の伝説が実際、どこまで有用であるかは議論が残る。議論の底辺にあるのは、現在の鴨緑江を中国・朝鮮国境とする現実の追認となっている。したがって、中国は、高句麗を中国高句麗といい、この中国古代史の朝鮮古代史への組み込みに反発が起きた。実際、中国東北地域と朝鮮半島に流入した中国人が深くかかわり、漢四郡に中国人が存在したのは事実であるが、その一方、遼東に多数の朝鮮人が居住していたのも事実であり、それは高句麗の旧領土の3分の2が中国東北地域に残り、高句麗の歴史遺跡がそこに残っているためである。これに対して、427年の平壌遷都に立って檀君神話をもってす

る建国ナショナリズムが発揚されたことで、その認識が混乱し、論争となった。そして、その論争は、中国・朝鮮国境の確認にまで波及した。韓国は、朝鮮半島北部を支配していないが、憲法上はその管轄地域とされており、自国の国家存在の確認にかかわる争点となった。

なお、この論争には中華意識が大きく作用しており、日本をも巻き込んだ論争となった。そこでは、古代日本は、朝鮮半島から稲作など先進文化を学び発展させてきたという、いわゆる定説も覆された。半島最古の正史『三国史記』は、新羅を建設したのは、倭人・倭種であり、中国『隋書』にも、新羅も百済も倭国を文化大国として教仰していたことは明記されている。

さらに、韓国の数学者金容雲は少なくとも列島と半島は不分離であったが、百済の滅亡で双方は分離し、日本は、そこから成熟し、日本語と朝鮮語の間に突然の変移が生じ、音韻対応は消失したとしている。

5、檀君神話論争

この歴史論争の遠因は、1992年の中国・韓国の国交樹立が成功し、韓国で、分断された社会主義の北朝鮮の認識、そして北朝鮮と交流のあった中国朝鮮族への関心が現実に浮上したことにある。そして、民族の聖地、檀君建国神話の檀君の父君桓雄が地上に降り立った民族発祥の地、白頭山への登山が可能となり、その白頭山観光の拠点となった中国東北延吉市及び延辺朝鮮族自治州との民族的・文化的・経済的交流が深まった。これにより1990年代を通じて檀君神話が韓国の歴史認識のなかに定着するところとなり、韓国の延辺観光客は、この地、いわゆる間島は古朝鮮で、高句麗、そしてそれを継いだ渤海の領土としてわが朝鮮民族の舞台であるとの認識を深め、朝鮮族に対する民族感情が大きく鼓吹された。それは民族問題としての間島問題の再浮上を意味した。

そこで、間島＝古朝鮮に対する明確な公式回答が提出されるところとなった。この認識を確認したのは、馬大正編『中国東北辺疆研究』所収の焦潤明「解決辺界争議的法理原則」で、「韓国が我が国領土に対する領土的野心をさらに露骨に

した」上で、図們江流域の北岸を間島とし、長白山（白頭山の中国名）地区を李朝朝鮮発祥の地であるとの口実を付けて中国延辺地区を歴史上朝鮮の領域であるとする妄言を提出した、と論断した。それに対して、いわゆる北方領土論として、以下の韓国文献が刊行された。

　申基碩『間島領有權に関する研究』ソウル、探求堂、1979年。

　兪政甲『北方領土論──新しい時代精神・多勿精神』ソウル、法經出版社、
　　1991年。

　梁泰鎮『韓國國境史研究』ソウル、法經出版社、1992年。

　盧啓鉉『高麗領土史』ソウル、甲寅出版社、1993年。

　白山學會編『間島領有權問題論攷』ソウル、白山資料院、2000年。

　そして、檀君神話研究も取り組まれた。

　焦潤明のかかる指摘は、以上の著者が歴史教科書の改修を要求し、中国東北部を「韓国の歴史的疆域の版図」を申し立て、古代史研究に混乱を引き起こしたことへの批判にあった。彼が「解決辺界争議的法理原則」、馬大正編『中国東北辺疆研究』で指摘した誤謬6点は、以下にある。

1、いわゆる「朝鮮古類型人」を現代朝鮮人の直接の祖先としている。

2、「古朝鮮（箕氏朝鮮）」、高句麗の「朝鮮古類型人」の国内建設を朝鮮王朝とし、その領土を現代朝鮮領土としている。

3、戦国時期から隋唐時期に、中国は朝鮮を侵略し、朝鮮国土に覇権を行使した。

4、渤海国は高句麗の直接の後継国で、朝鮮史は、南北王朝を形成した。

5、唐は渤海に対する侵略者で、清朝まで、中国歴代王朝は朝鮮に対する侵略者であった。

6、図們江流域北岸間島の長白山地区は李朝朝鮮の発祥地で、延辺地区は朝鮮領土であるとしている。

　その韓国の歴史認識が、中国朝鮮族に拡大することで、中国としては、内政問題が噴出するところとなった。それは、後述する間島問題の再浮上となり、加えて、1993年平壌近郊、江東郡江東大朴山の檀君陵から檀君夫妻の遺骨が発見さ

れたとの報道で（「北朝鮮はいま　現代のピラミッド　代わらぬ巨大志向」毎日
新聞、1994年10月13日。「金書記、「推戴」段階　檀域陵視察、「待望」の雰囲
気創り──北朝鮮の権力継承」毎日新聞、11月2日）、南・北朝鮮で檀君神話に
呼応する動きが盛んになり、巨大施設の建設となった。

　1993年の発掘調査で、高句麗時期の積石塚古墳であることが確認され、出土
した古い一組の男女骨が年代測定で501年±267年前と解析され、紀元前2500年
の檀君紀元に遡ることが確認された。その遺跡は1994年10月竣工された。

　この檀君陵の地名は、李朝朝鮮時代からのものである。

　ここに「古朝鮮」が分断国家、北朝鮮と韓国、そして延辺朝鮮自治州の中国朝
鮮族の間に、民族感情、民族一体性が強く鼓吹され、これに対し、中国当局は、
それを非学術的な「1990年代民族主義傾向」と非難し（馬大正・耿哲華・權赫
秀『古代中国高句麗歴史続論』8頁）、檀君神話論争となった。

　1999年12月韓国で、在外同胞法が制定され、海外に居住しても、韓国に戸籍
を有する者に対して韓国国籍を二重国籍として認めることとなった。この問題
は、中国朝鮮族に対する中国の管理を難しくすることは必然で、中国が反発し、
同法は頓挫した。そして、2002年2月高句麗史を「中国史の一部」とした東北工
程が登場した。

　そこでの、『三国遺事』*の「古朝鮮」（王倹朝鮮）にある檀君神話は、以下の
通りである。

　　　古記にいうには、むかし恒因（帝釈をいう）の庶子、桓雄はつねづね
　　天下に対して関心をもち、人間世界を欲しがっていた。父は子供の気持
　　を察して、下界の3危太白（3危は3つの高い山、太白はその中の1つ）
　　を見おろしてみると、（そこは）人間をひろく利するに十分であったので、
　　（その子に）天符印3個を与え、降りて行って（人間世界を）治めさせた。
　　（そこで）雄が部下3千を率いて太伯山の頂上（太伯は今の妙高山）の神
　　壇樹の下に降りてきて、そこを神市と読んだ。この人が桓雄天王である。
　　（彼は）風伯・雨師・雲師らをしたがえて、穀・命・病・刑・善・悪をつ
　　かさどり、あらゆる人間の360余のことがらを治め、教化した。

29

時に一頭の熊と一頭の虎とが同じ穴に住んでいて、神雄（桓雄）に祈っていうには、「願わくば化して人間になりとうございます」。そこで、あるとき神雄は霊妙な艾ひとにぎりと、蒜20個を与えて「お前たちがこれを食べて百日間日光を見なければ、すぐに人間になるだろう」といった。熊と虎がこれをもらって食べ、物忌みすること37日（21日）目に、熊は変じて女の身となったが、虎は物忌みができなくて人間になれなかった。熊女は彼女と結婚してくれるものがいなかったので、いつも神（壇）樹の下で、みごもりますようにと祈った。桓雄がしばらく身体を変えて（人間となって）結婚し、子を産んだ。名前を壇君王倹といった。

　（王倹は）唐高（尭）が即位してから50年たった虎寅（唐高の即位元年は戊辰であり、50年は丁巳であって、庚寅ではない）に、平壌城（今の西京）に都を移し、初めて朝鮮と呼び、その都を白岳山の阿斯達に移した。そこを弓（方とも書く）忽山、または今弥達ともいう。国を治めること1500年間であった。（一然、金思燁訳『完訳三国遺事』六興出版、1980年、54－55頁）

　かくして、檀君は古朝鮮国を開き、その始祖となった。檀君は多くの民を率い白頭山の麓の阿斯達に降り、王倹城に都を定め1500年もの間、国を治めた。ここでいう太伯山は白頭山である。但し、桓雄が降りたところは、北朝鮮平安北道（道都新義洲）の妙高山脈の妙高山という説もある（前記、「古朝鮮」の翻訳者金思燁はその1人で、訳者の用語はそのままである）が、白頭山である、と多くの人が信じている。

　＊『三国遺事』は、高句麗、新羅、百済3国の遺聞逸事を高麗の高僧一然が晩年に記した朝鮮古代研究の基本資料で、李朝中牟大（1506～44年）の慶州版が流布しており、王暦の年表をそれぞれの巻頭に置き、紀異第一、紀異第二、興法、塔像、義解、神呪、感通、避隠、孝善の9編の構成で、興法以下は仏教関係記事である。

6、任那日本府論争

　4世紀中頃から6世紀半ばまで、ほぼ200年間、日本は朝鮮半島南部に進出し、植民地的経営を行っていた、その地域が任那で、それはそこの小国の名である。日本の半島関与は、108年設置の樂浪郡への貢献及び貿易にあり、樂浪郡は北方から下ってきた高句麗族によって滅ぼされ、樂浪郡から分離して日本との関係を維持した帯方郡は南方の韓族で、東方の濊族によって滅ぼされた。そこで、百済国、新羅国が成立したものの、日本の間接支配は続いた。日本は遣唐使の往来を続けたが、その背景には任那の存在があったからである。なお、任那は釜山の地方にあったとされ、任那10国は、次の諸国である。安羅国（咸安）、加羅国（高霊）、斯二岐（宣寧郡新反里）、多羅国（陝川）、卒麻国（性林面馬沙里）、古嗟国（固城）、巳他国（居昌）、散半下国（草渓）など。

　日本は、4世紀に成立した大和が朝鮮半島に進出し、そこに任那日本府を置いた。2001年扶桑社中学歴史教科書『新しい歴史教科書』にその記述が登場した。既に1963年9月20日朝鮮民主主義人民共和国科学院歴史研究所所長金錫亨と金熙一・孫英鐘は、労働新聞論文「『世界通史』の朝鮮に関する叙述の重大な錯誤に関して」で、任那日本府の存在を否定した。同論文は、1955年ソ連科学アカデミー編の『世界通史』の関連もあって、10月18日人民日報に掲載された。しかし、その中国側の掲載の意図は、金錫亨らは、任那日本府は日本帝国主義の御用学者が日本の朝鮮占領の歴史を擁護するために捏造したとする北朝鮮の見解に対する反論にあった。さらに、金錫亨らは、任那だけでなく、新羅、百済、告馬（高句麗）など、『日本書紀』に記されている諸国も、日本列島内に存在した朝鮮系「分国」とされる分国説を主張しており、これら分国と日本列島内の土着勢力を統御し略奪するために大和王が列島内に設置した機関としていた。これに、村山正雄が反論した（「百済の大姓八足について」『東洋史論叢』1972年）。

　これを機に、南・北朝鮮の歴史学者は任那日本府の抹殺の走り、任那日本府は任那に存在した大和国の通商事務所に過ぎない、と断定した。こうして、中国正史『三国志』、『宋国』、『隋書』、『北史』、さらに『三国史記』、『三国遺事』、ある

いは金石文史料の「高句麗広開土王碑文」などの任那日本府の記述をすべて否定した。これに対して、中国延辺大学の善春元は、マルクス主義国家学説に忠実に立脚して挑戦し、北朝鮮史学界は「荒唐無稽」であると論評した（「関于日本早期国家形成的意義」史教学、1990年第7期など）。一方、日本古代史学界では、鈴木英夫らの「任那日本府」史観の検証が進んだ。

　平壌近郊至るところに分布する古墳群は、例外なく中国の円頂方台封漢基と完全に一致している。出土品は、いずれも漢王朝の製造品で、中国朝廷が樂浪郡に派遣した太守の行員や漢人官吏の印章（封泥）も、多数出土している。北朝鮮史学界は、平壌を中心とする樂浪郡は朝鮮半島には所在せず、中国東北遼河下流域に位置していた、と主張した。これは、任那日本府の所在地を朝鮮半島から日本列島に置き換えた捏造と同じ手法である。一方、韓国では、1970年、ソウル大学教授韓ユウキンは『韓國通史』で、任那日本府は否定されていた。それは、日本人に対する屈辱を日本の存在を拒否することで、正当づける手法であった。現在、韓国の歴史学会は、この解釈の立場を停止した向きがあるが、依然、任那符論争は続いている。

第3章　中朝辺界史

　中国東北の鴨緑江・們門江・黒龍江流域から吉林地区へ、そして日本沿岸、朝鮮半島、カムチャッカ半島に拡がる海洋空間は、1つの人類文化世界にあった。

　多くの遺跡が発見され、その文化的共通性を基盤とした国家形成が確認され、朝鮮の最期を記録した司馬遷の『史記』の貨殖列伝は、「東は穢貉・朝鮮・真番の利をつなぐ」と伝えている。箕子が朝鮮半島に乗り込んだと、『朝鮮史略』にある。

　中国・朝鮮辺境は、こうして東アジア世界が主題として登場してきた。

1、中朝辺界

　この時期、箕氏の中国・朝鮮境界は、鴨緑江であった。衛氏朝鮮が成立し、それは東アジアの冊封体制を形成しており、漢四郡の玄菟は、鴨緑江を跨いでいた。その統治の中枢は、東朝鮮半島の東海岸に通ずる道路の確保から、咸興村付近の沃沮県にあった。

　そのなか、元の蒙古帝国は、朝鮮半島を組み込み、統治地域とした。その支配下にあった朝鮮の拠点は、以下の通りであった。

「経性大典」拠点	「析津志」拠点	現在地（北朝鮮）
蛮出温站	蛮出海站	會寧雲實城
毛良苦	毛連苦	鏡城
迭甫站	迭甫	咸鏡北道吉州
端州站	端州	端州
青州站	青州	北青
洪寛站	洪寛	洪原県
合刺符站	合懶府	咸興南五里古城

　1363年（順帝至正23年、高麗恭愍王12年）に、元軍1万人が鴨緑江を渡河した。一方、元は、朝鮮半島の泥城（昌城）、定州（定平）、咸州（咸興）、三撤（北青）を失った。

　明代に移行し、朝鮮では、李朝太祖が登場し、恭愍王は北進政策をとり、鴨緑江南岸を完全に支配し、中国少数民族女真が居住していた図們江南岸は中国領土であったが、1394年太祖は甲州地帯の占領を命じ、1399年には豆満江を越えた。

　明代の女真は、その統治範囲が『大明一統志』に明らかにされていて、その居住地は松花江上流、牡丹江南北両岸に及び、綏芬河流域に拡がっていた。その中心部分は、長白山以南、鴨緑江以北、そして琿河に及んでいた。鴨緑江の下流南岸は高麗に帰属し、李朝の建立で、その北進政策によって鴨緑江中流南岸まで、その支配が拡大し、『大韓疆域考』は、咸州（咸興）以北の拡張を確認しており、『李朝大宗實録』には、1942年に慈城、茂昌の城壁修復が報告されている。

　さらに、1465年（憲宗成化元年、世宗10年）に朝鮮は、非合法の農民軍を送り、鴨緑江の島嶼、蘭子、䚟（黔同）を占領した。女真族は略奪に遭い、村落は破壊された。彼ら朝鮮民族は、1600年に移住工作に従事し、図們江でも、同様な朝鮮人居住事件が起きた。

　そして『三國史記』に記録される3韓代は、3人の王による分割統治で、申采浩の検証によると、遼寧省の西北と東北、吉林省、黒龍江省、及び沿海州に、その位置と範囲を画定することができる。『満洲源流考』（1778年）に従えば、このシン朝鮮はマルとプルに支えられた形で存在しており、それは1人の王の統治から3人の王の統治となり、朝鮮族が最初に開拓したのは扶余で、その東扶余のプル朝鮮は琿春を中心に遼東半島を所有し、鴨緑江はマル朝鮮（馬韓・百済の祖

先）の所有地であったとしている。それで、3韓の3京は、ハルビンと平壤、そして蓋平であった。

　3韓が崩壊して登場した高句麗の衰微で、朝鮮は、鴨緑江以北を領土として確認できない状況になり、その努力は南進政策に向けられた。新羅が勃興し、それで高句麗の北進政策はまったく挫折し、高句麗・百済・新羅の百年戦争となった。その一方、7世紀中葉、高句麗は唐軍の撃退に成功し、その故地の百済／高句麗の支配工作は失敗した。にもかかわらず、唐文化の導入で、高麗は血族集団から身分的階層組織に編成され、その社会秩序の確立に与った。しかし、14世紀以降は、倭寇が始まり、外患相次ぐなか、国内では社会不安が高まり、高句麗支配層間での内政・外交をめぐる対立が深刻化した。この難局を収拾したのは李成桂で、ここに朝鮮は李王朝へ移行した。それ以降の国境は、その体制の確立で鴨緑江・豆満江にまで拡がり、空前の繁栄がみられた。

2、中国・朝鮮の国境画定と往来

　1614年明は滅び、朝鮮は清国に宗属し、ここに、鴨緑江が国境となった。康熙帝は、1581年に長白山賦を詠んでいた。

　　　名山鍾霊秀、二水［松花江と鴨緑江］發真源。

　　　翠靄籠天窟、紅雲備地根。千秋佳兆啓、一大典僅尊。

　　　翹首瞻晴吳、苕蕘通帝閽。

　そして、1644年（順治元年、仁祖22年）5月、これら流域の管理のために、清国は、封禁政策をとった。

　にもかかわらず、1710年豆満江／図們江を越えて朝鮮人が朝鮮人参を採りにいわゆる間島に立ち入り、朝鮮人に襲われた中国人が朝鮮の官庁に苦情を訴えた。そこで、烏喇管穆克登が派遣され、1712年鴨緑江の源流にある長白山の山頂に両国の分岐点として、それを示す定界碑が建立された。

　結局、1881年に清国は、この地方、図們江に入り込んだ間島の開放を決定し、朝鮮政府に対し、以下の咨文を発した。

35

光緒7年9月初日上諭を奉ず。呉大徴は、土門江東北岸の荒地は、舊章を變通して開墾を辨理せんと事を奏請せり。土門江東北岸一帯の荒地は朝鮮と僅かに一江を隔てて、向きに私墾を禁ぜり。呉大徴は、現に舊章を變通して民を招きて墾種せんと擬した。疑する所に照して行わしむ。即ち禮部をして朝鮮國王に照會せしむ。此次の開墾は、官より經理を為すに係れば、飾して所屬邊界官をして疑慮を生ずることなからしめ、竝に銘安呉大徴をして該官員を督励し居民を約束して界を越へ事を滋くすることを得るなからしめ、遵守せざれば、即ち巖に從って懲辨することとし、これをもって禮節を諭知し、竝に諭して銘安呉大徴をして、之を知らしめよ。此を欽すと、旨に遵て信を寄せて前來す、應に朝鮮國王に知照し敬謹知照して可なり。

　こうした転換になったのは、呉大徴が、欽差大臣として吉林で、開墾の事務を司っていたからである。それで結果的に、彼は、間島協約により間島雑居地域を確認して、それに従う東方境界を維持することが任務とされた。

　一方、1882年（高宗19）8月中国・朝鮮商民水陸貿易章程、全8条が締結され、国境の往来が可能となった。それは、朝貢国としての朝鮮の貿易規程を定めている。

　1882年8月23日調印の、中国・朝鮮商民水陸貿易章程は、以下の通りである。

　　　境界を接する朝鮮・清国関係について、古来から定まった規則により統制されており、この点での変更は、何ら必要とされないが、現在、諸外国が海路を通じた朝鮮との貿易を考慮しているので、これまで清国と朝鮮間で実施されてきた朝鮮貿易の禁令を即刻廃止し、朝鮮の商人が通商関係に関与しうるようにすることが必要となった。国境地域における産物の交換を支配している規程も、時代の要求に応じて改変される必要があろう。但し、目下決定される海上・陸上貿易の新規程は、清国と朝鮮国の関係のみに適用され、清国は、朝鮮に従属国としてのある種の特典を与えるが、条約国は、これに与ることができない。正に、この意味合いにおいて、以下の条項が協定される。

第1条　今後、北洋通商相は、朝鮮の開放各港に駐在する商務委員を任命し、同地に在留する清国承認に対して管轄権を行使する特別な任務に当たらせる。前記の官吏は、朝鮮の官吏と待遇上で完全に平等な立場に置かれ、礼儀に適った丁重な扱いを受ける。商務委員自身の責任で朝鮮当局と共同解決することが不都合と思われる重大事件が生じた場合には、北洋通商相に同件を報告し、同相は、朝鮮国王に送付して朝鮮政府を指導するための指示を出すようにする。また、朝鮮国王は、天津に駐在するための高級官吏1名を委任し、他の官吏を商務に関する政府職員として、清国の開放各港に派遣する。……

第2条　清国臣民が朝鮮の港で清国臣民に対して起こしたすべての訴訟は、清国の商務委員会が判事の任務を務める。……

第3条　一方の国の商船が貿易のため他方の国で開放港へ入港することは、合法的である。貨物の積込みと陸揚げ及び海運関税徴収のすべての手続きは、締約国それぞれによって定められた規程に従って処理されるものとする。悪天候のため他方の沿岸で座礁した船舶は、いかなる区域であれ、その現場に投錨し、食糧を購入して必要な修理を行うことが許されるが、地方当局がその手配を担当する一方、それに付随する経費のすべては、同船の所有者によって負担される。……

第4条　貿易のために他方の開放場へ向かう一方の国の商船は、平和な市民として振舞い、法律に従うことを条件として、土地又は家屋を賃借りし、建物を提案することを許される。輸出入禁制品のうちに入らないすべての商品と地方産品は、自由に取引きされることが許される。……

第5条　両国国境の義州、会寧、慶源の処においては、相互に市を開き、官吏がこれを支配し、障害がないようする。ここに、鴨緑江は対岸の棚門を設けて義州に2カ所、及び図們江の対岸琿春及び会寧の2カ所で、随時、往来し交易できる。両国は、ここに市を開いて、匪族を管理し、徴税を行うことができる。……

第8条　ここに定められた貿易規程は、主要な諸点に限られていて細部に及んでいないが、両国の官吏と国民は、当面のところ、そこに期されている規則に入念に従う。将来、いかなる点で追加と削除が行わなければならないかは、北洋通商相と朝鮮国王の間で、書信を通じて討議され、その上で、補足規程が清国皇帝に提出されて、勅許を得た後に施行される。

　そこで、鴨緑江の義州・中江の辺境貿易のための章程が、1883年（高宗20）4月作成され成立して、国境手続きとその処理が詳しく決まった。

　1883年4月3日朝鮮・中国奉天・朝鮮辺民交易章程は、以下の通りである。

第1条　朝鮮辺境における陸上交易は、条約港において行われている貿易とは立場を異にする。その理由は、もともと前者が進貢国の1つに対する恩恵として中国王室によって確立されたもので、地域住民への便宜のための明白な理解を伴っているからである。それ故に、辺境交易を容易にするために、時折、いかなる特典が供与されようとも、それは、朝鮮の国境に接する奉天省の商人にのみ適用され、他の諸国民はこの規程に与らないことが了解される。

第2条　奉天省の商人は、義州での交易は許される。但し、他の朝鮮領土内に、地方当局による捺印証明書を持たない限り、入国し往来することは禁止される。同じ規則がさらに厳格な形で朝鮮商人に適用され、彼らは、奉天省辺域に属する各地に入国し往来してはならず、特に外国人を辺域に連れてくることは禁じられる。外国人を現地人に変装させて辺境へ連れてこようと計画したことが発覚した者は、その者自身が密入国したのと同じ扱いで処罰される。

第3条　鴨緑江の中国側に位置する各地と朝鮮の平安道地区の河口から、祭式犠牲用の魚を調達することは、中国王室の特権の1つであるので、民間人は、そこで魚を密漁することは厳禁され、朝鮮臣民については、特に禁じられる。この規則に違反した者は、厳しく処罰される。

第4条　中江は、河川の1つで義州から隔てられているだけで、同地で

交易する商人は、朝に到来して夕方帰還することができるので、この交易は、商品が遠隔地から到着してその貯蔵場を必要とする海港の貿易とは性質を異にする。この事清に鑑み、九連市街、中江附近、及び義州西郊外での商業取引の便宜のために税関事務局を幾つか設置して都合を計ることが決定されたので、朝鮮臣民は、奉天省辺域に家屋や倉庫を建設することは許されず、中国臣民も、辺域の朝鮮側に関して、同じ原則によって処遇される。

第5条　関税の徴収と税関許可証の発行を担当する役人の職務は、従来、棚門に駐在する特別税務監督官の管理下に置かれていたが、今回の新規程に伴って税関事務所が増設されることになったので、盛京（瀋陽）の軍事長官と奉天府の民事長官は、これらの新しい事務所の責任者に任命される役人の名前を陛下に奏上するために、必要な借置について、北洋通商相に通知する。

第6条　前記の税関事務局への交通に由来する税金の徴収と強奪事件の調査に関する万事において、税務監督官は、その配下の文官及び武官に対して、特に念入りかつ慎重に行動するよう、指示を与える。金銭・その他の財産が関係している犯罪は、地方当局によって取り扱われ、地方当局は、それぞれの事件を現行の法律に従って審判すべきものとする。その他に、奉天省の住民が朝鮮の辺境側で不品行を働いたり、本国で告訴されて朝鮮領土内に逃げ込んだ場合には、義州知事は、罪人を処罰のために安東行政長官に引き渡すものとする。朝鮮臣民が奉天省で不品行を働いたり、奉天省辺域に逃げ込んだりした場合、安東行政長官は、義州知事にその者を引渡しの上、処罰を求める。安東行政長官又は義州知事が、自分の責任で解決し得ないと判断するほどに大事件が辺境で生じた場合には、国境役所は、安東行政長官又は義州知事から必要な報告を予め受けた後に、盛京の軍事長官と民事長官の手に同件を委ね、同長官の裁定が同じ経路を通じて途絶される。

第7条　辺境の商品交易のために開放された地区に設置される税関事務

局による税の徴収と強奪事件の調査は、重要性が非常に大きな事柄である。それ故に、税関事務局は、商人が互いに事務局を通過する時に、いつでも彼らの書類について正しい検査が行われるように注意を払い、それによって彼らが非合法な料金を強要されたり他の無用な迷惑を受けることから解放されることにつき責任を持つ。税関を通過する商品について、徴税官は、それに伴う書類と共に物品を検査して、既成の規程に従って正当な徴税を行うことにつき責任を負い、不当な追加料金が採られないよう注意する。

第8条　習慣的な典礼として朝鮮から中国王室に送られる朝貢に関する事柄すべては、既成の規則によって支配される。朝貢品は、法律によって税の支払いを免除される。但し、使節と随行員の荷物と手回り品は、財務委員会によってそのために定められた緩い規則に従う。使節が商品を携行していない場合には、各官吏は、重さ300斤以内の範囲で、衣類・手回り品・書籍・薬品など、無税での携帯が許される。物品の運搬による利益に与りたいと望む使節官と随行員は、使節官の場合には1人20斤、従者の場合には1人20斤の制限内で、薬用人参を持ち帰ることが許される。さらに、各使節官は、160斤までの衣類・私物・手荷物を、各随行員は、80斤までのそれらにつき、無税での携行が許されるものとする。使節官と随行員は、免税の制限量を確定するために、通過する官員の姓名と貨物の量を明記した申告書を、税関当局に提出する。これら物品の他に、天幕設営用の帆布・支柱などを含む、梱包と旅行用の食糧品なども、あらゆる可能な便宜を供与するために、無税で通される。但し、これとは別に、商品を内包する箱類・その他の梱包すべては、税金の納入のために、申告されなければならない。公用で旅行する他の官吏すべてについては、彼らが旅券を携帯していても、携行する商品に対して、規程通りの税金を納めなければならず、例外は許されないことは、了解済とする。

第9条　中江での貿易には、以下の税金が課せられる。薬用人参について

は、税を支払う義務がある場合には、15パーセントの従価税が課せられ、牛・馬については、騎乗用のものを除いて、市場価格の5パーセントの従価税が課せられる。また、野菜・果物・鶏・家鴨・鵞鳥のような市民の日常必需品と雑品は、無税とする。

第10条　中江における交易は、元来、辺境の住民間の自由交易に限られていたので、外国貿易のために開放された海港で諸外国によって行われることが許されている対外貿易とは、何の関係も有していない。また、海洋税関で行われている規程は、正式な関税と通過税の区別を付けるための典処として引用されてはならない（あらゆる種類の反則が生じるためである）。ここでは、以下の通り、規則を定める。奉天省の商人が義州の市場に商品を運ぶ時には、いつでも商品の出所と無関係に一度だけ規程通りの割合で、正式な関税が課され、朝鮮の商人が中江の市場に商品を運ぶ時にも、いつでも、その者は同じ形で扱われ、正式な関税を一度だけ納めて、二次的な料金はいっさい取られない。商人が外国の商品をこれらの市場に持ち込むことを望まない場合には、彼らは、自分の好むようにする自由を与えられ、当局は、彼らに強制することができない。

第11条　棚門で開かれる習慣となってきた定期市での交易は、中江に交易が移されて、そこでは、時期的な制約がいっさいないので、これまで春と秋の一定の期日に開かれた定期市は、当然、廃止される。中江から衛門に通じる旧来の朝貢道路は、朝貢の交通以外には閉鎖され、進貢する使節団の成員を除いて、何びとも、旅券なしにそこを往来することは許されないし、そこが密貿易の径路になることを防止するために、厳格な措置が講じられる。

第12条　中江と義州の間の往来は、両地間で最も通行し易い短い道路1本に限定され、もって両地を結ぶ様ざまな間道と脇道は、同様に閉鎖される。特に、冬期と春期に河川が凍結して随所で横断が可能となるので、犯行の取調べと処罰によって前記の制限を守るために、最大限

の警戒が行われなければならない。この規則の厳しさを公衆に印象付けるために、あらゆる違反行為には処罰を併せる必要がある。

第13条　中江・義州間の辺民交易は、開放された海港で商務委員の監督下に行われる貿易とは性質を異にする。朝鮮の商人が奉天省に現地産品を購入するために陸路で入る場合、税関役人は、その者に旅券を交付し、他方では、義州知事にそのことを連絡する。同じく奉天省の商人が朝鮮に現地産品を買うために陸路で入る場合、義州知事は、その者に旅券を交付すると共に、税関役人に同件につき報告する。旅券には、購入される商品が予め明記されていなければならない。但し、そうすることが不可能な事情がある場合には、先ず商品を購入することが許され、購入の終わり次第、それを税関事務所に持ち帰らなければならず、その時点で、そのために返却される元の旅券に正確な明細が記入され、それが納税証明書と交換される際に、商品の点検と徴税のための書類上の証拠を与えるようにしなければならない。また、これら商品が購入される予定地も旅券に記入される必要があり、交易が許可されていない土地に対しては、旅券は発行されない。

第14条　交易のために朝鮮に向かう奉天省の商人は、義州まで行くことしか、許されず、交易のために奉天省に向かう朝鮮の商人は、中江の税関事務所まで行くことしか許されない。奉天省の管轄下にあるすべての領域は、王室直轄地として、陛下の副都に所属し、以前に勅許を得た規則に支配されているので、地方産品を買い付けに来る商人は、鳳凰門の通用口を通じて出入りすることだけが許される。朝貢道路から引き返された旅行客は、自分勝手な道を選んではならない。中国の進貢国としての朝鮮との関係については、朝鮮は、準中国領土と見做されるけれども、奉天省の商人は、その点に関して設けられた制限に違反して、朝鮮領土に立ち入ることは許されなく、これに違反した者は、処罰される。

第15条　海港で調達された物品は、そこから海路で運ばれることを許さ

れるのに対して、奉天省の商人は、朝鮮の開放港の1つで購入した物品を陸路で中江に持ち帰り、又は義州であれ、その他の地であれ、朝鮮国内で販売によってそれを処分することは禁じられる。同じく、朝鮮の商人も、奉天省の開放港で買い付けた物品を陸路を通じて義州に持ち帰ったり、奉天省・その他の地区で販売したりすることによって、それを処分することは禁じられる。この規則に違反した場合、商品は没収され、違反者は、厳罰に処されるものとする。但し、公用で旅行する役人の場合は、彼らが商品を携えずに単独で旅行していること、及び商人とは別種の身分であることを証明する書類を備えている限り、別扱いとされる。前記の役人は、検査がなされた上で、通行が許される。

第16条　商人の運搬する商品は、役人に提出される申請書に記入されなければならず、役人は、それを審査して自分の印をその上に押す。前記の申請書なしに密輸された商品すべては、脱税が証明され次第、没収される。外国産と原地産の阿片、軍需物資、及び他の禁制品すべては、天津で結ばれた最初の協定によって取引きを許されていないので、それらは、決して国境を越えて運ばれてはならない。また、銅貨も国外に持ち出されてはならない。この点に関する違反は、その理非曲直に応じて処罰される。

第17条　商人が交換手段として用いる金・銀、並びに彼らが私物と共に携行する衣類・手荷物・文房具・書籍などは、無税で通過を許される。但し、販売のために市場へ出される砂金と銀鉱石は、商品と同じ扱いを受ける。この物品は、法律によって免税扱いされている類似品（金の延棒・金箔・金装飾品・馬蹄銀・銀塊・小粒銀など）の分類には入れられないので、規程の要求に従って58パーセントの従価税を納める必要があり、この負担は免除されることはなく、この点に関する脱税は決して許されない。

第18条　産品の交易に当たっては、海産物・皮革・布・紙・銅器・磁器

などの物品すべては、58パーセントの従価税を納付する。関税表に記されていない物品の場合は、商人は、その価格と5パーセントの税を申告する。従価税は、商品の評価額について課されるものとし、いかなる他の負担金も課してはならない。

第19条　朝鮮の朝貢使節団が北京に向かう時には、彼らが国境に到着する前に、鳳凰市の軍事司令官は、儀式委員会への情報提供のために、軍事長官に許諾の迅速な通知を送り、また同時に、前記の軍事司令官は、辺境へ自ら出向き、そこで必要な手配を整え、他方では、彼の部下の役人が沿路の護衛と幾つかの駐屯地における接待のために必要な準備を行い、これらと関連する任務は、王室典礼に関するものなので、天津で協定された約定に合致するように、既成の規程に従って進行されなければならない。兵士と役人は、その機会を利用して、進物を強要することがないように、厳格に注意されなければならず、違反者は、裁判に付されて処罰される。

第20条　中江の市場で用いられている度量衡は、朝鮮で用いられているものと尺度が異ならざるを得ないので、中江と義州の両地で日常用いられる基準を調整する必要がある。また、調整の際に意見の相違が生じた場合には、国境の地方当局が協力して必要な統一基準を正確に設定すべきものとする。但し、公正を期すために、地方基準は遵守されて、可能な限り、他の地区の基準とは代替されない。

第21条　旧来では、柵門を通じた夜間の交易は、脱税を防止する上で多大な困難を与えていたが、今回、辺境本部を中江に移すのと同時に、旧来の事態が再現されることを許してはならないので、夜間の交易は、すべての違反者に処罰を与えることによって、最大限に厳しく停止されなければならない。

第22条　朝鮮の商人の間では、価格の設定に公約仲買人を利用するのが従来の慣習であったが、この習慣が維持される限り、相場に関する紛争を避けることは困難で、市場を独占している者が実際に引き渡され

た商品に対して、現金支払いをせず、時季中に購入された商品については、来季に債務が生産されるという了解の下に掛売りが行われ、来季になると仲買人がこの債務のために蒸発して、売り手が要求に対して責任を持つ相手をだれも見出せないということが起りうる。この旧習は、商人に多大な害を与えているので、中江へ辺境本部を移すと共に、この習慣を廃止することが決定され、今後、売り手は買い手と直接交渉を行い、両者が自らの間で、価格を定めることが許される。過去の有害な慣行が次第に復活するのを防止するために、この種類の取引きに、仲買人が介入することは禁止される。

第23条　新設された税関事務局と地方当局が連絡する機会を持つ時には、交換される急送公文書は、旧来の丁重な形式に従って作成されなければならない。朝鮮側は、中国を「天朝」及び「上国」と称さなければならず、通常の通信文においても、政府によって規定された形式を使用しなければならない。朝鮮側は、乱筆乱文を弄してはならない。中国に対して「中」、朝鮮に対して「東」の字を用いることは、規定通りに禁じられ、妥当な国家的敬意を示すために、奉天省の辺境地区における中国当局は、朝鮮に対して「朝鮮国」と書き、朝鮮について又は朝鮮に対して記す場合には、「貴国」と称する。

第24条　辺境で調査が行われ、厳格な防止措置が求められている窃盗・詐欺事件の幾つかは、前記の規則によっては対応し切れないことが判明した場合には、双方の地方当局は、その時に事件の解決に最善と判断される措置を採る。その際に、公的情報が与えられて、詳細すべてが記録に入れられる必要があり、かつ辺境の交易に供与される便宜か社会の一般的な利益を損なわないよう、最大限の注意が払われなければならない。

そして以上の背景と経緯から、1899年9月中国と朝鮮は、その国際関係の確立を確認して友好・通商条約を調印した。そこでは、これまでの移住者の身体・財産は保障された一方、今後、移住は禁止された。

1899年9月11日調印、12月14日批准書交換の、大韓帝国・大清帝国友好・通商条約は、以下の通りである。

　　　大清帝国皇帝陛下と大韓皇帝陛下は、両国の臣民間に恒久的な協調と友好の関係を確立したいと願い、そのために、条約を締結することに決意し、これに対して、以下の者を各自の全権委員に任命した。

　　　大清帝国皇帝陛下の側は、二等官太僕寺卿除壽朋、

　　　大韓皇帝陛下の側は、外相僕斎純。

　　　両者は、各自の全権委任状を交換し、その正式であることを確認し合った後、以下の通商条約について、協定を締結した。

第1条　大清帝国と大韓帝国の間に、及び両国の臣民間に恒久的な平和と友好が存在すべきとし、両国の臣民は、締約当事者の各自の国内において、完全な保護と有利な待遇の恩恵を等しく享受しうる。

　　　第三国が一方の政府に不正な又は圧迫的な処遇を加えた場合には、他方の政府は、同伴を通知され次第、円満な話合いがつくよう仲介の労を取り、それにより友誼の気持を示す。

第2条　本友好・通商条約の締結後、両締約国は、それぞれ他方の宮廷に駐在する外交代表を任命することができ、かつ外国貿易に開放されている他方の各港に駐在する領事官を、両国の都合に応じて任命することができる。

　　　これらの役人は、同等の階級の他方の当局と平等な立場で、関係を持つ。

　　　両政府の外交代表と領事官は、最恵国同級の代表官吏に与えられているのと同じ特権、権利、及び免除を、差別なく相互に享受する。

　　　領事官は、派遣された先の政府から認可状を受け取ってから、初めて職務に就く。

　　　両国の正規の常設人員又は公式の至急文書を携えた使者に対しては、制約や障害が加えられない。

　　　領事当局は、誠実な役人たるべきとする。いかなる商人も、領事の

第3章　中朝辺界史

任務を遂行することは許されなく、領事官吏も貿易に従事することは許されない。

領事官が置かれていない港では、他国の領事官にその代役を務めるように求めることができる。但し、その際、いかなる商人も、領事の職務を行使することは許されない。

一方の国の領事官が不正な形で職務を行使した場合、その者は、当該国の外交官に通告することによって解任される。

第3条　貿易のために中国の条約港を訪れる韓国の商人と商船は、中国の税関規程に従って、かつ最恵国の臣民に対するのと同じ条件で、輸出入税・頓税・その他の料金すべてを支払う。

貿易のために韓国の条約港を訪れる中国の商人と商船は、韓国の税関規程に従いかつ最恵国の臣民に対するのと同じ条件で、輸出入税・頓税・その他の料金をすべてを支払う。

両国の臣民は、他方の領土内の開放港すべてに対して、貿易のために往来することを許される。

貿易規程と関税表は、最恵国により享受されているものと同一である。

第4条　1、中国の開放港に赴く韓国臣民は、居住区の境界内に好みに応じて滞在し、物件を賃借し、土地を借り上げ、倉庫を建設することなどが許される。また、前記の韓国臣民は、すべての製造品と禁止されていない物品すべてにわたって、あらゆる種類の原地産品を自由に交易することができる。

韓国の開放港に赴く中国臣民は、居住区の境界内に好みに応じて滞在し、物件を賃借し、土地を借り上げ、倉庫を建設することなどが許される。また、前記の中国臣民は、すべての製造品と禁止されていない物品すべてにわたって、あらゆる種類の原地産品を自由に交易することができる。

2、両国の条約港における土地の借用、家屋の建設、共同墓地の設計、

47

賃借料と税の支払い、その他この種の事項すべてに関する問題のすべては、当該港の租界規程と地域評議会規程に従って解決され、当該規程の違反は許されない。

　両国の条約港における一般外国人居留区に加えて、外国の独立管理下にある居住区が存在する場合、同地の地代及びその種の事柄に関する問題は、同居住区の規程によって支配されるものとし、当該規程の違反は許されない。

3、中国臣民は、韓国の条約港における外国人居留区の境界外の土地又は建物の賃借又は購入に関して、外国人に与えられているすべての利益と恩恵を享受しうる。但し、そのようにして占有された上他のすべては、韓国当局が賦課すべきと判断すべき地租の納入と韓国の地方条例の遵守という条件に従う。

　韓国臣民は、中国の条約港における外国人居留区の境界外の土地又は建物の賃借り又は購入に関して、外国人に与えられているすべての利益と恩恵を享受しうる。但し、そのようにして占有された土地のすべては、中国当局が賦課すべきと判断する地租の納入と中国の地方条例の遵守というような条件に従う。

4、双方の臣民は、締約国の条約港で外国貿易に開放されている地域の範囲外に、土地・家屋を賃借り又は店舗を開くことは許されない。この規程に違反した場合には、土地の没収と家屋又は店舗の原価の2倍に当たる罰金が課せられる。

5、土地の取得又は賃借に当たっては、いかなる強制も威嚇も許されなく、かつ占有された土地は、国家の不可欠な一部であり続ける。

6、締約国の一方の臣民が他方の国のある条約港から同国の別の条約港へ商品を送る場合には、同品は、最恵国の臣民に対するのと同じ料金と税金、規程と禁制などに従う。

第5条　1、韓国で犯罪行為を働いた中国臣民は、中国の領事当局によって、中国の法律に従って裁判に付され、処罰される。

中国で犯罪行為を働いた韓国臣民は、韓国の領事官によって、韓国の法律に従って処罰される。

　中国で韓国人の生命又は財産に危害を加えた中国臣民は、中国当局によって、中国の法律に従って裁判に付され、処罰される。

　韓国で中国人の生命又は財産に危害を加えた韓国臣民は、韓国当局によって、韓国の法律に従って裁判に付され、処罰される。

　両国の臣民間で民事上の紛争が生じた場合、同件は、被告側の国の適切な役人によって、同国の法律に従って裁定される。

　原告側の国の正式に権限を授けられた役人は、裁判に立ち会い、訴訟手続きを見守ることを許され、同官の地位にふさわしい丁重な待遇を受ける。同官は、それを望めば、証人を喚問し、尋問する権利を有し、かつ訴訟手続きに不満がある場合には、それに対して、詳細に異議を唱えることが許される。

2、締約国の一方の臣民が自国の法律に反する罪を犯して他方の国の臣民が所有している土地、建物、又は船内に逃げ込んだ場合、地方当局は、領事当局に通告した後に、犯人を逮捕して司法官に引き渡すのを介助するために、警官を派遣する。当該犯人の裁判は、同国の当局によって行われる。前記の者を庇護し又は隠匿することは許されない。

3、締約国の一方の臣民が自国の法律に反する罪を犯して地方の領土内に逃げ込んだ場合、後者の国家当局は、申請を受け次第、当該臣民を捜索して裁判のために、その者は本国に引き渡される。前記の者を庇護し又は隠匿することは許されない。

4、締約国の一方の臣民について、他方の国の法律及び司法手続きが現存する難点を除去するように改変された場合、治外法権は放棄される。

第6条　中国では、米穀の外国輸出は、常に禁止されている。韓国には、この種の禁制は存在しないが、国内で食糧不足を懸念すべき理由があるときには、いつでも、米と穀物の輸出禁止を実施することかでき、この禁制は、韓国の地方当局から中国の関係当局に正式に連絡された

時点では、中国臣民に対して、拘束力を持つ。

第7条　締約国の一方の臣民が他方の臣民との商取引きにおいて詐欺や擬制売買を行い、負債の返済を怠った場合、両国の当局は、犯行者を逮捕し負債の返済を行わせるために、厳格な措置を採る。

　　　締約国の政府は、この種の負債に対しては、責任を負わない。

第8条　中国臣民は、観光や貿易のために韓国の内陸部を旅券を携えて旅行する権利を有する。但し、中国臣民は、韓国の内陸部に居住し、店を開くことを禁じられる。この規定に違反した場合には、商品の没収とその原価の2倍に当たる罰金が課される。

　　　韓国臣民は、観光や貿易のために、中国の内陸部を旅券を携えて旅行する権利を有し、この点に関して、最恵国の待遇を受ける。

第9条　1、砲車、大砲、砲弾、榴弾、あらゆる種類の火器、薬包、銃剣・槍・矛・硝石・火薬・綿火薬・ダイナマイト・その他の爆発物のような武器・弾薬・軍需品の購入は、締約国双方の官吏に対してのみ許され、両国の臣民は、輸入される国の官吏から発行された許可状に基づいてのみ、それらを輸入することが許される。

　　　この物品が密かに輸入され又は販売された場合、同品は、没収され、違反者は、その原価の2倍に当たる罰金を課される。

2、韓国へ阿片を輸入することは禁じられ、外国産又は中国産の阿片が中国臣民によって輸入された場合、同品は、没収され、違反者は、その原価の2倍に当たる罰金を課される。

3、韓国から薬用人参を輸出することは、常に禁じられる。中国臣民が韓国政府の特別な許可なしに、これを密かに購入し輸出した場合、同品は、差し押さえられて没収され、違反者は、事情に応じて処罰される。

第10条　締約国の一方の船舶が、他方の沿岸で、悪天候のために、又は燃料又は食糧の不足のために航行を続けることが不可能になったときは、いつでも、同船は、任意の港湾に入って、そこで避難したり補給

を得たり修理を行ったりすることができ、そのために要する経費は、船長によって支払われる。前記の事態が生じた場合、地域の役人と住民は、出来る限りの援助を与え、求められた必要品を提供する。

　ある船舶が通商に開放されていない港で、又は接岸を禁止されている場所で、密貿易を行った場合、同船は、実際に取引きが行われていようがいまいが、船荷と共に拿捕されて地方当局と最寄りの税関役人によって没収され、違反者は、それらの原価の2倍に当たる罰金を課せられる。

　一方の国の船舶が他方の沿岸で難破した場合、地方当局は、その事件を知らされ次第、直ちに乗組員に援助を与え、当座の必要品を提供し、かつ船体の救出と貨物の保管のために必要とされる措置を講ずる。また、地方当局は、乗組員を本国に送還し、船体と貨物を救出するための手段が採られるように、事件を最寄りの領事に通知する。前記の必要経費は、船長によって又は同船の国の当局によって支払われる。

第11条　他方の領土内の貿易指定地に在留する一方の国の役人と民間人は、原地人を合法的な資格で雇用する権利を有する。

第12条　本条約が締結された後、これまで両国間で行われてきた国境貿易を規制するために、関税表と規則が作成される。既に、国境を渡って土地を開墾している者はすべて、平和に自分の仕事を続けることが許され、その身体と財産に対する保護を受ける。

　紛糾を避けるために、今後、国境を越える移住は、双方の側で禁止される。

　交易市場の敷地決定の問題は、国境規則が制定される際の話合いによる解決まで、保留される。

第13条　双方の軍艦は、他方の港すべてを、外国貿易に開放されているか否かにかかわらず、自由に訪れることができる。

　軍艦は、商品を交換し輸入することは許されない。

　両国の軍艦に対する各種の補給品は、関税の納入義務を免除される。

両国の軍艦の士官と兵士は、他方の領土のいかなる地区にも上陸しうる。但し、旅券を携えていない限り、内陸部に入ることは許されない。

船内で使用される物品が何らかの理由で売却される場合、その購入者は、正当な税金を支払う。

第14条　本条約は、清国皇帝陛下と大韓皇帝陛下によって、その署名と捺印の下に批准され、批准書は、署名の日から1年以内に漢城で交換される。本条約は、双方の臣民がそれに従いうるように、批准書の交換後、直ちに両国の政府によってその条文の全休が公布され、報知される。

第15条　漢字は、中国と韓国の双方に共通して用いられているもので、この条約と将来の公式通信文は、明解を期して漢文で作成される。

光緒23年8月7日。

光武3年9月11日。

以後、朝鮮は日本に併合され、日本が清国との交渉に当たるが、それは間島問題として対処するところとなる。

3、白頭山

中国と朝鮮の境界を画する鴨緑江は、白頭山に発する。

白頭山は、朝鮮・中国国境にまたがる朝鮮第一の高峰、標高2750メートルの、摩天嶺系の地層を貫通して噴出した溶岩台地を形成しており、不咸山、太白山ともいい、中国では、長白山と称する。もともと、濊、貊、粛慎の居住地で、彼らの聖地であった。のち、粛慎の後裔である女真（満州族）が霊山とした。女真の金は、1172年山の神に興国霊応王の称号を贈り、それは1193年に開天宏聖帝となり、白頭山で毎年、典礼が続けられた。満族は、果勒敏珊延阿林と呼び、清朝の発祥地として崇めた。

『満洲實録』には、長白山の湖で水遊びをしていた3姉妹の末の妹が天の神の使いであるカササギが運んできた赤い実を食べて男子を産み落とし、彼は女真を

第3章　中朝辺界史

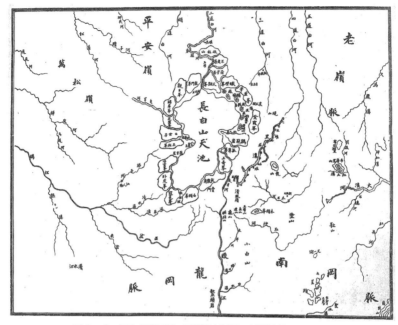

図3−1　長白山鴨緑江・図們江水源図、1907年
（出典）楊昭全・孫玉梅『中朝辺界史』長春、吉林文史出版社、1993年。

収める天命を受けて清朝を開祖したとある。

　白頭山の記述は、『山海経』第3北山経に、こう述べられている。

　　さらに東北へ二百里、天池の山といい、頂上に草木なく文石が多い。獣がいる。その状は兎の如くで鼠の首、水中に黄堊多し。……

　一方、『三国遺事』では、朝鮮民族は白頭山に起こったとされ、その信仰は篤く、渤海がこの地を支配し、のち渤海を滅ぼした契丹（遼）の領土となり、以後、金の領土、モンゴル帝国の領土となり、李朝世宗（在位1418〜50年）が鴨緑江・図們江沿岸の要塞化を進めて、これにより白頭山は朝鮮民族と北方民族の境界となった。そして、その山麓、豆満江以北の間島に朝鮮人が進出するところとなり、白頭山の分水界が境界となった。

　以後、満洲国の樹立で、白頭山山麓の密林地帯は反満抗日ゲリラの拠点となり、白頭山一帯では朝鮮人ナショナリズムの象徴である金日成指導の抗日闘争が

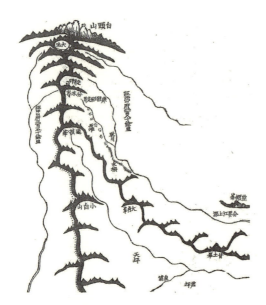

図3−2 大東輿地図の白頭山
(出所) 金正浩『大東輿地圖』京城、京城帝國大学文學部、1936年／『大東地志』ソウル、漢陽大學附設國學研究院／亞細亞文化社、1976年／『大東輿地図』草風館、1994年。

遂行され、白頭山の最高峰は将軍峰となった。そして金正日は白頭山の小白水の谷で生誕されたという現代神話が生み出されていて、白頭山の聖地化は著しい。

その境界設定は、1710年豆満江を越えて朝鮮人が朝鮮人参を採りにいわゆる間島に立ち入り、朝鮮人に襲われた中国人が朝鮮の官庁に苦情を訴えたことに始まる。そこで、烏喇管穆克登が派遣され、1712年長白山の山頂に両国の分岐点を示す定界碑が建立された。

この地は、1934〜35年京大探検隊が登頂している。

白頭山の中国側山麓は朝鮮人参の産地で、大瀑布や温泉もあり、入山の便は極めて良い。山の中央部は地下のマグマの上昇が続いており、天池の周りには2500メートルを越える16の峰が取り囲む神秘的存在である。

この中国・朝鮮間の国境は、1962年中国・朝鮮国境条約とその後の交渉で解決した。その解決は、中国が朝鮮を飲み込む形で、天池の54.5パーセントが北朝鮮に入っているものの、45.5パーセントは中国領で、実質的には中国支配にあり、憲法上、統治権力のある韓国の民族主義者は、松花江が境界とするべきだとしている。

その定界碑の建立には、ひとつの疑問が残った。それは、穆克登が定界碑を建立した場所が、松花江に流入する土門江の上流であったという点である。さらに、その定界碑は、朝鮮側において水源に至るところに、土堆石堆を築いて、

境界を明示した。いいかえれば、標識を天池の畔に建立すべきところ、豆満江上流との連絡地点としたのは、穆克登に1つの認識があったのではないか。その国境画定の誤謬を彌縫するために、そしてその定界碑を建立し、それを現業人員が移転するという工作があったからである。5カ月後に天池の畔から、その定界碑は茂山に至る70里の按白山に移

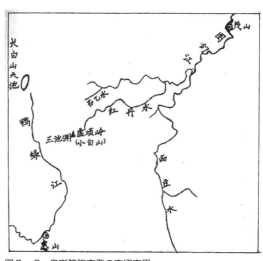

図3-3　烏喇管穆克登の査辺定界
(出所)「中朝二次勘界地図」1887年/刁書仁「康熙年間穆克登査辺定界考辨」中国疆史地研究、第13巻第3期、2003年、50頁。

設された。その結果は、鴨緑江と豆満江を国境として確認するとの中国の意図が成功した。

その碑文は、次の通りであった。

　　　　　大　清
　　烏喇管穆克登　奉
　　旨査邊至此審視西爲鴨緑東
　　爲土門故於分水嶺上勒
　　右爲記
　　康熙五十一年五月十五日
　　肇帖式蘇爾昌官二哥
　　　　朝鮮軍官　季義復　趙臺相
　　　　差使官　　許　楔　樸道常
　　　　通官　　　金應徳　金慶門

図3-4　長白山定界碑、1712年

これによって、中国・朝鮮国境は、西は鴨緑江、東は土門江と決定された。但し、土門江を、中国側は図們江を解した。朝鮮は松花江の上流にある土門江と解し、このため、松花江・黒龍江を国境線として主張し、中国の主張する図們江と対立した。鳥喇管穆克登が理解していた土門江は、白頭山を源流として東流し、茂山に至っていた。そこには、朝鮮の墾もあった。定界碑に刻まれた土門は、図們江であった。こうして、両当事者間に誤解が生じたまま、定界碑での画定をみた。

　19世紀になり、朝鮮の農民が飢饉や苛政で流民となって図們江を越えて肥沃な間島への侵入を繰り返し、定住を重ねるに至った。この地は、清朝発祥の地として、異民族に侵入に対して封禁政策がとられており、越境の実態が明らかになるまでに時が経過しており、清朝政府は、1885年に封禁政策を中断し、朝鮮農民の移住を受け入れた。一方、清朝官憲による朝鮮農民の収奪は著しく、朝鮮政府は朝鮮農民に対する保護を要求し、折衝となった。一方、碑文にあった「鴨緑江と土門江」は白頭山を北流しており、松花江に注ぐ土門江が境界とすべきと、朝鮮農民は主張していた。それは、中国・朝鮮国境を松花江の上流の土門江とするもので、それ故に、黒龍江へ流れ込む土門江とすれば、間島地帯は朝鮮領となってしまうという経緯があった。しかし、15世紀の地誌「東國輿地勝覧」、同様に、18世紀の李朝地理学者李重煥の『擇里志』も、鴨緑江と豆満江を国境としており、その朝鮮の領土要求は生かされなかった。

　大韓帝国の首都皇城では、張志淵が皇城新聞にいわゆる間島の領有権めぐる論調を華々しく展開し、その1903年4月14日号に、丁若鏞の『吾國疆域考』が紹介されており、皇城新聞社は張志淵が補訂して『大韓疆域考』（1905年）を刊行し、そこには「北間島圖」があった。そこにある「松化衛」は松花江である。

　以上の経過の下で、日本は朝鮮を併合し、早速、内藤虎次郎を1908年8月現地に派遣し調査した上で、中国との国境交渉に入った。内藤湖南の派遣は、韓国統監府臨時間島派出所の設置とそれによる国境調査にあったが、その結果、日本は中国との妥協に応じた。それは、朝鮮人の保護政策に発しており、その交渉を通じて、日本の満州権益の確認に転化していた。かくて、1909年中国の要

求通り、間島協約で国境が再画定された。その間島地域は、以後、朝鮮人民の共産抗日闘争の聖域となった。朝鮮半島は第二次世界大戦後に、分割され、北部は中国共産党の影響を受ける一方、中国共産党の圧力もあり、交渉では、間島の伝統的な朝鮮人地域は金日成の民族的裏切りの密約をもって中国に併合され、その国境は1962年再画定された。

図3-5　北間島図、1903年
(出所)丁若鏞『大韓彊域考』京城、皇城新聞社、1905年。

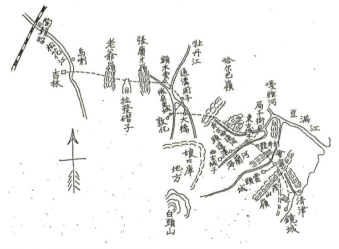

図3-6　内藤虎次郎の間島地域図、1908年
(出所)内藤虎次郎「間島吉林旅行談」大阪朝日新聞、1908年11月3日／内藤湖南全集第6巻、筑摩書房、1972年、415頁。

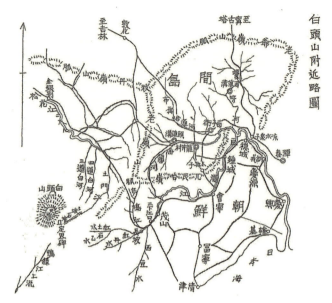

図3-7　白頭山／間島略図、1938年
（出所）篠田治策『白頭山定界碑』樂浪書院、1938年／ソウル、景仁文化社、199頁。

4、中朝勘界会談

　朝鮮人の冒禁越境をめぐる中国・朝鮮交渉は、1677年康熙帝が大臣覚羅木訥らに命じて現地調査に入り進められたが、朝鮮人の発砲事件で中断した。1710年朝鮮人の殺害事件が起こり、烏喇管穆克登が国境調査の密命を受けて、現地に入り、定界碑を建設して引き揚げたのち、中国は、図們江北岸に屯舎を作ろうとしたが、朝鮮が司訳院司正通官金慶門を北京に送り抗議したことで、これは実現しなかった。

　1869～70年に李朝政府は、図們江北岸150里の地に炮幕60坐を設けて監視を厳しくし、朝鮮北部窮民の越境者を監視したが、窮民の越境を完全に阻止することはできなかった。結局、満州の開拓が進み、これによって間曠地の開墾・開放に伴い、図們江北岸の封禁は1881年に解除された。そして、1882年8月23日朝鮮・清国商民水陸貿易章程が成立したことで、間島地帯を調査した吉林将軍銘安

は、土門江に居住する朝鮮人に対して、中国の政教に従い服装を中国風に改めることを条件に、中国人として取り扱うよう命令した。この旨、当事国の立場から、吉林での処理は、朝鮮国王に通告された。1883年5月朝鮮国王は、通告を了承し、8月中国礼部に対し土門江を境に吉林の処理を認めた一方、琿春・敦化地方の入植者は原籍への復帰と朝鮮送還を要求して、これに応じた。そこでの中国政府の対応は、図們江と土門江の支配にあった。

以上を通じて、朝鮮人の行動が中国人と対等に処理することになったことで、中国としては、その扱いが改めて求められるところとなった。特に、鴨緑江、図們江、及び口堰河川への言及が盛られた。

1884年中国は、敦化地方の朝鮮人墾社を強制探索する行動をとり、南岡（延吉）一帯の朝鮮人を帰順させ、この往来の規制強化で、辺界紛争となった。そこで、同年12月朝鮮年貢使金植清が清国に対し共同勘界交渉を要求した。1885年9月朝鮮勘界使李重夏が派遣され、会寧で交渉が開始された。

交渉の日程は、以下の通りであった。

1885年9月30日〜10月　会寧会談。

10月3日　会寧出発、水源調査。

10月6日〜7日　茂山会談。10日茂山出発。

10月11日　三江口会談。

10月15日　双方、3路で登山、水源調査及び穆克登碑確認。

10月27日　双方、茂山に帰着。

11月7日〜8日　茂山会談。27日も。

11月29日　相互の照会で合意。

11月30日　勘界の結束。

しかし、図們江、即ち豆満江を国境と主張する中国は、自説に疑問をもったが、辺界の勘査は実現しなかった。そこで、再び1887年勘界交渉となった。

李重夏は、土門江説への固持に危惧を感じており、土門説をとらなかったものの、図們江上流の中国の主張する西豆水説を認めることもなく、図們江の源流の紅土水説を主張し、紅土と石乙二水の合流地点の上流は未定のままに、図們江で

画定してしまった。しかも、中国は、その文書を公表せず、結局、間島の帰属は未決のままに終わった。

そこで、再び中朝再開次勘界交渉が行われ、その経過は、以下の通りであった。

1886年1月7日　吉林将軍、中国勘界代表、中国の交渉につき北洋相李鴻章に報告し、検討。

9月8日　北洋相李鴻章、朝鮮国王に再次勘界を要求。

10月6日　北洋相李鴻章、朝鮮国王に再次勘界を再要求。

1987年4月7日〜20日　会寧代表会談。

4月17日　双方の代表、登山測量調査、22日会寧出発、茂山を経て登山。

4月29日　長坡会談。

4月30日　双方の代表、登山。

閏4月8日〜9日　第2次長坡会談。

閏4月16日　第3次長坡会談。

5月1日　第4次長坡会談、2日茂山に帰着。

5月5日　双方の代表、会寧に帰着。

5月11日〜19日　会寧2次会談。

5月20日　辺界会談の結束。

1866年図們江の大洪水となり、墾民の工作地は喪失し、古い流れの南に新しい流れが出現し、双方の流域の間が境界となった。中国人の多くは放牧に転換し、朝鮮人はそこに残った。

1900年北清事変でロシア軍が間島を占領し、中国人は吉林に避難し、朝鮮人は残り独自の行動に出た。この際、中国は朝鮮人の退去要求を持ち出したが、朝鮮政府はそれを拒否した。結局、中国は、定着した朝鮮人の戸口調査をすることになり、1903年3月延吉庁を設置し、租税徴収を図ることになったが、朝鮮人はこれも拒否した。

1899年9月中国・朝鮮通商条約の締結で、1901年11月中国は、中国・朝鮮陸

路通商章程草案6条を作成した。その内容は、以下の通りであった。

第1条　両国は、それぞれ辺境に国境官吏を派遣し、本国人民の事務を行使する。

第2条　両国の国境官吏は、鴨緑江・図們江の1、2の支流、又は多数につき調査し、両国の国境は、光武6（1902）年1月までに商定する。

第3条　両国の辺界の土地は、地方官吏により、証券を作成し、地主に給付し、地税を所在国政府に納付する。

第4条　両国辺界地区に居住する国家の人民に対し、須く本国官庁は護照を発効し、移住を決定する。

第5条　両国の辺界地帯は、他方の国家人民の土地・生命・財産を保護する。

第6条　両国の国境官吏は、鴨緑江・図們江沿岸地帯の選定された地域につき、両国人民の往来を便宜とする。

しかし、1902年の朝鮮人の官吏任命に続いて、1903年に朝鮮軍が大挙侵攻し、中国側に犠牲者が生じたことで、前記草案は成立しなかった。朝鮮の中国延吉地区の占領は失敗に終わり、1904年4月23日朝鮮軍軍官金命煥、国境刑務官崔南隆は、延吉庁で視察李範允の下に善后交渉に入り、5月20日とりあえず休戦となった。6月6日再び赴いて再度交渉を行い、7月15日中国・韓国辺界善後章程が調印され、朝鮮は中国の賠償要求に応じた。

1904年11月25日東方雑誌、第11期に報じられた5月2日調印の、中国・大韓国の暫定画界防辺約章は、以下の通りである。

4月23日、韓界官崔南隆は、地を択んで5月初2日会議を請い、吉強軍統率の胡殿甲延吉庁の知陳作彦と特命領金倉煥らと共に会議を開いた。李範允が公文書として公表した。

それは、中国・韓国の白頭山の分水嶺を界碑とし、西は鴨緑となし、東は土門（即ち図們江、又は即ち豆満江に基づく）となし、その下に土門江を有し、北は中界江となし、南は韓界とする文面を査照し、左の如く、条約12条の議定を議した。

61

1、両国境界の場所は、白山にある牌に記して証すべきで、やはり両国政府が員を派するを待ち、実地に調べるか調べない前に、旧い間隔に照らして、図們江の水・それぞれの洪水を守る地は、恣に兵が武器を待って潜って越えて争いの発端を生じさせない。

2、李範允は、何度も、騒動を起こしており、韓界文書官は、時機を掴んで、再び界を犯すことを有するを禁止すべきで、ただ韓官が故無く約を取り除いて心を許し紛争を起こさせるを承認するだけである。

3、李範允は、北墾島を管理しており、中国政府は批准しておらず、中国界官は、韓国界官がまた不勉強なるを認めてない。

4、李昇昊・金克烈・姜仕彦・成文錫らは、中国境界の叛民にかかわっており、中国は、探し求め、さらに、懲弁の権を有しており、韓官は、速やかに捕まえて渡すべきである。

5、韓官は、李範允を取り除き、李昇昊などを捕まえて渡し必ず報い、政府側が、今回の議定より後は、李範允・李昇昊らが、依然として侵犯の事を有し、また韓官が故なく約を取り除いて心を許して紛争を起こさせるを認めるようならば、その通りに処理すべきである。

6、河に渡した橋に沿う船は、船が他意なきを示せば、今より橋を取り除く。

7、両界人民は、往来に便ずるに任せ、軍人は、武器なければ平民をもって例とするが、ただ武器を持っての過境が公文なき場合は、それぞれ撲殺するは勿論である。

8、古間島、即ち光霽峪仮江地は、鐘城に対しており、韓民の小作を許し、現在は、依然として旧の通りである。

9、両界の人民が、殺傷を有するようであれば、文書官は、それぞれ速やかに公文書を送達し、犯人を捕らえ、処理を公平にして、良民を誣い遅らせることなかれ。

10、中国は、米を運び国を出るを許さず、中国・韓国条約の第6条にあって、現在、臨機に、民に聴き、運搬して仕入れて売り捌き、年歳、凶

第3章　中朝辺界史

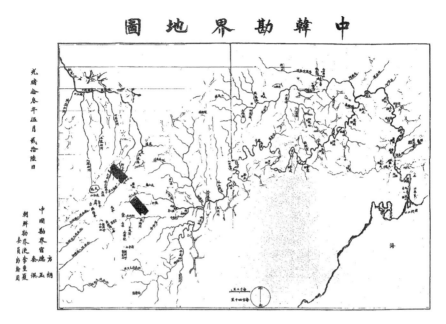

図3-8　中韓第2次勘界地図、1887年
(出所) 光緒13年5月21日中韓勘界地圖、楊昭全・孫玉梅『中朝辺界史』長春、吉林文史出版社、1993年。

　　　作ならば、そこで、柴草を輸出するを禁じ、その通りに処理する。
　11、両界の防兵は、旧駐紮沿工巡哨定約に基づき、引き揚げるよう、斟酌する。
　12、両界の交渉は、既に、条約に明らかに載せてある場合には、約に照らして処理し、約に載せてないところは、公法に照らして処理する。
　1904年6月15日成立の、中国・韓国韓辺界善後章程、別名明治37年日露開戦ニ因リ清韓兩國國境争議一時中止ニ決シタル際ニ於ケル兩國交界官間ノ協定は、以下の通りである。

　　　重テ舊好ヲ修メンカ爲清暦光緒30年5月2日韓暦光武8年6月15日清國境界靉峪麟ノ官署ニ會シ講シ睦ヲ修メ邊界善後章程ヲ公議シ各々官氏名ヲ會シ署名調印シ以テ信守ヲ昭ニス茲ニ己ニ議定シタル善後章程ヲ左

63

二列記ス

第1條　清國ノ境界トシテ白山ノ碑記アリ證トスヘシ仍コ兩政府ヨリ員ヲ派シテ會同踏査スヘシ未タ踏査セサル以前ハ舊ニ循ヒ間隔ノ圖們江一帶ノ水ヲ以テ各々番所ヲ守ルヘク均シク兵器ヲ持シタル兵士ヲシテ境界ク潛越シ事件ヲ起サシムヘカラス

第2條　視察李範允ハ既ニ屢々事件ヲ起セリ約定マルノ後韓國境界ニ會セル文武各官ハ厳重ニ邊境ニ於テ騒擾スルコトヲ禁止シ若シ再ヒ清國境界ヲ侵犯コトアルトキハ誰韓國官吏等カ故ナク約ヲ敗リ故意ニ事件ヲ起シタルコトトシテ論スルコトヲ承認ス

第3條　視察李範允ハ北墾島ヲ管理シタルカ清國政府ハ未タ認許ノ文言ヲ給セス清國境界官吏モ之ヲ允認セス韓國境界官モ亦之ヲ強ヒテハス

第4條　李昇昊、金克烈、義保彦、成文錫等ハ既ニ清國境界ニ入籍ノ叛徒リ公法ニ依リ清國官吏ハ索還シ例ニ照シテ懲戒スルノ權アリ在會ノ韓國官吏ハ速ニ拿捕シテ清國官吏ニ引渡シテ管束シ以テ邊界ヲ安ンスヘシ

第5條　在會ノ韓国官吏ハ李範允ヲ撤去シ李昇昊等ヲ拿捕引渡スコトハ必ス韓國政府ニ禀報シタル後之ヲ實行スヘシ但シ會議約定ヲ經タルノ後若シ率範允、李昇昊等ヲ撤退シ又ハ拿捕引渡ヲ經サル以前侵犯ノコトアルトキハ亦在會韓國官吏ハ故ナクシテ約ヲ敗リ故意ニ事ヲ起シタルコトトシテ論スルコトヲ承認ス

第6條　沿江ノ橋船ハ民ノ爲メニ渉ルフ利ス今橋ヲ撤シ船ヲ設ケ他意ナキコトヲ示スヘシ

第7條　兩界人民ノ往來ハ其ノ自由ニ任カス軍人カ事ニ因テ兵器ヲ帯ヒス常服ニテ往来スルトキハ平民ト同様タルヘシ但シ兵器ヲ待シ境界ヲ過キ護照公文ナキトキハ各自之ヲ格殺スルモ妨ケナシ

第8條　古間島即光霽峪假江ノ地ハ從來鍾城韓民ノ租種ヲ許可セリ今仍ホ舊ニ循テ辨理スヘシ

第9條　兩界兵民不幸ニシテ殺傷ノ變アルトキハ兩界ノ文武官ハ公文ヲ以

テ照會シ迅速ニ實際真正ノ兇犯ヲ拿捕シ公平ニ審理シ其場ニ於テ之ヲ死刑ニ處スヘク良民ヲ誣告シ稽延シ空文ヲ往復シ枉縦ナラシムヘカラス

第10條　清國ハ従来米穀ヲ外國ニ輸出スルコトヲ許ササルコトト清韓條約第6款に記載セルカ現在兩國ノ和好ニ依リ便宜融通シ韓民ノ運販ニ任カセ以テ韓民ノ食料ヲ救済スヘシ然レ共凶作ニシテ變境安カサルトキハ米穀ノ輸出ヲ禁ス薪草モ援引シテ照辨スヘシ

第11條　兩界ノ防兵ハ従來ノ位置ニ依リ各自舊ノ如ク駐在スヘシ沿江ヲ上下スル巡哨ハ定約後和睦無事ナルトキハ酌量撤収スヘシ

第12條　清韓兩界ノ交渉ハ紛繋ニシテ暫ク一伸論シ難シ但シ己ニ節約ニ記載スルモノハ均シク條約ニ遵テ辨理スヘク條約未タ備エサルモノアレハ均シク公法ヲ授照シテ辨理スヘシ

　　　大韓咸鏡北道交界官兼警務官　　　崔南隆

　　　　　　　　　　　　　　　　　　　金炳若

　　　大韓國鎮衛第5聯隊第3大隊参領　　金命珷

　　　大清國補周知府延吉廳理事珷民府　　陳作彦

　　　大清國統領吉強軍馬歩全隊都閣府　　胡殿甲

　日露戦争で、状況は一変した。1905年9月5日ポーツマス条約が締結され、日本は長春（寛城子）—旅順口間の鉄道の権益を取得し、新しい局面に入ることになったからである。

5、間島

　『擇里志』（1750年）には、以下の記述がある。

　　　平安道の東は、白頭の大脈が南下して天を断ち、嶺をなしている。嶺の東は即ち咸鏡道で、古の沃沮の地である。

　　　南限は鉄嶺で、東北限は豆満江である。長さは二千里を超えて海に迫る。しかし、東西は百里にも満たない。元は粛慎に属し、漢代に至って

玄菟に属した。

　後に朱氏（朱蒙）の本拠地となったが、滅亡してからは、女真族の本拠地となった。高麗は咸興の南の定平府までを境界としていたが、中葉に至って（1107年）、尹瓘の将兵に女真族と逐わせ、豆満江の北七百里の先春嶺に至って境界としたが、後に土地を還して、咸興の南を境界としていた。

　わが朝に入って荘憲大王（第4代世宗）は、金宗瑞（1390〜1435）に北方の地千余里を開拓させて豆満江に到達した。

　豆満江のほとりに六鎮及び兵営を設けたので、女真族の窟穴（居住地）であった白頭山は東南の地域は、すべてわが領域に入ることになった。

　粛宗の丁酉（1717）年、康熙皇帝は、穆克登に命じて白頭山に登来し、両国の地界を審定させた。豆満江に沿って会寧の雲頭山白に到達し、場外のなだらかな坂を眺めると、多数の塚があり、土地の人はこれを皇帝陵と見做していた。克登が人を使って掘開させたところ、塚の傍らから小さな碑石を発見した。碑面には「宋帝之墓」の4字がきされていた。克登は、そこで大いにこの碑石を封築させて立ち去った。初めて五国城のことを知った。即ち雲頭山城である。……雲頭山は、東海（日本海）を隔てることわずか二百里であり、海路は高麗に近接し、高麗の全羅道は、中国の杭州（浙江省）と2小海を隔てていただけなので、風の便で（帆船で）7日で通うことができた。（李重煥、平木實訳『択里志──近世朝鮮の地理書』東洋文庫、平凡社、2006年、36－38頁）

　以上は、1700年代半ばにおける朝鮮地理書による北部境界としての間島地域とその中国における位置づけに関する記述である。そこでの4鎮は、朝鮮初期に豆満江の下流まで朝鮮の領域に入った慶源、慶興、富寧、稲城、鍾城、会寧の地を指している。

　この中国吉林省東部地域、現在の延辺朝鮮族自治州が間島で、清国は「封禁」地として満州族以外の入植を禁止してきた。しかし、国境を越えて立ち入った朝鮮民族の開拓が進み、1882年清朝が漢民族に入植を認めたときは、殆どが開墾

されていた。1909年朝鮮（大韓国）に代わった日本は、間島を清国領と認めた。しかし、日本の朝鮮支配が開始されると、多くの朝鮮民族がこの地へ逃れ、この地がロシアに接していることから、ロシア革命運動の支援を受けて独立運動が大規模にかつ組織的に展開されるところとなり、金日成の独立闘争が続いた。

1907年朝鮮統督府は、間島派出所を設け、1909年間島協約で清朝の間島領有を認め、以後、日本軍の弾圧が強化された。1920年9～10月の「不逞鮮人」による琿春の日本領事館の襲撃を理由に、日本軍は速やかに出動し、翌21年1月ここを拠点とした独立運動分子を含む数千人を虐殺した（間島事件）。しかし、以後も、抗日武装闘争は続いた。その指導者金日成は、北朝鮮国家主席金日成であると公式朝鮮史は記述しているが、2人は別人である。

この間島の由来は、以下の通りであった。1870～71年、朝鮮の6鎮（茂山、会寧、鍾城、慶源、穏城、慶興）で大飢饉が発生し、朝鮮農民は国境に豆満江を越えて移住し、その原野はことごとく耕作地となり、その対岸を間島と名付け、茂山間島、会寧間島などの名称が生じた。当初は、小さな中州、弁財の名古屋（古間島）を間島といっていたが、入植・開墾が漸次、拡大するとともに、間島の呼称も拡大された。ここは、清太宗がもともと朝鮮との間に設けた間曠地帯で、両国人が立ち入るのを厳禁した地帯であった。

それが現在問われるのは、その地が檀君神話の故地（古朝鮮）の疆域とされたからである。韓国国会議長丁一権は、こう述べる。

> この満州の土地は、今日、われわれの主権の及ばない土地に代わってしまったが、歴史的には、古代韓民族の領土であったことは、厳然とした事實であり、特に豆満江と一衣帯水の間島地方は切っても切れない深い關連を持ち續けた我が疆域である。（『間島問題資料集』ソウル、大韓民國國會圖書館、1975年、序文）

6、間島への朝鮮人の侵入・定着

北朝鮮は、この間島における朝鮮人の存在と活動を公式に確認している。朝鮮

民主主義人民共和国科学院・人文科学院編『白頭山資料集』は、白頭山の朝鮮人定着、そして解放闘争を、以下の通り整理して記述している。

1、古朝鮮、扶余、句麗の建立当時、白頭山はケマチサン（蓋馬大山）、テペッサン（大白山）といわれ、『三国志』東沃祖伝で、蓋馬大山に東沃祖あるとの謝意書の記述が登場した。

2、紀元前219年戦争と扶余の滅亡で、以前、扶余に属していた鴨緑江、豆満江上流北側の白頭山地区も高句麗の領土となった。起源前215年高句麗王莫来は、蓋馬国王を殺害し、蓋馬国地域に高句麗の郡県を設けた。

渤海の首都上京龍泉府は、現在の黒龍江省寧安県の東京城鎮西3キロメートルの地点にあったが、南は江原道溟州郡連谷川（泥河）界線、東は日本海（東海）に及び、白頭山地区は建国当初から渤海の領域であった。

かくて、12世紀に、高麗軍は、白頭山地区で完顔部女真を追い出し、同地区を回復し、以後、北進を続けた。1115年に建立された金の滅亡で、元の勢力が白頭山に及び、現地では人民闘争が続いた。この白頭山地区では、14世紀中葉に、現在の両江道・慈江道・間島地方へ進出した朝鮮人が定着し、外敵の侵入が封じられるまでに至った。

『李朝実録』には、以下の記述がある。

> 李朝政府は、この地域に雑居する女真人に適当に万戸、千戸の官位を与え、風俗をなくして衣冠を利用するようになった。白頭山地区の人民と同じように、彼らも賦役に出るようになり、租税も同じであった。女真人は、自らの首長の下で生活をするのを恥ずかしく思い、白頭山地区の百姓になるのを選んだ。

> 孔州の北から甲州（甲山）に至るまで、邑と鎮を設置して百姓を治め、軍士を訓練し、また学校を建てて経書を教えたために、文武の政治が完全に達成されるようになり、400平方キロメートルの朝鮮の突出した地域が朝鮮の版図に入った。江北の他の族属も、噂を聞いて文化を慕い、直接、朝会に来たり、子供と弟を送り、王様に奉公して官位を賜りたいと要請し、朝鮮の城内に住む者もいた。（太祖実録、巻8、4年11月）

こうして、閭延、慈城、茂昌、虞芮、即ち白頭山の西、鴨緑江に隣接した地域に新しい4郡が設置された。そして咸鏡道都節制使金宗瑞の下で、白頭山6鎮地区の開拓のために人民が動員された。16世紀前半には、鴨緑江上流・中流地帯及び豆満江地帯は4郡・6鎮の構成となり、女真の侵攻も阻止できた。1443年白頭山地区の人民は、遠征軍を組織して鴨緑江を渡河して女真の根拠地に侵攻した。

3、16世紀末、女真の首長ヌルハチ（弩爾哈斉、太祖）は、勢力を拡大し、白頭山に迫った。1636年清国が成立し、清の白頭山支配から朝鮮との国境画定が浮上した。朝鮮人は白頭山以北地域での潅漑地の農耕地化を進める一方、彼らには、国境意識を欠いていた。

その間島地区への朝鮮人の進出は、以下の通りである。

表3-1　白頭山地区住民の西・北間島地方への進出、1638年〜1742年

時代	名称	身分	出発地	到着地	進出型態	備考
1638年2月		百姓	宣川	瀋陽	集団移住	首謀者死刑、家族奴隷・島流し審問
1645年3月	中蔓ら	僉使、土兵	昌城、穏城	西・北間島	集団移住	
1647年2月	郭徳立	僉使	甫乙下	間島地方	越境	死刑
10月		百姓	会寧、鍾城	清の池	集団移住	
1648年3月		軍官	会寧、鍾城	間島地方	集団移住	
1652年12月	河天陽ら	百姓	大坡瑜堡、碧潼	間島地方	集団移住	
1655年8月	蔡允立ら	軍官、土兵		間島地方	集団移動	
1676年12月	朝鮮人	百姓、軍人ら		開州	数百戸で部落形成	
1685年10月	朝鮮人	百姓		白頭山〜寧古塔	牛を連れて多数移住	
1685年10月		土兵ら		間島地方	集団移住	
11月	韓得完ら	百姓		間島地方	集団移住	
11月	金仁淑ら	百姓	平安道	西間島地方	集団移住	
11月		百姓	平安道、威鏡道	西・北間島地方	集団移住	
1690年11月	林仁ら	百姓	威鏡道	間島地方	集団移住	
1694年6月		百姓	江界、満浦	清国	集団移住	
1701年1月		史卒ら		間島地方	集団移住	
1728年		亡命者		西間島地方	「逆党」亡命	
1729年	中貞龍ら	百姓	穏城	間島地方	集団移住	
1733年7月	世弼ら	官庁奴婢	高山里鎮	細洞など	逃亡	「逆賊」亡命
9月	黄超官ら	万戸ら	下三道	細洞	亡命	
1734年5月	金守京ら	百姓	穏城	間島地方	集団移住	
1739年	金時宗ら	百姓	穏城	間島地方	集団移住	
1741年	達伊武ら	奴隷（奴婢）ら	朝鮮山城	間島地方	集団移住	首謀者死刑
1742年	徐修ら	百姓	土門江	間島地方	集団移住	
4月		百姓	北関	間島地方	集団移住	

（出所）朝鮮民主主義人民共和国科学院・人文科学院編『白頭山資料集』日朝友好資料センター、1993年、21頁。

中国側の資料による間島地域への朝鮮人の侵入は、以下の通りである。

表3－2　朝鮮族の白頭山地域への侵入状況、1646年～1704年

年	越境者	中国地域への越境状況
順治3年／1646年	串男ら8人	狩猟
順治5年／1648年	金益鎌ら12人	狩猟
順治9年／1652年	沈向文ら10人	人参採集
順治10年／1653年	劉春立ら23人	人参採集
順治10年／1653年	弄安ら4人	人参採集
順治11年／1654年	英枢ら2人	国境交易
順治11年／1654年	金忠一ら3人	伐採、殺人
順治17年／1660年	林風	人参採集
順治18年／1661年	未知名1人	役務に従事
順治18年／1661年	名前不明1人	人参採集
康熙元年／1662年	劉額必ら2人	伐採
康熙5年／1666年	羅書尼利	食糧のため立入り
康熙19年／1680年	朴時雄	破壊
康熙24年／1685年	韓得完ら31人	人参採集
康熙29年／1690年	林仁ら7人	人参採集、殺人掠奪
康熙38年／1699年	名前不明3人	食糧のため立入り
康熙43年／1704年	金礼進ら10人	殺人掠奪

（出所）刁書仁「康熙年間穆克登査辺定界考辨」中国辺疆史地研究、第13巻第3期、2003年、45－46頁。

さらに、中国側資料による朝鮮人の進出は、その開墾状況から伺うことができる。

表3－3　黒頂子朝鮮開墾者戸口、1890年

社名	開墾民戸数	開墾地面積（坰）	税金（両）
敦仁社	60	1067.17	193
尚文社	220		
環仁社	89		
興廉社	79	1474.25	265
崇辻社	335		
輪白社	70		
6社	853	1841.42	458

（出所）琿春服都衛門档案。

第 3 章　中朝辺界史

表 3 - 4　延辺地区和竜峪中国・朝鮮戸口農地、1893 年

開墾社	中国人（戸口）	朝鮮人（戸口）	面積（垧）
寧運堡			
開太社	4	339	1319.03
開発社	0	56	194.63
開華社	0	71	240.36
開文社	0	204	958.97
開運社	2	216	75.68
光風社	5	114	257.27
光化社	0	149	502.53
光昭社	6	226	705.64
光宗社	21	230	1013.86
光徳社	5	255	981.66
霽晴社	6	166	959.89
霽霞社	0	152	1184.35
月朗社	0	76	409.45
綏運堡			
茂官社	0	148	491.56
茂徳社	0	210	571.39
茂賞社	0	147	319.58
茂功社	3	126	345.82
対楊社	3	329	1088.95
対越社	2	346	1248.19
対川社	0	101	255.48
対山社	0	63	181.76
白鶴社	0	67	381.69
白云社	0	75	294.27
白日社	0	51	232.62
白玉社	0	145	613.93
安運堡			
白金社	5	97	351.38
山渓社	27	48	855.65
上化社	11	47	61.97
徳化社	4	422	1490.26
善化社	25	54	859.39
崇化社	54		1329.01
鎮運堡（黒頂子）			
懐恩社	57	95	1083.27
敦仁社	5	104	32.33
崇言上社	0	91	245.09
興廉社	0	119	426.32
尚義社	0	195	656.25
敬信社	19	201	720.23
輪誠社	0	154	290.24
帰化社	0	301	771.75

（出所）楊昭全・孫玉梅『中朝辺界史』長春、吉林文史出版社、1993 年、383 - 385 頁。

71

7、間島協約

　日本が間島問題に関与するに至ったのは、日露戦争の結果、大韓帝国が日本の保護国となり、1905年11月第二次日韓協約で統監府を設置して、その外交権を行使するところとなったからである。1905年9月5日日露ポーツマス条約で、日本は中国東3省での満鉄建設への関与を深めた。ここに、1906年11月韓国政府から懇請を受けた日本政府は、間島在住の朝鮮農民を保護することになった。

　そこで、1907年4月15日日本陸軍中佐斎藤季治郎が日露戦争に国際法顧問として従事した弁護士篠田治策とともに変装して現地に入るところとなり（彼には『日露戦役國際法』法政大學、1911年。『戦後國際公法』法政大學、1912年がある）、18日豆満江を渡河して延吉地区に到着し秘密調査を行い、彼らは29日鍾城に戻った。視察報告は伊藤博文統監に提出され、その視察報告は、日本の将来の方針を具申しており、のちの日本の間島政策の骨子となった。

　その視察報告の要旨は、以下の通りである。

(1) 韓民保護に従事する宮衛の名称を統監府派出所とし、其位置は略々間島中心たる南崗の西部にして馬鞍山の南方平地の内に求むること。

(2) 統監府派出所は交通不便にして未開僻遠の地に置かれ、特殊の任務を有するが故に、なるべく其権限を廣くし、事情に適合して臨機裁量の餘地あらしむる爲に、當分の内、次の権限を附與するを適當なりと信ずること。（イ）韓国政府より、間島假定區域内の韓國人民を統轄する一切の權を委任せしむること。（ロ）此區域内に在る日本臣民に対しては理事廳の權能と同一の權能を有せしむること。（ハ）緊急の事變に際し、止むを得ざる場合には最近の帝國守備隊に出兵を請求し得ること。

(3) 當分清國政府現在の施設を争論せず、成る可く懐柔の方針を採り、機に臨み變に應じて我地歩を進むるの方針に出づること。

(4) 間島は韓国の領土たるべきことを前提として事に當ること。

(5) 間島の開發に關しては、（イ）清津を開港し、敦賀若くは舞鶴との直接航路の開始を奨勵すること。（ロ）日本内地との連絡法を簡易にし、日本商品

を輸入し、敷物類及び鑛物を輸出すること。（ハ）間島内に軽便鐵道を架設し、會察との交通を便にすること。（ニ）清津會寧間の軽便鐵道を逐次に本鐵道に改築すること。（ホ）統監府派出所と會寧との間に電線を架設すること。（ヘ）前記の統監府派出所設置の地點に於て市街建設の準備をなすこと。

かくて、8月統監府臨時間島派出所が設けられ、郵便・電信・病院などの行政を通じ朝鮮人を保護した。当時、間島の朝鮮人は、「多年ノ暴圧陵辱ヲ復スル」状態にあったからである。

その韓国政府の1906年要請は、以下の通りであった。

　　照会第102號

　　　敝邦與滿洲邊界一案ハ曩ニ與駐我京清國公使迭經交渉請派院査勘尚未案而按韓清條約第12款邊民巳經越墾者聽其安業傳保性命財産等因現下墾居民時被馬賊及無頼輩欺負凌虐該居民等切乞保護不止事係外交ヲ以テ貴統監ハ特ニ念該居民之情形貴國政府ヨリ派院前往来シテ撫綏居民事轉商清國政府レンコトヲ為要

　　　　　　大韓光武10年11月18日

　　　　　　　　　　　　　　　　　議政府参政大臣　朴齋純

　　大日本統監侯爵　伊藤博文閣下

1908年4月9日統監府間島派出所の告示は、以下の通りである。

　　　大日本統監派出所長斎藤季治郎茲ニ告示ス曩ニ在間島韓国人民ノ生命財産保護ノ大韓政府ヨリ管理ヲ派遣シアリシコトハ夙ニ爾等有衆ノ熟知スル所ナリ偶大日本俄國ト和ヲ失シテ陣雲満洲ノ野ヲ掩ヒ人心爲ニ騒然間島亦交戰ノ地トナリ兵馬疆場ニ倥偬ルコト2閲年加フルニ匪徒莠民機ニ乗シテ騒擾シ動モスレハ爾等韓國臣民ノ生命財産ヲ危害セントスルノ惧アリ大韓國皇帝陛下深ク之ヲ軫念シ特ニ員ヲ派シテ慰撫セントセシモ戰時ノ故ヲ以テ却テ或ハ事端ヲ滋クセンコトヲ慮リ遂ニ和局ノ至ルヲ待テリ今ヤ和局既ニ成李兵馬悉ク撤退シ寰宇平ヲ是ニ於テ大韓國皇帝陛下下宿意實行ノ件ヲ伊藤統監閣下ニ諮ル統監閣下之ヲ諾シ即時本職ヲ

派シテ戰後ノ情形ヲ視察シ民人ノ疾苦ヲ慰メシム乃チ知ルヘシ本職ノ此地ニ來タル大韓國皇帝陛下ノ聖意ヲ奉體シ統監閣下ノ命ニ依リテ専ラ爾等韓國人民ノ身命財産ヲ保護シ其福利ヲ増進セシメントスルヲ爾輩夫レ宜シタ本職ニ信頼歸服シテ可ナリ本職モ亦應ニ亦應ニ勵精事ニ當リ官民ヲシテ其堵ニ安セシメ以テ聖旨ニ副ハンコトヲ期スヘシ

只恐ル民間未タ這般ノ消息ニ通セス妄リニ謡言ヲ捏造シテ騒擾ヲ醸起センコトヲ之カ爲茲ニ出示暁輸シテ普ク知悉セシム爾等民ノ人各宜シク凛遵シテ違フコト圖ルヘキナリ

切々特示ス

1908年4月9日成立の、統監府間島派出所の施政方針4綱は、以下の通りである。

1、間島の所屬は未定なれども、寧ろ将來に於て韓國の領土たらしめ、帝國並韓國臣民の福利を増進すべし。

2、邊陬悲境の民、仁愛之を撫育し、任侠之を助け、以て我聖徳に浴せしめ、帝國保護の下に安泰を得せしむるを先とし、法令簡易、其歸向に便ならしむるを要す。

3、清國官吏兵員に對しては、我より好んで事端を生ずることなく、勉めて懐柔の策を講じ、其臣も対しては、正道に依り、一視同仁に浴せしむるの覺悟あるを要す。

4、利源を開發せざれば、國利民福の發達を期する能はざるにより、周密なる注意を以て、宏遠なる計畫を立て、順を逐うて之が完うすべし。

統監府派出所は、韓国人の保護ため、清国官民・兵士の暴行凌虐を廃除する急務のため、各方面に憲兵分遣所を置き、間島の41社290屯を北都所、会寧間島、鍾城間島、茂山間島の4区域に分かち統治した。中国側は図們江以北は中国領土であるとして、統監府間島派出所の撤去を要求して止まず、局子街に辺務公署を設け、兵員巡警4300名を間島に駐屯させた。

そこでの日本の中国東北／満洲に対する立場は、1905年9月ポーツマス条約により南満州のロシア利権を受けるべく中国の同意を得て、12月一連の満洲に関

74

する日清条約で確認され、日本の勢力圏が確立した。

　1905年12月22日調印、1906年1月23日発効の、満洲に関する日清条約の抜萃は、以下の通りである。

　　第1条　清國政府ハ日露講和条約第5条及第6条ニヨリ日本國二對シテ為シシタル一切ノ譲渡ヲ承諾ス

　　第2条　日本國政府ハ清露兩國間二締結セラレタル借地竝鐵道敷設二關スル原條約二照シ務メテ遵行スヘキコトヲ承諾ス将來何等案件ノ生シタル場合ニハ随時清國政府ト協議ノ上之ヲ定ムヘシ

　附属秘密協定

　　1、長春吉林間鐵道ハ清國自ラ資金ヲ調ヘテ築造スヘク不足ノ額ハ日本國ヨリ借入ルコトヲ承諾スヘク不足ノ額ハ日本國ヨリ借入スコトヲ承諾ス……

　　　清國政府ハ吉林地方二於テ別國人に鐵道敷設權ヲ與ヘ若クハ別國人ト共同シテ鐵道ヲ敷設スルコトハ斷シテ之ナシ……

　　9、松花江航行ノ件二關シ露國二於テ異義ナキトキハ清國二於テモ之ヲ商議ノ上承諾スヘキコト

　満洲に関する日清諒解事項

　　　……帝國政府ハ交渉開始冒頭二當リ這回ノ交渉ノ主眼トスル所ハ

　　1、清國政府ハ満洲二於ケル其ノ施政ヲ改善シ列國臣民ノ生命ヲ安全二保護スルト共二将来同地方ヲシテ國際紛争の禍因タラシメサルコト

　　2、満洲二於ケル貿易ヲ發達セシメ以テ清國は勿論列國ヲシテ共存共栄ノ福利ヲ圖ルヘキコト

　　3、日露戦争ノ結果露國カ日本二譲與シタル一切ノ權利特權は清國政府二於テモ之ヲ確認スルコト

　そこで、日本外務省は、内藤湖南を1908年8〜10月現地に派遣して調査を行い、当時、懸案となっていた安奉線改築問題も配慮して、1909年9月4日間島に関する日清協約が成立した。

　その経過は、以下の通りであった。

1905年3月ロシア軍、間島琿春から撤収、清国は地方政権回復。

11月第二次日韓協約調印。

12月満州に関する日清条約調印。

1906年8月李相卨ら、龍井村で瑞甸義塾設立。

12月程光第、日本人仲野二郎と間島天宝山銀鉱合同経営協定成立。

1907年5月東三省新郡督練処監督呉禄貞、間島視察。

8月統監府臨時間島派出所設置。

9月陶彬延吉庁知事任命。

11月呉禄貞、程光第の宝山銀鉱閉鎖。

1908年1月清国間島・延吉辺務巡警総局開設、延吉警務学堂開設。

4月間島派出所、官制施行。

9月日本閣議、間島問題交渉方針を決定——間島領有権の放棄を確認した。

9月瑞甸義塾閉鎖。

12月間島交渉開始。

1909年4月大清国国籍条例公布。

8月日本閣議、間島雑居朝鮮人裁判管轄権の放棄を決定。

9月間島協約、満州5案件協約調印。

10月間島商埠地開設、日本総領事館開設、間島派出所閉鎖。

1908年9月25日の閣議決定による、その5案件の要点は、以下の通りであった。

1、豆満江を日清国境と確認し、同江上流の境界については、共同調査委員をもって調査し、決定すること。

2、清国に間島における日韓人の雑居を公認させること。

3、局子街その他枢要の地に帝国領事館又は分館を設置し、条約による領事官の権利を行使すること。

4、該地方において日韓人の既に獲得した財産及び着手した事業を、清国が承認すること。

5、吉長鉄道を朝鮮会寧にまで延長する件を清国に要求し、適当な時期に交渉

を開くこと。

　この案件5は、提議されないとしていたが、12月27日小村寿太郎外相の訓令で交渉してもよいとされた。但し、そこには、満州経営を進めるためにも、かかる根拠が薄弱な境界に拘泥せず、韓人保護の強化に重点を置くとした意向があった。

　清国は、北京の政変もあって、勘界交渉では、豆満江境界説に固持し、いっさい譲歩しなかった。そして、交渉委員陶大均が日本側伊集院彦吉に事前に示唆していたように、この問題の解決いかんによっては、他国との境界問題にも影響するので、間島の所属につき日本の譲歩を求めることしかないというものであった。

　交渉が難航するなか、韓人裁判権問題で妥協が成立し、5案件解決の方向性が合意され、清国は、茂山以奥の境界線を確認し、協約が成立し、同時に間島開放地の条項と統監府は撤退に伴う善後処理につき成案した。さらに、韓人雑居区域の条項及び韓人既得権の条項が成立した。

　1909年9月4日成立の、間島に関する日本・中国協約は、以下の通りである。

　　　　大日本国政府及大清国政府ハ善隣ノ交誼ニ鑑

　　　圖們満江カ清韓兩國ノ國境タルコトヲ互ニ確認シ竝妥協ノ精紳ヲ一切ノ辨法ヲ商定シ以テ清韓兩國ノ邊民ヲシテ永遠ニ治安ノ慶福ヲ享受セシメムコトヲ欲シ茲ニ左ノ條款ヲ訂立セリ

　　第1條　日清兩國政府ハ圖們江ヲ清韓兩國ノ國境トシ江源地方ニ於テハ定界碑ヲ起點トシ石乙水ヲ以テ兩國ノ境界ト爲スコトヲ聲明ス

　　第2條　清國政府ハ本協約調印後成ルヘク速ニ左記ノ各地ヲ外國人ノ居住及貿易ノ爲開放スヘク日本國政府ハ此等ノ地ニ領事館若ハ領事館分館ヲ酌設スヘシ開放ノ期日ハ別ニ之ヲ定ム

　　　　龍井村

　　　　局子街

　　　　頭道溝

　　　　百草濤

第3條　清國政府ハ縱來ノ通圖們江北ノ墾地ニ於テ韓民ノ居住ヲ証准ス其
　　　ノ地域ノ境界ハ別圖ヲ以テ之ヲ示ス

第4條　圖們江北地方雜居區域內墾地居住ノ韓民ハ清國ノ法權ニ服從シ清
　　　地方官ノ管轄裁判ニ歸ス清國官憲ハ右韓民ヲ清國民ト同樣ニ待遇スヘ
　　　ク納税其ノ他一切行政上ノ處分モ清國民ト同樣タルヘシ

　　　　右韓民ニ關係スル民事刑事一切ノ訴訟事件ハ清國官憲ニ於テ清國ノ
　　　法律ヲ按照シ公平ニ裁判スヘク日本國領事官又ハ其ノ委任ヲ受ケタル
　　　官吏ハ自由ニ法廷ニ立會フコトヲ得但シ人命ニ關スル重案ニ付テハ須
　　　ラク先ツ日本國領事官ニ知照スヘキモノトス日本國領事官ニ於テ若法
　　　律ヲ接セスシテ判斷セル廉アルコトヲ認メタルトキハ公正ノ裁判ヲ期
　　　セムカ爲別ニ官吏ヲ派シテ覆審スヘキコトヲ清國ニ請求スルヲ得

第5條　圖們江北雜居區域內ニ於ケル韓民所有ノ土地、家屋ハ清國政府ヨ
　　　リ清國人民ノ財産同族完全ニ保護スヘシ又該江沿岸ニハ場所ヲ択シ渡
　　　船ヲ設ケ雙方人民ノ往來ハ自由タルヘシ但シ兵器ヲ携帶スルモノハ公
　　　文又ハ護照ナクシテ境ヲ越ユルヲ得ス雜居區域內産出ノ米穀ハ韓民ノ
　　　販運ヲ許ス尤凶年ニ際シテハ仍禁止スルコトヲ得ヘク柴草ハ舊ニ依リ
　　　照辨スヘシ

第6條　清國政府ハ将來吉長鐵道ヲ延吉南境ニ延長シ韓國會寧ニ於テ韓國
　　　鐵道ト連絡スヘク其ノ一切ノ聯法ハ吉良鐵道ト一律タルヘシ開辨ノ時
　　　期ハ清國政府ニ於テ情形ヲ酌量シ日本國政府ト商議ノ上之ヲ定ム

第7條　本協約ハ調印後直ニ効力ヲ生スヘク統監府派出所並文武ノ各員ハ
　　　成ルヘク速ニ撤退ヲ開始シ2箇月ヲ以テ完了スヘシ日本國政府ハ2箇月
　　　以内ニ第2條所開ノ通商地ニ領事館ヲ開設スヘシ

　　　　右證據トシテ下名ハ各其ノ本國政府ヨリ相當ノ委任ヲ受ケ日本文及
　　　漢文ヲ以テ作成セル各2通ノ本協約ニ記名調印スルモノナリ

　　　　明治42年9月4日

　　　　宣統元年7月20日

　　　　　北京ニ於テ

　　　　大日本國特命全權大使　伊集院彦吉

　　　　大清國欽命外務部尚書會辨大臣　梁敦彦

　この条約をめぐる交渉の評価は、以下にある。

　交渉において、清国が終始、折衝に努めたのは、当時、清国内に包藏されていた革命の機運から、清国の発祥地である間島を保持すること、そしてその境界不明の間島を日本に譲与することにでもすれば、他国に乗じられるので、それを封じることにあり、それは成功しなければならない。そこで、日本は、清国の領土権、及び裁判権を承認するなどの妥協に終始し、他方、満州問題で満州5案件協約をもって満州5案件を有利に解決して、南満州の既得権をいっそう有利にかつ確実にして、大陸政策の新段階に踏み込んだ。この点、日本にとっては、名を捨て実をとった交渉の成果といえうる。その5案件は、(1)清国は、新民屯—法門間の鉄道敷設につき、日本と商議する。(2)清国は、南満州支線敷設に同意する。(3)撫順・煙台炭鉱の採掘を認める。(4)安奉鉄道・南満州鉄道沿線鉱山開発を認める。(5)京奉鉄道の延長を認める、である。

　いいかえれば、満州条約で日本の享有する権益は明確に規定されたとはいえ、間島協約は、日本のまったくの譲歩で成立した。この現実を、当事者として現地で観察していた篠田治策は、以下の譲歩8点を、明確に指摘した（『白頭山定界碑』樂浪書院、1938年、282-283頁）

1、間島の領土権は、まったくこれを放棄した。

2、豆満江の歴史的名称を、清国の主張通りに、図們江とした。

3、図們江を国境とした結果、白頭山定界碑及びその上流と連絡するために、石乙水を国境とした。

4、従来、韓国は、1899年清韓条約で清国領土において治外法権を有していた。しかし、韓人は、清国法権に服することになった。

5、韓人は、清国の行政措置に従うことになった結果、旧来の韓国風習は制限され、伐採は禁止され、韓国よりの塩の輸入も禁止された。

6、兵器を携帯する者は、護照なしには、国境を移動することはできない。

7、凶年においても、食糧の輸出は禁止される。

8、従来、無税扱いであった間島輸入品に対して清国関税が課されることに
なった。

日韓併合後は、南満州の稲作が成功し、従来の朝鮮人移住がいっそう促され、
夥しい移民の時代を迎えた。その一方、間島は、範一民族闘争運動の策源地とな
り、国際政治の焦点に立った。だが、その反日闘争も、跨境民族としての自決処
理の局面を迎える。

8、中国朝鮮族起源論争

中国では、朝鮮族は土着民族ではなく、朝鮮で形成されてきた朝鮮人の一部が
19世紀中頃から第二次世界大戦の終結までに、東北地区に移住してきた、と解
されてきた。ところが、1958年に河北省青龍県民族時務委員会が成立し、民族
政策の調査を行った際、同県の朴姓の350人が自分らは朝鮮族の子孫であるので、
族譜を回復してほしいと申し出た。こうした要求は拡大し、1982年に族譜改正
が認められた。一方、彼らは、土着民族説を主張しており、それが高句麗の境域
が中国東北一帯に以後、拡大していたことをもって確認された。そして、その一
部が内紛で新羅に亡命したことも確認された。これに対して、朝鮮族の起源を元
来、明初に求める説が提起され、彼らは、遼東地区に居住していたのが根拠と
なっており、彼らは漢族、満族、蒙古族と同化してきたことも判明した。延辺地
区の朝鮮族研究者は、その血統主義を否定している。朝鮮人の中・韓・田・馬・
王・千の姓の祖先は漢族であるとされる。

他方、中国の帰化＝国籍取得が確立したのは1912年で、1899年9月の中韓通
商条約では、中国における韓国人の裁判権は、韓国にあった。

9、中国朝鮮族遷入史論争

中国朝鮮族の居住地域は、延辺朝鮮族自治州が中心で、19世紀に朝鮮から移
住してきたシベリアの朝鮮人は、北朝鮮及びロシアと国境を接する延辺の朝鮮人

として、冬季は延辺で過ごし、夏季にシベリアで生活し、その生活は数年間、繰り返され、そして朝鮮に戻るというように、国境を自由に往来してきた。その生活は跨境民族とされる。

いま1つは、「悠久の歴史と後裔ある革命の伝統を有し、我が国の反帝反封建闘争史の光輝ある1頁を記している」というのが、中国の朝鮮人についての中国政府の公式見解である。但し、彼らは、新中国の成立に貢献したにもせよ、文化大革命で厳しい弾圧を受け、以後、朝鮮族遷入（移住）史論争が起きた。

一方、中国側は、抗日ゲリラの義兵闘争と協力して、その支配の回復を企図した。

間島の帰属問題は、新中国の成立で国境画定をめぐり再び外交交渉となった。

10、間島の朝鮮人闘争

北朝鮮は、先に引用してきたように、朝鮮人の存在と活動を公式に確認している。そして、朝鮮民主主義人民共和国科学院・人文科学院編『白頭山資料集』は、白頭山の朝鮮人定着に続いて、解放闘争を、以下の通り整理して記述している。

1876年の李王朝への日本の侵略、1894年の甲午農民戦争に続いて、1895〜96年に三水一帯の人民は、義兵闘争に突入した。白頭山地区の反日闘争は、臨時境界線から三水、恵山、豊山、厚昌、茂山一帯、及び会寧、富寧に至るまで、広範囲に展開された。1905年7月富寧ホアン洞シンドル岩で、8月会寧ホクソン洞で日本軍に対する攻撃があった。1907年11月三水・甲山地方で日本軍討伐隊との激しい戦闘となった。

以後、白岩を始めとする白頭山一帯の人民は、秘密結社及び愛国文化運動の下に、反日武装闘争を展開した。金亨稷は、1921年10月の書簡で、革命組織の結集を呼びかけ、翌22年葡坪に朝鮮国民会組織責任者会議を開催し、反日愛国闘争を切り開いた。1921年秋には、興業団、軍備団が成立し、金亨稷指揮の白山武士団も活動し、1922年には匡正団の襲撃も報じられた。1926年、金日成の指

導で、局面は、抗日革命戦争へと移り、1926年10月打倒帝国主義同盟（略称トゥ・ドゥ）が結成され、1927年12月撫松で白山青年同盟が成立し、革命の前衛組織となった。そして、1932年5月小沙河で、小沙河農民協会、反日人民遊撃隊による解放根拠地が建設され、それは白頭山一帯及び豆満江沿岸の広い地域に拡がっていった。1933年3月旺載山で穏城地区地下革命組織責任者・政治工作員会議が開催され、1934年3月範一人民遊撃隊の改編で、5月朝鮮人民革命軍革命委員が成立した。これにより、朝鮮人民革命軍の活動は北満の寧安一帯まで拡大した。民生団事件もあって、1936年5月祖国光復会が樹立され、9月白頭山地区秘密根拠地が創設された。1937年5月朝鮮人民革命軍は白頭山茂山地区での普天堡戦闘は大勝利を収めた。1945年6月、閭白山密営の軍事・政治幹部会議で、抗日戦争が総括された。

　抗日運動における中国共産党との関係は、以下の通りであった。1925年創設の朝鮮共産党は、翌26年に満州総局を設置し、1927〜30年に3次にわたる間島共産党事件が起きた。その闘争は、吉会鉄道反対の愛路運動にあった。1928年9月中国共産党は朝鮮延長論に対する自己批判から、1930年彼らを中国共産党に吸収した。その共同闘争は、彼ら内部、共産党と朝鮮人革命分子の間の内紛の、1932〜36年の民生団事件で挫折し、さらに朝鮮人革命隊分子は「韓人ソビエト」か「抗日自決」をめぐり混乱した。したがって、東北抗日聯軍あるいは在満韓人祖国光復会の綱領では、韓人の自由解放を目的とする「朝鮮族自治区」の建設が打ち出された。但し、その自治区の内容は極めて曖昧で、朝鮮人の分離・独立権は言及されていない。一方、金日成らの抗日ゲリラ闘争は続いた。

　そこでは、満洲事変が進行するなか、朝鮮人の自作農化政策がとられたが、それは成功していない。

11、白頭山の革命伝説

　北朝鮮では、この抗日戦争のスローガンは、金正日によって、以下の通り謳われている。

ああ朝鮮よ、白頭星誕生を告げる。

五千年歴史国の光明、未来のシンボル、白頭明星、白頭山に出現。

ああ朝鮮よ、白頭山に白頭光明星誕生。

白頭山に光明星が昇った。白頭山光明星三千里を照らす。みな、光明星を眺めよ。

朝鮮よ民族よ、高く跨がれ。朝日明るい我が国に光明星が昇ってお前を喜ばす。

白頭星、五大洋六大洲を照らし、赤き大洋に育てよう。

白頭山よ、万国に誇れ。世界革命無産者の領袖金日成将軍、抗日女師金正淑偉勲と、金大将の代を継ぐ白頭光明星を、白頭山よ万国に誇れ。

二千万同胞よ、白頭光明星に昇ったので、子々孫々白頭光明を仰ぎ、祖国解放を遂げよう。

天上に王宮を築き、抗日大将金日成、女将師金正淑、白頭光明星を千万年いただこう。

北朝鮮は、白頭山の革命伝説を公式に、次のように、提起している。すべては、抗日戦争のシンボルを立証している。

○白頭山に将軍星が現れた！

注解　聖人が白頭山に降り、朝鮮国を平定するという話が伝えられてきたが、いまや天降大将金日成が天の意で聖山に降り、白頭山の将軍星が現れ、2千万同胞に開かれた。金日成将軍は白頭山の精気を授かり、白頭山で天命を受けて、抗日戦争を展開した。

○白頭山の虎

注解　日帝侵略者は、伝統的英雄金日成将軍を「白頭山の虎」と叫びなから、恐怖と不安におののいた。

○将軍の縮地法

注解　朝鮮人民革命軍主力部隊が、白頭山西南部に進出し、至るところで遊撃戦争を展開した。この現実を、将軍は縮地法を使い、敵を「一行千里」の戦法で打ち破った。1937年2月長白県鯉明水戦闘で金日成将軍は、一夜に40キロ

メートルを移動し、敵を瞬時に撃退した。

○将軍の予言

注解　開城地方には、「牛20頭と3羽の鳥」という伝説があった。1940年8月小哈爾巴会議の後、城頭山東北部で将軍が日帝の廃止と祖国の解放を予言した話が伝わった。警察は金日成が入院していた病院に突入したが、彼はおらず、開城南大門に牛20頭と3羽の鳥の絵があった。人々は、その絵をみて「昭和20年に新しい時代が来る」との意味と解した。

○金日成将軍は凱旋する

注解　1945年白頭山から金日成将軍が祖国に来るという伝言が江原道で拡がった。さらに、金日成革命伝説は、金正日革命伝説に再現され、継承された。

○白頭山の将軍像に光明星が現れた

注解　白頭山の天池から上空へ雪のように白い燕が飛びたった。稲妻が光り、湖畔に美しい花が咲いた。白髪の老人が現れ、白燕が降り立ち「白頭山に非凡な将師をもう1人迎えることになりました」と伝え、将軍峰に背丈216メートルの武士が集い、忠誠を誓った。2月16日当人は白頭山に戻った。将軍峰は現在、正日峰となっている。

○白頭の聖地、小白水谷

注解　白頭宿営に金正日の生家があり、そこは風水の聖地で、命を受けた神仙が世界を回ってこの地を定め、聖地とした。

○竜馬岩、永剣岩

注解　白い竜馬に乗った金正日が日帝をやっつけるという流言が、白頭山から3日間轟き拡がり、その発現地は竜馬岩、永剣岩であった。国民は新しい竜馬は聖人であって、国民とともにある、と信じた。

○白頭山の貴人伝説

注解　1946年春、白頭山の前身から光を発して、貴人が生まれ、彼は直ぐにも話をし、世の道理に通じた予言を語ったという伝言が平壌に拡がり、人々は驚き、喜んだ。

　　以上の政治操作は、朝鮮の中華主義イデオロギーの体現であり、ナショナリズ

ムの発揚となっている。それは、北朝鮮の学術文献による公式見解である。

革命伝説で、革命戦跡地・革命史跡地の聖地化が進められた。そのためには、中国との1962年国境画定交渉では、北朝鮮は、聖地白頭山の確保に固執した。

その白頭山革命史跡地以外に、中国東北には、次の革命史跡地が指定されている。

表3-5　北朝鮮の革命史跡、1993年

革命戦跡地	革命史跡地
城頭山革命戦績地	白頭山革命史跡地
白頭山密営	金日成は1963年、1979年、1983年、
獅子嶺密営	1985年、1988年、1989年に登山した。
コム山密営	金正日は1963年、1971年、1972年、
鮮奥山密営	1976年、1988年に登山した。
闊白山密営	三池淵一帯
小臙脂峰密営	大紅淵一帯
鴨緑江岸密営	普天堡一帯
双頭峰密営	恵山一帯
大角峰密営	新坡一帯
青峰一帯革命戦跡地	中国東北地区革命史跡地
5号鉄砲偃	長白地区
青峰宿営地	撫松地区
三池淵一帯革命戦跡地	安図地区
ペゲ（枕）峰宿営地	和竜地区
茂山一帯革命戦跡地	
茂浦宿営地	
新四洞革命戦跡地	
大紅淵革命戦跡地	
普天堡一帯革命戦跡地	
口済鉄砲堰革命戦跡地	
崑将徳革命戦跡地	
普天堡一帯革命戦跡地	
普天堡革命戦跡地	
中国東北一帯革命戦跡地	
長白一帯革命戦跡地	
撫松一帯革命戦跡地	
安図一帯革命戦跡地	
和竜一帯革命戦跡地	

第4章　新中国・北朝鮮の国境処理

　1949年に中国共産党は政権を掌握すると、旧政府が外国と締結した条約の審査に入り、共同綱領の第55条で宣言したように、あるいは承認し、あるいは廃除し、あるいは重ねて締結しなければならないとした。但し、これは、旧国民党政権から引き継いだ国際条約をすべて否定したものではなく、原則として一統帝国の国家理念において旧政権の条約を継承しているということができる。他方の朝鮮は、「帝国主義との闘争」という共通のイデオロギー認識を共有しつつも、分裂朝鮮の現実にあった。そこでの中国共産党は失地回復運動を基本的特徴とした旧民主主義の伝統を受け継ぐ政治風土にあり、皮肉にも北朝鮮の革命的反帝国主義闘争は中国領土にあった。この革命民族主義の共通せる風土にあって、国益の優先による国境の確認となったのが1962年中国・朝鮮国境条約の締結であった。そこには、接壌国家としての北朝鮮には2国間関係の実務的確立があり、その十分な関係の確立において、中国は北朝鮮に対し自国の支配領土の確認を行ったとみることができる。

1、新中国・北朝鮮関係

　新中国は、北朝鮮と1949年10月4日／6日国交を樹立し、一連の実務協力関係を進めた。その経過は、以下の通りであった。

　1949年11月25日中国・北朝鮮有線電話協定調印。

12月25日中国・北朝鮮郵政協定、電信協定、電報・有線電話協定付属議定書調印。

1950年8月18日北朝鮮・中国バーター協定成立。

1952年5月31日中国・北朝鮮郵政・電信・有線電話協定、付属議定書成立。

1953年11月23日中国・北朝鮮経済・文化協力協定調印。

1954年1月25日中国・北朝鮮国境鉄道協定調印。

1月28日中国・北朝鮮一貫輸送協定調印。

3月30日中国・北朝鮮郵便物相互交換協定調印。

4月1日中国・北朝鮮直接貨物運動開始。

5月20日中国・北朝鮮通貨レート協定調印。

6月30日北朝鮮・中国対外貿易機関貨物引渡し共同条件に関する議定書成立。

12月31日北朝鮮・中国対外貿易機関貨物引渡し共同条件に関する議定書成立。

1955年12月21日中国・北朝鮮新為替レート協定調印。

1957年1月24日中国・北朝鮮防衛協力協定調印。

6月7日中国・北朝鮮郵便協定調印。

12月31日中国・北朝鮮科学技術協力協定調印。

1958年12月27日中国・北朝鮮国境通過交換議定書調印。

1959年2月18日中国・北朝鮮航空協定調印。

2月21日中国・北朝鮮文化協力協定調印。

1960年5月23日北朝鮮・中国国境河川航行運輸合作協定調印。

1961年7月11日中国・北朝鮮友好・協力相互支援援助条約調印。

1962年10月12日中国・北朝鮮国境条約調印。

11月5日中国・北朝鮮通商・航海条約調印。

1961年7月中国・朝鮮友好・協力条約の成立で、以下の点が確認され、北朝鮮はその成果において交渉の妥協を余儀なくされ、国境条約に応じた。そして、国境条約の成立で、1962年11月北朝鮮・中国通商・航海条約が調印され、中国は

北朝鮮に対する支援が確認された。その条約締結の意義は、以下にあった。

1、朝鮮民主主義人民共和国の目標、大義、及び存在が明確に宣明にされ、確認されたこと。

2、中国が北朝鮮の国家存在及び安全保障を保障したこと。

3、国際社会における北朝鮮の存在が確認されたこと。

1961年7月11日調印、1961年9月10日発効の、中国・北朝鮮友好・協力相互支援援助条約は、以下の通りである。

　　　中華人民共和国主席及び朝鮮民主主義人民共和国最高人民会議常任委員会は、マルクス・レーニン主義及びプロレタリア国際主義の原則に基づき、かつ国家主権及び領土保全相互尊重、相互不可侵、内政相互不干渉、平等互恵、並びに相互の援助及び支持の基礎の上に、全力を挙げて両国間の兄弟のような友好、協力、及び相互援助関係をいっそう強化させ発展させ、両国人民を共同で保障し、アジア及び全世界の平和を守り、かつ強固にすることを決意し、また両国間の友好、協力、及び相互援助関係の発展・強化が、両国人民の根本的利益に合致するのみでない世界各国人民の利益に合致するものであることを確信し、このため、本条約を締結することに決定し、それぞれ、以下の通り、全権代表を任命した。

　　　中華人民共和国主席は中華人民共和国国務院総理周恩来を特派し、朝鮮民主主義人民共和国最高人民会議常任委員会は、朝鮮民主主義人民共和国内閣首相金日成を特派した。

　　　これら全権代表は、互いにその全権委任状を示し、それが良好妥当であると認められた後、以下の通り、協定した。

第1条　両締約国は、アジア及び全世界の平和、並びに各国人民の安全を守るため、引続きあらゆる努力を払う。

第2条　両締約国は、共同ですべての措置を執り、いずれか一方の締約国に対するいかなる国の侵略をも防止する。いずれか一方の締約国がいずれかの国又は同盟国家群から武力攻撃を受けて、それにより戦争状態に陥ったときは、他方の締約国は、直ちに全力を挙げて軍事上・そ

の他の援助を与える。

第3条　いずれの締約国も、他方の締約国に対するいかなる同盟をも結ばず、また他方の締約国に対するいかなるブロック、行動、又は措置にも参加しない。

第4条　両締約国は、両国に共通の利害関係があるすべての重大な国際問題につき、引続き互いに協議するものとする。

第5条　両締約国は、主権の相互尊重、内政の相互不干渉、及び平等互恵の原則、並びに友好的協力の精神に基づき、両国の社会主義建設事業において、可能な経済、技術援助を引続き相互に与え、かつ両国間の経済、文化、科学、及び技術協力を引続き強化しかつ発展させる。

第6条　両締約国は、朝鮮の統一が平和と民生の基礎の上に実現されるべきであり、このような解決は、朝鮮人民の民族利益及び極東での平和擁護の目的に合致することを認める。

第7条　本条約は、批准される。本条約は、批准書の交換の日に効力を生ずる。批准書は、平壌で交換される。

　　　　本条約は、両締約国が改正又は終了について合意しない限り、引続き効力を有する。

1962年11月5日調印の、北朝鮮・中国通商・航海条約の抜萃は、以下の通りである。

第1条　締約国の双方は、正に、友好合作・相互幇助の精神に基づき、平等と権利の基礎の上にあって、いっさいの必要な施策を採取し、両国間の通商関係を発展しかつ鞏固にする。

　　　　この目的のため、締約国双方の政府は、正に、両国国民経済発展の需用に根拠をおいて、長期協定をその中に包括する各国の協定を締結し、もって相互間の商品流通の発展を保証する。

第14条　締約国のいずれかの一方が、辺境地区で、隣国間との辺境貿易関係の便利のために提供するか、又は以後の将来に提供するようになる権利と特恵は、この条約の規定において適用しない。

2、1962年中国・朝鮮国境条約

　中国と北朝鮮は、1962年10月3日国境会談を行い、12日国境条約を締結した。そして、1963年3月20日国境議定書が調印された。交渉は難航し、それは、これまでの間島協約・図們江中韓国境条約を含めた白頭山平原と図們江の懸案事項を解決するという難問の最終的解決にあった。

　その1962年10月28日調印の、中国・北朝鮮国境条約は、以下の通りである。

　　第1条　締約双方は、両国の境界を、以下の通り確定することに同意する。

　　　1、白頭山の天池上の境界線は、白頭山上の天池を一周する山背の南西段2520高地と2664高地間の鞍部の大体の中心点から始まり、直線で東北に向け天池を横断し、対岸の山之背2628高地と2680高地間の大体の中心部で終わる。その西北部は中国、東南部は朝鮮に属する。

　　　2、天池以南の境界線は、上記の2520高地と2664高地間の鞍部に大体の中心部から始まり、この山背に沿って南東方向の最南端の一点に至り、その後は、山の背を離れて直線で東南方向へ向い、2469高地以東の鴨緑江上流と該高地から最寄りの小支流上の1点で終わる。その境界線は、小支流の水流の中心線から下流へ下り、小支流が鴨緑江へ流入する地点に至る。

　　　3、上記の2071高地以降の鴨緑江上流と該高地に最寄りの一小支流の鴨緑江入口から鴨緑江出口までは、鴨緑江を境界線とする。鴨緑江の出口のところは、朝鮮の小多獅島の最南端から薪島北端を経て、中国の大東溝以南の突端最南端を結ぶ直線を、鴨緑江と黄海の分界線とする。

　　　4、天池以東の境界線は、上記の山背の2628高地と2680高地間の鞍部のほぼ中心部から始まり、東へ朝鮮で2114口に至り、また直線で1992高地へ、さらに直線で1956高地を経て1562高地へ、又は1332口へ、さらに直線で図們江上流の紅土水と北側の一支流との合流地点

の1283高地の北に至る。この境界線は、紅土水の水流中心線を下り、紅上水と弱流河の合流する地点に至る。

　　5、紅上水と弱流河の合流する地点から中朝国境東端の終点までは、図們江を境界線とする。

第2条　締約双方は、境界線となっている河川のなかの島嶼と砂洲を、以下の規定により区分することに、同意する。

　　1、本条約が締結される以前、既に一方の公民が居住又は開墾した島嶼と砂洲は、既成の一方の領土とし、再度、変更しない。

　　2、本条約の前項に言及した以外の島嶼と砂洲に関しては、中国側の岸に近寄っているものは中国に属し、朝鮮側の岸に近寄っているものは朝鮮に属する。両岸の真中に位置するものは、双方の協議によって、その帰属を確定する。

　　3、一方の河岸と所属の島嶼の間に位置する島嶼と砂洲に関しては、他方の河岸に近寄っているか、又は両岸の真中に位置するかにかかわらず、一方の所有とする。

　　4、本条約の締結後、境界線になっている河川のなかに新たな島嶼と砂洲が現れた場合、本条2項及び3項の規定に基づき、その帰属を確認する。

第3条　締約双方は、以下の事項に同意する。

　　1、鴨緑江と図們江上の境界線の幅は、いかなる時期でも、水面の幅を基準とする。両国間の境界線となっている河川は、両国の共有であり、両国が共同して管理し使用する。そこには、航行、漁猟、及び河水の使用を含む。

　　2、鴨緑江出口以外の中国・朝鮮両国海域の区分は、江海分界線の東経124度10分6秒の1点から始まり、大体、南方向の公海までの直線を、両国の海上分界線とする。西側の海域は中国に属し、東側の海域は朝鮮に属する。

　　3、鴨緑江出口の江海分界線を除いて、東経123度59分から東経124

92

度26分までの間の海域は、両国のいっさいの船舶が自由に航行でき、制限を受けない。

第4条　締約双方は、以下の事項に同意する。

　　1、本条約の締結後、直ちに両国国境連合委員会を設立し、本条約の規定に基づいて国境を探査し、境界の木造標識を建てると同時に、境界となっている河川のなかの島嶼と砂洲の帰属を確定する。その後は、議定書草案を1通作成し、国境地図を作製する。

　さらに、1963年3月20日成立の、中国・北朝鮮国境議定書を、抜萃して引用する。

第1条　中國・朝鮮両国の国境は、既に中国・朝鮮国境連合委員会が中国・朝鮮国境条約（以下、国境条約と言及）の第4条に基づき、現地探査を終了した。双方は、国境条約の第1条1項、2項、及び4項に言及した白頭山地区の境界線に関して探査し、標識を建立し、正式に確定した。また、国境条約の第1条3項、及び5項に言及した鴨緑江と図們江に関しても、探査をし、河川のなかの島嶼と砂洲の帰属を確定し、また鴨緑江出口の江と海の分界線を探査して、3本の標識を建立した。国境条約の第3条2項の規定に基づき、鴨緑江出口外側の中朝両国の海上分界線を確定し、しかも具体的に、第3条3項に言及した鴨緑江出口の江海分界線を除いて、両国の自由航行区域を確定した。

第2条　1、本議定書の第1条に言及した白頭山地区に建立した境界標識は、大型と小型の2種類があり、鉄筋コンクリートで作成され、中心部には鉄鉛を埋め込む。大型と小型の標識が地面に露出した高さは、それぞれ155センチメートルと129センチメントールである。

第4条　境界河川のなかの島嶼と砂洲に関して、その面積が2500平方メートル以上のもの、並びに2500平方メートル未満であっても、固定され使用価値があるものは、双方が現地探査を経て、国境条約の第2条の規定に基づいて、帰属を確定した。……

第6条　本議定書の第1条に言及した添付地図の縮尺は5万分の1であり、

中・朝文の原本と朝鮮文・中国文の原本の2種があり、それぞれ合計47枚で構成される。……河川の水流中央線が境界線と決められた区間においては、今後、水の流れが変わっても、上記の2万5千分の1の詳細な地図上に明記した境界線は、不変とする。

白頭山地区境界線の方向と標識の位置

第7条　白頭山地区における境界線は、鴨緑江上流と2071高地（新測定値標高2152メートル、添付地図はこれを基準とする）以東の最寄りの一小支流が合流する地点から始まり、白頭山天池を経て、紅土水と弱流河が合流する地点に至る区間で、全長は、45092.8メートルであり、詳細な方向は、以下の通りである。

第8条　本議定書の第7条に言及した白頭山地区の境界線において、合計21号、28本の境界標識を建立した。……

両国の境界河川と江海分界線標識の位置

第9条　1、鴨緑江と図們江において、探査された島嶼と砂洲は合計451個、うち中国に属するものは187個、朝鮮に属するものは264個である。

(1)鴨緑江の出口、即ち、江海分界線から鴨緑江上流と2071高地（新測定値標高2152メートル）以東の最寄りの支流との合流地点までの間で、探査された島嶼と砂洲は合計205個、うち中国に属するものは78個、朝鮮に属するものは127個である。

第10条　鴨緑江出口の江海分界線は、朝鮮の小多獅島最南端の1号江海分界線標識から、直線で朝鮮の薪島北端の2号江海分界標識を経由し、中国の大東溝以南の突出部最南端にある3号江海分界標識に至る。江海分界線の長さは22249.2メートルである。江海分界標識の位置は、以下の通りである。……

海上分界線と自由航行区域

第12条　締約双方は、国境条約の第3条2項の規定により、両国の海上分界線を、以下の通り、定める。鴨緑江出口の江海分海線上、東経124

度10分06秒、北緯39度49分41秒の点から、直線で東経124度09分
18秒、北緯39度43分39秒の点から、直線で東経124度06分31秒、
北緯39度31分51秒の点を経由し、公海に至る。この海上分界線を、
付図に明記する。

第13条　国境条約の第3条3項に言及した鴨緑江出口の江海分界線を除
いて、両国のいっさいの船舶が自由に航行できる区域は、東経123度
59分9分以東、東経124度26分以西、江海分界線から北緯39度30分
までであり、それぞれが中国領海と朝鮮領海に属する海域である。

　境界線の維持と管理

第14条　締約双方は、境界標識と江海分界線標識の維持と管理を強化し、
必要な措置を講じて標識の移動、損失、破壊を防ぐ。

　いずれにおいても、一方的に新しい境界標識と江海分界線標識を建立
してはならない。

第18条　締約双方は、本議定書の発効後、3年毎に白頭山地区の境界を、
5年毎に境界河川を1回ずつ合同検査しなければならない。但し、双方
の協議を経て、検査時期の変更、又は一部の境界区間のみに対する検
査をすることができる。……

　以上の国境条約は、新中国の成立で他の中国・朝鮮条約と同様に、両当事国が
対等で締結した条約であった。しかし、北朝鮮は、天池に対する根強い要求で、
以前の図們江の源流の境界起点から天池にまで拡げられ、天池の半分以上、天池
の3分の2とその周辺地域の280平方キロの領土を取り戻した。したがって、将
軍峰とされる白頭山最高峰、白頭峰海抜2750メートルと松花江の源流地域が、
つまり1712年に清国と合意していた定界碑跡も、北朝鮮領となった。但し、丹
池水面は共同利用とされ、両国ともに運航可能となった。この白頭山は、金日成
の抗日独立闘争の舞台とされた聖地であった。但し、この民族的聖地は、南北朝
鮮の対立下にあって民族的神話の聖地としての存在において混乱と矛盾を残して
いる。加えて、この間島地域は、太祖ヌルハチの開国説話のなかの聖地で、清国
も女真の歴史的居住・活動地域であった。新中国は一統システムの後継者とし

95

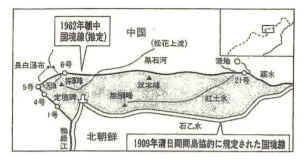

図4−1　中国・朝鮮国境条約での北朝鮮支配地域
(出所)「1962年辺界条約で取り戻した朝鮮領」統一日報、1999年10月28日／金基燦『空白の北朝鮮現代史——白頭山を売った金日成』新潮新書、新潮社、2003年、139頁。

て、そこでの支配を捨象できるとしたのか。これに対して、北朝鮮はどういう代償交渉をしたというのか。それは交渉の秘密である。

　もうひとつ、この白頭山・天池と周辺地域は、間島協約で、日本が南満州の鉄道敷設権を獲得するという伏線にあった。これは、何を意味していたのか。以上の結論は、中国の朝鮮戦争支援の見返りに、金日成は、中国側に白頭山の半分と間島地域を引き渡したということになる。

3、国境条約論争

　この国境条約で、図們江源流の境界は、間島条約の石乙水から紅土水へ北上した。松花江の一支流五道白河上流に黒石溝（土門江）を図們江源流の一部として条文化された。それは、念願の図們江（豆満江）・土門江別流論の部分的復活と承認であった。これまで韓国そして北朝鮮は、一貫して別流論に立って朝鮮帰属論、及び統監符派出所の設置と朝鮮人の保護を方針としてきた。いいかえれば、この別流論をもって、中国は、間島（延辺）の支配を法的に確認し、北朝鮮の北伐／北進を封じた。北朝鮮は、白頭山を取得して、図們江、すなわち間島を譲渡することになった、条約は、白頭山と図們江のみを規定している（この主題のシミュレーション小説は、金辰明、夏香夏訳『中国が北朝鮮を呑みこむ日』ダイヤモンド社、2007年である）。

　跨境民族として間島の朝鮮人は、間島協約で彼らの地位と権利を保持してきた。以後、日韓併合による朝鮮人の国籍問題、1912年に中華民国国籍法による

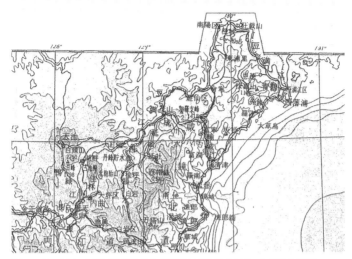

図4−2　中国・朝鮮国境条約での北朝鮮支配地域（中国・北朝鮮分割線）
（出所）北朝鮮地図、中国地図の複写。朝鮮民主主義人民共和国科学院・人文科学院編
『白頭山資料集』日朝友好資料センター、1993年。

中国への帰化問題、1916年の南満州及び東部内蒙古と間島協約との不整合、解放直後における延辺における間島帰属問題、中国共産党と朝鮮人の武装化問題、中国人民解放軍朝鮮族兵士の朝鮮人民軍への編入、朝鮮戦争での延辺朝鮮族の貢献と自治、そして中国土地改革と朝鮮族の人民公社化といった一連の諸問題に、延辺朝鮮族は直面してきた。

　図們江下流の朝鮮・ロシア国境は、江口から18.2キロメートルに達した上流が河床中央線であるが、下流の1886年6月3日の琿春条約に従った中国・ロシア・朝鮮3国国境起点は中国・ロシア間で2004年4月10日最終的に解決された。そして現在、図們江開発が提起されている。

　1886年6月3日調印の、中国・ロシア琿春界約の交界道路記文には、以下の記述がある。

　　　第1段の国境は、1884年（光緒10年）ロシア覇権院の測量し作製した地図で図們江より長嶺の天文台に至るまでとする。この嶺は、ロシアの琿

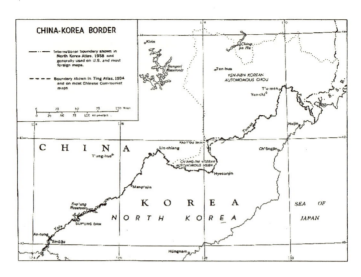

図4-3　中国・朝鮮国境

　春卡倫及び清国の2道河卡倫の間に介在し、琿春厳杵河往来の大道上に当たる土字界標新立の地より天文台に至る距離は65.5露里約31清里にして図上の赤線はすべて分水嶺に順い境界となし、西流して図們江に入るものは清国に属し、水の東に向かい海に流入するものはロシア領に属する。

　韓国とともに、北朝鮮は、白頭山は北方の連峰まで、すべて自国領となったとしており、北朝鮮の地図も中国延辺朝鮮族自治州の地図も、天池の真中に国境線を引いていて、この点では矛盾はないが、その東西に引かれた直線の国境線が引かれ、その南部は中国領、北部は北朝鮮領となる。一方、韓国で発行の北朝鮮地図では、天池はすべて北朝鮮領となっている。この点の説明では、白頭山の半分と間島の一部が中国に編入されているが、その評価をどう解するか。

　それを報じた統一日報、1999年10月26日は、北朝鮮は領土を取り戻した、と報じた。以下の通りである。

　　　北朝鮮が1962年10月中国と締結した「朝中国界条約」で、ソウル市

面積の45パーセントに匹敵する280平方キロの領土を中国から取り戻したことが分かった。

　韓国も民間研究機関、白頭文化研究所の李炯石代表（62歳）が20日明らかにした。この事実は、同代表が今年夏の延辺大学を訪問した際に、大学所属の北東アジア地域研究所長から「朝中国界条約」に関する詳しい資料を入手して分かった。

　中国側資料によると、「朝中国界条約」は1962年10月12日平壌で北朝鮮の金日成当時内閣首班と中国の周恩来総理の間で締結された、と記されている。

　李代表によると、北朝鮮側は、この条約を通じて中国領となっていた天池の5分の3とその周辺地域を含め、280平方キロを取り戻したといった。

　同条約によって、海抜2750メートルを誇る白頭山（北朝鮮名、将軍峰）と松花江の上流地域の一部が朝鮮領に編入され、1712年李朝朝鮮の粛宗在位のとき、清国と合意して建てた「定界碑」の跡も、北朝鮮領内に収まることになった。しかし、天池水面は共同利用で合意され、両国とも天池でも運航が可能となった。

李炯石代表は1992年から最近まで、朝中国境線を実地調査し、これまで境界碑21個を確認した。

1～5号境界碑は、鴨緑江の発源地から天池西側の白雲峰まで続いており、6～21号碑は、天池東側稜線から源地の南側薬水付近まで繋がっており、この事実を裏付ける。

「中国・朝鮮国界条約」をめぐって北朝鮮が朝鮮戦争への参戦の代価として中国に白頭山の大部分を手渡した、中国・朝鮮両国は国境線問題で対立しているとの噂が立っていたが、今回の李炯石代表の調査で、「疑惑」が払拭される形となった。

同条約について、中国は、国内の反発を考慮して、条約内容は公表されなかった。これは、中国側の説明で、白頭山は北朝鮮のものではない。とすれば、それ

は、国土の引渡しではないか。

　北朝鮮は、中国との貿易決済で、1992年、咸鏡北道厚石里のイドリ島（豆満江の三角州）を中国に引き渡したと、南北問題研究所は、未確認情報として伝えた。

　内藤湖南は、朝鮮帰属論を提起してきた。それは、地勢上、朝鮮人が自然に間曠地帯の東半分に入植した現実に負っているとしている。津田左右吉は、高麗東北境開拓は北征の一大事業であったとしている。しかし、その国境解決は国境政治の政治交渉であった。この交渉は、ビルマの国境画定及び国境地域の治安と維持の解決におけると同様に、中国にとっても大きな懸案の解決であり、ために周恩来総理が解決を自ら主導した。延辺朝鮮族自治州成立の意義は極めて大きい。

　中国にとり、同じ問題がビルマとの間でも存在した。

　中国・ビルマ・ルートは、日中戦争で中国の出口として注目されたが、そこは元来、歴史的に往来のルートであった。ビルマ族の祖先は紀元前900年頃、中国西部地方より南下し、イラワジ河下流でブローム国が建立された。他方、マレー半島からモン族が進出し、タライン国を興し、古代ブローム国を滅ぼした。ビルマ族の別派がタライン国を駆逐して、パガン朝の基礎が築かれ、そしてシャン族も制定して統一に成功した一方、そこでは、雲南問題として中国との辺境主権論争が続いた。班洪領有事件はその代表である。1927年英国はこの佤族・阿佤族工作を行い、1934年この地域を占領し、1941年阿佤山にビルマ・ルートと国境線を引いた。英国がビルマを統治して以後、英国は中国との国境交渉に入ったが、成功することはなかった。新中国は、周恩来総理が自ら新生ビルマとの間で訪問外交を重ね、辺境国境交渉に入り、1961年国境は画定され、阿佤地域の班洪地区は中国領となった。

100

第5章　鴨緑江と水豊ダム

　中国・朝鮮の国境は、鴨緑江、図們江で、それは中国大陸、満州／東3省、朝鮮半島の接点で、歴史的朝鮮王朝はそれを領土の北界としてきた。その河川には日本統治期に水豊ダムが建設され、社会経済においても注目されるところとなっている。

　水豊ダムは、朝鮮第一の河川、鴨緑江の下流を堰き止めて作った人造の水豊湖を造成して建設されたもので、それは1936年に完成した重力式アーチダムの技術の結晶とされ、フーバー・ダムに次ぐ存在で、アジア開発の技術的象徴を印した。鴨緑江は社会文化における文明論の原点を形成する一方、鮮于煇の作品「水豊ダム」はその存在を象徴している。

　これと並ぶダムは、中国の揚子江に建設された三峡ダムで、1932年に孫文構想として着手され、1945年中国内戦で一時、中断され、2003年北岸部分が完成した。この大型プロジェクトは中国内陸部への送電、洪水の防止、長江上流への大型船舶の航行が可能になった。依然、河川・ダムなどの課題は人類の願いであり、一方、自然環境の破壊という三峡ダム建設論争も起きた。現在も、21世紀のダム・ビジョンは提起されている。

1、鴨緑江

　鴨緑江は、水の色が鴨の頭の色に似ていることから、その名が付された。中国名も朝鮮語名も同じで、それはこの流域に栄えた満州の民族、朝鮮の共通した生活文化によるところであった。源流は白頭山／長白山に発して東南に流れ、東側から東来江、西側から渾江などの支流を集めて黄海に注ぐ。上流の臨衛までは急渓流であるが、中流から緩やかとなり、下流の集安では、平野を流れる。全長は790.4キロメートルである。

　北岸は中国吉林省・遼寧省で、臨江、集安、丹東があり、南岸は北朝鮮慈江道・両江道・平安北道で、慈城、満浦、楚山、新義州などの都市が発達した。森林地帯から流出する水量は極めて豊かで、流域では林業が盛んで、筏を組んで木材が運ばれた。一方、下流では、水豊ダムのほか、集安に雲峰ダム、満浦ダム、渭源ダム、中流の臨江には臨江ダム、厚昌ダムがある。上流の中国長白朝鮮族自

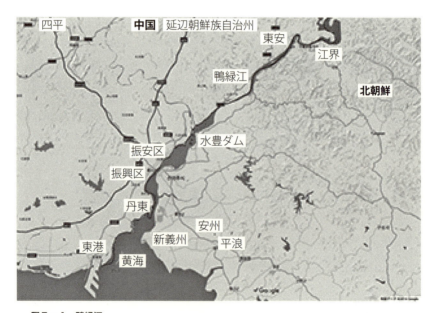

図5-1　鴨緑江

治県の十三道溝までの449キロメートルまでは小型船の航行が可能である。

　筏による木材の輸送から、1909年に朝鮮を統治した日本は、中国現地当局と実務協定を締結した。

　1909年8月26日成立の、漂流木ニ關スル日本・中国協定事項は、以下の通りである。

1、漂流木ハ凡テ一定ノ標旗ヲ掲ケ清國側ハ安東縣六道溝ニ流下集積シ韓國側ハ北下洞ニ流下集積シテ原主ニ返還ノ手續ヲ爲スト雖目下九龍浦下流ニアルモノニシテ支流流下ヲ便トスル筏ハ新義州ニ流下集積スルコト

　但採木公司ニ於テハ清國木把ヲ使役シ營林廠ハ便宜ノ方法ニ由ルコトトシ途中警戒等ニ對シテハ總テ道臺ニ於テ保證シ決シテ木把等ニ妨害ヲ爲サシメサルコト

2、返還ノ方法ハ清國伐採木ハ原主ニ於テ採木公司ニ山號、押號、伐木地、流失員數、氏名等ヲ届出テ營林廠ハ採木公司ノ證明ヲ俟ツテ集積地ニ於テハ公司員及原主立會ノ上辺伐流筏等ノ諸費用ヲ徴收シテ原主ニ返還スルコト韓國側採木ニ對スル返還モ之ニ準ス

3、漂流木ハ第1項規定ノ集積地ニ到着ノ年ノ日暦10月末日（營林廠ニ在リテハ）清暦9月末日（採木公司ニ在リテハ）ヲ以テ原主ニ返還ノ最終期日トナスコト

　但營林廠ニ在リテハ日暦10月15日採木公司ニ在リテハ清暦9月15日以後到着ノ木材ハ特ニ1ケ月ノ猶豫ヲ與フ

4、原主ニ於テ集積費等ノ諸費用ヲ納ムルコトヲ欲セサルトキハ整理者タル營林廠叉ハ採木公司ヨリ相當代金ヲ原主ニ交付シテ漂流木ヲ買收スルコト

5、營林廠及採木公司ノ記録ナキ漂流木材ヲ所有シ叉ハ賣買隱匿スル者アルトキハ清國人ノ場合ニハ道臺ニ於テ日韓人ノ場合ニハ營林廠ニ於テ之ヲ差押ヘ相當處分ノ手段ヲ取ルコト

　明治42年8月26日

宣統元年7月11日

統監府西北營林廠長　時尾善三郎

鴨緑江採木公司理事長　橋口正美

鴨緑江採木理事長　胡宗瀛

在安東領事　岡部三郎

署理與鳳道　錢鑠

　この河川は、国境でもあったことから、歴史的に重要な舞台であった。3国時代には、中流域の集安に高句麗が丸都城を築いた。高麗の末期、李成桂が反旗を翻したのは、鴨緑江の中州、威化島であった。

　日露戦争では、日本軍がロシア軍と対戦した鴨緑江会戦で激戦が繰り返された。朝鮮戦争では、北朝鮮を支援して中国人民解放軍が鴨緑江を越え、国連軍は鴨緑江沿いの要衝に激しい爆撃を行い、水豊ダムもその対象となった。

　しばしば下流域では氾濫が起きているが、2010年8月上流域で集中豪雨が発生し、北朝鮮の威化島が水没し、住民6万人が避難した。一方、この黄金坪島及び威化島は中国・朝鮮協力の目玉事業となった。2011年6月6日北朝鮮の最高人民会議常任委員会は、伝統的な朝中友好をさらに強化し、対外関係を拡大し、発展させるために黄金坪・威化島経済地帯設置令を制定した。黄金坪島は面積11平方キロメートルの穀倉地帯で、丹東とは細い水路で隔てられており、中国は数憶ドルで50年間の開発権を得て、北朝鮮の労働力で産業団地が建設され、特別な自由貿易区の形態をとった。但し、北朝鮮は法制度が絶えず変更されており、そうしたことで中国は悩まされており、その事業が空転する可能性が指摘されている（「国境に工業団地　中朝協力が始動——黄金坪島で着工式」朝日新聞、2011年6月9日）。

2、鮮満一如の象徴水豊ダム建設

　水豊ダムは、1937年に着工し、1944年3月に完工した。同ダムは、満洲と朝鮮の電力確保のため建設された電力式コンクリートダムで、現在、朝鮮民主主義

人民共和国平安北道と中華人民共和国遼寧省の鴨緑江下流の、平安北道新義州市から50キロメートル地点の満朝国境に建設された。着工したのは朝鮮窒素肥料で、水豊水力発電所の7基の発電量はそれぞれ約10万の発電能力を有し、当時、世界

図5-2 水豊ダム

最大級の能力であった。現在、復旧拡充されて、その最大出力は70万キロワットとなっている。

　朝鮮第一の鴨緑江の下流を堰き止めて建設された人造湖が水豊湖で、河口から約130キロメートル上流にあり、面積345平方キロメートル、全貯水量116億立方メートルに及び、貯水面はダムの堰堤より上流164キロメートルにある。

　朝鮮戦争で、米軍機の攻撃を受けたが、ダム構造が堅牢であったため決壊を免れ、戦後に北朝鮮が発電能力を増強して復興した。竣工から60年以上経過した現在も、ダム本体は大きな改修工事は行われることなく、活用されている。

　このダムの発電機は、1945年8月9日ソ連軍の侵攻により、発電機7基のうち、5基が略奪され、略奪された発電機は、カザフスタン共和国のイリティッシュ川（エルティンシ川）上流のダムで、その使用が確認された。

　北朝鮮の国章は、1948年春、金日成と金正淑によって水豊ダムのデザインを協議して決定されている。このダムは、北朝鮮にとり正しく国家の生命を担い、国家生存の象徴である。

　水豊ダムの建設は、日本の朝鮮支配により成功した巨大開発として、朝鮮総督府の役割が大きく評価され、そこには、満州国の存在が極めて大きかった。

図5-3 朝鮮民主主義人民共和国国章

日本は、日露戦争で東清鉄道の南半部を収めるとともに、1906年11月東満州鉄道株式会社を設立するとともに、その満鉄が鴨緑江の水利資源に着目し、1916年と17年に鴨緑江調査を行い、1921年に『満州の水力資源』が刊行された。

　1931年9月日本は、柳条湖事件で、中国東北部への侵略に入り、かくて、1932年3月満州国が設立され、日本は、鴨緑江の左岸（朝鮮側）と共に右岸（満州国側）を支配するところとなった。満州国政府は、1934年10月満州電業株式会社を設立した。12月関東軍司令官兼駐満州特命全権大使に南次郎が就任し、彼は「対満政策遂行に関する意見」をまとめ、その方針のなか日満経済協同委員会が設置された。満州国実業部臨時産業調査局の技師安倍孝良はかねてから水源調査に着手し、安倍は朝鮮窒素の野口遵にそれにつき進言しており、それは南次郎に無条件で受け入れられた。

　そこでの鮮満一如のスローガンは、以下のように説明された。「鮮満一如の徹底は、東亞ブロック經濟の域内にあって朝鮮がむしろ今や「新しき土」大陸の一構成部分となり──と言っても政治的には自ら限度があるであらうとは言へ──且つ半島住民が大陸「五族」の構成員となって好く協和しつゝ、鮮満は打って一丸となって日本内地との一體不可分關係のもとに立つといふこと」にある。それは、以下の基礎にあった。

1935年11月日本・満州の通貨一元化。

　　12月満州中央銀行・朝鮮銀行業務協定の成立。

1936年6月10日満州国における日本国臣民の居住及び満州国の課税等に関する日本国・満州国条約調印。

　　12月満州興業銀行の業務一元化。

　　12月鮮満国境河川架橋に関する覚害成立──これにより、向かう7年間に朝鮮は鴨緑江4橋、豆満江2橋、満州は鴨緑江4橋、豆満江4橋、双方で14橋の建設が決まった。これまでは3橋だけであったが、既に着工されつつあった。

　かくて、1935年11月満州国と朝鮮総督府は鴨緑江開発に着手した。1936年9月関東軍、満鉄経済調査会、日満財政研究会で満州経済計画が検討され、12月

陸軍省軍務課が『満州産業開発５カ年計画取扱要綱』が決定され、５カ年計画の基軸に水力発電が位置づけられた。一方、満州国国務院は水力電気建設局を設置し、第二松華江の豊満ダム計画に取り組んだ。他方、関東軍は、安倍技師の助言で、野口と共に長津江水力発電の久保田豊が参加するところとなった。1936年８月朝鮮総督に南次郎が就任したことで、鮮満一如の精神で朝鮮・満州国境での警備強化と匪賊武力征伐作戦とともに、鴨緑江開発に満鉄総裁松岡洋右が応じた。

その経過は、以下の通りであった。

1936年10月29日南総督、植田関東軍司令官と図們会談──それは、(1)鮮満一如の実現、(2)朝鮮・満州産業経済の不可分化、(3)匪賊討伐にあった。

　　　11月満鉄総裁、南総督訪問──それは、鴨緑江開発、移民政策の確認にあった。

1937年１月朝鮮総督府・満州国、鮮満鴨緑江共同技術委員会設立。

　　　４月南総督、朝鮮統治五大政綱発表──それは、「国体明徴」、「鮮満一如」、「教学作振」、「農耕併進」、「庶政刷新」である。

　　　８月18日満州鴨緑江水力発電株式会社設立。

　　　８月18日／20日朝鮮総督府と満州国、鴨緑江及び図們江発電事業の実施についての了解事項覚書成立。

　　　８月20日満州鴨緑江水力発電株式会社・朝鮮鴨緑江水力発電株式会社間の水力発電事業協同経営に関する約定成立

　　　８月23日日本と満州国、鴨緑江及び図們江発電事業に関する覚書成立。

1944年３月水豊水力発電所の竣工（「二十世紀の一代偉業水豊発電所近々完成」満鮮日報、1940年６月22日）。それは、日本の満州・朝鮮支配の象徴であった。

1937年（康徳４年）８月18日公布・執行の、満州鴨緑江水力発電株式会社法、勅令第250号は、以下の通りである。

　　第1條　政府ハ豊富低廉ナル電力ノ供給ヲ圖ル爲満洲鴨緑江水力發電株式會社ヲ設立セシム

　　第2條　會社ハ朝鮮鴨緑江水力發電株式會社ト共同シテ鴨緑江及圖們江各

本流ノ水力ヲ利用スル發電事業ノ開發竝ニ經營ヲ目的トスル股份有限公司トス

　會社ハ産業部大臣ノ認可ヲ受ケ朝鮮鴨緑江水力發電株式會社ト共同シテ前項ノ事業ニ附帯スル事務ヲ務ムコトヲ得

第3條　會社ハ其ノ設立後直ニ朝鮮鴨緑江水力發電株式會社トノ間ニ發電事業ノ協同經營ニ關スル約定ヲ締結シ産業部大臣ノ認可ヲ受クベシ

　前項ノ約定ヲ變更セントスルトキ亦同ジ

第4條　會社ノ資本ノ額ハ5,000萬圓トシ内2,500萬圓ハ政府ノ出資トス

第5條　會社ノ株主ハ其ノ所有スル株式ト同數ノ朝鮮鴨緑江水力公電株式會社ヲ所有スルコトヲ要ス

第6條　會社ノ株式ハ記名式トシ1株ノ金額ヲ50圓トス

第7條　會社ノ株式ハ會社ノ同意ヲ得ルニ非ザレバ之ヲ他人ニ讓渡スルコトヲ得ズ

第8條　會社ノ株式ノ第1回ノ拂込ハ之ヲ株金ノ4分ノ1迄ニ下スコトヲ得

第9條　會社ノ株主ハ1株ニ付1箇ノ議決權ヲ有ス

第10條　會社ニ理事長1人、理事5人以内及監事4人以内ヲ置ク

第11條　理事長ハ會社ヲ代表シ其ノ業務ヲ綜理ス

　理事長事故アルトキハ理事中ノ1人理事長ノ職務ヲ行フ

　理事ハ理事長ヲ補佐シ會社ノ業務ヲ掌理ス

　監事ハ會社ノ業務ヲ監査ス

第12條　理事長、理事及監事ハ株主総ニ於テ之ヲ選任ス

　理事長及理事ノ任期ハ3年監事ノ任期ハ2年トス

第13條　理事長及常務ニ從事スル理事ハ産業部大臣ノ許可ヲ受クルニ非ザレバ他ノ業務ニ從事スルコトヲ得ズ

第14條　産業大臣必要ト認ムルトキハ何時ニテモ會社ヲシテ其ノ業務若ハ財産ノ状況ヲ報告セシメ又ハ所部ノ官吏ヲシテ其ノ金庫、帳簿其ノ他諸般ノ文書物件ヲ検査セシムルコトヲ得

第15條　會社ハ営業年度毎ニ事業計畫及會計畫ヲ定メ豫メ産業部大臣ノ認可ヲ受クベシ之ヲ變更セントスルトキ亦同ジ

第16條　會社ハ企業計畫及工事設計ヲ變更セントスルトキハ産業大臣ノ認可ヲ受クベシ

第17條　理事長、理事及監事ノ選任及解任、定款ノ變更、利益金ノ處分、社債ノ募集竝ニ合併及解散ノ決議ハ産業大臣ノ認可ヲ受クルニ非ザレバ其ノ効力ヲ生セズ

第18條　會社ハ朝鮮鴨緑江水力發電株式會社ト共同事業ノ計算ニ付産業大臣ノ認可ヲ受クベシ

第19條　會社ハ産業部大臣ノ認可ヲ受クルニ非サレバ其ノ事業ノ全部又ハ一部ヲ譲渡スルコトヲ得ズ

第20條　會社ハ産業部大臣ノ認可ヲ受クルニ非サレバ其ノ重要財産ヲ他人ニ譲渡シ之ヲ擔保ニ併スルコトヲ得ズ

第21條　會社ハ産業大臣認可ヲ受クルニ非サレバ其ノ事業ノ全部又ハ一部ヲ廃止又ハ休止スルトヲ得ズ

第22條　産業大臣ハ會社ノ業務ニ關シ監督上必要アル命令ヲ爲総スコトヲ得

第23條　産業大臣ハ會社ノ業務ニ關シ公務上又ハ電力統制上必要ナル命令ヲ錫スコトヲ得

第24條　産業大臣ハ會社ノ決議が法令若ハ定款ニ違反シ又ハ公益ヲ害スト認ムルトキハ其ノ決議ヲ取消スコトヲ得

　　産業大臣ハ會社ノ理事長、理事又ハ監事ノ行爲ガ法令、定款若ハ本法ニ依ル命令に違反シ又ハ公益ヲ害スト認ムルトキハ之ヲ解任スルコトヲ得

第25條　會社ハ利益ヲ配富スル毎ニ控除ヲ要スル積立金ヲ其ノ利益ノ20分ノ1迄ニ下スコトヲ得

　　附則

第26條　本法ハ公布ノ日ヨリ之ヲ施行ス

第27條　政府ハ設立委員ヲ命ジ會社ノ設立ニ關スル一切ノ事務ヲ處理スル

第28條　設立委員ハ定款、起業計畫及工事設計書ヲ作成シ産業部大臣ノ認可ヲ受クルベシ

第29條　株式總數ノ引受アリタルトキハ設立委員ハ遲滯ナク株金ノ拂込ヲ爲サシムベシ

　　前項ノ拂込アリタルトキハ設立委員ハ遲滯ナク設立總會ヲ招集スベシ

第30條　設立委員ハ會社ノ設立登記ヲ完了シタルトキハ遲滯ナク其ノ事務ヲ理事長ニ引渡スベシ

1937年8月18日／20日成立の、朝鮮総督府・満州国間の鴨緑江及び図們江発電事業の実施についての了解事項に関する覚書は、以下の通りである。

1、鴨緑江及圖們江發電事業に關する覺書（以下、覺書ト稱スル）第1項、第2項、第3項ト他事業兼普及投資トスルコトニスベシ甲會社ニ關スルトイウ同會社定款第2條第2項ガ事業經營及ビ投資トイウモノト思ウ乙社ニ關シテ満洲国鴨錄江水力發電株式會社第2條第2項との附帯（事）業務及ビ經營デアル。両者ノ内容ト同一デアル。

2、覺書第3條ノ發電事業ノ施設及ビ兩國ハ且ツ發電設備（發電所、堰堤、水路、貯水池等ヲ包含スル）及ビ其他發電事業ノ設備トスル。

　　前項ノ施設ニ關シテ甲乙兩社ガ朝鮮総督府及ビ満洲國政府ニ對シテ取ッタ手續ハ當初ノ事業經費許可ノ申請ヲ除外シテ連絡シタモノデアル。

3、覚書ニ依據シタ發電施設ノ建設及ビ修繕ガ必要ナ材料、機械及ビ器具ナドハ、朝鮮總督府及ビ満洲國ノ税團長ノ付託及ビ指定シタ工事區域デ消費シテ使用後返還スル。朝鮮總督府及ビ満洲國政府ハ關税ニ關シテ非課税トシテ取リ扱ウモノトスル。

1937年8月20日　朝鮮總督府遞信局長　山田忠次

1937年8月20日　朝鮮總督府財務局長　林　繁藏

1937年8月18日　満洲國産業部次長　岸　信介

1937年8月18日　満洲國經濟部次長　西村一郎

　1937年8月20日成立の、朝鮮鴨緑江水力特電株式会社及び満州鴨緑江水力特電株式会社間の水力発電事業共同経営に関する約定は、以下の通りである。

　　朝鮮鴨緑江水力特電株式会社（以下、甲ト稱スル）及ビ満洲鴨緑江水力特電株式会社（以下乙ト稱スル）及ビ鴨緑江圖們江本流ノ水カヲ利用シテ發電事業ヲ共同シテ經營スル爲條項ヲ約定スル。

第1條　甲及ビ乙ハ定款ノ所定ハ共同シテ鴨緑江及ビ圖們江各本流ノ水カヲ利用シテ發電事業及ビ其他事業ヲ行ウ。

第2條　甲及ビ乙ハ事業經營ニ關スル諸事項ニ關シテ朝鮮總督及ビ満洲國政府デ定メル甲乙間定款及ビ本約定ニ定メルハ協議シテ此ノ通リ處理スル。

第3條　本約定ヲ變更、朝鮮總督府及ビ満洲國政府ノ認可ハ效力ヲ生起スルモノトスル。

第4條　本約定ハ甲乙ノ存立スル限リ有效トス。

第5條　事業經營ニ關スル第三者トノ契約其他法律行爲デ取ル境遇ハ甲乙トモ共同シテ當事者トスル。

　　但シ必要ナル境遇ハ甲乙ハ協議シテ一方側ハ他者ニ代理トスル。

第6條　甲乙ノ資本金ハ恆常同額トシ、各各其半額ヲ朝鮮側及ビ満洲國側ノ株主ヲ所有シ株主ノ所有ハ甲乙両者ノ株式ハ同數トスル。

第7條　甲及乙ノ役員ハ各各同一トスル。

第8能　甲及乙ノ事業ノ資産ハ負債モ共有トスル。

第9能　甲及乙ノ事業經營ニ因ル生起及ビ損益モ甲乙間均等ニ分配スル。

第10條　甲及乙ノ共同事業ノ損益決算ハ毎年2回式執行スル。

　　前項ノ決算ハ日本國圓トシ單位トスル。

　　日本國對満洲國圓ノ比率ハ100圓對100圓トスル。

第11條　甲及乙ノ共同（事業）經營ニ發生スル電カハ朝鮮及ビ満洲國圈ニ對スル各各ニ所定周波數デ依テ原則ハ各各2分之1デ同一ノ條件デ供

給スル。

　但鮮満電力需要ノ實態ニツイテハ甲乙ノ協議デ朝鮮總督府及ビ滿洲國政府ノ承認ヲスル比率デ變更ヲスル。

第12條　本約定中ノ條項解釋ニ關シテ意見一致シ、境遇及本約定中ノ兩者間協議ノ事項ハ協義デ達スル境遇トシテ甲及乙ガ朝鮮総督府及ビ滿洲國政府ガ決定シタモノトスル。

　此約定締結デ證明スル爲ニハ本約定2通ヲ作成スル甲乙各各1通ヲ保有スル。

1937年8月23日成立の、鴨緑江及び図們江発電事業に関する日本・満洲国覚書は、以下の通りである。

第1　日本國當該官憲ハ朝鮮鴨緑江水力發電株式會社（以下甲社ト稱ス）ニ對シ滿洲國當該官憲ハ滿洲鴨緑江水力發電株式會社（以下乙社ト稱ス）ニ對シ鴨緑江及圖們江各本流ニ依ル右兩者發電事業ノ共同經營ヲ許可スル爲夫々所要ノ措置ヲ執ルモノトス

第2　日滿兩國當該國常官憲ガ夫々甲社又ハ乙社ニ對シ監督上必要ナル命令ヲ發セントスル場合ニハ豫メ協議ヲ遂グルモノトス

　甲社又ハ乙社ノ決議ノ取消及役員ノ解任並ニ左ノ各號ニ付認可又ハ許可ノ處分ヲ爲サントスル場合前項ニ同ジ

（1）共同經營約定ノ締結及變更

（2）定數ノ設定及變更

（3）他事業兼營普及投資

（4）社長（理事長）及常務取締役（常務理事）ノ他業従事

（5）役員ノ選任及解任、利益金ノ處分、社債ノ募集並ニ合併及解散ノ決議

（6）事業計畫及資金計畫

（7）共同事業ノ計算

（8）重要財産ノ讓渡及擔保權設定

第3　日滿兩國當該官憲ハ第1ニ規定スル發電事業ノ施設ニ對スル監督ニ

付テハ其ノ都度豫メ協議ヲ遂グルモノトス

第4 日滿兩國當該官憲ハ各自國領域内ニ於ケル甲乙兩社ノ電気事業ニ對シ公益上又ハ電力統制上必要ナル命令ヲ發セントスル場合ニハ相互ニ協議ヲ遂グルモノトス

左ノ各號ニ付認可又ハ許可ノ處分ヲ爲サントスル場合亦前項ニ同ジ

1 電力供給契約ノ締結及變更

2 重要電気工作物ノ施設及變更

第5 日滿兩國當該官憲ハ甲乙兩社ノ事業ノ譲渡ヲ許可セザルモノトス但シ特別ノ事情ニ依リ事業ノ譲渡ヲ許可スル必要アル場合ニハ相互ニ協議ヲ遂グルモノトス

第6 日滿兩國當該官憲ハ各自國領域内に於テ各社ニ對シ報告ヲ徴シ又ハ検査ヲ爲シタルトキハ遅滞ナク相互ニ通報スルモノトス

(1) 甲乙兩社ノ資本金ハ常ニ同額タラシムルコト

(2) 甲乙兩社ハ夫々其ノ資本金ノ2分ノ1相當額ノ株式ヲ相手國側ノ株主ヲシテ所有セシムルコト

(3) 甲乙兩社ノ各株主ヲシテ甲乙兩社ノ株式ヲ同數宛所有セシムルコト

(4) 甲社又ハ乙社ノ各役員ハ同時ニ夫々乙社又ハ甲社ノ同一役員タラシムルコト

(5) 各社資産及負債ヲ兩者ノ共有タラシムルコト

(6) 各社ノ事業經營ニ依リ生ジタル損益ハ各社ニ均等ニ配分スルコト

第8 甲乙兩社ノ發電事業ニ對スル許可期間ハ満35年トス但シ日滿兩國當該官憲ハ各社ノ申請ニ依リ協議ノ上之ヲ延長スルコトヲ得

第9 日滿兩國當該官憲ハ第1ニ規定スル甲乙兩壮ノ發電事業ヨリ發生スル電力ヲ朝鮮及滿洲國ニ夫々其ノ定ムル周波數ニ依リ原則トシテ2分ノ1宛同一條件ヲ以テ供給セシムルモノトス但シ其ノ比率ハ日滿兩國當該官憲協議ノ上之ヲ變更スルコトヲ得ルモノトス

昭和12年8月20日京城ニ於テ

　　　　　朝鮮総督府政務總監　大野緑一郎

　　昭和12年8月18日新京ニ於テ

　　　　　間島駐在日本國總領事　川村博

　　昭和12年8月19日安東ニ於テ

　　　　　安東駐在日本國總領事　瀧山清次郎

　　康徳4年8月18日新京ニ於テ

　　　　　満洲國産業部大臣　呂榮寰

　　康徳4年8月19日新義州ニ於テ

　　　　　新義州駐在満州國領事代理　谷中山

3、戦後の水豊ダム

　水豊ダムは、第二次世界大戦末期、ソ連軍が進駐し、ダムの発電施設が奪取された。

　1947年3月ソ連・北朝鮮経済・文化協力協定が締結され、1950年2月ソ連・中国同盟・相互援助協定が締結され、同時に長春鉄道、旅順口、及び大連の中国返還は約束されて、水豊ダムの再開となった。しかし、朝鮮戦争でダムは爆撃され、その行方が注目された。幸いにも、朝鮮休戦協定で、1955年4月17日鴨緑江水豊ダム協定が締結され、中朝鴨緑江水豊発電公司が設立され、さらに続いて水豊ダム運用規則が制定され、運用再開となった。

　1955年4月17日調印の、鴨録江水豊水力発電所に関する中国・北朝鮮協定は、以下の通りである。

　　　　中華人民共和国政府と朝鮮民主主義人民共和国政府は、友好協力、平
　　　　等互恵、領土主権の相互尊重の原則に基づいて、鴨緑江水力発電事業を
　　　　発展させて両国経済を建設する願望を実現するために、本協定の締結を
　　　　決定する。

　　　　第1条　鴨緑江水豊水力発電所のすべての資産は、中国・朝鮮両国の共同
　　　　　所有である。

第5章　鴨緑江と水豊ダム

第2条　中国・朝鮮両国辺境内にある鴨緑江水豊水力発電所のいっさいの
　　　建築物と設備は、中国・朝鮮両国の領土主権に支障を与えない。また、
　　　これによって中国・朝鮮両国の国境は変更されない。

第3条　中国・朝鮮両国政府は、中朝鴨緑江水豊水力発電公司（水豊水力
　　　発電公司と称する）を設置し、共同で鴨緑江水豊水力発電所を経営す
　　　る。双方は、会社側の作業人事按配と日常業務管理を朝鮮側が責任を
　　　持つことに同意する。会社規則は、別途に定める。

　　　　中国・朝鮮両国政府は、同権の原則に基づき人員を派遣し、水豊水
　　　力発電会社理事会と監事会を構成し、中国・朝鮮両国政府を代表して
　　　水豊水力発電所を指導し監察する。理事会と監事会の権限と職責は、
　　　会社規則に定める。

第4条　中国・朝鮮双方は、鴨緑江水豊水力発電所のすべての財産を水豊
　　　水力公司の資金に当てることに、同意する。1945年8月15日以前の財
　　　産は、中国・朝鮮両国の共同投資と見做される。但し、朝鮮側が1945
　　　年8月16日以後に単独で投資したいっさいの資産は、朝鮮側の資金と
　　　する。資産の調査、価値見積り、及び資産差額の交付などの方法は、
　　　別途に定める。

　　　　中国・朝鮮双方は、公司の業務需要に基づき、また同権の原則によっ
　　　て資金を増やすものとする。

第5条　水豊水力発電公司の減価償却積立金と利潤は、中国・朝鮮双方が
　　　平等に分配する。

第6条　水豊水力発電所で産出した電力は、原則として中国・朝鮮双方に
　　　対しそれぞれ半分ずつ分配する。但し、一方の権益を損なわない条件
　　　の下で、具体的な情況に基いて分配比率を変更することができる。

　　　　水豊水力発電公司が中国・朝鮮両国に販売する電気は、同一価格に
　　　よって計算する。

第7条　中国・朝鮮双方とも、水豊水力発電公司に自国の国営企業担当の
　　　待遇を与える。水豊水力発電公司は、中国・朝鮮双方の国内法に基づ

き登記する。

　中国・朝鮮双方は、公司の経営に関わるいっさいの税金を免除する。

第8条　ダムの発電・洪水防止などの総合作用を発揮し、鴨緑江沿岸の中国・朝鮮両国住民の安全を保障するために、中国・朝鮮両国政府は、1956年12月31日までにダム運用規則を協議して制定し、水豊水力発電公司がこれを執行する。

第9条　今後の鴨緑江水力資源の総合利用と共同開発計画は、中国・朝鮮両国政府が本協定の方針に基づき別途に協議し、企画する。

第10条　中国・朝鮮双方は、協議を経て、本協定とその他の付属文言を修正し補充する。

第11条　本協定は、1955年7月1日から発効する。

　本協定は、1955年4月17日北京で締結され、等しく正文である中国語及び朝鮮語による本書2通を作成した。

　1964年7月22日この中国・朝鮮国境での相互供給のための電力供給に関する中国・北朝鮮協議書が成立した。また、1966年4月新たに水門建設議定書が調印され、その拡張工事をみた。

　1966年4月8日調印の、中国・北朝鮮鴨緑江・図們江における水門建設議定書は、以下の通りである。

　中華人民共和国林業部代表と朝鮮民主主義人民共和国林業省代表は、1966年3月27日から4月8日まで丹東市にて会談を行った。

　双方は、中華人民共和国政府と朝鮮民主主義人民共和国政府間で締結された「鴨緑江・図們江における木材運送に関する議定書」と補足議定書の精神に基づき、友好な雰囲気の中で鴨緑江及び図們江における水門建設に関する問題について、下記の通り、合意した。

1、双方は、鴨緑江上流において、中国側吉林省長白県元農山辺境哨兵詰所から上流へ1.6キロメートルの区間内に、朝鮮側の両江道普天郡農山木結構水門から農山列車駅までの区間内にコンクリート型水門1カ所を、また図們江上流においては、中国側吉林省和龍県崇善大隊の区間

内に、朝鮮側の両江道三池淵郡三長里の区間内に木造構造型水門1カ所
を建設することに、同意する。

2、上記2カ所の水門の具体的な位置とその他の具体的な問題に関しては、
双方指定の代表が1966年4月中国側の長白県と和龍県古城里又は朝鮮
側の慧山市と三池淵郡三長里においてそれぞれ会談を行って解決する。

3、上記2カ所の水門の投資、材料、設計、施工、及び管理などは、朝鮮
側が責任を負う。将来、中国側が上記の鴨緑江水門を利用する必要が
ある場合、朝鮮側はこれに同意する。中国側の水門利用に及ぶ投資と
共同管理などの具体的な問題については、中国・朝鮮両国の林業部・
省代表間の協議によって解決する。

4、中国側は、朝鮮側施工者が臨時で中国側長白県元農山辺境哨兵詰所の
15部屋を使用することに、同意し、朝鮮側は、水門建設竣工後の1カ月
以内に、中国側に返却する。

5、本議定書は、署名日より発効する。

本議定書は、1966年4月8日丹東市にて締結され、等しく正文である
中国語及び朝鮮語による本書2通を作成した。

4、鴨緑江の架橋と朝鮮・満州連絡鉄道

朝鮮半島の鉄道は、1894年の甲午改革で、日本が李朝朝鮮に漢城から開港場
に至る鉄道建設を提案し、8月20日日韓合同条款で日本が鉄道敷設権を得て鷺梁
津（漢江西岸）－済物浦間の鉄道が1899年8月建設されたのに始まる。これが
京仁線で、続いて1905年には京釜線全線が開通した。さらに、1904年2月日本
陸軍は臨時軍用鉄道監部を設置し、1905年4月龍山－新義州間が開通した。1906
年に日露戦争での軍事輸送を目的に日本陸軍が一進会の協力を得て京義線を全面
開通させた。

1909年12月韓国鉄道管理局が設置され、1910年8月日本の韓国併合で、朝鮮
総督府鉄道局にすべての鉄道業務が移管され、日露戦争の勝利で南満州鉄道が開

設されたことで、京釜線及び京義線を満鉄と接続するところとなった。1910年4月鴨緑江架橋に関する日本・清国覚書が1910年4月成立し、鴨緑江の架橋となった。

　1910年4月4日調印（奉天）の、鴨緑江架橋に関する中国・日本覚書は、以下の通りである。

　　　　大日本帝國政府ニ於テ今回韓國側ヨリ清國安東縣ニ達スル橋梁ヲ架設スルニ就キ

　　　　大清國政府ハ之ニ同意シタルニヨリ大日本奉天駐在総領事小池ト大清國奉天交渉使司韓ト各本國政府ノ命ニ依リ左ノ各項ヲ約定ス

　　1、各國ノ通例ニ從ヒ國境ニ於テ汽車ヲ更換スルコトニ關スル清國ノ主張ニ就テハ後日満韓鐵道連絡業務協定ノ際之ヲ商議ス

　　2、清國ハ税關ヲ鴨緑江ノ西岸ニ設ケ汽車ノ檢査ヲ行フコト但シ之ニ關スル細目ハ追テ協定スヘシ

　　3、江心ヨリ西岸ニ至ル橋梁ノ一半ハ安泰鐵道ト同シク15年ノ後清國ニ於テ買收ス其工費ハ清國査察員ヲシテ精査セシム

　　4、日清両國ノ木筏又ハ船隻該橋梁通過ノ際不可抗カノ為メ橋梁ヲ破損スルコトアルモ木把又ハ船主ヲシテ一切其責ニ任セシメサルコト尚本項ニ關スル細目ハ追テ協定スヘシ

　　　　以上日漢文各2通ヲ作成シ各署名調印ノ上交換シ各1通ヲ持シ以テ證據トナス

　　　明治43年4月4日、宣統2年2月25日奉天ニ於テ

　　在奉天総領事　　小池張造

　　奉天交渉使司　　韓国鈞

　かくて、1911年11月1日鴨緑江横断鉄橋が完成し、翌2日運行協定の成立で朝鮮鉄道は満州鉄道と接続し、1917年から1925年までその鉄道経営が満洲鉄道に委ねられた。その解除で、朝鮮鉄道は朝鮮総督府直営となったが、1933年10月清津以北の路線は再び満洲鉄道の管理となった。これは、朝鮮北部が満州の開発領域にあったためである。

こうして成立した、関釜連絡船を介した日本からの大陸満州・北支那ルート
は、その連絡船に接続した特別急行列車「あかつき」、「ひかり」、「のぞみ」、「大
陸」、「興亜」が運行された。それは、日本の敗戦まで続いた。

1911年11月2日調印の、国境列車運転に関する日本・中国協定は、以下の通
りである。

> 安奉鐵道ト朝鮮鐵道トノ間ニ列車ノ國境直通運轉ヲ行ウニ付日清両國
> 政府ハ各委員ヲ任命シ左記各項ノ協約ス
>
> 1　日清両國政府ハ世界交通ノ爲メ特ニ両國國境ニ於ケル列車ノ直通聯絡
> ヲ承諾ス
>
> 2　兩鐵道列車直通ノ爲ニハ鴨緑江鐵橋上ニ於テハ其中心ヲ以テ兩國國界
> トナシ以西ヲ清國國境トナシ以東ヲ日本國境トナス
>
> 3　列車國境ヲ通過スルトキハ機関車ノ更換ヲ行フ朝鮮鐵道使用ノ機関車
> ハ清國安東縣停車場以西ニ至ルコトナク安奉鉄道使用ノ機関車ハ新義
> 州停車場以東ニ至ルコトナシ
>
> 4　兩國方面ヨリスル列車日本國境内ニ至ルモノハ朝鮮鐵道線路ヲ以テ限
> トナシ清國國境内ニ至ルモノハ南満洲鐵道株式會社線路ヲ以テ限リト
> ス
>
> 5　兩鐵道ノ各列車清國安東縣停車場ニ至レハ必ス貨物手荷物ヲ荷物検査
> ニ荷卸シ兩國税關吏ノ検査ヲ受クヘシ但シ税關吏ニ於テ荷卸スルニ及
> ハスト認メタルモノハ此限ニ在ラス
>
> 6　兩國ハ各税關官吏ヲ派シ安東縣停車場荷物検査場ニ於テ共同検査ヲ行
> ヒ各其本國ノ税關規則ニ遵ヒ並ニ細則ヲ規定シテ辨理スヘシ日本國國
> 境内ヨリ清國ニ輸入スル貨物ハ先ツ日本國税關官吏ニ於テ檢査シタル
> 後清國税關官吏ニ於テ検査シタル後日本國税關官吏ニ於テ検査スヘシ
>
> 7　兩國國境ヲ通過スル列車ハ軍隊ヲ輸送スルヲ得ス
> 　條約ニヨリ駐屯ヲ許サレタル軍隊ハ此限ニ在ラス但シ國境往来ニ際
> シ事前ニ必ス通知スヘシ
>
> 8　朝鮮人ニシテ從來清國内ニ居住シタル者ハ慣例ニ從ヒ辨理スヘク其他

ノ朝鮮人ニシテ護照ヲ有セサル者ハ乗車境ヲ過キ清國内地ニ旅行スル
　　コトヲ得ス
　9　兩鐵道ノ列車國境通過ニ際シテハ同種類ノ貨物ニ対シ輸出輸入共須ク
　　運賃ノ公平ヲ期スヘシ
　10　安奉鐵道ハ條約ニ依リ 15 年ノ後清國政府ニ於テ買収スヘキモノナル
　　ニヨリ本協約ハ該鐵道買収以前ノミニ適用セラルヘキモノニシテ買収
　　後ハ兩國政府ハ別ニ列車直通ニ關スル章程ヲ協定スヘシ
　　　右證據トシテ兩國委員ハ日本文及漢文ヲ以テ作ラレタル各 2 通ノ本協約
ニ署名調印モノナリ
　　　明治 44 年 11 月 2 日
　　　宣統 3 年 9 月 12 日
　　　　　大日本帝國總領事　　小池張造
　　　　　朝鮮總督府鐵道局長官　大屋權平
　　　　　南満洲鐵道株式會社副総裁　國澤新兵衛
　　　　　朝鮮總督府税關長　矢野久三郎
　　　　　南満洲鐵道株式會社理事　田中清次郎
　　　　　大清帝國奉天交渉司　許鼎霖
　　　　　大清帝國郵傳部　仲阮惟和　　（欧人 2 名の署名－不明）

図 5－4　破壊された鴨緑江鉄橋

第5章　鴨緑江と水豊ダム

　朝鮮の分断で、現在、京義線は中断したままである。

　そして、朝鮮戦争で鴨緑江鉄橋は破壊された。以後、隣接する架橋が建設され、破壊された旧鉄橋は記念碑として残り、新しい鉄橋を人、自動車、そして車両が往来する形で活用され、鉄道は北京－平壌ルートで運行されている。そのために中朝鉄道連合委員会が1954年1月25日の中国・朝鮮国境鉄道協定により成立している。その新協定が1959年9月5日成立し、運用されている。

　1959年9月5日調印、11月1日発効の、中国・北朝鮮国境鉄道協定は、以下の通りである。

　　　　中華人民共和国鉄道部と朝鮮民主主義人民共和国交通省の双方の全権代表は、国境鉄道協定を以下の通り、締結する。

　　第1条　中華人民共和国鉄道と朝鮮民主主義人民共和国鉄道の国境駅は、以下の通り、決める。

　　　　中国鉄道側の国境駅

　　　　　丹東駅、国境線まで1.4キロメートルの距離がある。

　　　　　図們駅、国境線まで2.1キロメートルの距離がある。

　　　　　集安駅、国境線まで7.3キロメートルの距離がある。

　　　　朝鮮鉄道側の国境駅

　　　　　新義州駅、国境線まで1.7キロメートルの距離がある。

　　　　　南陽駅、国境線まで1.3キロメートルの距離がある。

　　　　　満浦駅、国境線まで3.8キロメートルの距離がある。

　　　　国境駅と国境駅間の技術設備は、双方列車の交通になんら支障がないことを保証すべきである。国境駅と国境駅間の信号、線路標識は、所属路線の規定に基づき取り付ける。

　　　　貨物と車両の引渡し作業は、受け取る国境駅で処理する。

　　　　国境に位置し、共同で利用する大型建築物の修築・補修・修理に関しては、双方の鉄道中央機関間で締結した協定に基づいて行う。

　　第2条　（列車の運行）国境駅間の列車運行は、中朝国境鉄道連合委員会によって制定された運行図と国境駅間列車運行細則（付属文言第1号）

121

に従って行う。

　国境駅間で運行する列車における機関車、乗務員用車及び乗務員組に関しては、奇数年度は朝鮮鉄道部門が担当し、偶数年度は中国鉄道部門が担当する。

　各国境駅間の客・貨物の運送は、双方が商議決定した方法によって編成された列車で処理する。上記列車の引継ぎと発車を処理するため、国境駅上には固定の線路が設置されなければならない。

第3条　（列車の業務方法）列車の機関車と乗務員組は、列車走行用現行技術管理規定又は列車運転処理規定、及び当該鉄道行政上の職務指令を執行しなければならない。このため、双方は、関連の規定を交換し、修正と補充が必要な場合は、即時に先方に通知する。

　先方に交付する列車乗務員組の書面指令は、双方の正式文字を使用しなければならない。

　列車の乗務員は、列車走行中、当列車乗務を担当する自己の車掌に従う。

　列車の外部警備は、当列車が走行する鉄道側か担当する。列車内の貨物の完備と車両の技術状態に関して、当車両の交付処理以前は、乗務員組が担当する。

　先方の国境駅に引き渡す貨物の運送手形の伝送に関しては、機関車を担当する一方は、自己の車掌が担当し、機関車を担当しない一方は、自ら要員を派遣し、伝送する。還送手形を伝送する要員は、手形以外いっさいの責任は負わない。先方は、乗務員用単に乗ることを許可しなければならない。

　双方の国境駅間に往来する車両外部と連合運送と無関係のいっさいの標識・標語・図画を取り除くため、交付線路上の国境駅で発車する前に、双方の授受要員と当番車掌が合同して検査を行う。検査過程において発見された車両外部と連合運送と無関係の標識・標語・図画は、交付路線側が責任を待って取り除くものとする。発軍後に上記の標識・

標語・図画が発見された場合、受け取る線路側が責任をもって取り除かなければならない。

国境駅間の区間内において、機関車は、列車の先頭に置き、走行するものとする。列車又は単なる機関車が国境に近づいた際、停車信号があるところで停車し、税関及び国境検査要員の上下車につき便宜を図る。

各国境駅上での車両の移動作業に関し、双方は、各自の機関車、乗務員組、及び操車組が行う。但し、必要な場合は、機関車所属路線上の国境駅の駅長の同意を得て、運行図に決められた機関車停留時間以内では、先方側の列車を牽引する機関車を利用し、今回の線路転向と乗務員用車、郵政車両、故障車両の切離し作業を処理することができる。

第4条 （通信設備）

第5条 （各国境駅と列車運行時の採用時間）

葉6条 （鉄道関係要員の先方国境内での駐留）

第7条 （事故処理責任）

第8条 （旅客還送）

第16条 （国境鉄道連合委員会会議の開催）中朝国境鉄道連合委員会会議は、毎年1回、開催する。

国境鉄道連合委員会会議の開催方法と手順は、国境鉄道連合委員会規則（付属文言第8号）に従い処理する。

第17条 （本協定の発効）本協定とその付属文言は、1959年11月1日より発効する。

本協定の発効日より、1954年1月25日締結された中朝国境鉄道協定は即時に失効する。

本協定の修正と補充に関しては、国境鉄道連合委員会の協議を経て見解を提出し、本協定に署名した中央機関の許可を得て発効する。

本協定の修正は、書面協議の方法で行うことができる。

本協定は、1959年9月5日吉林市にて締結され、等しく正文である中国語及び朝鮮語による本書2通を作成した。

第6章　中国・北朝鮮国境河川協力と往来

1、中国・北朝鮮国境河川協力

　中国・北朝鮮の鴨緑江を通じた往来は、朝鮮戦争で鴨緑江鉄橋が破壊され、中断した。

　1954年6月中国・北朝鮮は鉄道再開となり、中国と北朝鮮は、中国安東と北朝鮮新義州間の安全保護に関する議定書が調印された。

　1955年6月8日調印の、安東から新義州に至る鴨緑江橋の安全保護に関する中国・北朝鮮臨時議定書は、以下の通りである。

　　安東から新義州までの鴨緑江大橋の安全を守るため、また両国出入国者の通行往来の便利を図るため、中華人民共和国公安部代表と朝鮮民主主義人民共和国内務省代表は、協議を経て、以下の合意に達した。

図6－1　鴨緑江の中朝国境碑、中国丹東（旧安東）
（注）河の先にあるのは破壊された橋脚、左は現在の橋。
　　　先の岸は北朝鮮新義州。

125

第1条 （橋の護衛）1、双方は、橋に対する護衛の境界線を、暫時、1954年6月7日中華人民共和国鉄道部代表と朝鮮民主主義人民共和国交通省代表が北京で締結した「中朝両国国境間の鉄道庁の保護工作に開する臨時議定書」の中で決められた「安東駅から新義州駅間の鴨緑江橋は、合計12の条項から成っており、中国側から数えて第6号橋脚、また朝鮮側からも数えて第6号橋脚の中心線で分け、中国・朝鮮両方が各自で6つの掛橋を管轄する」ことによって画定する。

2、双方は、それぞれ各自の護衛境界線内の橋上、橋両側の通路と水面で統一的な護衛措置を取る。

3、双方とも、担当する頂の護衛でも、昼間は、頂の袂に歩哨兵1名を、頂上に流動兵1名を置き、夜間と霧の日は橋の袂に歩哨兵1名を増派して、護衛に当る。

第2条 （橋の技術設備保護）1、双方とも、担当する橋上の掛橋の部分と橋脚の間に適切な度数の電灯を設置し、橋上の路面と橋下の水面の照明に便利を図る。

2、双方とも、各自の岸辺に川の中心部まで400メートル乃至500メートルの距離を照明できる照明電灯を2つ設置し、橋付近の水面の照明に当たる。

第3条 1、双方は、頂の端陸地に禁止区域を画定し、障害物を設置し、関係者以外の立入りを禁止する。

2、橋から75尺（3尺が1メートルに当たる）の距離がある水面上に禁止区域を画定し、標識を設置して識別できるようにする。

3、禁止区域内では、測量と写真撮影、船舶の航行、漁労と遊泳を禁止する。

第4条 双方の辺防総代表は、共同で防火規則を議定し、橋上の適切な場所に定量の消火器と防火砂箱を設置する。すべての護衛関係者は、防火器材使用規則と方法を熟知しなければならない。

第5条 （橋上の通行方法）1、安東から新義州までの鴨緑江橋において

昼間と夜間は、汽車、自動車と団以上の軍事機関の証明書を持つオートバイと馬車の通行を許可し、出入国の歩行者（自転車乗りを含む）の通行は禁止する。

2、中国側は安東、朝鮮側は新義州の交通機関で各自に公共バスを用意し、昼間の決まった時間に運行し、歩行者と自転車乗りの者を運送する。夜間において、即時に橋を渡る必要がある歩行者と自転車乗りの者に関し、双方の護衛担当者が前もって護送し、護衛境界線で相手に引き渡す。

3、双方は、それぞれ当方の橋の端側に切符売場を設け、歩行者と自転車の間乗りの者は、出入国証明書を持ってバス券を買う。バス券の様式は、双方の交通機関が決める。

4、双方とも、辺防検査機関は毎回、バス発車の前に、電話で発車時間を先方の辺防検査機関に通知する。

5、鉄道の修築・保全担当の労働者が橋を通行する場合は、中朝両国国境間の鉄道橋保全工作臨時議定書の規定に基づいて行う。

第6条　橋の下を航行する船舶は、規定に基づき右岸寄りの第1、第2の空洞を通行する。

　　　船舶が橋の下の空洞を通過する時に使用する連絡信号に関しては、双方の航行管理機関が決める。

第7条　中国側の安東辺防検察駅から朝鮮側新義州国境通行検査所までの有線電話線路に関して、双方はそれぞれ当方所属の線路を点検し、連絡の調整を保証する。

第8条　本臨時議定書は、署名日より発効する。

第9条　本臨時議定書は、1955年6月8日北京にて締結され、等しく正文である中国語及び朝鮮語の正本2通を作成した。

　さらに、鴨緑江・図們江における木材運送に関する議定書が、1956年1月14日に成立した。この議定書には、双方の協議につき規定されたことが特記される。

1956年1月14日調印の、中国・北朝鮮の鴨緑江・図們江における木材運送に関する議定書は、以下の通りである。

　　　　中華人民共和国政府と朝鮮民主主義人民共和国政府は、鴨緑江と図們江における筏流し作業及び水上木材運送作業を順調に行うため、平等互恵と友好協力の原則に基づき、本議定書を締結し、条文は、以下の通りである。

第1条　中国、朝鮮双方とも、本国領内で伐採した木材を筏にし、鴨緑江と図們江を利用して運送することができる。筏の規格に関しては、以下の通り、制限する。

　　　　中国側長白県内の二十運溝から長白県市内まで、朝鮮側の三浦から恵山市までの筏の幅は8メートルである。中国側長白県、朝鮮側恵山市以下での筏の幅は21メートルである。図們江流域において、中国側は三合上流、朝鮮側は会寧上流での筏の幅は18メートルである。以上の筏の長さは、いずれも150メートルを限度とする。橋がない地域では、筏の規格は、上記の制限を受けない。但し、いかなる状況でも、筏の幅は固定橋の空洞の幅を限度とし、橋の安全を守らなければならない。

第2条　木材の順調な運送を保証するため、双方は、下記の事項に同意する。

　　　　1、中国側の輯安から朝鮮側の満浦までに横たわる第1仮橋、第2仮橋の柱を2本、勝利橋の柱6本を取り壊す。また、中国側の長旬河口から朝鮮側の義洲に横たわる橋の柱3本を、中国側の燕窩から朝鮮側の北下洞までに横たわる橋の柱2本を取り壊す。橋の柱を取り壊す時間は、1956年5月15日以前とする。橋の柱を取り壊した後、一方側が修復の必要があると認めた場合、先方の同意を得て3日〜5日以内（鉄道便橋を含まない）に修復することができる。……

第10条　木材の順調な運送を保証するため、双方は、木材運送関連の技術問題を相互交換できる。しかも、暴風、暴雨、及び洪水の3項目の気象予報と通報資料を相互提供する。

通信の方法は、双方は、収集した上記の気象資料を電話で先方側に連絡する。提供地点は、中国側は長白、臨江、輯安、拉古哨、安東、南坪、朝鮮側は恵山、中江、満浦、水豊、新義州、茂山である。伝送機関は、中国側は市、県人民委員会、朝鮮側は市、郡人民委員会である。

第16条　双方は、連絡の便宜を図るため、代表を派遣し、指定の下記の会議地点で会談を行うことができる。

会談地点　中国側は、長白、臨江、輯安、長旬河口、馬市台、安東、古城里、南坪、三合、朝鮮側は、恵山、中江、満浦、清城鎮、義州、新義州、三長、茂山、会寧。

第18條　本議定書の発効後、1953年4月20日締結された中国・朝鮮流筏作業議定書は破棄される。双方は、即時に本議定書をそれぞれ鴨緑江と図們江沿岸の関連機関と現地の国民へ相応する通知を発し、また自分の方の木材運送作業員が本議定書を確実に遵守するよう教育しなければならない。

さらに、1960年5月23日この河川協力を拡大して運送協力の分野における協力協定が締結された。それは、国境河川における船舶の航行につき規定している。鴨緑江・図們江運輸合作委員会が設立され、それは、鴨緑江・図們江国境河川区間の航路の整理と維持・保護、航路標識の設置と管理、運輸規則の修正、及びその他運輸協力事項を処理することにあった。そして、中国・朝鮮国境河川における船舶の航行規則が制定された。

1960年5月23日調印の、中国・北朝鮮国境河川における運送協力協定は、以下の通りである。

中国と朝鮮民主主義人民共和国政府は、両国人民間の兄弟のような友誼を強化し、両国の経済と貿易の発展を促進するため、鴨緑江、図們江（豆満江）国境河川の区間において両国が共同で遵守すべく運輸秩序を維持し、その水上運輸能力を十分に利用することを決めた。したがって、平等互利と友好合作の精神に基づいて本協定を締結し、その条文は、以

下の通りである。

第1条　締約双方は、本協定付属文書、中国・朝鮮双方の国境河川鴨緑江・図們江の航路、航路標識建設、及び管理規定に基づき、鴨緑江・図們江の国境河川区間の航路について調査し測量し、航路標識を整理し設置し、運輸条件を改善することにつき、同意する。

第2条　締約双方の船舶は、鴨緑江・図們江の国境河川区間において自由に航行できる。但し、本協定の付属文書、中国・朝鮮国境河川における船舶の航行規則を遵守しなければならない。

第3条　締約一方の船舶は、鴨緑江・図們江の国境河川区間において、もう一方が貿易のために指定した港と場所に停泊することができる。

第8条　締約一方の船員は、所属船舶が締約もう一方の港に停泊している期間中、上陸又は港市内での自由往来ができる。

　　　　船舶が事故発生又はその他の原因で継続航行が不可能となり、旅客の上陸が必要な場合、船長は、現地の関連機関へ通報し、現地関連機関の許可を得る前には、上陸場所を離れてはならない。

第9条　本協定の発効後、締約双方は、各自3名の代表を派遣し、鴨緑江・図們江運輸合作委員会（以下、委員会と称する）を組織し、鴨緑江・図們江国境河川区間の航路の整理と維持保護、航路標識の設置と管理、運輸規則の修正、及びその他運輸協力事項を処理する。

第10条　委員会は、毎年1回、定期会議を行う。また、会議は両国で順番に行い、両国代表が順番に議長を担任する。必要の場合、協議を経て、臨時会議を行う。

第11条　本協定は、必ず締約双方政府の許可を経て、相互間に許可を通知した後に、発効する。本協定には、有効期限はない。一方が破棄を立案する場合、3カ月前に書面で、もう一方に通知しなければならず、3カ月期限満了後、直ちに失効する。

　　　　本協定は、1960年5月23日北京にて締結され、等しく正文である中国語及び朝鮮語による本書2通を作成した。

2、中国・朝鮮国境地区の安全維持

　1955年6月中国・北朝鮮辺境地区における往来、鴨緑江・図們江の安全及びスパイ活動の規制に関して会談が開かれ、議定書が成立した。そしてそれを受けて1960年5月28日に中国・朝鮮辺境地区に関する国家安全及び社会秩序の維持のための連携協定が調印された。これは、中国吉林省・遼寧省の一部と朝鮮慈江道・両江道・咸北道・平安北道の一部間の辺境地区における安全協力を定めており、協力分野は以下の通りであった。

　1、災害・事故協力。

　2、遺失船・家畜・家禽の処理。

　3、伝染病・病虫害の処理。

　4、あらゆる面での安全協力。

　5、死体の処置。

　6、その他国境往来・警備にかかわる事項。

　さらに、1965年5月相互協力会議が開催され、以上の治安・安全協力の実施のための要綱が制定された。これに関連して、中国・朝鮮境界河川の共同利用と管理に関する相互援助協力協定が1964年5月5日調印された。これにより、中朝境界河川共同利用委員会が成立した。そして、1965年9月その具体的実施の詳細が協議され、運用されるところとなった。

　1960年5月26日調印の、中国遼寧省・朝鮮平安北道地方政府間の連携に関する中国・北朝鮮議定書は、以下の通りである。

　　　中国遼寧省と北朝鮮平安北道双方地区間の経済・文化交流には、長年の歴史がある。近年、当該地区の地方当局と人民間の友好往来と経済・文化交流はますます密接となり、これは、双方の地区間の相互理解と友好合作の強化に良い役割を果たしている。

　　　中国遼寧省人民委員会と北朝鮮平安北道人民委員会は、両国人民間の友誼をいっそう強化し、両国国境地区間における経済・文化交流を発展させるため、双方代表の協議を得て、以下の通り、合意に達した。

第1条　双方は、平等互恵の原則と友好合作の精神に基づき相互学習し、相互支援し、計画的に両地区間の経済・文化交流を行うことに合意した。

第2条　双方の省と道の間、市・県・郡（市）の間に、農業・牧畜業・林業・地方工業・文化・教育などの専門的かつ総合的な学習考察団と友好代表団を相互に派遣し、参観・訪問・座談・現地学習などの方式で、社会主義建設中の経験を交流する。

第3条　代表団の活動範囲は、省と道の代表団は先方の省又は道の行政区域内に限定して活勤し、国境地区の市・県と郡（市）代表団は、隣接の市、県、又は郡（市）の行政区域内に限定して活勤する。

　　　遼寧省内の国境地区に属する市・県は、安東市（現丹東）、安東県、寛甸県である。

　　　平安北道内の国境地区に属する市と県は、新義州市、龍川郡、光城郡、義州郡、清城郡、朔州郡、昌城郡、碧潼郡である。

第4条　双方地区間の各種往来は、遼寧省人民委員会外事処と平安北道人民委員会外事処を通して連絡を行う。市・県・郡（市）人民委員会の間の連携は、双方の省と道の間に合意した本年度の経済・文化交流計画の範囲内に限って、直接行うことができる。その他の機関と個人は、先方国の国境地区当局と交渉を行うことはできない。

　　　連絡方法は、一般事項に属するものは、書簡・電報・電話で行う。国家機密に属する事項は、安東－新義州間の辺防代表が連絡を行う。

第5条　年度計画によって往来する人の通行証に関し、両国国境辺防代表間に新たな証言を制定するまでの期間においては、当分の間、国境辺防総代表又は副総代表が署名し発行した「公務人員通行証」を使用し又は外事機関が発行した普通の公務旅券を使用する。

第6条　年度計画によって往来する者の先方地区に滞在する期間中の生活費は、接待する側が負担する。

第7条　毎年12月末以前、双方は、議定書の範囲内で来年度の経済・文

化交流計画を議定し、本年度の計画実行状況について、意見を交換し合う。

　いずれか一方が年度計画外の問題を提議した場合、双方が協議して処理する。

第8条　本議定書は、各自の国家政府の批准を得てから相互通知後に発効する。議定書の内容に修正が必要な場合、双方の省と道の人民委員会の正式代表の協議・決定を経て、それぞれが国家政府に報告し許可を得る。

　本議定書は、1960年5月26日瀋陽で締結され、等しく正文である中国語と朝鮮語による本書2通を作成した。

1964年5月5日調印の、中国・朝鮮境界河川の共同利用と管理に関する中国・北朝鮮相互援助協力協定は、以下の通りである。

　中華人民共和国政府と朝鮮民主主義人民共和国政府は、中朝境界河川分野の共同利用と管理中に生じる問題を迅速に解決し、両国の友好協力と社会主義建設を促進するため、本協定を締結する。

第1条　締約双方は、中朝境界河川共同利用委員会を結成する。

　中朝境界河川共同利用委員会（以下、委員会と称する）は、両国政府がそれぞれ首席代表1名と代表4名を任命して結成する。

第2条　委員会は、討議によって中国・朝鮮境界河川分野で生じる以下のような問題を解決する。

1、委員会が討議によって中国・朝鮮境界の利用と管理を解決するために結成した各専門機関（以下、各専門機関と称する）が合意に至らなかった問題。

2、委員会は、必要の場合、直接討議によって個別又は幾つかの専門機関の業務に関わる問題を解決する。

3、委員会は、討議によって各専門機関業務範囲以外のその他の問題を解決する。

第3条　委員会は、必要な場合、双方の合意が成立した時点で、随時、会

議を行う。

　　一方が委員会の会議を申し出たとき、もう一方は、必ず先方の申し出に応じ、通知を受けてから、遅くとも45日以内に会議を開く。

　　会議を申し出た方は、もう一方に会議の時間と場所を知らせなければならない。同時に、会議の提案を通知しなければならない。

第4条　委員会の会議には、代表の参加以外、必要の場合には、双方が若干名の関係者を派遣し列席させることができる。

第5条　1、委員会会議で合意した問題は、決議として記録し、決議には、双方の首席代表が署名する。

　　2、委員会会議での決議は、署名日から発効する。

　　3、各専門機関は、委員会会議での決議に決められた同部門に関わる事項を執行する義務を負う。

第6条　中朝境界河川共同利用委員会の双方首席代表間の連絡、通報、及び業務上の問題を迅速に処理し、保障するため、中国側は安東市に、朝鮮側は新義州市に、それぞれ連絡施設を設置し、常駐連絡責任者を派遣する。

第7条　双方が必要とする場合、合意の上で本協定を修正し又は追加できる。

第8条　本協定は、署名日から効力を発する。有効期間は10年とする。当事国のうち一方が、期限満了の1年前に書面による破棄の意思を示さない場合、本条約は、自動的にその後の10年間効力を有し、上記の規定によって延長される。

　　本協定は、1964年5月5日平壌で締結され、等しく正文である中国語及び朝鮮語による本書2通を作成した。

　1964年6月9日調印の、中国・朝鮮辺境地区における国家安全と社会秩序を守る活動に関する中国・北朝鮮相互協力議定書は、以下の通りである。

　　中華人民共和国公安部代表と朝鮮民主主義人民共和国社会安全省代表は、1964年5月11日から6月9日まで中朝辺境地区の国家安全と社会秩

序を守る活動に関する相互協力問題について会談を行い、以下の通り、合意した。

第1条　双方は、両国辺境地区における国家、社会財産、及び住民の生命・財産を守る活動において相互協力する。

1、双方は、火災・風害・水害・労働事故などの各種事件・事故を防ぐ活動について、積極的に協力する。一方は、災害事故のため、当方の国境内に進入せざる得ない先方の住民に対し、救助しなければならない。

2、一方が先方の遺失船・家畜・家禽・その他の物資・財産を拾った時は、適切に保管し、先方に通報する。通報を受けた一方は、速やかに受け取る。

3、当方の辺境地区で伝染病又は病虫害が発生し、しかも先方地区に広がる危険性がある時は、即時、先方に通報する。必要の場合、双方の協議を経て暫定的に国境通過を禁止することができる。

4、一方が当方の国境内又は境界線で先方の国家、社会、及び住民の生命・財産に被害を与える可能性がある作業を行う時は、事前に先方と協議し安全措置を取るものとする。

5、一方が辺境地区で死体を発見した場合、国籍と死亡経過を調べなければならない。死亡者が先方の住民である場合は、当然、先方に引き渡すものとする。発見された死体が双方の犯罪事件と関わり、又は国籍不明の場合は、共同で検査する。死者の国籍又は住所確定が出来ない場合は、死体所在の一方が処理するものとする。

第2条　双方は、両国境界と境界線上の施設の警備活動において相互協力する。

1、双方は、鴨緑江・図們江境界線を共同警備区域にする。警備任務の執行便宜のため、共同警備区域内では、一方の領土に近い該地区の警備任務は当方が責任をもって執行する。

2、両国境界線上の施設の警備活動は、現行の管理原則に基づき、各自

が分担の部分に責任を持ち、また当方の現実に合わせて行う。

3、双方は、上記の警備任務の執行中、随時、必要な情況を、相互に通報しなければならない。

第3条　双方は、両国辺境通行秩序の樹立・維持活動において、相互協力する。

1、両国辺境通行地点を確定する際、双方は、協議を経て、しかも互いに辺境通行検査機関を設立し、辺境通行秩序を守る活動に取り組む。

2、双方は、両国の辺境通行者に対し、旅券、辺境住民の国境通行証、辺境公務通行証、及び双方の協議を経て定めたその他の証明書による指定地点での国境通過を許可する。

3、両国辺境地区の市・県・郡の公安と社会安全機関の担当者は、先方の辺境地区への帰省を求める辺境住民に対し、1カ月間有効の辺境住民国境通行証を発給する。辺境地区の公安・安全総代表と副総代表は辺境地区の活動のために往来する公務関係者に対し、1年間有効の公務通行証を発給する。

4、国境通過規定時間は、以下の通りである。

（1）4月から9月までは、北京時間8時から17時まで、平壌時間9時から18時までである。10月から3月までは、北京時間9時から16時まで、平壌時間10時から17時までである。日曜日及び祭日も、通常通りである。

（2）規定時間以外、いっさいの人員と交通運輸車両の国境通過を禁止する（その他の協定に基づいて許可を得た人員と交通運輸車両は除く）。緊急事態によって止むを得ず規定時間外に国境を通過しなければならない人員は、先方の通行検査機関の同意を得て、国境を通ることができる。

5、一方の辺境警備人員、辺境地区公務員、及び住民（交通運輸車両を含む）が先方辺境地区の道路を利用しなければならない場合、先方辺境地区の公安・安全総代表の同意を得なければならない。

但し、緊急の場合には、双方の辺境地区公安・安全代表の協議を経て解決することができる。事後、それぞれ当方の総代表に報告する。

第4条　1、合法証明書を持たず、又は証明書上で指定された通行地点と検査機関を通らず、国境を越えた者に対しては、不法越境者として処理する。

但し、各種災害とその他の止むを得ない原因で当方の辺境内に進入した者に対しては、不法越境者とは見做されない。

2、不法越境者に関しては、情況によってその名簿又は関連資料を、併せて先方に引き渡す。但し、そのうち、越境後に犯罪行為がある者に対しては、当事国の法律に基づいて処理し、その情況を先方に通報する。

第5条　双方は、犯罪分子との闘争において、積極的に相互協力する。

1、反革命分子（間諜、スパイ、破壊分子、暗殺分子）及び一般犯罪分子が先方辺境内へ逃れる恐れがある場合には、先方に通報し、通報を受け取った一方は必要な措置をとって協力しなければならない。

一方が先方辺境内で罪を犯し、当方辺境内に進入した者を逮捕した際は、先方へ引き渡さなければならない。

先方辺境内に逃亡した犯人に関しては、先方に調査・逮捕を委託できる。委託を受けた一方は、速やかに犯人を逮捕し、関連資料と併せて、先方に引き渡さなければならない。逮捕された犯人が当方でさらに重い罪を犯した場合、双方の協議を経て、犯人を先方に引き渡さず、自主的に処理できる。

2、双方が得た先方の安全活動に関連する情報は、相互に通報するものとする。

一方が本国内の各種犯罪案件の処理において、先方の調査資料が必要な場合は、先方に調査を委託できる。委託を受けた一方は、可及的速やかに調査と回答をしなければならない。

3、両国に及ぶ案件に対しては、各自が責任を持って一方の調査活動を

行う。しかも、連絡を強化し、情報を交換し、緊密に協力する。

4、敵対的な階級分子と犯罪分子が先方に転居した場合、その者の資料を、先方に引き渡すものとする。

5、転居してきた人員に関して、彼らの身分（政治生活経歴、家族、親戚、周囲環境、思想動向など）が不明確な場合は、先方に調査を委託できる。委託を受けた一方は、調査と回答をしなければならない。

6、本国を経由して先方に入国する第三国者に関し、把握している身分及び動向の情況を、先方に通知するものとする。

7、双方は犯罪分子との闘争・協力において、両国の辺境省・道範囲内に及ぶ問題又は関連がある問題に関しては、双方の各級公安・安全代表が処理できる。その他は、中国公安部と朝鮮社会安全省が解決する。

第6条　双方は、両国の境界地区の市・県・郡を中朝辺境地区とする。辺境地区が行政区分の変更によって変更された場合は、即時、先方に通知しなければならない。

第7条　双方は、辺境地区に公安・安全総代表1人と副総代表若干名を設ける。両国に隣接する辺境省・道公安・社会安全機関の責任者が担任する。また、幾つかの辺境地区公安・安全代表を設け、辺境地区の市・県・郡の公安・社会安全機関の責任者が担任する。

辺境地区の公安・社会総代表と副総代表は、中国公安部長、朝鮮社会安全相がそれぞれ任免する。辺境地区の公安・安全代表は、辺境地区の公安・安全総代表がそれぞれ任免する。双方は、任免名簿を相互に通知しなければならない。

第8条　各級辺境地区の公安・安全代表の任務は、以下の通りである。

1、辺境地区公安・安全総代表は、中国公安部と朝鮮社会安全省が議定した事項の執行方法と経過を具体的に検討し、制定し、責任を持って組織的な実施に取り組む。

2、辺境地区の公安・安企副総代表は、辺境地区の公安・安全総代表の任務執行を補佐する。総代表が都合で任務を執行できない場合、副総

代表が代行する。

3、辺境地区の公安・安全代表は、直接に組織を指揮して、中国公安部と朝鮮社会安全省間及び辺境地区公安・安全総代表間の議定事項を執行する。

第9条　中国公安部と朝鮮社会安全省及び両国の各級辺境地区公安・安全代表間の相互連絡と協議の経過は、以下の通りである。

1、中国公安部と朝鮮社会安全省及び双方各級辺境地区公安・安全代表間の連絡は、電話・書簡・人員の派遣等の方法で直接行う。必要の場合には、外交ルートを通じて総代表・副総代表の任免通知と政治犯罪者の引渡し事務を行う。

2、双方は、犯人、不法越境者、各種資料、物資、及び財産を引き渡す場合、毎回、双方の協議を経て、便利な場所を選択して行う。

3、双方が会議を聞く必要がある場合、それぞれ以下の時間表に基づいて予め日程、場所、及び議題を先方代表に通知し、しかも先方の同意を得なければならない。

　中国公安部代表と朝鮮社会安全省代表間は2カ月以前、辺境地区公安・安全総代表間は1カ月以前、辺境地区公安・安全代表間は15日以前、会見は3日以前とする。

　但し、緊急の場合は、双方の協議を経て、随時、会議を開き、又は会見を行うことができる。

　会議の場所は、双方の輪番制を採用し、会議の議長は、会議所在地の一方の代表が担う。

　会議上の決定は、当方の上級機関責任者の認可を得て、相互通知日に発効する。

4、各級辺境地区の公安・安全代表が先方の辺境内に進入する場合は、辺境地区公安・安全総代表と副総代表は、中国公安相と朝鮮社会安全相が署名し発行した代表証明書を所持しなければならない。辺境地区公安・安全代表は、辺境地区公安・安全総代表が署名し発行した代表

証明書を所持しなければならない。

第10条　本議定書は、双方の政府の認可を経て、相互通知日から効力を発する。1955年6月8日中華人民共和国公安部代表と朝鮮民主主義人民共和国内務省代表間の両国隣接辺境地区の若干事務に関する聯席会議記録及び付属文書、中朝両国隣接辺境地区住民の辺境通行弁法、中華人民共和国公安部代表と朝鮮民主主義人民共和国内務省代表間の安東市・新義州間の鴨緑江橋の安全を守る臨時議定書、中華人民共和国公安部代表と朝鮮民主主義人民共和国内務省代表間の敵の間諜スパイ活動情報交換及び両国に及ぶ案件の偵察協力に関する会談紀要は、同時に効力を失う。

本議定書は、1964年6月9日朝鮮民主主義人民共和国平壌で締結され、等しく正文である中国語及び朝鮮語により本書2通を作成した。

1965年9月26日中国・朝鮮国境地区における国家安全と社会秩序維持に関する工作の中国・北朝鮮相互協力会議記録は、以下の通りである。

中華人民共和国中朝国境地区公安総代表と朝鮮民主主義人民共和国朝中国境地区安全総代表は、具体的に中華人民共和国公安部と朝鮮民主主義人民共和国社会安全省間の国境地区における国家安全と社会秩序の維持に関する工作の相互協力議定書を執行するため、1965年9月15日から9月26日まで朝鮮民主主義人民共和国新義州で会議を行った。

会議参加者は下記の通りである。……

双方は、中朝国境地区の公安・社会安全機関間の連携と友好協力関係をいっそう発展させるため、また具体的に中華人民共和国公安部と朝鮮民主主義人民共和国社会安全省間の国境地区における国家安全と社会秩序の維持に関する工作の相互協力議定書（以下、議定書と称する）を執行するため、友好的な雰囲気の中で協議し、下記のような問題について意見が完全に一致した。

1、中国・朝鮮国境地区における国家・社会財産及び国民の生命・財産保護工作の相互協力問題

(1)双方は、火災・風災・水害・労働事故など各種事件・事故の予防工作において積極的に協力し、災害による当方の国境内に進入する先方国民を救護する。その執行方法は、下記の通りである。

　1、一方が先方国境内での火災を気づいた時、迅速に措置を取って消火に協力する。消火の人員と消防器材の国境通過問題については、双方の国境地区の公安・安全代表（以下、公安・安全代表と称する）が電話協議を経てもっとも便利な地点を選んで、国境を通過させる。

　2、一方が風災・水害に遭った先方の者と船舶を見つけた時、積極的に緊急措置をとり、また即時に先方の公安・安全代表に知らせる。救護された者と船舶の引渡し工作は、双方の公安・安全代表による協議を経て、便利な時間と場所で行う。

　3、一方が自然災害又は人為的災害によって当方の国境に進入せざるを得ない先方の国民に対し救護し、即時に先方の公安・安全代表に連絡しなければならない。救護された者の帰還工作は、双方の公安・安全代表の協議を経て、便利な時間と場所で行う。

(2) 鴨緑江と図們江を航行する船舶は、添付文書1の規定通りに標識を付け、船舶管理を図る。船員に対し、公安・安全代表名義で2年有効の船員証（添付文書2）を発行し、また先方川岸での船引き作業を許可する。

(3) 一方が先方の遺失船舶・家畜・その他の物資財産を見付けたとき、適切に保管し、即時に先方に連絡し、連絡を受けた一方は、速やかに受け取る。その執行方法は、以下の通りである。

　1、一方が先方の遺失船舶・その他の物資を見付けた時、3日以内に具体的な状況（例えば、船舶の形、番号等）、引渡しの時間と場所を先方の公安・安全代表に連絡する。連絡を受けた一方は、約束の時間と場所で受け取り、「船舶受取証明書」（添付文書3）を出す。

　2、見付けた船舶・家畜・その他物資の引渡しは、便利な場所で行う。国境を通過して遺失物資を受け取る者は、国境公務通行証又は国境

国民通行証を持参しなければならない。証明書の検査に関して、引渡し場所が国境通過（税関）より離れている場合は、引き渡す側が持参した証明書を認定するだけで済むが、引渡場所が国境通過（税関）より近い場合は、国境通過（税関）において証明書を確認し、引渡し場所での出入国が必要な人には1回限りの入出国許可を同時に出すことにする。

(4) 国境国民には、船舶・家畜・その他物資の管理教育を行い、遺失発生又は先方国境内への進入現象を防止する。国境を越える先方の家畜に気づいた場合、即時に止めるか又は見付け出すことに、協力しなければならない。

(5) 一方の国境地区で伝染病又は病虫害が発生し、先方に広がる可能性がある場合、即時に先方に連絡する。必要な場合は、双方の公安・安全代表が協議を経て、関連の国境通過（税関）おいて防疫検査を実施するか、又は災害発生地区の居民と当地区へ行く居民に対し、国境通行証の発行を禁止し、暫時、国境通過を禁止する。災害の状況が回復後、災害発生の一方が先方に連絡し、国境通過を回復する。

(6) 一方が当方の国境内又は国境上で先方国の社会財産及び国民の生命・財産に危害を与える可能性がある作業（例えば、道路工事・潅漑工事・防岸工事・河川工事・建築爆破など）を行う場合、先方側と協議を経て、下記のような安全措置をとらなければならない。

　1、一方が上記の作業を行う場合、作業項目、時間、場所、規模、方法、人員、工具、爆破時間、信号規定、安全措置、及び先方への協力要求事項などを先方の公安・安全代表に連絡し、協議後に開始する。

　2、連絡を受けた一方の公安・安全代表は、出来る限り迅速に回答し、また当作業工事の関連事項を当方の国境地区の国家機関と居民に通告し、安全措置をとる。

(7) 国境地区で死体を見つけた場合、下記の方法で処理する。

1、一方が国境地区で死体を見付けた場合、国籍及び死亡の経緯を調べる。先方国の死体である場合、即時に、先方国の公安・安全代表に連絡し、連絡を受けたもう一方は、速やかに死体を運び返さなければならない。

2、見付けた死体が双方の犯罪事件に関わり又は国籍不明の場合、即時に、先方の公安・安全代表に連絡し、共同で現場を調査し、必要の場合には、法医学検定を行い、関連資料を作成する。その後、関連ある一方は、引き続き状況を調べ、随時に、状況の真相を先方側に通報する。

3、逮捕への抵抗又は逃走によって国境警備員に撃たれた犯罪者及び不法入国者の死体に関し、先方国籍の死体の場合、即時に、状況を先方の公安・安全代表に通知し、共同で現場を調査して後に、処理する。

4、国籍不明の腐乱死体又は先方国籍の判明ができた死体に関し、ある原因で運び返すことができない場合、双方の公安・安全代表が協議し、関連文書を作成し、写真（写真が取れない場合は、死者の体の特徴を記録する）を残した後、その場で埋める。

5、死体搬送の場合、衛生検疫機関の防疫消毒を行い、検疫証明書を持って国境を通過する。但し、該地に衛生検疫機関が存在しない場合、又は火葬後の遺骨は、制限を受けない。

6、国境地区で見付かった死体であり、しかも双方の共同検査後に協議を経て埋められた者に関し、国籍を問わず、それにかかる費用と労働力は、埋葬した側が負担する。死体を搬送し、国境を通過する場合、その費用（棺桶・布・その他物資）は、搬送する側が負担する。一方が死体搬送の過程で労働力と運輸工具（鉄道運送は例外とする）提供の協力を求めた場合、もう一方は、いっさいの費用を取らない。

2、中朝両国の国境地区と国境施設における警備工作の相互協力問題

（1）中国丹東市と朝鮮新義州市間の鴨緑江鉄橋には、警備員・橋梁管理修理員以外、その他の人の歩行を禁止する。公共バス、自動車・貨物車・その他の車両が橋を渡る場合、一方の国境通行検査機関が発車する前に、電話で発車時間を先方に通知する。

（2）中国拉古哨地区と朝鮮水豊地区間のダム警備は、朝鮮側が担当し、中国側は、それに協力をする。同時に、夜間ダム警備任務を執行する中国側の陸上兵士と朝鮮側のダム上の兵士間の誤解を防止するため、双方の関連地区の公安・安全代表は、半年ごとに秘密連絡信号を制定し、交換する。

（3）国境地区と国境施設の警備工作において、双方の関連地区の公安・安全代表は、随時、電話・書簡・面会の方法で相互間に必要な状況を通報しなければならない。

3、中朝両国国境地区の通行秩序の樹立・維持工作における相互協力問題

（1）双方は、下記の地点を国境通行出入口とし、国境通行検査機関を設立する。

　1、中国側連寧省丹東市－朝鮮側平安北進新義州市

　2、中国側遼寧省寛甸県長甸河口－朝鮮側平安北道清城郡清城邑

　3、中国側吉林省集安県海関－朝鮮側慈江道楚山郡延豊里

　4、中国側吉林宣集安県集安鎮－朝鮮側慈江道満浦郡満浦邑

　5、中国側吉林省渾江市臨江－朝鮮側慈江道中江郡中江邑

　6、中国側吉林省長白県八道溝－朝鮮側両江道厚昌郡堡三里

　7、中国側吉林省長白県長白鎮－朝鮮側両江道恵山市恵山邑

　8、中国側吉林省和龍県古城里－朝鮮側咸北道延社郡三長里

　9、中国側吉林宣和龍県南坪－朝鮮側咸北道茂山郡七星里

　10、中国側吉林省延吉県三合－朝鮮側咸北道会寧郡会寧邑

　11、中国側吉林省延吉県開山屯－朝鮮側咸北道鐘城郡三峰里

　12、中国側吉林省図們市－朝鮮側咸北道穏城郡穏城邑（南陽）

　13、中国側吉林省琿春県沙坨子－朝鮮側咸北道慶源郡慶源色

14、中国側吉林省琿春県圏河－朝鮮側咸北道慶興郡元汀里

上記の14カ所の国境出入口以外、水豊・雲峰発電所とダムの建設・修理・管理に関わる人員及びその家族と工事関連の作業員は、作業地区の国境通過が可能であり、双方警備歩哨が関連証明書の確認を担当する。

（2）双方の国境通行検査機関は、国境通過の者に対し、外交・公務・普通の旅券持参又は国境公務通行証、国境居民通行証、及び双方議定のその他の有効証明の持参を確認して後に、通過を許可する。但し、本条1款に列記する2、3、6、7、8、13、14など7カ所の国境出入口に関しては、中国・朝鮮両国の者のみに通行を許可する。その管理方法は下記の通りである。

1、国境通過の者に、原則として証明書上指定の国境出入口による通過を許可する。掛橋がなく国境出入口において、河川の氷結・解氷・洪水が原因で通行できない場合、双方の関連地区の公安・安全代表の協議を経て、最寄りの国境出入口による通過を許可する。双方が一隻の渡船を共用する国境出入口において、居民が国境通過の場合、双方は、赤旗を持って対岸に渡す連絡信号とする。

2、数次再入国許可の公務通行証を持つ者でも、証明書の有効期限内に毎回通過の際、証明書を確認する。公印は、最初の1回と最後の1回のみ、捺印する。

3、鴨緑江、図們江において測量・船の引上げなどの作業のため、国境を通過する者は、作業期間中、最初の1回目と最後の1回は双方の国境通行機関の検査を受けること以外、その他の時間は、作業現場で直接、国境通過ができる。

4、国境地区と国境線沿いで水運作業を指導する両国の関連部門が指定した水運固定代表に対し、公安・安全総代表又は副総代表の名義で水運固定代表証を発給する。

5、鴨緑江又は図們江上において水位流量観測に従事する者に対し、

中華人民共和国水利部と朝鮮民主主義人民共和国中央気象台間に締結した水理工作協力に関する協定（1957年12月31日）の第10条の規定に基づき、公安・安全総代表又は副総代表の名義で有効期限4年の水利作業証（文書4）を発給する。

(3) 双方は、下記の方法で国境居民の出入国通行証を発行する。

1、国境居民出入国通行証に関し、双方の国境地区に居住する公民に限って発行し、法律に基づき公民権を剥奪された分子、常習的な犯罪者、及び伝染病と精神病の持ち主には発行しない。

2、国境居民出入国通行証は、満18歳以上の成人に発給する。満18歳未満の同行者に対し、通行証の同行人欄に記入を求めると同時に、発行者の捺印が必要である。一方、年齢が18歳未満であるが、単独通行能力がある者に関しては通行証を発給できる。

3、国境居民出入国通行証の内容には、氏名、性別、年齢、住所、入国事由、目的地、入国税関、携帯物品、同行人などの項目が含まれる。しかも、通行証持ち主の写真貼付が必要であるとし、写真がない場合は、親指の捺印が必要である。

4、通行証の持ち主は、自然災害・疾病・分娩などの正当な理由をもって有効期限の延長を求める場合、登記地方の公安・安全機関が延期を許可し、公印を押す。

5、一方の居民が入国後に携帯した通行証を紛失した場合、関連地域の公安・安全機関が紛失証明書を発給し、出国を保証する。

(4) 双方は、下記の方法で、国境公務通行証を発行する。

1、国境公務通行証の発行対象は、

(1) 各級公安・安全代表が委任し、先方に派遣した事務連絡担当者、

(2) 不法入国者と犯人を護送する者、

(3) 国境事務協議と死体確認のために入国する者、

(4) 先方の国境地区の道を借りて通行する軍人と公務員、

(5) 両国国境地区の党政機関、社会団体、及び経済・文化部門の出

身で招待を受けたか、又は仕事のため、又は経済・文化交流のために入国する者、

(6) 小規模の貿易のために両国国境地区を往来する者、

(7) 両国の協定に基づき国境地区と国境線沿いで必要な作業のために往来する者。

2、国境公務通行証は国境省又は道範囲内に限って使用する。発行する場合、具体的な目的地を記入し、通行証持参者は、正当な理由なしに目的地以外の地区に行くことはできない。

3、国境公務通行証の内容には、氏名、性別、年齢、勤務先、職務、入国事由、目的地、入国税関、有効期限、携帯物品などの項目が含まれる。

4、1通の公務通行証には、1名のみ記入し、同行者がいる場合は、名簿を添付する。

5、数回に亘って再入国する公務通行証には「数次再入国」の許可印が押されていなければならない。先方の国境地区の道を借りて通行する場合、国境公務通行証には「借道通行」印を押して、区別させる。

(5) 双方は、依然として元の国境居民通行証と国境公務通行証を使用し、新しい版の証書を使用する場合は雛形を交換する。

(6) 一方が必ず先方の国境地区の道路を借りて通行する必要がある場合、道路を借りる区間、時間、通行人、交通手段、運送物資などの内容を電話、書簡、又は者を派遣するなどの方法で先方の公安・安全総代表に連絡し、同意を得てから通行しなければならない。緊急の場合は、双方の関連地区の公安・安全代表と協議して、解決する。

先方の国境地区内で道路を借りて通行する者は、議定の区間と路線を越えてはいけない。しかも、先方国の法律と社会秩序を遵守しなければならない。

4、中国国境地区における不法入国防止活動中の相互協力に関する問題

（1）双方は、下記の者を不法人国者と見做される。

　1、合法通行証を持たずに入国した者。

　2、合法通行証を持っているものの、指定された通行地点と国境通行検査機関を通っていない者。

　3、他人の通行証を持って入国した者。

　4、偽造、修正又は失効した通行証をもって入国した者。

（2）国境地区において火災を消し止めるため、又は入国した家畜を捕まえるため、又は船舶遭難、水運障害、及び自然・人為的災害のため、先方の国境地区に進入した者は、不法入国者と見做されない。

（3）双方は、下記の方法で、不法入国者を処理する。

　1、不法入国者に犯罪動機と行為が見られない場合、又は入国以前に犯罪行為がある場合、名簿に名前を記入し、関連書類を証拠と共に国境通行口から先方側に引き渡す。

　2、不法入国者の身分が確定でき、しかも初回である場合、逮捕された場所から住所までの距離が近く、国境通行口までは遠い時には現地で釈放し、その後、名前、及び関連書類を先方側に引き渡す。

　3、入国後に犯罪行為がある不法入国者に対しては、逮捕した側が本国の法律に基づき処理し先方側に連絡する。処理の過程において入国以前の犯罪行為を発見した場合、双方の公安・安全代表は協議し、どちらか一方が処理する方が双方の共同利益に有利であるかにつき、有利と判断される一方が処理し、その後、もう一方側に連絡する。

　4、不法入国者の引渡しは、双方の公安・安全代表名義の書簡で行う。

　5、不法入国者が一方の国境内に在留期間中、未解決の民事紛糾の場合には、できる限り、解決後に、身柄を引き渡す。

　6、不法入国者を取り調べる経過において、先方側に国籍・住所の取調べを頼まざるを得ない場合は、先方に委託できる。委託を受けた一方は、積極的に調査協力を行い、できるだけ早く先方側に報告しなければならない。

148

第6章　中国・北朝鮮国境河川協力と往来

7、不法入国者の引渡しは、便利な国境通行口を選び、規定の通行時間内に行う。

8、双方は、中国遼寧省寛甸県東江と朝鮮平安北道碧潼郡東主里を不法入国者の引渡し通行口とし、引渡し方法は、以下の通りである。

（1）双方は、当該引渡し通行口で不法入居者を引き渡す際、丹東国境工作総站公安代表と新義州市社会安全部安全代表は、事前に相互間の引渡し時間、人数、護送人員につき、連絡を取る。

（2）東江と東主里に駐在する公安部隊と社会安全員が引き渡しを行う。

（3）引渡しに必要な船は、引き渡す側が用意する。

（4）原則として午前中に引渡しを行う。

5、中朝両国国境地区での犯罪者との通報と委託調査における相互協力問題

（1）入国した反革命分子及び一般犯罪者の通報と委託調査、逮捕に関しては、下記の方法で行う。

1、国境地区の市・県・郡から逃走した犯罪者に対し、関連地区の公安・安全代表が委託し又は通報し、国境省又は道以内のその他の地区から入国した犯罪者又は国境省と道以外の地区から逃走した者で、一方の国境省ないし道地区と関連ある犯罪者に対し、公安・安全総代表又は副総代表が電話・書簡・人の派遣などの方法によって委託し、又は通報を行う。

2、先方側に入国した犯罪者の調査と逮捕を委託する場合、委託した一方は、正確な身分情況を提供すると同時に、可能な限り写真も添付しなければならない。写真提供が不可能な場合、具体的に、その犯罪者の容貌特徴を提供するものとする。特に先方側には犯罪者が潜伏可能な場所をできるだけ正確に提供しなければならない。

（2）逮捕された犯罪者の引渡しは、下記の方法で行う。

1、一方の委託を受けて逮捕した犯罪者を引き渡す時、関連地区の公

149

安・安全代表が協議し、便利な国境通行口又は引渡し口で引渡しを行う。引き渡す側は、犯罪者の関連書類と証拠を、一緒に先方側に引き渡す。

2、犯罪者を引き渡す際、犯罪者の名前、引き渡す日付・時間・場所、及び護送人名簿を、事前に先方側に通告し、協議を経て行う。

(3) 議定書の第5条2款に規定する先方の公安・社会安全工作と関連ある情報を収集した場合には相互通報する事項、また事件処理過程を通じて先方に調査書類を委託する事項に関し、下記の方法で行う。

1、先方の公安・安全工作と関連がある情報の通報と調査資料の委託に関し、国境地区の市・県・郡範囲内に属するものは、関連地区の公安・安全代表が行う。また、国境省又は道に属する非国境地区及び関連あるその他の地域の問題に関しては、公安・安全総代表又は副総代表が委託を行うか、又は中華人民共和国公安部と朝鮮民主主義人民共和国社会安全省に上申して行う。

2、犯罪案件処理の過程において下記の範囲内に属する材料は、先方に委託して調査することができる。

(1) かつて敵の機関（日本・偽満州と国民党の憲兵・警察・秘密探偵・スパイ・討伐隊、行政機関の高級幹部、及びその他など）に在職し、悪質な犯罪活動を行った者で、現在、取り調べを受けているか、又は直接の証人がなく処理できない犯罪者の資料、

(2) その他の敵対案件に関わる証人の資料、

(3) 先方側と関わる密輸など一般犯罪者の資料。

(4) 議定書の第5条3款に規定する両国に及ぶ案件の調査活動における相互協力事項に関しては、下記の方法で行う。

1、発見された案件が両国居民に及び、同時捜査が必要な場合は、一方が案件と関連ある情況を先方側に通報しなければならない。

2、両国に及ぶ案件ごとに、随時、捜査の状況を相互間で通報する。双方が共同で案件を捜査し、逮捕行動を取る場合、双方の協議を経

て、具体的な時間を決める。

　　3、一方が事件解決と犯罪者訊問の過程で、同事件の犯罪者が先方国
　　境内に住み込んでいる情報を得た場合、即時に、その情況を先方側
　　に通報しなければならない。

(5)　議定書の第5条4項の規定に基づき、一方の国境内の敵対階級分
子・犯罪分子・危険分子がもう一方の国境内に移住する場合、即時に、
関連資料をもう一方に引き渡すものとする。そのうち、国境地区の市・
県・郡に移住した場合には、関連地域の公安・安全代表が引渡しを行
い、その他の地域に移住した場合には、公安・安全総代表が引渡しを
行う。

(6)　一方が先方に居民の入国案件を処理する際、早速、その名簿と資
料を書面で、先方に通報する。そのうち、国境地区に住む者に対し、
関連地域の公安・安全代表が通報し、国境地区以外の者に対し、公安・
安全総代表が通報を行う。

(7)　議定書の第5条6項に規定する本国を経由して先方の国に進入す
る第三国出身者の身分及び動向情況を通報する事項に関して、双方は、
原則上、書面の形で、それぞれに中華人民共和国公安部と朝鮮民主主
義人民共和国社会安全省間に直接に通報することを上申し、又は公安
は安全総代表を通じて行う。

6、中朝両国国境地区の画定に関する問題

(1)　双方は、議定書の第6条の規定に基づき、両国隣接の下記の市・
県・郡を国境地区として画定する。

　　中国側は、4市9県　　遼寧省の東海県、丹東市、寛甸県、吉林省の
集安県、渾江市、長白県、安図県、和龍県、延吉県、延吉市、図們市、
汪清県、琿春県とする。

　　朝鮮側は、2市26郡　　平安北道の龍川郡、新義州市、義州郡、清
城郡、朔州郡、昌城郡、碧瀧郡、慈江道の霄時郡、渭源郡、楚山郡、
満浦郡、慈城郡、中江郡、両江道の厚昌郡、新坡郡、三水郡、恵山市、

普天郡、三池淵郡、咸北道の延社郡、茂山郡、游仙郡、会寧郡、鐘城郡、稲城郡、慶源郡、慶興郡、雄基郡とする。

（2）上記の国境地区が行政区の調整によって変更がある場合、公安・安全総代表は、即時に、先方側に連絡する。

（3）国境地区における公安・安全工作の便利を図るため、両国の公安・安全総代表は、1956年12月31日以前に、国境地区行政区画定一覧表（市・県・郡の順番に鎮・邑・郷・里・区・街・洞の名称を羅列する）を、1回、交換する。

7、中国・朝鮮両国国境地区における公安・安全代表間の連絡方法に関する問題

（1）議定書の第7条の規定に基づき、双方は、中国側は公安中心代表2名を、公安代表22名を任命し、朝鮮側は安全中心代表2名、安全代表12名を任命する。公安・安全代表は、下記の者から構成する。

　中国側

　　　　遼寧省公安総隊司令部辺防処処長（中心代表）

　　　　中朝国境地区公安総代表事務室秘書

　　　　遼寧省東溝県公安局局長

　　　　遼寧省丹東市公安局局長

　　　　遼寧省丹東国境工作総站站長

　　　　遼寧省丹東辺防検査站站長

　　　　遼寧省寛甸県公安局局長

　　　　遼寧省寛甸国境分総站站長

　　　　吉林省公安総隊司令部辺防処処長（中心代表）

　　　　吉林省集安県公安局局長

　　　　吉林省巣安辺防検査站站長

　　　　吉林省集安国境分総站站長

　　　　吉林省渾江市公安局局長

　　　　吉林省渾江国境分総站站長

　　　　吉林省長白県公安局局長

　　　　吉林省長白国境分総站站長

　　　　吉林省和龍県公安局局長

　　　　吉林省和龍国境分総站站長

　　　　吉林省延吉県公安局局長

　　　　吉林省延吉国境分総站站長

　　　　吉林省図伺市公安局局長

　　　　吉林省図們辺防検査站站長

　　　　吉林省琿春県公安局局長

　　　　吉林省琿春国境分総站站長

　朝鮮側

　　　　平安北道社会安全局外事科料長（中心代表）

　　　　平安北道新義州国境連行検査所所長

　　　　平安北道朔州郡社会安全部部長

　　　　慈江道満浦郡社会安全部部長

　　　　慈江道進満浦国境連行検査所所長

　　　　慈江道中江郡社会安全部部長

　　　　両江道恵山市社会安全部部長

　　　　咸北道社会安全局外事科科長（中心代表）

　　　　咸北道茂山郡社会安全部部長

　　　　咸北道会寧郡社会安全部部長

　　　　咸北道穏城郡社会安全部部長

　　　　咸北道南陽国境連行検査所所長

　　　　咸北道慶源郡社会安全部部長

（2）上記の公安・安全代表の工作地区と相互間の連絡方法は、以下の
通りである。

　1、中国側遼寧省公安中心代表は、遼寧省国境地区の国境事務を担当
　　し、朝鮮側平安北道安全中心代表と連絡を取る。朝鮮側平安北道安

全中心代表は、平安北道国境地区の国境事務を担当し、中国側遼寧省公安中心代表と連絡を取る。

2、中国側遼寧省東溝県、丹東市公安局、丹東国境工作総站公安代表は、朝鮮側平安北道新義州市社会安全部安全代表と連絡を取る。朝鮮側平安北道新義州市社会安全部安全代表は、龍川郡・新義州市国境地区の国境事務を担当し、中国側遼寧省東溝県、丹東市公安局、丹東国境工作総站公安代表と連絡を取る。

3、中国側遼寧省寛甸県公安局・寛甸国境分総站公安代表は、朝鮮側平安北道朔州郡社会安全部安全代表と連絡を取る。朝鮮側平安北道朔州郡社会安全部安全代表は義州郡・清城郡・朔州郡・昌城郡・碧潼郡、慈江道宵霄郡国境地区の国境事務を担当し、中国側遼寧省寛甸県公安局・寛甸国境分総站公安代表と連絡を取る。

4、中国側吉林省公安中心代表は、吉林省国境地区の国境事務を担当し、朝鮮側慈江道・両江道・咸北道国境地区国境事務担当の咸北道安全中心代表と連絡を取る。朝鮮側咸北道安全中心代表は、咸北道国境地区国境事務と中国側吉林省隣接の慈江道・両江道国境地区の国境事務を担当し、中国側吉林省公安中心代表と連絡を取る。

5、中国側集安県公安局・集安国境分総站公安代表は、朝鮮側慈江道満浦郡社会安全部安全代表と連絡を取る。朝鮮側慈江道満浦郡社会安全部安全代表は、渭源部、楚山郡、満浦部、慈城郡国境地区の国境事務を担当し、中国側集安県公安局・集安国境分総站公安代表と連絡を取る。

6、中国側吉林省渾江市公安局長・渾江国境分総站公安代表は、朝鮮側慈江道中江郡社会安全部安会代表と連絡を取る。朝鮮側慈江道中江郡社会安全部安全代表は、中国側吉林省渾江市公安局局長・渾江国境分総站公安代表と連絡を取る。

7、中国側吉林省吉林県公安局局長・吉林省長白国境分総站公安代表は、朝鮮側両江道恵山市社会安全部安全代表と連絡を取る。朝鮮側

両江道両注恵山市社会安全部安全代表は、厚昌郡、新坡郡、三水郡、恵山市、普天郡、三池淵郡国境地区の国境事務を担当し、中国側吉林省長白県公安局局長・吉林吉長白国境分総站公安代表と連絡を取る。

8、中国側吉林省和龍県公安局・吉林省和龍国境分総站公安代表は、朝鮮側咸北道茂山郡社会安全部安全代表と連絡を取る。朝鮮側咸北道茂山郡社会安全部安全代表は、延社郡・茂山郡国境地区の国境事務を担当し、中国側吉林省和龍県公安局・吉林省和龍国境分総站公安代表と連絡を取る。

9、中国側吉林省延吉県公安局・延吉国境分総站公安代表は、朝鮮側咸北道会寧郡社会安全部安全代表と連絡を取る。朝鮮側咸北道会寧郡社会安全部安全代表は、游仙郡・会寧郡・鐘城郡国境地区の国境事務を担当し、中国側吉林省延吉県公安局・延吉国境分総站公安代表と連絡を取る。

10、中国側吉林省図們市公安局公安代表は、朝鮮側咸北道穏城部社会安全部と連絡を取り、朝鮮側咸北遣穏城部社会安全部安全代表は、中国側吉林省図們市公安局公安代表と連絡を取る。

11、中国側吉林省琿春県公安局・琿春国境分総站公安代表は、朝鮮側咸北道慶源部社会安全部安全代表と連絡を取る。朝鮮側咸北道慶源郡社会安全部安全代表は、慶源郡：慶興郡・雄基部国境地区の国境事務を担当し、中国側吉林省吉塚春県公安局・塚春順境分総站公安代表と連絡を取る。

12、中国側遼寧省丹東辺防検査站公安代表は、朝鮮側新義州国境通行検査所安全代表と連絡を取り、中国側集安辺防検査站公安代表は、朝鮮側満浦国境通行検査所安全代表と連絡を取り、中国側図們辺防検査站公安代表は、朝鮮側南陽国境通行検査所安全代表と連絡を取る。

（3）各級公安・安全代表は、相互協議のため代理人又は連絡人を先方

側に派遣する場合、3日前に協議の問題と派遣される人員の名前を先方に通知し、先方側の同意を得た後に派遣することができる。

(4) 議定書の第9条1款の規定に基づき、各級公安・安全代表は、下記の方法で、連絡をする。

1、電話連絡

中国側遼寧省丹東市は朝鮮側平安北道新義州市と、中国側吉林省集安県は朝鮮側慈江道満浦郡と、中国側吉林省渾江市は朝鮮側慈江道中江郡と、中国側吉林省長白県は朝鮮側両江道恵山市と、中国側吉林省和龍県は朝鮮側咸北道茂山郡と、中国側吉林省延吉県は朝鮮側咸北道会寧郡と、中国側吉抹省図們市は朝鮮咸北道穏城郡と、中国側吉林省琿春県は朝鮮側咸北道慶源郡と、中国側丹東辺防検査站は朝鮮側新義州国境通行検査所と、中国側集安辺防検査站は朝鮮側満浦国境通行検査所と、中国側図們辺防検査站は朝鮮側南陽国境通行検査所との公安・安全代表間の連絡は、国際電話又警備電話を使用する。

2、書簡連絡

各級公安・安全代表間の書簡連絡は、国境通行検査機関を通じて行う。

8、中国・朝鮮両国国境地区各級公安・安全代表の責務問題

(1) 公安・安全総代表の具体的な任務と職責は、以下の通りである。

1、当方国境地区の公安・公安代表の活動を指導する。

2、先方側の公安・安全総代表の同意を得て、双方の公安・安全総代表会議を開き、中華人民共和国公安部代表と朝鮮民主主義人民共和国社会安全省代表が締結した議定書と総代表会議記録の執行中に生じる問題を協議し処理するため、関連の人員を会議に指定し参加させる権限を有する。

3、国境通行秩序の確立及び維持を監督する。

4、先方側の公安・安全総代表と公安・安全代表工作に関する問題と

意見を交換する。

5、必要な場合、中華人民共和国公安部代表と朝鮮民主主義人民共和国社会安全省代表の連合会議開催を提議する権限を持つ。

（2）公安・安全代表の具体的な任務と職責は、以下の通りである。

1、一般不法入国者の引渡しと処理。

2、犯罪者の引渡しと犯罪者との関連ある事務処理。

3、情報と相互委託調査資料の交換。

4、遺失船舶、家畜の引渡し、及び死体の処理。

5、上記の問題処理のため、先方側に入国し、公安・安全代表と面談する権限を持つ。

9、その他の問題

（1）公安・安全代表間と双方の歩哨間の連絡を保障するため、双方は、下記の場所と国境通行窓口に有線電話を設置する。

1、中国側丹東市公安代表　　朝鮮側新義州市安全代表

2、中国側臨江辺防検査站　　朝鮮側中江渡江検閲所

3、中国側長白国境検査站　　朝鮮側恵山渡江検問所

4、中国側三合辺防院検査站　　朝鮮側会寧渡江検閲所

5、中国側双墓国境工作站　　朝鮮側白頭山警備隊

電話の設置と維持・修理に関して、双方は、それぞれ当方国境部分を担当する。電話を繋ぐ時間に関して、関連地区の公安・安全代表間と歩哨間で協議して決める。

（2）中国側双墓峰国境工作站と朝鮮側白頭山警備隊間を公務連絡のために往来する者には、公務通行証を発給する。入国の場合は、必ず歩哨を連行しなければならない。

（3）本記録に未記入の事項に関しては、議定書の規定に基づき執行する。

本記録は、双方がそれぞれ中華人民共和国公安部と朝鮮民主主義人民共和国社会安全省の許可を得て、相互間の通知がある日より発効する。同

時に、双方の総代表の第1、2、3、4、5、6回会議記録と第1回会議記録
付属文書（中華人民共和国公安部代表と朝鮮民主主義人民共和国内務省
代表間の敵側の間諜スパイ活動情報交換と両国に及ぶ案件の偵察協力に
関する会議紀要執行に関する中国・朝鮮国境省公安庁と道内務部の若干
具体的な方法）及び第2回会議記録付属文書（中朝国境鴨緑江・図們江水
位流量測定方法）は失効する。

　　本記録は、1965年9月26日朝鮮新義州市で協議し、決定した。等しく
正文である中国語及び朝鮮語による本書2通を作成した。

3、図們江

　豆満江の中国名は図們江で、白頭山に発し、朝鮮北部で中国とソ連を界にして
東海（日本海）に注ぐ。この3国国境地帯は朝鮮人地帯で、豆満江は朝鮮人の心
情の流れにある。

　この地帯は、中国とロシアの木材・鉱物などの天然資源に恵まれる一方、中国
と北朝鮮の労働力が注目され、また北朝鮮及びロシアの不凍港が整っており、海
運と鉄道網により巨大市場の可能性は大きいが、そのインフラストラクチャーは
十分でない。1990年7月第1回北東アジア経済発展会議で、中国が図們江加工・
黄金の三角地帯構想が提唱され、その取り組みが進んだ。

　その中国・朝鮮連絡ルートは、1926年6月図們江架橋協定が成立し、同時に
中国の天図鉄道の朝鮮鉄道との鉄道運行の弁法が成立し、運用された。そして、
1935年5月24日図們江国境直通通過運転に関する日本・満州協定が調印され、
引き続いてそのための管理規則が合意された。中国琿春市圏河と北朝鮮咸鏡北道
恩督郡元汀を結ぶ図們江大橋が1938年に建設され、それは全長は535.2メートル、
幅6.6メートルで現在も利用されている。

　図們江の北朝鮮には北朝鮮の鉄道とロシアのシベリア鉄道を繋ぐ図們江駅があ
る。但し、両国間の鉄道は軌間加工となっているために旅客列車は台車の交換、
貨物列車は荷物の積み替えがなされていたが、現在では4線軌条が敷設され、直

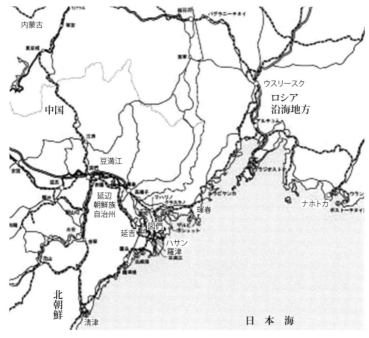

図6-2　図們江

通運転が可能となった。

　1926年6月9日調印の、図們江架橋に関する日本・中国協定は、以下の通りである。

　　　1、圖們江架僑ハ日支兩國ノ共有ニ依リ該橋中間ヲ界トシ兩國ニ於テ各管理ス
　　　2、橋梁建築ニ要スル土地ハ日支兩國政府各無償提供ス但シ民有地ノ時ハ相當價額ヲ以テ買收ス
　　　3、橋梁ノ建設ハ間島總領事及延吉道尹ニ於テ適當ト認メタル技師ニ委任設計シ確實ナル工事請負者ヲ選擇シ入札ニ附シ該技師ヲシテ監督完成セシム
　　　4、本橋架設費ハ日本金30万円以内トシ日支双方各其半額ヲ負担ス

5、僑梁ノ構造ハ堅牢ヲ旨トシ橋台橋脚共ニ鉄筋上ニテ築造シ橋桁ハ鋼鈑ヲ以テ架設ス

6、本橋建設後ニ於ケル警察ノ取締、税關ノ檢査、橋梁ノ管理及ビ維持修理費ニ関スル細目ハ別ニ之ヲ規定ス

7、本橋ノ建設ハ素ト通行者ノ往復、貨物ノ運輸ノ便利ナラシムルヲ目的トス若シ天圖圖們両鐵路公司ニ於テ運輸聯絡ノ爲メ通行ヲ求ムル時ハ雙方情形ヲ酌議シ許可スルコトヲ得

8、本橋架設ニ關シ不備ノ事項アラハ間島總領事及延吉道尹随時協議ス

　　　大正15年6月9日

　　　中華民國15年6月9日

　　　　　間島駐在日本總領事　鈴木要太郎

　　　　　兼吉林延吉交渉委員延吉道尹　陶彬

圖們江架橋協定第7項ニ關スル日本側照会

　　以書簡致啓上候陳者圖們江架僑協定第7項ニ於テ若シ圖們天圖両鐵道公司ニ於テ運輸聯絡ノ爲メ通行ヲ求ムル時ハ雙方情形ヲ酌議シ許可スルコトヲ得ト規定シアル處右両鐵道ノ本件橋梁上ニ於ケル通行聯絡ニ關シアル襄ニ吉林省長ト在吉林日本總領事トノ間ニ公文往復ノ次第アルニ付両鐵道公司ハ此際新ニ許可ヲ受ケル手續ヲ要セスシテ右通行聯絡ヲ為シ得ルコトニ致度候條御承知相成度此投照会得貴意候　敬具

　　　大正15年6月9日

　　　　　間島駐在日本總領事　鈴木要太郎

　　兼吉林延吉交渉委員延吉道尹　陶彬殿

（中国側文書は未公表）

　1926年6月26日公布の、図們・天図両鉄道暫行聯運弁法は、以下の通りである。

1、天圖鐵道ヨリ朝鮮ニ赴ク旅客及手荷物竝ニ貨物列車ハ圖們江岸驛ニ到着シタル時ハ通關手續ヲ經タル後朝鮮側上三峰驛ニ赴キ停車シ再ヒ朝鮮税關ノ檢査納税ヲ了シタル上同驛ヨリ圖們鐵道ニ乗換ヲ爲スモノト

160

ス但シ重量貨物積載貨車ハ一車扱ナルト小口扱ナルトニ論ナク該貨車
ヲ圖們ノ機関車ニ聯結シ會寧ニ赴クモノトス

2、圖們鐵道ヨリ支那側ニ赴ク旅客及ヒ手荷物竝ニ貨物列車ハ上三峰驛ニ
到着シタル時ハ通關手續ヲ經タル後シナ側ノ開山屯江岸驛ニ赴キ停車
シ再ヒ支那税關ノ檢査納税ヲ了シタル上旅客及手荷物ハ同驛ヨリ天圖
鐵道ニ乗換ヲ爲スモノトス但シ重量貨物積載貨車ハ一車扱ナルト小口
扱ナルモノトス論ナク該貨車ヲ天圖ノ機関車ニ聯結シ沿線ニ赴クモト
トス

3、天圖、圖們兩鐵道ノ機關車、客車及従業員ノ天圖側ハ圖們ノ上三峰驛
ヲ以テ終止シ圖們側ハ天圖ノ開山屯江岸驛ヲ以テ終止シ相互侵越スル
コトヲ得ス

4、天圖、圖們両鐵道ノ各驛ニ於テハ都テ旅客及貨物ノ聯絡業務ヲ取扱フ
モノトス但シ圖們ノ上三峰、關鎮間ニ於ケル貨物聯絡ハ暫ク取扱ヲ爲
ササルモノトス

5、天圖側江岸驛ト圖們側上三峰驛間ニ於ケル輸送費ハ兩鐵道ニ於テ實際
ノ里程ニ依リ清算シ橋梁通過ノ實務ハ毎1噸金10銭又旅客ハ1人宛金
2銭徴収シ之カ収入ハ兩鐵道ニ於テ夫々保管ノ上命令ニ基キ支出スルモ
トス

6、以上ノ辨法ハ聯絡協定成立以前ノ暫行辨法ナルヲ以テ聯絡協定成立シ
タル時ハ其効力ヲ失フモノトス

7、聯絡協定ニ依リ直通シ得ルヤ否ハ其時期ニ於テ規定シ暫行辨法ヲ根據
トシテ標準ト爲スヲ得サルコトヲ茲ニ併セテ聲明ス

　1935年5月22日調印の、図們江国境を通過する列車直通運転及び税関手続簡
捷に関する日本・満洲協定は、以下の通りである。

　　　日本國政府及滿洲國政府ハ日本國鐵道ト滿洲國鐵道トノ間ニ圖們國境
　　ヲ通過去スル列車直通運轉ヲ行フト共ニ右鐵道ニ依リ輸送セラルル物品
　　ニ關スル税關手續ヲ簡捷ナラシメンガ爲左ノ如ク協定セリ
　　第1條　日滿兩國政府ハ南滿洲鐵道株式會社ノ經營下ニ在ル日本國鐵道ト

圖們又ハ開山屯ニ至ル滿洲國鐵道トノ間ニ圖們江國境ヲ通過スル列車直通運轉ノ行ハルコトニ同意ス

第2條　日本國政府ハ滿洲國政府ガ其ノ稅關官吏ヲ雄基、羅律及淸律ニ於ケル日本國稅關ニ派シ右ノ地ニ宛テ（右ノ地ヲ經由スルモノヲ含ム）滿洲國ヨリ輸出セラレ又ハ右ノ地ヨリ（右ノ地ヲ經由スルモノヲ含ム）滿洲國ニ輸入セラルル貨物、小荷物、託送手荷物及旅客附随小荷物ニシテ前條ニ掲グル鐵道ニ依リ輸送セラルルモノニ付右日本國稅關ノ構內ニ於テ日本國稅關官吏ト共同ニ檢查及關稅收受ノ職務ヲ行ハシムルコトニ同意ス

第3條　日滿兩國政府ハ各自國ノ稅關官吏ヲ日本國政府ニ在リテハ圖們停車場ニ設置セラルベキ荷物檢查場ニ、滿洲國政府ニ在リテハ上三峰停車場ニ設置セラルベキ荷物檢查場ニ派シ第1條ニ掲グル鐵道ニ依リ兩國ノ國境ヲ起エテ輸送セラルル貨物、小荷物、託送手荷物及旅客附随小荷物ニシテ前條ニ該當セザルモノ竝ニ旅客携帶品ニ付相手國官吏ト共同ニ檢查及關稅收受ノ職務ヲ行ハシムベシ

　　日滿兩國政府ハ前項ニ規定スル物品中圖們又ハ上三峰停車場ヲ通過スル旅客携帶品、託送手荷物及旅客附随小荷物ニ付テハ各自國稅關官吏ヲシテ列車ガ該停車場ニ停車中車中ニ於テ前項ニ準ジテ其ノ職務ヲ行ハシムルコトヲ得尤モ發車時刻迄ニ右職務ノ執行ヲ了リ難キトキハ發車後車中ニ於テ又ハ當該物品ヲ荷物檢查場ニ卸サシメテ右職務ヲ行ハシムルコトヲ得

第4條　日滿兩國政府ハ本協定ニ依リ自國內ニ派遣セラレタル相手國ノ稅關官吏ニ對シ右稅關官吏ノ所屬國ヨリノ輸出品ニ付檢查及關稅支拂ノ拒絕アリタルトキ又ハ右稅關官吏ニ於テ檢查ノ際密輸出入品（禁制品ヲ含ム）ト認ムルモノアリタルトキハ右稅關官吏ガ當該物品ヲ本國ニ送致スルノ措置ヲ執ルコトニ同意ス

第5條　本協定ニ依リ日滿兩國稅關官吏ガ共同ニ檢查ヲ爲ス場合ニ於ケル檢查ノ順序ハ日本國ヨリノ輸出品ニ付テハ日本國稅關官吏ノ檢查ヲ先

ニシ滿洲國ヨリノ輸出品ニ付テハ滿洲國税關官吏ノ檢査ヲ先ニス其ノ
他ノ職務ノ執行ハ檢査ノ順序ニ依ルモノトス

第6條　日滿兩國政府ハ支障ナキ限リ本協定ニ依リ自國内ニ派遣セラレタ
ル相手國ノ税關官吏ノ職務執行ニ関シ便宜ヲ供與スベキコトヲ約ス

第7條　本協定ニ定メタ税關手續ニ關シ必要ナル細目ハ朝鮮總督ト滿洲國
財政部大臣トノ間ニ協定セラルベキモノトス

第8條　本協定ノ署名ノ日ニ効力ヲ發生シ日滿兩國政府ノ何レカノ一方ガ
本協定ヲ終了セシムルノ意思ヲ他方ニ通告シタル日ヨリ3月ノ期間ノ滿
了ニ至ル迄引續キ効力ヲ有スベシ

第9條　本協定ハ日本文及漢文ヲ以テ各2通ヲ作成ス日本文本文ト漢文本
文トノ間ニ解釋ヲ異ニスルトキハ日本文本文ニ據ルモノトス

右證據トシテ下名ハ各本國政府ヨリ正當ノ委任ヲ受ケ本協定ニ署名調
印セリ

昭和10年5月22日即チ康徳2年5月22日新京ニ於テ之ヲ作成ス

日本帝國特命全權大使　南次郎

滿洲帝國外交部大臣　張燕卿

1935年5月24日調印の、図們江国境を通過する列車直通運転及び税関手続簡
捷に関する日本・満洲協定に基づく規則は、以下の通りである。

朝鮮總督及滿洲國財政部大臣ハ昭和10年5月22日即チ康徳2年5月22
日新京ニ於テ署名セラレタル圖們江國境ヲ通過スル列車直通運轉及税關
手續簡捷ニ關スル協定第7條ノ規定ニ基キ税關手續ニ關スル細則ヲ左ノ通
協定セリ

第1章　總則

第1條　圖們江國境ヲ通過スル列車直通運轉及税關手續簡捷ニ關スル協定
（以下單ニ協定ト稱ス）第2條ノ税關ノ構内トハ雄基、羅律及清律ニ於
ケル日本國税關構内ニ之ニ近接シタル場所ニシテ日本國税關長ニ於テ
滿洲國税關長ニ協議ノ上共同檢査區域トシテ指定シタルモノヲ謂フ

協定第3條ノ荷物檢査場トハ圖們停車場及上三峰停車場構内ノ全部ヲ

163

謂フ

第2條　相手國内ニ派遣セラレタル一方國ノ税關官吏ハ貨物ノ輸出入ニ關スル本國ノ法令ニ遵イ前條ニ定メタル地域内及協定第3條第2項ニ規定スル車中ニ於テ協定及本細則ノ定ムル所ニ依リ其ノ職務ヲ行フベキモノトス

第3條　協定第2條乃至第5條ニ規定スル一方國税關官吏ノ相手國内ニ於ケル檢査ハ第1條ニ定メタル地域内及協定第3條第2項ニ規定スル車中ニ於テ左ノ各號ノ場合ニ限リ之ヲ行フコトヲ得タモノトス

1　輸出又ハ輸入ノ意思表示セラレタルトキ

2　犯則嫌疑ニ因ル調査ノ爲必要アルトキ

第4條　日滿兩國税關官吏鐵道ニ依リ輸送セラルル旅客携帶品ニ付必要ト認ムルトキハ檢査準備ノ爲各相手國ニ於ケル圖們停車場又ハ上三峰停車場ノ直前停車驛ヨリ列車ニ乘込ムコトヲ得

　　　　　第2章　保税運送

第5條　協定第2條ニ規定スル貨物、小荷物、託送手荷物及旅客附随小荷物ノ圖們停車場又ハ上三峰停車場ト雄基、羅津又ハ清津トノ間ニ於ケル運送ハ保税運送付トス

第6條　保税逼迫ノ申告ニ當リテハ申告人ヲシテ日本國税關官吏ニ運送目録5通ヲ提出セシムルモノトス

　　前項ノ運送目録ハ保税運送申告書ニ兼用セシムルコトヲ得

　　日本國税關官吏保税運送ノ申告ヲ受理シタルトキハ滿洲國税關官吏ニ協議ノ上其ノ處理ヲ爲スモノトス

第7條　保税運送ヲ免許シタルトキハ日滿兩國税關官吏立會ノ上貨車ニ封印ヲ施シ發車ヲ認ム但シ第15條ノ規定ニ依リ保税運送貨物ト然ラザル貨物トヲ混載セシメタルトキハ貨車ノ封印ヲ省略スルコトヲ得

第8條　前條ノ貨車運送先ニ到着シタルトキハ日滿兩國税關官吏共同シテ其ノ封印ヲ點檢シ異状ナキトキハ貨物ノ貨車卸又ハ貨車ノ通過ヲ認ム

　　前條但書ノ貨車運送先ニ到着シタルトキハ日滿兩國税關官吏共同シ

テ貨物ヲ點檢シ異狀ナキトキ亦前項ニ同ジ

第9條　保税運送貨物ニ付第1條ニ定メタル地域外ニ於テ事故アリタルトキハ事故發生地所在國ノ税關官吏ニ於テ必要ナル措置ヲ講ジ其ノ顛末ヲ相手國税關官吏ニ通報スルモノトス

　前項ノ貨物ト雖モ總テ第1條ニ定メタル地域ニ於テ輸出入ノ手續ヲ爲スモノトス

第10條　關税未納ノ保税運送貨物紛失若ハ滅失シタトキ又ハ免許ノ日ヨリ15日以內ニ運送先ニ到着セザルトキハ運送申告人ヲシテ其ノ關税ヲ納付セシムルモノトス但シ災害ニ因リ滅失シ又ハ税關ノ認許ヲ得テ滅却シタルトキハ此ノ限ニ在ラズ

　　　第3章　貨物取締

第11條　輸出入貨物、積戻貨物又ハ保税運送貨物ハ免許ヲ得タル後ニ非ザレバ之ヲ船車ニ積載セシメザルモノトス

第12條　輸出入貨物又ハ保税運送貨物ノ第1條ニ定メタル地域內ニ於ケル藏置場所ハ相手國税關官吏ニ協議ノ上貨物所在國ノ税關之ヲ指定ス

第13條　輸出入貨物又ハ保税運送貨物ヲ前條ノ蔵置場所ニ搬入シ又ハ前條ノ場所ヨリ搬出セントスルトキハ日滿兩國税關官吏ニ屆出デシムルモノトス

第14條　輸出入貨物又ハ保税運送貨物ノ貨車積卸ヲ爲サントスルトキハ其ノ旨日滿兩國税關官吏ニ屆出デシムルモノトス

第15條　保税運送貨物ト然ラザル貨物トハ特ニ許可シタル場合ノ外同一貨車ニ混載セシメザルモノトス

　　　第4章　犯則處理

第16條　協定第4條及第5條ノ規定ハ貨物ノ輸出入ニ關スル法令違反事件ノ處理ニ關シ左ノ各號ノ場合ヲ包含スルモノトス

　1　1箇ノ行爲ガ日滿兩國ノ法令ニ違反シタリト認メラルル場合ハ日滿兩國税關官吏各別ニ之ガ處理ヲ爲スコト

　2　一方國法令ノミニ違反シタリト認メラルル場合（相手國税關ノ手

續ヲ正當ニ終了セル場合ヲ含ム）ハ右一方國税關官吏ニ於テノミ之ガ
處理ヲ爲スコト

3　同一貨物ニ付日滿兩國税關官吏ノ處理競合スルトキハ輸出國税關官
吏ノ處理ヲ優先スルコト

4　前號ノ場合輸入國税關官吏ニ於テ犯則事件ノ處理上當該貨物ヲ必要
トスルトキハ其ノ處理終了ヲ俟テ之ヲ輸出國税關官吏ニ引渡スコト

第17條　相手國ノ法令ノミニ違反シタリト認メラルル事件ヲ一方國税關
官吏ニ於テ發見シタルトキハ直ニ之ヲ相手國税關官吏ニ移管スベキモ
ノトス

第18條　一方國税關官吏貨物ノ輸出入ニ關スル本國ノ法令違反嫌疑事件
ヲ發見シタルトキハ直ニ之ヲ相手國税關官吏ニ通報スルモノトス犯則
事件ニ付處理ヲ了シタルトキ亦同ジ

　　　第5章　事務連絡

第19條　第12條ニ規定スル貨物藏置場所ノ鎖鑰ハ當該場所所在國ノ税關
官吏之ヲ保管スルモノトス

第20條　鎖鑰ヲ保管シ居ラザル税關官吏ニ於テ貨物藏置場所ノ開扉ヲ必
要トスルトキハ鎖鑰ヲ保管シ居ル税關官吏ハ直ニ其ノ要求ニ應ズベキ
モノトス

第21條　一方國税關官吏ニ於テ貨物ヲ收容セントスルトキハ相手國税關
官吏ニ協議スベシ

　　前項ノ協議ヲ受ケタル相手國税關官吏ハ必要ニ應ジ當該貨物ヲ關税
支拂ノ拒絶アリタル貨物トシテ本國ニ送致スルノ措置ヲ講ジ又ハ收容
ニ付異議ナキ旨ヲ一方國税關官吏ニ囘答スベキモノトス

第22條　協定第4條ノ規定ニ依リ貨物ヲ本國ニ送致セントスルトキハ豫
メ其ノ旨相手國税關官吏ニ通報ス

第23条　協定第4条ノ規定ニ依リ一方國税關官吏ニ於テ本國ニ送致セン
トスル貨物ニ付テハ當該貨物ノ運送人ヲシテ相手國税關ニ輸出若ハ積
戻ノ手續ヲ爲サシムモノトス

第24條　上三昧停車場、雄基、羅律又ハ清律ニ於ケル貨物ノ通關ヲ爲ス
　　　爲日本國稅關長ニ對シ稅關貨物取扱人免許ノ申請アリタルトキ及圖們
　　　停車場ニ於ケル貨物ノ通關ヲ爲ス爲滿洲國稅關長ニ對シ稅關貨物取扱
　　　人免許ノ申請アリタルトキハ各相手國稅關長ノ意見ヲ聽キ之ヲ處置ス
　　　ベキモノトス犯則其ノ他ノ事由ニ因ル稅關貨物取扱人ノ營業停止又ハ
　　　免許取消ニ付亦同ジ

第25條　一方國稅關長相手國稅關長ノ稅關貨物取扱人ノ營業停止又ハ免
　　　許取消ノ處分ヲ希望シタルトキハ其ノ意嚮ヲ尊重スベキモノトス

第26條　一方國稅關官吏ハ相手國內ニ於ケル犯則嫌疑事件ノ調査ヲ相手
　　　國稅關官吏ニ委囑スルコトヲ得

第27條　日滿兩國稅關官吏ハ其ノ職務執行ニ便スル爲左ノ各號ニ該當ス
　　　ル事項ヲ相互ニ相手國稅關官吏ニ通報スベキモノトス

　　　1　輸出入貨物ノ檢查鑑定參考トナルベキ事項

　　　2　輸出入禁制品ニ關スル事項

　　　3　新ニ公布セラレタル關稅法令

　　　4　其ノ他必要ナル事項

　　　　　第6章　雜則

第28條　協定第2條又ハ第3條ノ規定ニ依リ相手國內ニ派遣セラレタル
　　　稅關官吏ノ休日及執務時間ハ相手國ノ規定ニ依ルモノトス

第29條　臨時開廳及定時間外仕役ニ付テハ日滿兩國稅關官吏協議ノ上各
　　　別ニ之ヲ處理ス

第30條　協定第2條又ハ第3條ノ規定ニ依リ相手國內ニ派遣セラレタル
　　　稅關官吏ノ職務ノ執行中ニハ右派遣稅關官吏所屬國ノ關稅法令ニ基ク
　　　諸手數料ノ收受ヲモ包含スルモノトス

第31條　滿洲國稅關官吏ノ輸出入貨物ニ付申告者ノ希望ニ依リ第1條ニ
　　　定メタル地域內ニ於テ滿洲國驗訖證ノ貼付ヲ爲サシムルコトヲ得

第32條　朝鮮總督府ハ滿洲國ガ上三峰、雄基、羅津及清律ニ於ケル朝鮮
　　　銀行（又ハ其ノ復託者）ヲ滿洲國國庫金取扱銀行トシテ委囑スルコト

ヲ承認ス

　　上三峰、雄基、羅津及清津ニ於ケル滿洲國歳入金ノ收受ハ日本國貨幣ヲ以テ爲スモノトス

第33條　第1條ニ定メタル地域内ニ於ケル共同檢査ニ關スル施設ニ付テハ總テ日滿兩國税關長ノ協議ニ基キ措置スルモノトス

第34條　本細則ハ署名ノ日ニ効力ヲ發生ス

第35條　本細則ハ日本文及漢文ヲ以テ各2通ヲ作成シ日本文本文ト漢文本文トノ間ニ解鐸ヲ異ニスルトキハ日本文本文ニ據ルモノトス

　　右證據トシテ下名ハ茲ニ本細則ニ各署名調印セリ

　　昭和10年5月24日即チ康徳2年5月24日京城ニ於テ之ヲ作成ス

　　　　　　　　朝鮮總督　宇垣一成

　　　　　　　　滿洲帝國財政部大臣　孫其昌

　1980年代半ばのこの地帯は、大きく混乱しており、その社会環境は厳しかった。1990年代になり、3国あるいは4国の事情は安定し、その協力・従来の素地が生まれた。その状況は、以下の通りであった。

表6-1　図們江地域の概況

国家	地方	面積 平方キロ	人口 1993年千人	主要都市（人口）	主要産業
中国	延辺朝鮮族自治州 琿春市	42,700	2,138	延吉（30万） 図們（14万） 琿春（18万）	軽工業、林産物、農業、 食糧品加工、製薬、観光
北朝鮮	清津市 羅津・先鋒市 （羅先特別市）	746	670 130	清津（67万） 羅津・先鋒 （羅先特別市） （13万）	軽工業、農業、 水産物加工、輸送、観光
ロシア	沿海地方 ハサン地区	165,900	2,287	ウラジオストック （67万） ナホトカ （19万） ハサン（4万）	農業、食糧品加工、鉱業、 工業、林産物、観光
モンゴル	東部地域	287,600	228	チョイバルサン	工業、農業、畜産加工、 観光

図們江の北岸は吉林省延辺朝鮮族自治州、南岸は北朝鮮咸鏡北道で、そこは北朝鮮を脱出する脱北難民の代表的な越境地帯にある。そのため、地域間交流が求められる一方、朝鮮人民軍の厳重な管理下にあった。図們江河口では、中国領はなくなり、ロシア領ハサンとなっている。

その開発の問題点は、以下の3つにあった。

第一は、図們江を開発には、河口を浚渫し、日本海に出る河川の利用が課題であった。それは、中国、北朝鮮、ロシアの中国航行権の確保では、それは、次の方向で解決に向かった。一方、中国・ロシア国境は未画定で交渉の難点にあったが、その国境画定は2008年7月21日最終的に解決した。

第二に、それは借港出海で、ザルビノ・ルートとポシェット・ルートがあり、前者はロシア・ハサン地区のザルビノ港のまでの間、吉林省琿春から62キロメートルの鉄道建設に従う。後者は、ハサン地区のポシェット港利用計画である。さらに、北朝鮮の清津港及び羅津港の利用で、中国の延吉・三合を経て北朝鮮の会寧を通じた連絡ルートが成立している。

第三には、琿春市が1993年3月「辺境経済合作区」を設置して、対外開放を進めた。中国はそのため長春－琿春高速道路を建設しており、さらに琿春を拠点に北朝鮮、モンゴルとの鉄道連絡が実現した。

北朝鮮は、これに対応して1991年12月羅津・先鋒自由経済貿易地帯を設定した。

ロシアは、1990年10月24日ナホトカとその周辺を経済特区と決定し、ナホトカ自由経済地帯が成立した。

1990年代を通じて状況は大きく変容するところとなった。図們江開発計画（TRADP）が、中国図們江地区の中心地域の吉林省長春市、吉林市地域、及び延辺朝鮮自治州（長吉図）で進捗するところとなり、その開発開放先導区の開発協力計画は、1991年7月ウランバートル会議で国連開発計画（UNDP）構想を受けて中国が提起した。その図們江経済区は、図們江経済開発区・東北アジア地域開発の北朝鮮・中国・ロシア3国国境行政区37万平方キロメートルの自由経済

区を対象としており、ユーラシア横断鉄道とも結び付けられた雄大な構想がそれである。その構想は、2009年から2020年までを予定し、1990年7月長春の北東アジア経済発展国際会議に続き、1991年7月第1回ウランバートル会議、8月長春第2回会議、10月平壌第3回会議を経て、図們江開発計画管理委員会が発足し、取り組みが始まった。北朝鮮は、平壌会議で投資計画を明らかにし、10月外国人投資法・外国人企業法を制定した。2009年8月国務院は「中国図們江地域協力開発計画要領——長吉図（張舜・吉林・図們江）を開発開放先導区とする」国家戦略を批准した。それは、内陸部国境地域の国際協力と対外開放の急速化、及び東北地方の経済成長の拠点形成、内陸部の経済的・社会的発展、及び辺境民族地域の繁栄と安定の推進が課題となっている。

その経過には、以下の関連情報がある。

1992年　中国・ロシア、ザルビノ港共同開発・管理の合意書調印。

　　　　12月　中国・ロシア、琿春－長嶺子－マハリノ－スハノフカーザルビノ鉄道整備合意書調印。

1993年3月　中国・ロシア間鉄道整備の金環鉄道合弁会社設立。

1994年12月　琿春－クラスノキー鉄道工事着手、1999年5月開通、2000年2月輸送開始。

1995年7月17日ロシア、UNDP図們江地域開発計画へのロシア参加、及びハサン海洋商業港通貨交通拠点の決定。

1996年　北朝鮮、南陽－羅津鉄道158.8キロメートルの電化。

1997年6月　北朝鮮、羅津・先鋒経済貿易地帯に独立採算制導入。

　　　　11月　図們－南陽－羅津の直接鉄道輸送開始。

1998年　羅津・先鋒経済貿易地帯、経済貿易地帯へ移行。

　　　　2月12日ナズドラチェンコ沿海地方知事、沿海地方のサハン地区発展のための方策を指示。

1999年5月　経済特区開発のロシア・韓国条約調印、ナホトカ経済特区ロシア・韓国工業団地の建設。

　　　　8月　ポシェット－秋田航路開設。

2000年4月27日中国、琿春辺区経済合作区の輸出加工区設置。

2001年2月1日辺境経済合作区に中国・ロシア互一貿易区（相互自由貿易区）設置。

　　　6月　ソウル－延吉国際チャーター便、就航。

図們江開発の条件は、整ってきた。それは、北東アジア経済開発の一部となっている。

第7章　朝鮮・ロシア国境

　中国・ロシア国境は、中国・朝鮮国境にそびえる白頭山に発して東流する豆満江の最下流部、わずか15キロメートルの地域である。朝鮮・ロシア国境は、ロシアの南下で、沿岸州割譲により日本海への出口を失った形で設定されたもので、現在、中国・ロシア・北朝鮮3国の接合地点であり、その協力の拠点を形成している。

　ロシア、中国、及びモンゴルを流れるアムール川は、中国では黒龍江又は黒河といい、ハバロフスクでウスリー江と合流して間宮海峡／タタール海峡へ注ぐ。それは、極東、沿海州の大動脈を形成し、ロシア側にコムソモリスク、ハバロフスクなどの都市の発達をみた。それは、ロシアの進出と併合にあった。

　松花江は、中国吉林省・黒龍江省を流れ、黒龍江／アムール川に注ぐ。源流は南北2つの流れ、北は伊勒呼里山脈から流出する嫩江、南は長白山地より流出する第二松花江である。第二松花江は吉林省最大の大河で、飲馬河、伊通河などの支流を集める大安県東部で、嫩江と合流して松江となり、黒龍江に合流する。

　中国にとっては、図們江地域圏としての展望にあり、それはその河口から日本海へのその利用にあり、ロシアのナホトカ港が生かされている。

1、朝鮮・ロシア国境の成立

　ロシアは、東方進出の過程で、バイカル湖付近のブリアート族の居留地を迂回

173

して東北へ進出し、外興安領を南下した。これにより1689年ネルチンスク条約が成立したが、そこで定められた中国とロシアそれぞれの勢力範囲には、人口稀薄で、領土とか国境が曖昧なまま、一部が未画定の地域として残った。

1850年から1853年にかけオホーツク海沿岸からの南下遠征隊は、アムール川／黒龍江／黒河の河口一帯を占拠した。黒龍江は源流オノン川がモンゴル高原のヘンティ山脈北麓に発し、ネルチンスク付近でヤブロノイ山脈を源流とするシルカ川と合流し、さらに、松花江、ウスリー川／烏素里江と合流し、ニコラエフスク・ナ・アムーレ付近で間宮海峡／タタール海峡に注ぐ。ハバロフク付近から河口までの950キロメートルは湿原で、川幅も10キロメートルと広い。

中国史では、黒龍江は南の長白山に対する北の黒水として登場し、黒水靺鞨の巨樹地として知られた。1689年9月7日ネルチンスク条約で、アルグン川－外興安嶺が国境と定められた。

ネルチンスク条約の要点は、以下にあった。

(1) 境界は、アルグン川、シルカ川に注ぐゴルビッツ川、石の山（外興安嶺）とする。但し、海に注ぐウディ川と石の山の中間地は未決とする。

(2) アルグン川の西岸のロシア人家屋は、北岸に移し、アルバジンの城塞は、取り壊し、すべて撤去する。

(3) 不法越境を禁止し、違反者は本国官憲に引き渡される。

(4) 過去の逃亡者は、不問に付し、将来はすべて逮捕され、引き渡される。

(5) 旅券保持者の往来と交易は認められる。

(6) 条約は遵守される。また、条約文を刻し石碑を境界として建立する。

しかし、中国は、第2点の誓約には応じなかった。したがって、そこでの中国・ロシアの通商関係、及び外交関係も的確でないものであった。

就任したムラビヨフ東シベリア総督の狙いは、黒龍江沿岸を占拠し、黒龍江を航行し境界とすることにあった。ために、黒龍江左岸にコサックを入植させ、駐屯させ、さらには、黒龍江の支配を確保し、黒龍江を維持するべく企図した。これに対し、中国は、ネルチンスク条約を交代するべく取決めを必要としていた。

1857年ロシアは、このためプチャーチン特使を派遣し、陸路で北京へ向かっ

174

たが、阻止された。それで、彼は英・仏・米の代表を同行して、上海から北京へ入った。彼は、北京で黒龍江将軍奕山と面談して、黒龍江左岸はロシア領とし、ウスリー江からの下流は、右岸をもって境界とする、と主張した。しかし、その交渉は成功しなかった。交渉は現地交渉に委ねられ、ネルチンスク条約の未決定条項を利用して、1858年5月28日東シベリア総督ムラビヨフと黒龍江将軍奕山が瑷琿条約の調印に成功した。

瑷琿条約の要点は、以下の通りであった。

(1) 黒龍江左岸はロシア領、黒龍江右岸、ウスリー川以西は中国領、そして同江以東、海までの地を両国の共同管理とする。

(2) 黒龍江左岸の満州人集落は、中国が管理する。

(3) 黒龍江、松花江／スンガリー江、ウスリー江／烏蘇里の3江を航行可能なのは、両国の船に限る。

(4) この3江の沿岸住民は相互に貿易できる。

中国政府は、ひとまず本条約を承認したが、のち、これを否認した。しかし、そこでの共同管理領は、当該地域が吉林将軍の管轄地であるために、黒龍江将軍奕山がその責任を回避したためであった。そこで、アロー号事件に端を発したアロー戦争の結果、1858年6月27日ロシア・中国天津条約において、ロシア・中国間の未画定地域の現地調査条項が盛り込まれた。同条約の未画定地域を、中国は黒龍江下流の支流一帯と解していたが、ロシアはウスリー川流域一帯と解した。それは、中国の北方に対する地理的把握が十分でないためでもあった。中国は、ロシアの現地調査要求を認め、そこで、ロシアは、ウスリー川、興凱湖、ポシェト湾、そして豆満江下流の調査を強行した。ロシアは現ウラジオストック占領に走り、その支配の既成事実を積み上げた。そして、1859年1月天津条約の批准書交換のため、駐中国ロシア公使イグナチェフが北京に着任した。彼は、自国の調査結果を提示して、中国に対しいわゆる沿海洲の国境画定を求めた。しかし、中国はロシアに対し拒否した。英・仏連合軍が天津条約の批准を要求して北京に進駐し、咸豊帝は熱河に逃れた。その仲介にイグナチェフ公使が当たった。

結局、1860年11月、北京条約が調印されて本条約の約定条項が確認され、共

同管理地はロシア領となった。清朝はロシアとの条約を頑なに拒否する姿勢にあったが、英国とフランスは同年10月中国との北京条約に固執しており、このために北京を軍事占領した。当の中国では、保守排外派が宮廷政変により後退し、条約の締結には恭親王奕訴らが中心となって実現した。当然に、英国・フランスは、清朝を支持して太平天国の鎮圧に関与した。この機に乗じて、ロシアは、11月北京条約の調印で、これまで瓊琿条約で、国境画定までは中国・ロシア両国で共有とされていたウスリー川以東の沿海地方をロシア領とすることが、クーロン、カシュガル、張家口を貿易地として認めることなどとともに決まった。いいかえれば、黒龍江からウスリー川、スンガチャ川、興凱湖、ここから琿春川と日本海の間の山脈の稜線を辿って豆満江上流20清里の地点に至る国境が決まった。1861年5月21日の興凱湖界約が成立し、これに基づき朝鮮はロシアと国境を接することになり、興凱湖界約に基づきウスリー川合流地点から豆満江沿岸までの境界に界標が設置された。

　1861年5月21日調印の、興凱湖界約中俄黒龍江記文の交界道路紀文は、以下の通りである。

　　　大清国と露国とは、詳細に昨年（咸豊10年、西暦1860年）露暦11月2日定める和約の第1条及び第3条の記文により和約の第1条にいえる烏蘇里河口より南に上り興凱湖に至る間、両国は、従来よりあるところの烏蘇里及び松阿察の2河を境界とし、その2河の東の地は露国に属し、2河の西の地は大清国に属し、松阿察河河源より両国の境界は、興凱湖を踰えて直に白稜河に至り、図上に赤色で書く露字母により境界と定め、即ち烏露里河口の西に国境標1個を設立し、標上に露国耶字母並びに漢字を書き、また松阿察河源泉西岸の陸上に国境標1個を設立し、標上に露国亦字母並びに漢字を書き、和約に依拠し、白稜河口より山嶺に順い瑚布図河口に至り、山稜河源より小漫岡に順い、水の東に向かい興凱湖に流入する方面は露国領とし、水の西に向かって穆楞河に流入する方面は中国領とし、横山会処に至り、水の北に向かい分流するものは、興凱湖及び毛河源に入り、水の南に向かい分流する

ものは、綏芬河に入る横山会処より直に綏芬河及び瑚布図河口に至り、その間に設立すべき国境標は白稜河口の北に国境標1個を設立し、標上に露国喀字母並びに漢字を書き、小漫岡上より西北に向い、国境標1個を設立し、標上に露国拉字母並びに漢字を書き、横山会処に国境標1個を設立し、標上に露国那字母並びに漢字を書き、さらに瑚布図河口より揮春河と海との中間の嶺に順い図們江口に至るその東はみな露国に属し、その西はみな中国に属する、両国国境の赤色のところと図們江と会するところは、江口より相距るところ20里にすぎない。瑚布図河口より遡り瑚布図河の源に至り、即ち山嶺に順い和約により瑚布図河口の西編に国境標1個を設立し、標上に露國倭字母並びに漢字を書き、また瑚布図河源に対する山頂上に国境標1個を設立し、標上に露國怕字母並びに漢字を書き、図們江左岸の海を距る20里に過ぎないところに国境標1個を設立し、標上に露國土字母並びに漢字を書き、倶に図上の赤で境界とする。これにより両国の境界は、既に明らかに画文を経たをもって、このことを特に記する。

2、朝鮮の境界認識と朝鮮人のロシア領流入

ロシアに対する中国の対応、そして咸豊帝の熱河避難事件、英・仏軍の北京占領と円明園炎上・略奪事件の報は朝鮮に伝えられており、その事態に朝鮮はかなり動揺した。そこでは、中国とも朝鮮とも事大関係で対応していて、中国への豆満江下流のロシア割譲について、中国から朝鮮への通報・照会はなかった。朝鮮は、1861年7月〜8月に豆満江対岸でのロシア人によるT字界碑の建立を目撃し、報告されていて、その朝鮮官憲の検問にロシア側が国境文書を示して説明したが、同官憲はその事実を知らなかった（「哲宗紀事」11巻、哲宗12年8月条）。

いうまでもなく、朝鮮はロシアのみならず、欧米とのいっさいの接触を拒否しており、その領土の事態という変更を確認する意思もなく、またその手段を欠いていた。

そして、1940年代以降、鴨緑江の対岸に漢族農民が姿をみせ、増加する朝鮮人流入民に対する封禁止策は事実上崩壊しており、沿海州がロシアに割譲された当時には、豆満江を越えて中国領のみならずロシア領への朝鮮人の移動が始まった。1912年のイェ・グラーウェ報告は、こう書かれていた。

　　　朝鮮移民の露國極東に來たりしは、既にロシア政府が極東の統治に着手したる頃に始まり、1863年頃には浦潮斯徳又は南烏蘇利郡に獨身の鮮人來り、夏季勞働に服し秋期に至り本國に歸れり。1863年には初めて鮮人家族13戸ポシエトウ區に來り、ノーゴロツド湾の海岸に居を占め、政府の許可なく密かに官有土地によりて耕作をなせり。その後鮮人のこれに倣ふもの漸次増加するに至れり。（牛丸潤亮・田村懋磨編『最近間島事情』京城、朝鮮及び朝鮮人社、92－93頁）

　1864年（高宗元年）2月ロシア人5名が慶興府に現れ、通商を求めたが、慶興府使尹映は地方官の裁量権外であると、ロシア人を退去させた。それは、朝鮮にとっては、自国の官民を境界内に閉じこめ、たとえ豆満江がロシア領となろうと、それは問題にされることなく、自国の疆域を維持することに終始していた。1865年12月吉林将軍から、朝鮮人がロシア側の勧誘で吉心河地方に居住しているとの報告（「朝鮮国王咨鎮匪類侵擾邊界請飭吉林将軍認真詳査」、『清季駐日韓關係史料』巻51）を受けるなど、そうした一連の事態から、朝鮮は自国民のロシア領への大量流出の事実を確認した。

　1879年〜1880年にロシアは興凱湖から豆満江にかけ中国との国境地帯で越境事件が続発したが、それは設定された境界の理解が居住者に的確でなく、元来は無人の荒地が境界として設定されたことにかかわりなく、大量の居住者進出で、その利益範囲をめぐって接触と紛糾が高まったからであった。さらに、1886年6月中国はロシアに強制されて琿春界約が成立したが、それは豆満江の航行権をめぐり、中国に対しそれを認めたもので、朝鮮はそれに関与していない。

　この琿春界約に先だち、1861年5月21日興俄湖界約があり、そこでは、黒龍江の交俄黒龍江定界が成立しており、それを確認したのが琿春界約であった。

　この豆満江をめぐる混乱は、日本が朝鮮に関与して解決するが、それは日本の

178

第7章　朝鮮・ロシア国境

侵略行為の一貫であるので、最終的解決でなかったとする見解が朝鮮研究者の間
にある。

3、ソ連・北朝鮮国境秩序

　ソ連は、豆満江で北朝鮮及び中国と接壌しており、その三角地点での国境維持
のため、ようやく1957年10月14日北朝鮮と国境問題調整手続き協定が締結され、
以後、その国境手続きが適用された。

　1957年10月14日調印、12月14日発効の、ソ連・北朝鮮国境問題手続き協定
は、以下の通りである。

　　　　　ソビエト社会主義共和国連邦政府を一方の当事者とし、朝鮮民主主
　　　　義人民共和国政府を他方の当事者として、ソ連・朝鮮国境の適切な秩
　　　　序の維持に関する国境問題を、迅速かつ最善に調整する目的をもって、
　　　　国境の権力活動を規定することを希望し、本協定を締結することに決
　　　　し、その全権委員として、下記に署名した者を任命した。これら全権
　　　　委員は、互にその全権委任状を提示して、それが良好妥当なものであ
　　　　ると認められた後、次の通り、協定した。

　第1条　ソ連政府と朝鮮政府は、それぞれ国境全権委員1名、その代理者
　　　1名を任命する。

　　　　各国境全権委員は、それぞれ2名の補助者を任命する。

　　　　国境全権委員とその代理者の氏名は、外交上の手続きに従って指互
　　　に通知する。

　　　　国境全権委員の補助者の氏名は、双方の国境全権委員が相互に通告
　　　する。

　第2条　ソ連及び朝鮮の国境全権委員の活動区域は、文字「T」の国境標
　　　識（ソ連・朝鮮・中国国境の一致点）より豆満江河口に至る区域とす
　　　る。ソ連の国境全権委員の常駐地は、ポシニト村であり、朝鮮の国境
　　　全権委員のそれは清津市である。

179

国境全権委員は、その代理者及び補助者の公式の駐在地を指互に通
　告する。
第3条　国境全権委員の代理者は、国境全権委員に提供された、すべての
　権利を享受する。
　　国境全権委員の補助者は、国境の秩序維持に関し、国境全権委員の
　個々の委託を遂行する。
第4条　本協定の第1条に掲げられた者に対し、ロシア語及び朝鮮語で作
　成された委任状を、次の通り、発行する。
　　ソ連国境全権委員及びその代理者に対しては、ソ連国境軍司令官に
　より、
　　朝鮮国境全権委員及びその代理者に対しては、朝鮮内務省次官によ
　り、
　　補助者に対しては、それぞれの国境全権委員による。
第5条　国境全権委員の義務は、以下の通りである。
　1、国境における秩序破壊の防止のため必要な処置をとること。
　2、国境における秩序破壊に関連した問題を調査し、その排除の処置を
　とること。
第6条　国境における秩序破壊に関係した以下の問題は、国境全権委員の
　管理に属する。
　1、国境地帯の現地住民による偶然で一時的な越境と、これら住民が越
　境してきた国の領土に、これを引渡す手続きの決定。
　2、経済的・社会的目的（漁獲、木材の浮送など）による国境地帯の現
　地住民の不法越境と、これら住民が越境してきた国の領土にこれを引
　渡す手続きの決定。
　3、公務にある者が、その職務活動により、又はこれと関連して犯した
　不法越境、及び越境が故意でないときは、その者の国の領土にこれを
　帰する手続きの決定。
　4、何らかの武器の使用に関連した国境における秩序の破壊、特に、い

第7章　朝鮮・ロシア国境

ずれか一方の領土にある者の殺害・負傷・その他・健康の傷害を惹起した者。

5、特別の協定により定められた門戸によらない河船・海上用船・端艇・筏による国境の侵犯、及び航空機の越境飛行。

6、他方の側の国境地帯の国有・その他の財産の窃取、破棄、又は破損、及び財産の返還、又は損害の補償のための処置をとること。

7、国境における秩序破壊の結果たる各種の補償に関する請求の調査及び解決。損害補償の解決は、その額が5,000ルーブルを超すときは、双方の側の外務省の確認を要する。

8、他方の側の領土内における犯罪行為の予防のため、並びにいずれかの側への犯人の越境阻止の目的で、他の側の国境全権委員が必要な処置を執り、かつこれにつき通告すること。犯人が一方の側の国境を越えて他方の側の領土に入ったとき、前者の側の国境全権委員は、このことを他の側の国境全権委員に通告する。後者は、直ちに逮捕し、そして犯人が越えてきた国の領土へのこれの引渡しの処置を講ずる。

9、農業害虫の集団的移動。

10、その他、外交的手続きによる解決の必要のない国境における秩序の破壊。

第7条　国境全権委員は、国境において生ずる紛争解決のため、彼らに任せられたあらゆる処置をとるとともに、特に重大な意義を有する何らかの問題を、他の側の国境全権委員に通告して、外交上の手続きによる解決に独自に付することができる。相互の国境全権委員の間で合意に至らない問題は、外交手続きによる解決に委ねる。

第8条　国境全権委員、その代理者、及び補助者は、会議又は会合により共同の作業を行う。各会議ごとに、それぞれロシア語及び朝鮮語による同一2通の議事録を作成し、これに会議の経過及び採択された決議を記録する。決議の採択と同時に、その履行の期限を定める。

　　これら決議の遂行のため、国境全権委員は、なし得る限り速やかに

そのとった処置について、相互に通告しなければならない。

　些細な問題は、いずれの国の国境全権委員も会議に付することができなければ、相互の文書の交換により、解決することができる。

　補助者は、会見の度に証言を作成し、これに、そのとった行為について詳細に記録するとともに、必要な場合には、結論及び提案を記入する。補助員の採択した決議は、その国境全権委員が確認して後、始めて発効する。

　国境全権委員の第1回会議は、本協定の発効日より1カ月を超えてはならない。

第9条　国境全権委員、その代理者、及び補助者の会議及び会合は、原則として、交互に両者の側の領土内で行う。

　国境全権委員の会合の日時は、事前に協定する。非常の会合の必要があるときは、国境全権委員は、電話で合意し、又は会合の12時間以前に、郵便で通知しなければならない。会議及び会合の議長となる者は、その会議を行う領土の側の代表者とする。

　国境全権委員の交渉又は会合には、秘書及び通訳、並びに専門家・その他、その出席が必要と認められる者が参加できる。

第10条　国境全権委員は、事件の本質を明かにするため、事前に協定して、直接、現地で国境の秩序破壊の場合の調査を行うことができる。この調査は、これを行う領土の側が指導する。

　調査に関しては、証言・その他の書類を作成し、その後、これを会議の議事録に付加しなければならない。

　前記の証言・その他の書類の作成に当たっては、本協定の第8条に定める規則を守る。

第11条　通信の交換、並びに人員及び財産の受入れと交付のため、会見地点として、次の通り、定める。

　ソ連領土では、ハサン駅、

　朝鮮領土では、豆満江駅。

第7章　朝鮮・ロシア国境

　　　通信は、祭日及び休業日を除いて、1昼夜を要しなければならない。

　　　人員及び財産の交付は、日中にしか行ってはならない。

　　　国境全権委員は、相互の協定により受取書の雛型を定め、人員及び財産の受入れ、並びに通信の受領に際し、これを発行する。

第12条　国境全権委員、その代理、及び補助者は、本協定の第4条に定める委任状に基づき国境を越える。この委任状には、所有者の写真及び署名、並びに他の側の国境全権委員の査証がなければならない。

　　　秘書及び通訳は、国境全権委員の発行する証明書に基づき、国境を越える。この証明書には、所有者の写真及び署名、並びに他の側の国境全権委員の査証がなければならない。

　　　専門家・その他、その駐在が何らかの問題の解明のため必要な者は、24時間を限度とする、1回限りの国境通過の証明書に基づき国境を越える。この証明書は、一方の側の国境全権委員が発行し、他方の側の国境全権委員が査証する。

第13条　国境全権委員、その代理者、及び補助者、並びに秘書、通訳、及び専門家は、国境通過に際し、自分の着用する形式の衣服及び武器を携行することができる。これらの者には、触れることを許さず、またこれらの者が携帯する公務の書類に触れることはできない。

　　　前記の者は、無税かつその手数料を課せられることはなく、他方の側の領土へ、その帰路の持出しを条件とし、作業上必要な物及び輸送具、並びに個人的に必要な食糧及び煙草を携行することができる。

第14条　その領土内におけるこの協定の履行に関連した費用は、すべて、当事者それぞれが支弁する。会議及び会合の実施による費用は、それを行った領土側が負担する。

第15条　本協定は、当事者双方の政府がこれを確認した通知を交換した日から発効し、5年間有効とする。当事者の一方が、本協定の有効期限解消の6カ月前に、本協定を拒否し又は何らかの変更をこれに加える希望を表明しないときは、協定は、廃棄通告の条件のあるまで、引続き5

力年ごとの期限で、自動的に発効する。

第16条 本協定は、等しく正文であるロシア語及び朝鮮語によりそれぞ
れ2通を作成した。

1986年1月22日ソ連と北朝鮮は海洋地帯を設定した。それは、領海、経済地
帯、大陸棚の画定であった。

1986年1月22日調印の、経済地帯及び大陸棚画定に関するソ連・北朝鮮協定
は、以下の通りである。

　　　　ソ連社会主義共和国連邦と朝鮮民主主義人民共和国は、

　　　　両国間の存在する友好及び協力関係を進め、

　　　　天然資源の保持及び任意の利用、同様に、両国沿岸に隣接する海洋の
国際法に従うその他の利益を確保するために両国の希望に関して、

　　　　両締約国により調印された1982年国連海洋法条約を考慮し、

　　　　ソ連社会主義共和国連邦及び朝鮮民主主義人民共和国の沿岸に隣接し
た海洋空間の画定を希望して、

　　　　以下の通り、協定した。

第1条 ソ連社会主義共和国連邦及び朝鮮民主主義人民共和国間の経済
地帯及び大陸棚の境界は、北緯42度09分0秒、東経130度53分0秒の
地理的調整をもって、ソ連及び朝鮮の領水の外部限界線に関心があり、
それは、1985年4月17日のソ連・朝鮮国境線に関するソ連社会主義共
和国連邦及び朝鮮民主主義人民共和国間の条約により設定された。こ
の地点から、境界は、朝鮮に従い、最初は南東に、北緯39度47分5秒、
東経133度13分7秒の地理的調整の地点に至り、そして次いで東に走
り、そして北緯39度39分3秒、東経133度45分0秒の地理的調整の地
点に進む。

第2条 第1条に決定される境界は、縮尺1,000,000対1のソビエト自然
地図第96201号、及び縮尺200,000対1の朝鮮自然地図第0021号に印
され、双方とも本条約の付属とされ、それは本条約の不可分の部分を
構成する。

184

第3条　本条約は、批准に従い、批准書の交換日に発効し、それは可及的
速やかにモスクワでなされる。

1986年1月22日ピョンヤンで、それぞれロシア語及び朝鮮語の複本
2通で作成され、両語本文とも等しく真正である。

南・北朝鮮がともに共産圏諸国の国交関係樹立へと向かうなか、1990年9月3日シュワルナゼ・ソ連外相の北朝鮮訪問で、朝鮮・ソ連国境条約、及び朝鮮・ソ連国境画定議定書が締結され、3日モスクワ放送が伝えた。

1990年9月3日ソ連・北朝鮮国境条約調印に関するモスクワ放送の報道は、以下の通りである。

シュワルナゼ外相と金永南外相の会談が9月3日平壌の万寿台議事堂で終了した。ソ連・朝鮮国境条約と国境線画定に関する議定書が調印された。

ロシアと朝鮮の国境問題は、19世紀から存在した。1948年の北朝鮮の建国をもって、19世紀に締結された協定は最早、国境問題解決の法的基礎になりえなくなった。

3日に調印された文書は、39.4キロメートルにわたる両国国境線の画定と国境体制に関するあらゆる問題を解決するものである。国境線のうち17.3キロメートルは豆満江沿い、22.1キロメートルは海上を通過する。

2002年3月、1990年9月ソ連・朝鮮国境制度に関するソ連・北朝鮮協定が公表された。そこでは、国境線の設定とともに、図們江条項があり、朝鮮人の出入りの国境横断の取締りについて厳しく規制している。

1990年9月3日調印の、ソ連・朝鮮国境制度に関するソ連・北朝鮮協定は、以下の通りである。

ソ連社会主義共和国連邦と朝鮮民主主義人民共和国、以下、「締約国」又は「当事国」として称する、は、

両国に存在する友好及び協力関係において、

国家主権、独立、及び自治、権利の平等、及び領土保全の相互尊重を基礎にして、

ソ連・朝鮮国境制度の維持、及び生じたいずれの境界問題の解決のため法的基礎で決定する見地で、

以下の通り、合意した。

第1節　国境線、境界指標、及び参照指標

第1条　ソ連社会主義共和国と朝鮮民主主義人民共和国間の国境は、1985年4月17日調印されたソ連・朝鮮協定の国境に関するソ連邦・朝鮮民主主義人民共和国に従い、図們江の中間に所在するソ連邦、朝鮮民主主義人民共和国、及び中華人民共和国の辺境合流（地点「A」）に始まり、そして地理的調整が以下である河口の地点に到るその主要な流れの中間を走る。

B＝北緯42度17度34分34秒、L＝東経130度41.49分16秒。

その地点から、日本海（東朝鮮海）のソ連・朝鮮領水間の境界は、地理的調整が以下の通りであるソ連・朝鮮領水の外部限界とのその交差地点に直線に走る。

B＝北緯42度09分、L＝東経130度53分。

友好橋として知られる鉄道橋のソ連邦と朝鮮民主主義人民共和国間国境は、図們江の主要な流れの中央に沿い設定された境界と垂直に一致し、そしてソ連側では橋の補強コンクリートの地点から89.1メートルの距離の地点、及び朝鮮側の橋の金属板の始まりから491.5メートルの距離の地点へ走る。

ソ連邦と朝鮮民主主義人民共和国間の国境線は、また上空及び海底土壌を垂直に分割する。

本協定の国境線は、以後、「境界」又は「境界線」として、言及される。

画定文書は、以下の通りである。

ソ連・朝鮮境界に関するソビエト社会主義共和国連邦政府・朝鮮民主主義人民共和国政府議定書、以下、「境界議定書」として言及される。

図們江境界沿いのソビエト社会主義共和国連邦・朝鮮民主主義人民

共和国間国境の250,000分の1地図。

　ソビエト社会主義共和国連邦・朝鮮民主主義人民共和国の領水間の境界の1000,000分の1地図。

　図們江河口の10,000計画。

　計画及び見取り図を伴った境界指標及び参照指標に関する議定書、及び画定議定書の付属に言及されるその他の文書。

第2条　ソ連邦・朝鮮民主主義人民共和国間国境は、図們江両岸の22の境界指標及び2の参照指標により地点、及び15センチメートルの硬質の赤色板により友好橋として知られる鉄道橋に設定するとする。コンクリート製10センチメートル円形支柱に対してこのコンクリート製3センチメートル赤色板を、橋の経線の交差点で色で定める。

　境界指標は1から22まで、流れに沿って数字順とする。

　ソ連邦領土の境界地点に関して、ソ連邦の国家標章は朝鮮民主主義人民共和国に面した側に表示する。朝鮮領に置かれる境界地点に、朝鮮民主主義人民共和国の国家標章は、ソ連邦に面した側に表示する。

　ソ連邦領土に置かれる境界標識の地点は、地平に代替の赤色及び緑色で塗る。

　朝鮮民主主義人民共和国領土におかれる境界指標の地点は、青色、赤色、白色、及び青色の水平帯で塗られる。

　国境指標の議定書及び、計画及び見取り図が作成される。

　参照指標は、金属で作成され、そして動的視界のため、及び一定の署名の要素をもって夜間証明も可能な機能的工夫を持って装備される。構築は、赤茶色の明確な色で塗られ、そして中間は白色水平帯とする。

　前面の参照指標は、ソ連邦領土に置かれ、そして朝鮮民主主義人民共和国領土に後方の参照資料が置かれる。

第3条　1、その個別の区間における図們江の主要な流れに生じるいずれの自然の変更の際にも、境界線は、当事国が他方と合意するまでは、変更はされない。

2、締約当事国は、ソ連邦と朝鮮民主主義人民共和国間の国境線の合同点検は、必要が生じれば、本協定の発効日から始まり、それぞれ10年にわたり遂行する。必要があれば、合同点検は、当事国間の協定により境界全体又はその部分に関して最短の間隔をおいて遂行される。

このために、締約当事国は、平等な立場の基礎で合同委員会を設立する。

3、図們江の主要な流れ、又はその部分の中央線に変更が生じた際に、合同委員会は、境界線の調整のために提案を行う。

4、締約国が境界線の変更をすることが必要と見做したことに関して図們江のこれら項のために、合同委員会は、新しい境界文書を起草する。

5、合同委員会は、本協定の第1条2項に言及される境界文書の基礎で、境界線を確認するとする。必要があれば、合同委員会は、境界線の行程の変更に関する提案を作成し、追加の境界標識、又は現存の境界標識の地点の変更、及び関連文書の準備代替に関する問題を解決する。

6、境界線の行程の合同点検の時点及び方法は、当事国の間で前向きに合意される。

第2節　境界の維持、配慮、及び回復、並びに参照指標

第4条　1、締約当事国は、境界、境界と指定される場所の参照指標、友好橋の彩色板、及び指標の状況、型、様態、範囲、及び彩色の境界の清掃、及び本協定の第1条2項に言及される境界画定文書に定めるすべての要件を満たす清掃の幅と清潔性を維持することを了解する。

2、境界線の画定のために代替の境界の維持及び参照指標は、以下の通り、当事国により分担される。

ソ連邦領土における境界参照指標及び地点は、ソ連側により維持される。

朝鮮民主主義人民共和国境界にある現実の参照指標及びこれら境界は、朝鮮側で維持される。

3，友好橋として知られる鉄道橋の境界を印す15センチメートル幅の

縞は、各当事国により要求された通り、年を通じて塗り替えられる。

4、境界及び参照指標の視界を維持するために、締約国は、境界柱の周り2.5メートル範囲の地域、及び参照指標の周り20メートルの範囲の地域、同様に同境界標又は参照標識の支柱の方向における河岸の各境界支柱及び参考標識から5メートルを超えない明瞭な境界は、木、灌木、及びその他のすべての植生とする。締約国の境界当局は、明瞭に独立した境界を明瞭にする責任がある。

第5条　1、締約当事国の境界当局は、境界及び参照指標の点検及び維持、友好橋の塗られた板、及びそれら事態の領土において独立した境界清掃につき、責任を負う。

　当事国の境界当局は、毎2年に1回、境界及び参照指標の合同調査及び友好橋に塗られた板、及び境界清掃を遂行するとする。当事国の境界弁務官は、いつでも合同調査の開始につき合意する。

2、当事国の境界弁務官は、共同調査に関して、それぞれロシア語及び朝鮮語で副本2通の報告を起草する。

3、追加の合同境界共同調査及び参照基準の作成、又は境界清掃が必要な場合に、一方の当事国の境界弁務官は、他方の当事国の境界弁務官に、文書でその結果につき、通報する。追加の共同調査は、かかる通報を受理した日から10日以内にとる。

第6条　1、境界柱及び参照指標が喪失、破壊、又は損害の場合に、それらは、本協定の第4条に従い、彼らが委任された当事国の境界当局により可及的速やかに回復されるとする。締約国の境界当局は、他方の締約当事国の境界当局の作業が着手された時点で、文書により通報するとし、かかる通告は、作業の開始以前10日を超えないでなされる。

2、境界柱、参照指標、及び友好橋の塗られた板は、画定文書に従い遂行される。回復作業の結果は、当事国の境界当局の代表参加をもって測量管理の資料を利用する権限のある専門家による局面を点検する。

3、境界指標又は個々の境界柱が喪失、損傷、又は破壊の場合に、それ

らは、必要であれば、境界線の行程が変更せずに提供される従前の位置から移動するとし、そしてその安全が保障された場所に再建する。

4、締約当事国の境界当局は、境界及び参照指標いずれかの回復作業に関して、ロシア語及び朝鮮語で各2通の複本を作成する。

新しい位置に移動した各境界指標又は境界指標の個々の柱のために、新しい議定書は、その計画及び見取図と同様に、指標を起草し、これらは、画定議定書に従い、2通の複本が起草され、それはこの付属とされる。

5、損傷した境界柱及び参照指標の修理作業は、他方の当事国の境界当局の代表参加なしに、各当事国により独立して遂行される。

6、締約当事国は、友好橋として知られる鉄道橋、並びに境界及び参照指標を防御する措置をとり、そしてそれらの移動、損傷、又は破壊の非難すべきその処理をとる。

第3節　国境通過を規制する規則

第7条　1、一方の当事国の国民は、1986年1月22日の両国間の国民の旅行に関するソビエト社会主義共和国政府・朝鮮民主主義人民共和国政府間協定、及びこの付属及び追加の合意文書に起草される条件の下に、彼らが国民である国の権限機関により発せられた有効な旅行文書により、他方の締約国領土を旅行し、かつ一時的に滞在し、そこを通行できる。

2、当事国によりなされる鉄道業務は、国境の横断を許容され、そして境界鉄道の基礎で境界駅間の境界地域の範囲内又は指定された場所の地域にとどまることができる。

　1953年12月18日締結されたソ連邦運輸相と朝鮮民主主義人民共和国運輸相間協定の追加の合意文書は、　この付属とする。

第8条　1、締約当事国の運輸の国民及び手段は、国際・2国間運輸のため当事国により開放された地点を横断してのみ境界において横断でき、そしてそこでは、必要な文書を所持する。

2、締約当事国は、衛生又はその他の理由のために、両当事国の運輸の国民及び手段による国境横断に関して完全な又は部分的禁止を強いるべく責任を負う権利を有する。当事国は、境界横断の制約が強いられるとき、直ちに他方へ通報する。

第9条　境界付近で火事又はその他の自然災害の場合に、火事班又はその他の救助組織は、当事国の境界弁務官又は境界弁務官代理により確認されたリスト又は確認文書により、日中又は夜間のいつでも、境界を横断できる。双方の方向においてかかる集団による横断の場所及び特別時点は、締約当事国の境界弁務官の間で合意される。

第10条　当事国は、締約当事国間の分離協定において境界地帯が決定される地方に生活する国民による横断につき、国境のための規則を制定することに合意する。

第11条　鉄道運輸を運用する規則、及び境界横断のその他の通信手段の利用は、締約当事国間の別の協定を設定するとする。

第12条　他方の領土に入る権利をそれらに与える要件文書を保持していない者の横断を設定した地点で、一方の当事国領土から境界を横断する者は、横断した領土に戻る。

　第4節　国境の非合法横断の防止

第13条　以下は、ソ連邦と朝鮮民主主義人民共和国間の国境の違反とされる。

　国境横断地点〔単数又は複数〕以外のいずれかの方法により、但し、横断規則の違反において、国境を横断する又はそれを企てる者、同様に国境を非合法に横断する企図で国境の横断通路に使用される小船又は板乗り物の手段で国境を横断する又はそれを企てる者。

　当事国の権限機関の許可なしに領水又は内水に入る、又はこれら水に入るための確立した規則に侵犯している民間船舶及び海軍船舶。

　航空機の権限機関の必要な認可なしに、又は国境の飛行を運用する規則のその他の侵犯にかかわった、国境を横断した航空機又はその他

の航空乗物。

　当事国の権限機関の認可なしに、いずれの他の技術又はその他の手段による、又は確立された規則又は国境の侵犯を構成している侵犯は、国境横断である。

第14条　1、両国の共同の国家利益を保護する見地で、締約当事国の境界当局は、境界の非合法横断を防止するに必要な措置をとり、そしてそれに従い他方の当事国の境界弁務官に通報する。他の当事国の領土に一方の当事国領土から横断する侵犯が起きた場合には、最初の当事国の境界弁務官は、したがって他の当事国の境界弁務官に通報する。後者は、彼らが横断から当事国領土に対する時宜を得た侵犯者への対処を確保するための措置をとる。

2、非合法に境界を横断した者につき、さらに調査を遂行する必要があると当事国が決定した場合には、拘禁の他方の当事国の境界弁務官に通報した後、かかる調査を遂行する時間のために、その者を拘禁できる。

3、かかる者は、境界弁務官又は彼らの代理によってのみ、日中に引き渡される。境界弁務官又は彼らの代理は、それぞれの場合に、かかる者の引渡し時につき、合意する。相互協定により、彼らは、彼らが引渡し時に遂行すべき形式を設定する。

4、国境を歩行で又は車両で、及び締約当事国の一方の領土で、その者に属する輸送機関及び財産をもって非合法な国境横断を故意なく企てる者は、他方の境界当局に可及的速やかに引き渡される。

　当事者のいずれも、かかる者、車両、及び財産の返還受取りを拒否する権利はない。

5，境界を非合法に横断する者は、以下であれば、他方の当事者に引き渡されない。

　彼らが彼らを拘留している当事国の国民であること。

　国境の非合法な横断に加えて、彼らが彼らを拘留した当事国の法律

の下に、他方の違反であること。

6、国境を非合法に横断した者が第5項に特定される理由で引き渡されなく、又はいずれか他の理由のために引き渡されなければ、他方の当事国の辺境弁務官は、通告を受ける。

7、国境を非合法に横断した、及び他の違反にかかわった者は、彼らの判決が下された後、彼らが国民である当事国の辺境当局に引き渡される。

　第5節　境界水の利用及び経済活動を運用する規則

第15条　本協定のために、用語「境界水」は、ソ連邦と朝鮮民主主義人民共和国間の国境線を走る図們江の部分を意味する。図們江境界に関して、締約当事国は、経済及び生計のための水の利用の平等な権利を有する。締約当事国は、境界水の利用において、本協定に定めるこれら水利用の権利は遵守されかつ尊重されることを確保するべく適切な措置をとるとする。

第16条　締約当事国の境界当局は、必要であれば、互恵的基礎でかつ好ましいときに、流水又は氷結により危険が展望されるために、河の水流レベル及び氷結状況につき、情報を交換する。

第17条　両締約当事国の船舶は、国境線のみの境界水を航行でき、そして国境線に碇泊することは認められなく、そして特別な状況（事件）を除いて、友好橋として知られる鉄道橋に桟橋の設定を認められない。

第18条　締約当事国の船舶は、特別な状況の事件（突発事件・自然災害など）において、他方の当事国の河岸を設定できる。かかる場合に、他方の当事国の境界弁務官は、可及的速やかに通報する。

第19条　締約当事国の境界当局は、あらゆる可能な援助、及び自然現象の事件（流水・氷結など）において、両国の国民への援助を提供する。かかる措置は、当事国の境界当局間の協定により遂行される。

第20条　境界水で又は河岸で認められない対象又は動物類が発見された場合には、当事国の境界当局は、その所有者を確認する措置をとる。

他方の当事国に属する財産は、規則として、定められた形式に従い、かつ境界弁務官の事前の合意に従い、日中に処理する。

第21条　1、境界水又は河岸で人間の死体が発見された場合には、その確認は、必要がれば、両当事国の境界当局の代表により共同してなされる。境界弁務官又はその代理は、事前に双方で合意した後、事件を解決するために、必要な現状調査を遂行する。死体が発見された領土の当事国の境界委員は、かかる調査を直接指揮する。

2、適切な報告は、かかる調査の結果に関して起草される。

共同調査は、本来の場所において、いずれかの当事国の司法又は行政当局の権限にある行動としては扱われない。

第22条　1、締約当事国の国民は、国境線に定められるその水において、かつ彼らの領土において有効である法令に従い、漁業ができる。危険で有害な、又は麻酔性の実体、及び魚の大量破壊及び魚の損傷を含む、その他の方法の使用は、禁止される。

2、境界水における漁業の保持及び繁殖、及び漁業に関するその他の措置に関連する問題は、締約当事国間の別個の協定により規制される。

第23条　締約当事国の境界当局は、それら領土における野生動物及び猟鳥の狩猟に関する規制は、国境線付近で厳格に遵守され、そして狩猟の実施、境界の方向での銃猟又は境界を横断する動物及び鳥の追跡は禁止されることが確認される。

第24条　1、国境線に接続している地域では、締約当事国は、他方の締約当事国の経済的利益に不都合でない限り、それらの工農産、森産、及び鉱産を処理する。

2、一方の締約当事国の経済活動は、他方の当事国の環境に対して有害な結果をもたらさない。

3、森林及び農業の有害動物の拡大の危険があるところでは、かかる有害動物が出現しているこれら領土において締約当事国の境界当局は、他方の締約当事国の境界当局に直ちに情報を通報し、そして境界を横

断した有害動物の拡大を防止するべく、それらの権限内でいっさいの措置をとる。他方の締約当事国の境界当局は、かかる措置の履行においていっさいの可能な援助を提供する。

第25条　岩礁及び土壌の移動に関連した境界近くの爆破又はその他の作業は、他方の当事国の国境当局に事前に2日以上のかかる作業を通じたその通告後にのみ、遂行できる。かかる作業を通じて、予防措置は、他方の当事国の国民及び財産に損害を与えることを防止しなければならない。

第26条　1、図們江境界の主要な流れの条件及び方向は、可能な限り、変更しない。この関連において、締約当事国は、流れの水力に影響ある水力発電又はその他の施設を建設により、他方の当事国の決定に対し、主要な流れ及び河水の隠れている場所における水の自然の流れを変更できる。

2、境界水の土手・その他の施設は、水利制度の変更の否定的結果を有するそれらの例外、及び締約当事国により必要と見做され移動をもって維持されかつ運用される。

3、図們江境界の新しい橋、ダム、土手、及びその他の水力発電施設、及び各個々の事例におけるそれらの利用に関する図們江境界の建設は、締約当事国間の相互の協定によってのみ、認められる。

4、当事国は、境界河川への流入又は流出を管理する規則、及び境界水の制度に関連したすべてのその他の問題につき合意する。それが他方の当事国の河岸による水レベルにおける必要な際に建設又は撤去の施設及びこれにかかわる変更である場合は、作業は、その当事国が同意した後にのみ、着手できる。

5、河の流れの個々の部分は、当事国がそれは必要であると共同して見做されるところでは、清掃される。河の流れが清掃された場合、集められた土壌は特別に指定された場所に処理され、そして河の流れにおける汚染物質の堤は陥没させることなく、そして河水の流れを妨げな

い。

6、当事国は、境界河川の堤、鉄道橋の修理及び技術的業務を通じたその流れの汚染、化学物質の汚染、又は処理されていない汚染水の汚染、同様にいずれかの手段による汚染物質による河川水の毒害の強い損害を防止する必要な措置をとる。

7、一方の締約当事国の責任を通じて、本協定の第23条、第24条、第25条、及び第26条の規定の遵守に失敗した結果、他の締約当事国に帰する物的損害は、その損失の弁償を、それを起こした当事国により支払うとする。

第27条　締約当事国は、必要がある場合に、境界地域における森林、水、及びその他の天然資源、及びそれらの経済開発、並びに森林及び農業有害動物の管理に関する問題について、別個の協定を締結する。

第28条　ソ連邦と朝鮮民主主義人民共和国の領水間の境界制度に関する問題は、本協定の規定により、及び締約当事国の関連立法により、規制される。

第6節　境界弁務官の権利及び義務、それら作業を運営する規則

第29条　本協定に言及される境界当局は、ソビエト社会主義共和国連邦及び朝鮮民主主義人民共和国の境界弁務官、及びその代理とされる。

第30条　ソ連邦政府及び朝鮮民主主義人民共和国政府が、国境制度の維持及び起こりうるいずれの境界問題に関する解決の目的のために、境界弁務官1名及び境界弁務官代理2名を任命する。各締約国は、外交ルートを通じて、境界弁務官及びその代理の氏名を、通報する。代理は、彼の当事国の代表の能力において行動する境界弁務官委員会とし同じ権利を享受する。

2、当事国の境界弁務官は、それぞれ1名の補佐、同様に必要な数の事務局及び通訳を任命する権利をもち、そして必要な場合は、権限ある専門家を養成できる。

3、境界弁務官への支援は、境界の秩序維持に関する境界弁務官の特別

指示を遂行する。

第31条　当事国の境界弁務官の行使における部分は、図們江におけるソ連邦、朝鮮民主主義人民共和国、及び中華人民共和国の合流点（「地点「A」」の地理的調整は北緯42度09分、東経130度53分）である日本海の地点に至る国境部分とする。

2、ソ連邦の境界弁務官の駐在地は、ポシエト村に置かれ、そして朝鮮民主主義人民共和国の境界弁務官のそれはナラヤン町である。

第32条　1、信任状は、ロシア語及び朝鮮語で、以下の通り、発行する。

ソ連邦境界弁務官委員及び彼の代理あて、ソ連邦境界軍司令官による。

朝鮮民主主義人民共和国境界弁務官及び彼の代理あて、朝鮮民主主義人民共和国の境界軍総司令官による。

2、当事国の境界弁務官は、相互に彼らの代理及び援助の常設駐在官所に通報する。

第33条　1、本協定における権利及び義務の限度において、当事国の境界弁務官は、国境の適切な維持及び保全を確保するために、そしてそこを横断する通行者を管理する規則を遵守し、そして国境での領水の利用及び経済活動を管理する規則の遵守ための措置をとる。

2、当事国の境界弁務官は、境界問題の即時のそして最適の解決の検討にあって、以下の理由において調査を遂行しかつ措置をとる義務がある。

境界を横断した火事。

国民の殺害又は緊張、境界を横断して行動する行動の結果としての身体的障害又はその他彼らの健康に対する損傷の刑罰、及び当事国領土の者に対する侵犯活動。

個人による境界の非合法横断。

河川又は海洋の船舶、小船、及び筏による境界侵犯、及び特別協定により確立された飛行のための空路外での航空機による境界の横断。

境界を横断する駱駝及びその他の国内動物の移動。

　　国境指標及び境界線を形成する個々の境界地点の移動、損傷、破壊、及び喪失。

　　他の当事国領土へ境界を横断した自然災害の拡大。

　　境界を横断した連絡の非合法形成。

　　境界を横断した密輸商品の移動。

　　他方の当事国の境界地帯における国家及びその他の財産の窃盗、破壊、又は損傷。

　　境界を横断した農事有害動物の大規模な移動。

　　境界に関するその他の侵犯。

3、当事国の境界弁務官は、密輸、及び境界及び参照指標、及び境界清掃の適切な維持のための境界地帯での地方住民による境界制度の遵守を確保するために、そして境界河川の流れ又は漂流の結果につき警告を提供する措置をとる。

4、当事国の境界弁務官は、国境の侵犯及び境界を横断する人民及び船舶の通行に関する問題に関する情報を交換するとし、そして洪水及び氷結の結果を回避することにつき、適宜、警告する。

5、当事国の境界弁務官は、他の当事国の国民、組織、又は当局により境界制度の侵犯の結果と当事国のいずれかに対する生じた損害に関する保障要求に関連する本協定の関連条項に言及したすべての問題において検討し、そして行動をとる。

　　損害のための補償に関する決定は、当事国の権限機関により承認されるところに従う。

第34条　1、当事国の境界弁務官は、それら自身の主導で、境界の重大な事件（重大な肉体的な損害の殺人又は災難）及びその他につき、他の当事国の境界弁務官に通知した後に、外交手段を通じて解決のため、特に重大な原因に関する問題に言及する。

　　かかる事例において、両当事国の境界弁務官は、報告における結果

につき必要な調査を行い、そして記録を作成する。

2、当事国の境界弁務官の間で解決されない問題は、外交経路を通じて解決することが言及される。

本条においては、外交経路を通じて討議される問題を、境界弁務官に戻すことをしない。

第35条　1、境界弁務官は、両当事国領土において代替的に開催する。各会合のために、会合の手続き、決定の採択、及びそれら履行の時間制限を要約的に指し示す議事録が作成される。

会合の議事録は、それぞれロシア語及び朝鮮語で2通作成され、そして境界弁務官の調印及びそれらの公式捺印を伴う。

2、個々の問題は、いずれかの境界弁務官がかかる問題が公式会合で処理される限り、境界弁務官の直接連絡により、又はその他の通信手段を通じて、解決することができる。

3、境界弁務官の第1回公式会合は、本協定の発効日以降、3カ月以内に開く。

第36条　境界弁務官及びその代理の公式及び非公式会合は、それらの1人の要請で、及び必要において掲げられた時点で可能であれば、開く。

2、一方の当事国の境界弁務官が公式又は非公式会合の要請があれば、他方の当事国の境界弁務官は、妥当な理由で欠席しない限り（病気、公的旅行、又は離任）、出席しなければならない。かかる場合には、境界弁務官は、彼の代理により代行されるとし、そして他の当事国の境界弁務官はかように好ましき時間に善意で通告される。

3、境界弁務官間の協定により、非公式会合は、それらの補佐の間でもたれる。

第37条　1、本協定の第36条に言及される公式及び非公式会合は、会合を招集する主導をとった当事国領土で開催される。

2、公式又は非公式会合は、彼らが開催する領土で当事国の境界弁務官委員により、又はその代理により、主宰される。

3、公式会合の議題は、交渉、書簡の交換、又はその他の手段により、合意される。例外的環境においては、議題の項目を相互の合意により処理される。

第38条　当事国の境界弁務官委員、彼らの代理、及び補佐は、公式又は非公式会合で決定が事前に採択された問題に関してとられる措置の可能性につき、相互に通報する。

　境界弁務官委員又は彼らの代理により境界制度の侵犯に関する問題につきとられた決定は、関係の問題に関する報告の調印の時点で発効する。

　非公式会合で補佐によりとられた決定は、境界弁務官により確認されて以後、発効する。

第39条　1、境界弁務官及びその代理並びに補佐は、本協定（付属1及び2）に定める信任文書により彼らの公式機能を遂行するために、境界を横断するとする。

2、事務局、通訳、及び業務要員は、彼らの当事国の国境委員により発せられた通行証により境界を横断する。通行証は、写真、所持者の捺印及び署名、同様に他方の当事国の境界弁務官の捺印及び署名を伴う（付属3）。

3、いずれかの問題における確認のために必要である存在の専門家及びその他の要員は、それぞれの指示で、横断する単一の境界のための1つの通行証につき、境界弁務官により発せられる。通行証は、一方の当事国の境界弁務官により発せられ、そして他方の当事国の境界弁務官による捺印及び署名による（付属4）。

4、当事国の境界弁務官は、本条2項及び3項に示される文書にかかる文書が彼らに提出された後、3日以内に署名する。

5、本条に言及された者は、国境委員により設定された地点の境界を横断する。他方の当事国の国境当局は、国境横断の日時を、好ましきとき、少なくとも12時間の事前に、通告する。

200

第7章　朝鮮・ロシア国境

6、境界を横断するための通行証は、失った場合に、その保持者を直ちに境界当局に通報しなければならず、その当局は、他方の締約当事国の境界当局に代わって通報する。

両当事国の境界弁務官は、境界の横断のための通行証の撤回につき、相互の通報を保持する。

境界弁務官が通報した時点から、喪失した通行証は、無効と見做される。喪失した通行証が再び発見された場合は、それは、それを発行した当事国の境界当局に再通報する。

第40条　締約当事国は、それら領土において本協定の履行において生じるすべての費用を支払う。公式及び非公式会合に関連した費用は、当事国が招集した領土の当事国により充当される。

第41条　続く会合の地点は、通信の交換、及び物及び財産の受理及び保持のために設定される。ソ連邦領土においてはカサン村、朝鮮民主主義人民共和国領土においてはトマンガン労働者入植地。

境界弁務官又は彼らの代理それぞれ彼らの引渡しの時期及び場所に合意する。

境界弁務官は、相互の協定により、境界に関する追加の会合地点を設定できる。

通信は、休業日及びその他の非作業日を含む、日中又は夜間に、いつでも受理することができる。

第42条　1、境界弁務官及び本協定の第39条に言及されるその他の者は、彼ら個人の不可侵性及び彼らに保持する公式文書及び財産を保障される。

2、かかる者は、彼らの作業のために必要とされる運輸及び資材の手段以外のいかなるものも持ち得なく、それらは、結果的に再輸出する条件で受け入れられ、彼らの個人的消費のために必要とされる食料及び煙草は同様である。

かかる資材及び食料は、関税及びその他手数料の無税扱いとされる。

201

第43条　各締約当事国は、本協定の義務の遂行に関連したその領土における他方の当事国の者に対し、特に、宿泊、運輸、及び通信の便宜に関して、いっさいの必要な援助を与える。

　　第7節　最終条項

第44条　本協定の規定の解釈又は適用に関連して生じるいかなる紛議も、友好、相互尊重、及び理解の精神で協議を通して解決する。

第45条　協定は、発効日から10カ年、有効とする。締約当事国は、その満了以前6カ月に協定の終結を通告しなければ、さらに10年の期間、引続き有効とする。

第46条　本協定の発効日からの効力をもって、境界制度の解決に関するソビエト社会主義共和国連邦政府と朝鮮民主主義人民国政府間の1957年10月14日の条約は、効力を停止する。

第47条　本協定は、批准書の交換日に発効する。

　批准書の交換は、可及的速やかにモスクワでなされる。

　1990年9月3日平壌で、ロシア語及び朝鮮語の複本で作成され、両正文とも等しく真正である。

第 8 章　西海と東海

　朝鮮の海、西海と東海は、北部も南部も自己の海としており、明確な画定はない。それぞれが自国の領海としている。李ラインは朝鮮半島の周辺海域すべてをその適用地域としていた。北朝鮮も韓国も領海及び排他的経済水域を制定しているが、地図は公表してない。双方がその水域を重複させているからである。中国は西海、つまり、黄海は、古来、中国の海としている。当然に、中国の海と朝鮮の海は重複している。但し、半島の周辺島嶼は、中国の境界には含まれない。そこでは、軍事境界線の適用にある。

　東海には、鬱陵島といまひとつの島、独島／竹島が含まれるとしている。その結果、韓国は、東海それ自体が日本海ではなく東海であると主張している。いわゆる東海論争であり、それは韓国の中華主義ナショナリズムの発露である。

1、黄海

　黄海は、中国大陸と朝鮮半島の間にある海で、韓国では西海というが、黄河から運ばれる黄土により黄濁していることから黄海と命名された。遼東半島から南は揚子江河口まで中国大陸棚が拡がっている。一方、朝鮮半島沿岸部は、軍事境界線を延長する形で北方限界線が設定されてきた。1999年の北朝鮮は、これを拒否して海上軍事境界線を設定し、以降、武力衝突事件が起きた。

　黄海上の白翎島などとともに5島を構成する延坪島は、韓国の統治する北方限

203

界線内の大小2島で、仁川から122キロメートルの位置にある。北朝鮮との間で第1延坪海戦（1999年）、第2延坪海戦（2002年）、延坪島砲撃事件（2010年11月）など武力衝突が続いた。北朝鮮は、大睡鴨島、長在島、さらに延坪島を射程に置いた平曲砲を配備し、このために、韓国は海兵隊を展開している。

この黄海近海は好漁場で、韓国人は延坪島での生存を決意しており、中国漁船によるこの地域での違法操業も目立つ。中国と韓国はそれぞれ排他的経済水域が設定されているものの、中国漁船の韓国地域への不法侵入が続いており、このため、韓国は厳しい規制措置をとっている。中国と韓国の間には漁業協定もあるとされるものの、その内容・その他は明らかではなく、いうまでもなく海洋境界協定はない。両国は排他的経済地帯を中間線で設定しており、相互に運用してきたが、その実情は明らかでない。

2010年12月於青島の北西約130海里沖の韓国の領海で、違法操業の中国漁船が取締り中の韓国警備艇に衝突して転覆させるという事件が起きた。韓国の取締りに対抗して中国人乗組員は徹底して棍棒・スコップなどの凶器で激しい暴行で抵抗した。中国人漁船員5人が行方不明となり、中国政府は、韓国政府に対し損害賠償請求を持ち出した。

1975年9月日本漁船が黄海北部の公海で北朝鮮の警備艇により銃撃され、死者が出る事件が起きた。漁船松生丸は北朝鮮に拿捕され連行された。日本赤十字社の交渉で、松生丸と乗組員は2週間で帰国した。帰国の際、乗務員2人は平壌の記者会見で、領海を侵犯し、停戦命令で銃撃されたようだと語った、と報道された。

他方、北朝鮮と中国は、1959年8月に黄海漁業協定が締結されており、特に問題は生じていない。そして、1964年海上運輸に関する議定書が調印されている。

1959年8月25日調印の、黄海における漁業の中国・北朝鮮協定は、以下の通りである。

　　　中華人民共和国政府と朝鮮民主主義人民共和国政府は、領海主権の相互尊重、相互協力の原則の下で、共同で黄海漁業の発展と増産、また両国漁船の当該水域内での漁業活動を保障し、水産資源の保護と繁殖の漁

業資料を交換するため、以下の通り、議定した。

第1条　本協定の適用範囲は、両国の領海を除いた黄海のすべての水域である。

第2条　締約双方の漁船の漁業活動の便宜を図り、しかも海上安全を守るために、以下の通り、合意した。

（1）中華人民共和国水産部と朝鮮民主主義人民共和国水産省は、必ず毎年1回、先方の領海に近接する公海に赴く漁船の数、種類、乗務員人数と使用漁具をもう一方に通知し、もう一方の同意を得なければならない。

（2）公海に進入する漁船は、必ず締約双方の関連機関が各自で作成し、しかも標記がある国籍証書を携帯しなければならない。このような国籍証書の見本は、使用前に先方側に通知する。

（3）締約双方は、1956年7月3日に締結した中国・朝鮮・ソ連政府の海上における遭難船舶、飛行機、及び人命救助協力協定に基づき、公海上において漁船船体破損、エンジン事故、暴風、急病とその他の緊急事故に遭った場合、先方側の船舶に港又は島嶼停泊の便宜を提供し、しかも通切な救助措置を取る。

（4）第3項の理由で先方側の港と島嶼に停泊する漁船は、必ず先方側政府の海事機関へ国籍証言を提示し、入港理由を説明しなければならない。また、停泊期間中は、必ず先方側政府が求める秩序を守り、出港の際は、必ず通知しなければならない。

（5）締約双方の漁船は、相互協力の精神に則って、出漁情況と気象情報を交換し、海上規定と秩序を遵守し、海上事故の防止に努めなければならない。双方の漁船が海上で事故に遭い、現場で解決できず、又は本条3項の措置による財務問題又はその他の問題がある場合は、双方の水産関連部門の協力の下で解決する。

第3条　季節性の高い漁船の機動的な活動を保障するため、中国側は、煙台市と大連市（又は章子島）を朝鮮側の漁船に漁業基地として提供し、

朝鮮側は、鉄山港と南浦市を中国側の漁船に漁業基地として提供する。締約双方は、漁船の出入港、漁業産品の処理、後方物資供給などの作業に便宜を図る義務がある。また、これすべてと関連あるすべての事項と費用に関して、双方の水産機関は別途に協議し解決する。

第4条　締約双方は、本協定に規定される水域内の水産資源の繁殖と保護のため、毎年2月末以前に漁業資料（漁具の名称と規格、捕獲の種類、捕獲量、漁場など）と同年度水産科学方面の資料を交換する。また、随時、必要な資料を交換する。

中華人民共和国水産部黄海水産研究所と朝鮮民主主義人民共和国水産省西海水産研究所は、以上の資料を直接に交換する。

第5条　本協定は、署名日より発効し、有効期限は5年間である。

締約双方は、期限満了3カ月以前に先方側に破棄を通知しない限り、本協定の有効期限は、自動的に5年間延長される。その後も、同じ方法で延長される。

1964年6月10日調印の、海上運輸に関する中国・北朝鮮議定書は、以下の通りである。

中国遠洋運輸公司（以下、中国側と称する）と朝鮮対外運輸会社（以下、朝鮮側と称する）は、1962年11月5日中国・北朝鮮両国政府間で締結した通商航海条約の精神に基づき、海上運輸と業務連絡を強化し、両国間の経済協力と対外貿易を発展させるため、下記の通り、議定書を締結した。

第1条　締約一方の船舶が締約もう一方の港に停泊、入港又は出港の場合、また双方の船舶が両国の沿海において遭難し救助される場合、及び船舶文書証書などの承認は、すべて両国政府が1962年11月5日に締結した通商航海条約規定の関連条項に照らして、処理する。

第2条　締約一方の船舶が締約のもう一方の領海と港内に航行し又は停泊する場合、船舶と船員は、必ず締約のもう一方の政府の法令と規則を遵守し、しかも規定に基づいて税金と費用を納めなければならない。

第8章 西海と東海

第3条　双方は、朝鮮側が中国の港へ船舶を派遣する以前に、まず中国側が派遣した船舶による両国間の定期又は非定期航路を出発させ、両国間の貨物運送、又は朝鮮民主主義人民共和国が輸入し輸出する第三国の貨物運送に従事させる。

　　両国間の船舶航路の始点と終点については、中華人民共和国側は、上海、青島、大連、天津、秦皇島、連運港などの港で、朝鮮民主主義人民共和国側は、南浦港である。

　　双方は、具体的な情況に基づき、今後、両国間に航行するその他の港問題について別途に協議し、決定する。

第4条　締約双方それぞれの船舶が締約のもう一方の港に入港した場合、関連港に駐在する対外船舶代理機構に委託して船舶の代理業務を行い、双方の対外船舶代理機構と港管理機構が公表した各関連規定に基づき代理費と業務費用を納める。

第5条　朝鮮側が中国側に委託した、朝鮮民主主義人民共和国から中華人民共和国の港を経由して第三国に再輸出する貨物に対し、中国側は朝鮮民主主義人民共和国から目的地に至る連絡輸送用の船荷証券を発行する。

　　直通運賃問題については双方が継続して検討し、できる限り今年中に合意文書を交換して確定する。

第6条　中国側の船舶が担当する中朝両国間の貨物又は朝鮮民主主義人民共和国より第三国へ再輸出する貨物にかかる運賃、及び朝鮮民主主義人民共和国の港におけるいっさいの費用は、すべて以下の方法で支払う。

（1）中国・朝鮮両国間の貿易貨物の運送費は、貿易ルーブルで支払う。

（2）本議定書の第3条に基づき、中国側の船舶を利用して朝鮮民主主義人民共和国からCIF（又はC＆F）条件に照らして、第三国に再輸出した貨物に関し、中華人民共和国の港に至る運賃は、貿易ルーブルで支払う。

207

(3) 本議定書の第3条に基づき、中国側の船舶を利用して中華人民共和国と朝鮮民主主義人民共和国の港から第三国に直接輸送した貨物の運送費は、資本主義国家の外貨と貿易ルーブルでそれぞれ50パーセントずつ支払う。

(4) 中国側の船舶が朝鮮民主主義人民共和国の港におけるかかる港手数料、代理費用、及びいっさいのその他の費用は、すべて貿易ルーブルで支払う。

(5) 朝鮮側が注文した貨物に対し、中国側は、運送費合計の3パーセントを請負金として、朝鮮側に支払う。運送費は、両国の銀行を通じて明細票に基づいて決算する。

(6) 本議定書に基づき発生するいっさいの費用は、すべて両国の関連企業が直接決算する。

第7条　朝鮮側が船舶を派遣して両国間の貨物運輸に従事する場合、その具体的な業務連絡と費用の支払い方法は、両国の関連企業が別途に協議し決定する。

第8条　本議定書は、署名日より発効する。締約の一方が本議定書の終了を希望する場合、書面でもう一方に通知し、本議定書は、通知書が届いた日から6カ月後に、失効する。

　　本議定書は、1964年6月10日平壌で締結され、等しく中国語及び朝鮮語による本書2通を作成した。

2、北方限界線

　朝鮮半島では、朝鮮戦争の休戦協定により、陸上では、38度線の軍事境界線が設定された。しかし、海上では、設定されなかった。そこで、北緯38度線より北の黄海上の幾つかの島嶼を確保していた国連軍側は、休戦協定発効後の1953年8月北方限界線(Northern Limit Line)を宣言し、そこを実際上の境界としている。北朝鮮側は、これを事実上黙認してきたが、1999年9月北方限界線の

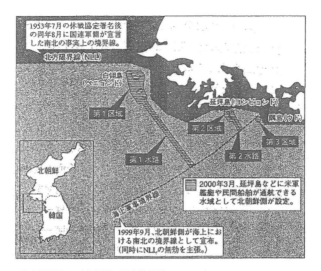

図8-1 北方限界線及び北朝鮮の軍事境界線
(出所)浦野起央『地政学と国際戦略——新しい安全保障の枠組みに向けて』三和書籍、2006年、130頁。

南方に海上軍事境界線を宣言した。但し、この海上軍事境界線は法的効力がない。北朝鮮は、北方限界線の拒否を声明しており、その南部海域で軍事行動に出ることが多々あり、戦闘が発生している。

1953年7月設定の軍事境界線は、西は漢江河口部右岸、東は金剛山付近の海岸金剛の東西248メートルで、南北双方2キロメートル、計4キロメートルで構成され、以下の通り、設定されている。

朝鮮半島東側――北緯38度36分54.65秒、東経128度21分32.56秒。

北緯38度線と軍事境界線の交差位置――北緯38度36分0秒、東経126度47分13.20秒。

板門店の位置――北緯37度57分22秒、東経126度40分37秒。

朝鮮半島西側――北緯37度50分35.52秒、東経126度41分55秒(臨津江北岸、これより西の河川は自然境界、その先の海上は北方限界線となる)。

北方限界線内にある島嶼は、仁川から船で往来することができ、鉄条網を隔てて、北朝鮮の生活・施設を目撃でき、そこでは韓国人島民が日常に生活してい

る。但し、外国人の往来は可能であるが、韓国人の立入りは、安全保障上、できない。

1977年6月21日北朝鮮は、自国の200海里経済水域を設定した。そして、同8月1日の経済水域の実施に伴い、同経済水域に軍事境界線を設定し、それは海上の軍事境界線の設定で、東海では50海里、西海は200海里を適用した。

1977年8月1日公布の、北朝鮮人民軍最高司令部の軍事境界線令は、以下の通りである。

　　　　朝鮮人民軍最高司令部は、わが共和国をめぐる情勢の要求から、わが共和国の経済水域を保護し、民族的な利益と国家の自主権を軍事的に徹底的に守るために、軍事境界線を設定する。

　　　　軍事境界線は、東海で領海基線から50海里とし、西海では、経済水域境界線とする。

　　　　軍事境界線区域（水上・水中・空中）では、外国人・外国軍用艦船・外国軍用機などの行動を禁止し、民間船舶（商船は除外する）・民間機は、わが共和国当局の事前合意又は承認の下においてのみ、軍事境界線区域を航行及び飛行することができる。

　　　　軍事境界線区域（水上・水中・空中）では、民間船舶・民間機による軍事目的をもつ行動と経済的利益を侵害する行動を禁止する。

4日韓国・米国は、この最高司令部令を拒否した。さらに1978年8月12日北朝鮮は、経済水域における外国人・外国船・外国航空機の経済活動に関する規定を制定し、その内容を確認した。

1999年6月北方限界線の侵入事件、9月北朝鮮の1953年北方限界線の破棄声明、そして海上北方限界線の設定とともに、2002年6月黄海の南北銃撃戦以降、北朝鮮の軍事攻撃が続いた。

2010年3月北方限界線の白翎島南方で、コルベット艦天安が爆発し、沈没する事件が起きた。4月沈没した戦隊の引揚げ調査に成功し、潜水艦の攻撃可能性は検討され、韓国民の間に北との対立が深まるなか、5月李明博韓国大統領は国民に対する談話で、哨戒艦天安は北朝鮮が魚雷により沈没したことを確認し、白書

で概要が公表された。北朝鮮は、これを一方的謀略とした。

　現在、北朝鮮で刊行されている朝鮮民主主義人民共和国地図は、朝鮮半島全体が描かれていて、北方限界線は記入されていない。当然に、北朝鮮は、北方限界線を認めていない。

3、波浪島

　パラン島／波浪島は、韓国では離於島と称され、中国では蘇岩礁Socotra Rockと呼称している。東支那海の北緯32度22分22.63秒、東経125度10分56.81秒の位置に存在し、その岩頂は干潮時にも海面下4.6メートルで、岩が海面上に姿を現すことはない。中国及び韓国の排他的経済水域の中間線の韓国内にあり、朝鮮半島から149キロ、中国大陸から245キロにあり、韓国は、この暗礁は自国の領土としており、最終特別自治道・西帰浦市に属し、1995年から2001年にかけ離於島海洋調査施設を設けた。それは、船舶接岸施設、ヘリコプター離着場、衛星レーダー・灯台を備え、面積1320平方メートル、総重量360トンで、8人の研究員が常駐し、年間維持費は7億ウォンとされる。中国はこれに抗議し、空中偵察を続けた。

　韓国の学者は、朝鮮語の古語でパランは海を指すとしており、現在、離於島と称されるのは、当時の漁船では、この暗礁から無事帰ることができなかった海上状況に帰せられる。

　紀元前475年〜221年に成立したとされる中国古書『山海経』には、その第14大荒東経に、次の記述がある。

　　　東海の中に流波山あり、海につきでること七千里、頂上に獣がいる。
　　状は牛の如く、身は蒼くて角がなく、芦は一つ。これが水に出入りする
　　ときは必ず風雨をともない、その光は日月の如く、その声は雷のよう。
　　その名は夔。黄帝はこれをとらえてその皮で太鼓をつくり、雷獣の骨で
　　たたいた。するとその声は五百里のかなたまで聞こえて、天下を驚か
　　せたという。（高馬三良訳「山海経」中国古典文学大系第8巻、平凡社、
　　1969年、498頁）

211

図8-2 離於島
(出所) 韓国政府資料。

　『山海経』は想像地理学の世界といわれるだけに、大変に面白い。『山海経』には挿図5巻があり、そこには雷獣が描かれている。一方、その島の記述は現実で、その島の存在に対する最初の確認であった。「東海之外、大荒之中、有山名曰天蘇山」の記載もある。
　1900年に英国船ソコトラ号によって初めて確認された。1910年英国軍艦がその存在の深度を確認し、日本海軍水路部が作成した地図に記載が残った。一般には、木浦、長崎、上海の三角形の中心にあるという説明もなされており、済州島に近い想像の島ともされたが、波の高さが10メートルを越えると、この島が目撃され、済州島民はこの暗礁で操業してきた。韓国は、対日平和条約の作成にお

第8章　西海と東海

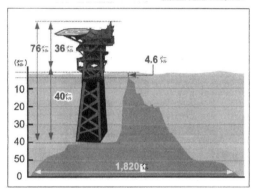

図8-3　離於島の
　　　　韓国海洋総合科学基地
（出所）聯合通信。2006年9月14日。

いて、同島の返還明記を米国に要求したものの、その存在が確認できず、結局、確認と同条約への記載は流れた。

　1948年8月5日提出された領土要求の文書の抜萃は、以下の通りである。

　　　　主題　韓日間の島嶼調整の要請
　　　1948年8月5日
　　　　宛先　連合国最高司令官ダグラス・マッカーサー元帥
　　われわれ韓国国民は、日本との平和条約において、貴下の折衝に強い関心を抱いている。それは、韓国が日本の間近に立地し長年にわたって日本の過酷な圧迫を受け、常に日本に対して大きな犠牲を払わされてき

213

たからである。われわれは、貴下に東洋の平和と秩序を確立するために鋭い上にも鋭い計画を期待し、貴下の告知をお待ちする。韓国は、講和会議に実際の声を上げることができないが、貴下の偉大な計画においては、十分考慮されると考えている。

東洋の平和という観点から、重要な役割をもつ韓国の意見は、絶対に必要である。平和条約の交渉や東洋の秩序の確立について種々の情報が貴下に提示される前に、私ども愛国老人会が、貴下の真摯な考慮に役立つよう、領土についての要請をお伝えしたいと思う。

国際秩序において領土についての法的調整の重要性は、ベルサイユ体制における東ヨーロッパの回廊問題において示された。

一般的にいって、法的調整の標準は、受動的には、例えば、奪われた領土の回復に、能動的には、例えば、幾つかの国民の発展を支え、またある国民の平和をもたらすための領土の分割に立脚している。

韓国と日本の間の領土問題においては、受動的と能動的の両側面があり、以下にわれわれの要望を述べる。

波浪（パラン）諸島の帰属の明確化

「波浪」は、北緯125度、東経32度30分の海にある島である。「波浪」は、韓国の世界にあり、「水中の島」であり、そして中国の青島へのルートにある。島の位置は、韓国忠州から150キロメートル、日本長崎から450キロメートル、及び中国上海から320キロメートルにあると説明される。

人民は、日本が海の限界から引き揚げ、降伏した後、これら島嶼を保証するよう、日本に対し、声明する。日本は、歴史的にかつ地理的にこれら島嶼と関連がない島嶼の占領を企てるであろうし、そして侵入の徴候がある。

日本は、この手段で、獨島、及び南シナ海のパラセル島を奪取し、波浪の占領は、冷酷な悪い予測の再攻撃となろう。こうした日本の試みを考えなければ、問題が立たない。そして、現在、波浪を接収すべきこと

214

は明白である。

　以上の要望は、韓日間の領土を調整することが新しい東洋の秩序をつくることを意味する。この決定は、一時的な利益ではなく、世界平和についての永久的基礎となる。正義と真実に従って、威嚇する側も威嚇される側も、両方ともに、法的な平和と保障を得られる。……

4、波浪島論争

　1951年、韓国海軍と韓国登山協会は「大韓民国の領土離於島」と書かれた記念碑を設置し、1952年に李ラインで、同島は自国領海と宣言されたものの、周辺国はこれを受け入れなかった。

　1963年中国遠洋運輸公司上海分公司の貨物船躍進号が青島から下関へ向かっていたところ沈没し、原因は想定された魚雷の発射ではなく蘇岩礁のためと、後に判明した。この島は、1970年韓国の水中資源開発法で、韓国領土とされたが、中国は拒否した。1984年に済州大学が現地調査し、波浪島報告が提出された。1987年韓国が灯台を建設し、2001年1月26日韓国地質学会は離於島と命名した。2006年9月中国は、韓国の一方的な行動には法的効力はなく、そういった領土紛争は存在していないとしているものの、それは潜在的対立にある。現在、韓国は、大陸棚拡張の方向で、波波島の自国支配を主張しており、対立は必至である。

　離於島については、以下の記事がある。

　「1963年5月1日我国第一艘遠洋貨船"跃進哈"沉没」北京、人民日報、2003年8月1日。

　「中国、離於島の韓国海洋基地、法的効力はない」ソウル、中央日報、2006年9月14日。

　「中国、離於島領有権を主張」ソウル、中央日報、2008年8月8日。

5、東海論争

韓国は、1992年9月第6回国連地名専門家会合で、日本海という表記は日本の拡張主義の産物であって、植民地支配の結果であると論じ、韓国で朝鮮半島について2000年間使用している「東海」という用語に代替すべきである、と申し立てた。

韓国は、2001年7月の教科書検定までは「日本海」としていた（2009年に「日本海」表記があり、教科書は回収された）が、その「東海」の主張を一貫して持ち出し、2007年5月国際水路機関総会で「大洋と海の境界」の改定論議をめぐり韓国だけが抵抗し、混乱した。一方、同07年11月韓国建設部国土地理情報院企画政策課は、その地名表記の変遷調査の結果を公表した。それによると、16世紀の地図に「中国海」、「東洋」、「東海」、17世紀後半に「韓国海」と表記され、18世紀には「韓国海」表記が主であったが、18世紀後半に日本海の表記が登場

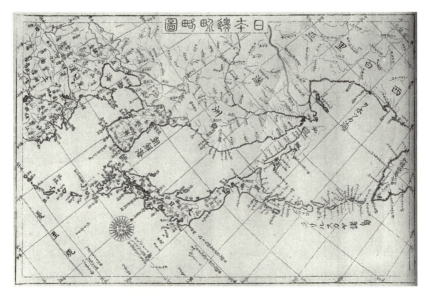

図8-4　朝鮮海、1809年
（出所）佐藤景保「日本邊界略圖」1809年、中村拓『日本古地図大成』講談社、1972年。

し、その表記は、19世紀以後、急増した、としている。2007年11月韓國建設部國土地理情報院企画政策課『世界史と共にした韓國の地図の歴史をひと目で……～東海・獨島及び間島の變化を集中調査』ソウル、韓國建設部國土地理情報院企画政策課が刊行された。

　日本で、辺海という位置づけで、朝鮮の海という意味での「朝鮮海」の表記もあったが、日本海の表記が定着してきた。

　日本政府の主張は、以下の2点である。

　1、日本海は18世紀末、鎖国時代にヨーロッパで使い始められた。

　2、世界の地図の97パーセントは日本海を採用し、国際的に唯一の名称として確立されている。

　日本の対応は、以下の通りとなっている。

　日本海上保安庁「「日本海」の名称について」2002年8月14日。

　日本外務省『日本海──国際社会が慣れ親しんだ唯一の名称』外務省、2009年3月。

　日本外務省『日本海呼称問題』外務省、2009年11月。

　日本外務省『日本海SEA OF JAPAN』外務省、2002年12月。

　日本外務省『歴史に見る「日本海」の名称A Historical overview of the name "Sea of Japan"』外務省、ND。

　そうしたなかで、日本では、日本海の名称研究が進んでいる。

　2006年設立の東北亞歴史財団は、高句麗アジア古代史研究、中国の韓国史認識、独島研究と並んで東海名称研究に取り組んでいる。

　国際連合は、2004年3月、日本海が標準的な地名であると確認しており、日本は、韓国のかかる調査は信憑性が低いとしており、韓国の異議は根拠がないとした。

　2004年2月韓国が東海の名称要求を高めるなか、ソウルの在韓国日本大使館公報文化院は、そのホームページに東海を記載する事件が起きた。これは大使館の依頼で韓国人が記述したその記事や刊行物のもので、それを是認してきた経緯が判明した。大使館の認識の弱さが判明する一方、2月18日外務省報道官高島肇久

は、あってはならないことだと弁明した。それは、日本も、東海を容認するということを意味した、と韓国はしている。

2012年2月米国バージニア州議会に、州内の公共学校で使う教科書に「東海」併記するよう提案があり、議論となった。これに対し10日、日本政府は、こうした韓国の主張に断固反駁するとの衆議院議員横粂勝仁に対する質問趣意書への答弁書を決定した。その質問主意書と答弁書は、以下の通りである。

2012年2月1日日本海呼称問題に関する質問主意書

報道によると米国バージニア州の議会で、州内の公立学校の教科書に「日本海」と併記する際には韓国政府が主張する「東海」という名称も併記するよう求める法案が提出され、1月26日に州上院教育厚生委員会で採決された結果、賛成7、反対8の僅差で否決されたということである。この問題について従来米国においては、連邦政府が使用する地名の統一・管理を行っているアメリカ地名委員会が、「日本海（Sea of Japan）」の呼称を唯一の公式な名称である旨正式に決定し公表しており、韓国の主張する「東海（Eeat Sea）」は、日本海の呼称としては別称としても登録されていないものと承知している。また、全ての連邦政府機関は「Sea of Japan」の使用を義務づけられているとともに、米国国内の他の機関についても、同委員会の決定に基づいた表記を用いる事が強く推奨されているとも承知している。政府は従来から「日本海」の呼称は地理学的・歴史的に広く定着し、国際的に確立された唯一の名称であるとの立場であると理解しているが、この問題は単に地理的な呼称だけの問題にとどまらず、背景に過去の歴史に対する認識が関係していると言われている。韓国政府は「東海の表記問題は、日本の植民地支配の名残を清算する作業の一環」であるとして、竹島の領有権問題などと並ぶ歴史問題として捉えていると伝えられている。従って米国の一部のこととはいえ上記のような動向があるということ自体多大な関心を持たざるを得ないところである。このような観点から以下の項目について質問する。

1　米国バージニア州の事例についてどのような認識を持っているか。ま

た、当該事例について事前または事後に何らかの外交的関与を行った
か否か。

2　連邦政府、地方政府を問わず、米国の議会活動に関する情報収集体制
はどのようになっているか。

3　日本海呼称問題についての過去の外交的成果及び現状認識について問
う。

4　日本海呼称問題と他の外交的問題〔領有権、海洋資源開発等〕との関
連性についてどのように認識しているか。

5　日本海呼称問題についての今後の基本的対処方針をご教示いただきた
い。

右質問する。

これに対する2012年2月10日野田佳彦首相の答弁書は、以下の通りであった。

衆議院議員横粂勝仁君提出日本海呼称問題に関する質問に対する答弁書

1について

お尋ねの米国バージニア州議会に提出された法案の内容は、日本海の
名称をめぐる問題に関する我が国の立場と相容れないものと認識してい
る。日本海の名称をめぐる問題に関しては、これまで適切に対応してき
ているが、お尋ねの「外交的関与」の有無についてお答えすることは、
今後の情報収集や外交活動等に支障を来すおそれがあることから、差し
控えたい。

2について

米国の連邦議会、各州議会等の動向については、在米国日本国大使館、
在米国日本国総領事館等が情報収集を行い、必要に応じて外務本省に報
告することとなっている。

3について

日本海の名称は、当該海域の国際的に確立した唯一の名称であり、国
際連合や米国を始めとする主要国の政府も、公式文書等において日本海
の名称を使用していると認識している。政府としては、これまで英国、

フランス及び米国の主要な図書館等が所蔵する古地図の調査を行うとともに、在外公館等を活用して各国の地図出版社等に対して申入れを行い、日本海の名称が当該海域の国際的に確立した唯一の名称であることについて、国際社会において正しい理解を得るべく努力してきたところである。

4及び5について

　お尋ねの「日本海呼称問題と他の外交的問題（領有権、海洋資源開発等）との関連性」の意味するところが必ずしも明らかではなく、お尋ねについて一概にお答えすることは困難であるが、政府としては、日本海の名称をめぐる問題に関し、韓国側の主張に対して断固反駁するとともに、日本海の名称が当該海域の国際的に確立した唯一の名称であることについて、国際社会において正しい理解を得るべく、引き続き努力していく考えである。

　同12年4月27日国際水路機関総会は、韓国の日本海の呼称を東海と併記するよう求める問題を討議し、日本海の単独呼称とする決定した。7月3日米ホワイトハウスは、米国は日本海の呼称のままとすると決定した。7月31日ニューヨーク国連本部で開催された国連地名標準化会議で、日本海表記の維持が維持された。

　2014年2月バージニア州で、韓国系アメリカ人のロビー攻勢に配慮する動きとなり、彼らの東海併記の要求は成功した。

　韓国は、世界を相手に「東海」だけに集中して、黄海には触れていない。韓国海という表現も多様に使用されてきたが、独島ナショナリズムの発揚の局面以後、日本を焦点に収斂して、それをもって愛国の国民誘導の主要手段とするに至った。その姿勢は、韓国の国家的安全が厳しくなるほどに、その責任を日本に帰する動きがいよいよ高まってきているところである。その韓国の中華ナショナリズムは、日本対決の国際的俎上工作を深めてきている。

6、プエブロ号事件

　1968年1月5日米軍情報偵察船プエブロ号は、対馬海峡で行動するソ連潜水艦の探知と北朝鮮の通信傍受の命令を受け、佐世保基地を出港した。21日同号は、ソ連艦の通過を確認した後、23日北朝鮮の駆潜艦に発見され、日本海の北朝鮮領海で北朝鮮兵士に乗船されて拿捕されるという事件が起きた。元山港に入港し、プエブロ乗員は謝罪文を書いた。

　横浜上瀬谷の米海軍保安部は無線でこの事態を知ったが、韓国群山基地のファントム部隊は装備の関係から発進が遅れ、救援措置はとられなかった。ジョンソン米大統領が事件を知ったのは、乗組員が拘束された後のことであった。

　この事件はアメリカ人人質をとることで、朴正煕韓国大統領の北進を封じるとした北朝鮮の狙いがあったとも解されるが、この事件が、戦争の危機を試みずに米国に挑戦するという瀬戸際外交の始動を北朝鮮に与える契機となったのは確かである。以後、北朝鮮は、明白に米国との対決攻勢に入った。

第9章　独島／竹島紛争

　1905年2月22日日本島根県告示によると、北緯37度9分30秒、東経31度5分、隠岐島西北85海里にある島嶼が竹島で、1905年5月17日隠岐島司の調査報告では、23町3段3畝歩となっている。その地番は、島根県隠岐郡五箇村である。

　韓国では、江原道蔚珍郡竹辺湾から120海里にある独島は日本の竹島で、現在、韓国が占領しており、その地番は、2000年4月まで慶尚北道鬱陵郡南面道洞山42番地～山75番地であったが、2000年4月8日慶尚北道鬱陵郡獨島里山1番地～山37番地となった。その島は、以下で構成される。その面積は、韓国山岳会の1952年12月の測量調査による。括弧は2005年6月正しい歴史令律企画団の調査による。

図9－1　竹島／独島
(注) 左は女島／西島、右は男島／東島である。

　男島／西島　面積91,740 (88,639) 平方メートル。最上部海抜168メートル。

　女島／東島　面積64,698 (73,297) 平方メートル。最上部海抜98メートル。

　89の岩礁。以上全体の合計面積187,453平方メートルである。

　独島は、大韓民国国土海洋部の管理にあり、1つの家族が居

223

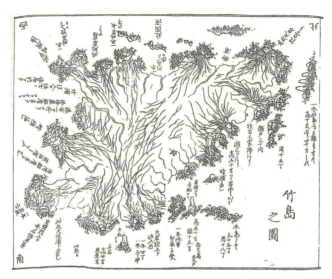

図9-2 竹島地図、1871年
（出所）多気志楼主人『竹島雑誌』青山堂、1871年。

住している。

　現在、独島／竹島は、日本と韓国の係争中の領土で、日本は固有領土とするも、韓国はその武力併合の結果を、小中華主義で朝貢国としての中華文明圏にある朝鮮／韓国の理解の射程にない、非文明国の文脈で解される日本には所有できないとして、その支配を是認している。

1、独島／竹島の支配と一島二名説

　竹島の記述は、新羅の『三國史記』（512年）に于山国として述べられており、智証王が占領を命じたとされる。于山は高句麗の于珍に由来する。また、『高麗史』での鬱陵島の用語は、日本語の蔚珍に倣って使われたとされる。そうした于山国、武陵島、鬱陵島の記述は、『世宗實録』地理志（1451年）、『高麗史』地理志（1451年）、『東國輿地勝覽』（1481年）にある。

以下、それぞれの記述を列記する。

『世宗實録』1432年、地理志、江原道蔚珍縣
江原道蔚珍縣

于山・武陵の2島は、縣の正東の海中にあり、2島は距離が遠くないため、風の日で天気清明であれば島を望むことができる。新羅時代には、

図9−3　鬱陵島と竹島

于山國と称され、鬱陵島ともいう、地方は百里に及び、険しく征服することはできない。

『高麗史』1451年、地理志、巻58蔚珍縣
鬱陵島

　この島は、縣真東の海の中にある。新羅の時代には、于山國と稱していた。その高名は、一に武陵、また一に羽陵と云い傳えられた。土地は、四方に100里の大きさである。新羅の智証王12年、この島から使者が來臨した。高麗太祖13年にも、その島人の白吉と土豆という使者が來臨し、方物を献じた。

　毅宗11年国王は、鬱陵島の地が広く、土地が肥沃であることを聞き、もともと州縣があったのだが、今も人民を居留させるなどは可能なのか、と下問した。州道監倉使金柔立を派遣し、この島を改めて観察させた。白菜立は、島から帰還し、次の通り奏上した。

　島の中には、大山がある。この山頂より東へ向けて下れば、1万歩で海に出る。西に向けて行けば、1万5,000歩で海に出る。北に向けて行けば、8,000余歩で海に出る。この島には、村落跡が7カ所ほどあった。そこには、石佛や鐵鐘や石塔などが残されていて、もう住民は居らず、柴胡・

喬太く石唐草などが生え繁っているばかりである。島の地質をみれば、岩石ばかりが多く、とても多数の民を居留させ、耕作を行わせるような土地ではない。

　この報告を受け、人民を島へ移住させる計画は、沙汰止みとなった。

　また、一説には、千山と武陵は、もともと2島であり、互いに隔てるその島への距離は、そんなに遠いものではないという。風の日で天気清明であれば、島を望見することは可能とされる。

『世宗實録』三峯島、巻72、成宗7年丁酉10月［2月27日］の条

　兵曹啓す。永興の人金自周供はみて云う。本道［永安道＝咸鏡道］の観察使三峯鳥の尋見の事を以て、自周及び宋永老と前日往還せる金興・金漢京・李吾乙ら2人を遣る。麻尚船［帆船］5隻を給し、入送す。去る9月16日鏡城の地、瓮仇末より船を發して、島に向う。同日、富寧の地、青巖に到り宿す。17日會寧の地、加隣串に到り盲す。18日慶源の地未應来大に到り宿す。25日西の方、島を距るること7里、峰里許に到り泊し望見す。則ち、島の北に3石列立す。次に、小島あり。次に、巌石列立す。次に、中島あり。中島の西に又、小島あり。皆、海水通流す。亦、海鳥の間に人形の如きもの別れて立つ者30あり。よって懼を起して直ちに到るを得ず。島形を画きて来るなり。

『東國輿地勝覧』1481年

　于山・武陵の2島は、縣の正康海中に在り。2島は、相去ること、遠からず。風の日、清明なれば、則ち望見す可し。新羅の時、于山国と称する。一に鬱陵鳥と云う。地方は100里、険を侍みて服せず。智証王12年［511年］異斯夫、何瑟羅州の軍主となる。謂へらく、于山人は愚悍なり。威を以って来らしむこと難し。計を以って服すべしと。乃も、多く木を以って猛獣を造り、分ちて戦船に戴す。その國に抵り之を証誑かして、曰く、汝若し服せずんば、則ち即に此獣を放つべしと。國人懼れ来りて降る。高麗太祖13年［930年］その島人白吉・土豆いて、方物を献じしむ。毅宗13年［1159年］金柔立らをして審察せしめ、回り来りて島中に

泰山あるを告ぐ。山頂より東に向って行けば、海に至ること1万余歩、西に向って行くこと1万3,000歩、南に向って行くこと1万3,000余歩、北に向って行くこと8,000余歩なり。村落の基址7カ所あり。石佛像・鉄鐘・石塔あり。多く柴胡・藁木・石南草を生ず。われ太祖の時流民逃れてその島に入る者甚だ多しと聞く。再び三陟［江原道］人金麟雨に命じて按撫使と爲し、刷出して其地を空くす。麟雨言す。土地沃饒にして竹大なること柱［杠］の如く、鼠大なること猫の如く、挑核升よりも大なり。凡物是に稱うと。

　そこでの于山国と鬱陵島が、別個の島であるか、鬱陵島のそばに別の島があるのか、三峯島は鬱陵島と同じではないか、一島二名説が展開されているも、于山島と鬱陵島は明らかに別個に存在している。韓国は、鬱陵島とその属領である于山島は、新羅時代以降、朝鮮民族の領土であり、それが独島であるとしている。一方、日本の文献には、于山島の記述はない。

　1592〜97年の壬辰反乱で、日本軍は鬱陵島及び／又は于山島を占領し、高麗は1416／17年に鬱陵島及び／又は于山島に対し空島（無人島）政策をとった。それは1903年に着手され、完成に10年を擁したと『増補文献備考』が明らかにし、外国人の出入りを禁じた（巻31興地考15、于山島・鬱陵島条）。その于山島は独島であると朝鮮は解し、幕府は、鬱陵島は新羅のもので、のち高麗に属していること認めていた。

　日本人は、『高麗史』によると、1379年以降、人の往来があり、鬱陵島を竹島あるいは磯竹島と呼んでいた。

　朝鮮王朝の空島政策以後、100年にわたり、日本は、この島を漁業基地として管理した。そこで、日本の領有を恐れた朝鮮は、1614年7月対馬藩主に鬱陵島は朝鮮領土である、と通告した。再び9月にも書簡を送って、その書簡は、磯竹島は鬱陵島であるとし、対馬藩主にその「探査」は問題であるとし、日本人の「來去」を禁じるべく再確認を求めた。

　1614年7月の、朝鮮国東莱府特使尹守謙の対馬州太守平公あて書簡は、以下の通りである。

朝鮮國東菜府使尹守謙、奉書

日本國對馬州大守平公　足下、

　　辱問鼎菜、慰豁良夛、但書中有看審磯竹島之説、深竊驚訝、不知是計、
果出于誰某耶、菜使口稱、本島介于慶尚江原兩道海洋之中云、即我國所
謂鬱陵島者也、截在輿圖、屬於我国、令雖荒廃、豈可容他人之冒占以啓
鬧釁耶、自古及今、日本與我国海嶠洲嶼、各有區別、分限截然、而或有
往来之事、惟以貴島為一路門戸、此外則使以海賊論斷、其所以慎關防面
而厳禁約之義、資高亦豈不知乎、朝廷若復聴聞、必先致恠於貴島矣、我
國以貴島世効款、故接遇甚盛、今者貴島、居兩國之間、無意於委曲周旋、
務期修好、而似此從臾、無乃不可乎、日本若悉此悟、亦必省悟、賞在貴
島善處、努力自勖、統希盛諒、不宜。

　　　　　　　　萬暦42年7月　　日

　にもかかわらず、日本人の鬱陵島での操業は続いた。幕府は、1615年に続い
て、1619年に大規模な竹島調査を実施した。その記録は、『竹島圖説』にある。
その際の1918年竹島渡海免許につき、日本は領有権の確認とするが、韓国は、
それは島嶼資源に対する免許に過ぎないとしている。1667年の日本出雲藩士斎
藤豊仙の『隠州視聴合紀』は、独島は松島で、鬱陵島は竹島としていて、それは
朝鮮領土である、と確認している。但し、韓国は、そこでの日本領土としての認
識は薄いとしている。

　1618年5月16日の、徳川幕府の竹島渡海免許状は、以下の通りである。

　　　従伯耆國米子、竹島江先年般相渡之由、然者、如其、今度致度渡海之
　　　段、村川市兵衛　大谷甚吉申上、付而、達上聞候之處、不可有異議之旨、
　　　披仰出候間、被得其意渡海儀可被仰付候、恐々謹言

　　　　5月16日

　　　　　　　　　　　　　　　永井信濃守（尚政）

　　　　　　　　　　　　　　　井上主計頭（正就）

　　　　　　　　　　　　　　　土井大炊頭（利勝）

　　　　　　　　　　　　　　　酒井推察頭（忠世）

［鳥取城主］松平新太郎殿

1667年の、日本出雲藩士斎藤豊仙『隠州視聴合紀』は、以下の通りである。

　　　隠州在北海中、故云隠岐島……従是南至雲州美穂闘35里、辰巳至伯州
　　赤碕浦40里、未申至石州温泉津58里、自子至卯無可往地、戌亥間行2日
　　1夜有松島、又1日程有竹島　俗言磯竹フモノアリ然レドモ米子ノ某ガ往
　　復シタル竹島ハ確ニ鬱陵島ナリ所謂松竹筒島ハ邦人ノ命名スル所ニテ鬱
　　陵島ト本島トヲ併称シタルニハアラザルカ而シテ隠岐列島ヲ経テ鬱陵島
　　ニ數度往復セルモノハ本島ヲ見ザル筈ナシ要スルニ邦人ハ夙ニ本島ヲ發
　　見シ居ルモ惜ムラクハ記録ノ徴スヘキモノナキノミナラント信ス。

北園通莽『竹島圖説』（1751 ／ 63年）にある日本人の渡航記録は、以下の通
りである。

　　　元和5年［1619年］春1月10有1日、例年ノ如ク米子ヲ出帆シテ、隠
　　岐ノ國福浦ニ着シ、同3月24日、福浦ヲ出帆シテ、同月26日朝5ツ時、
　　竹島ノ内イカ島トイフ處ニ着ス、此時初メテ異邦ノ人魚獵スルヲ見ルヲ
　　得タリ、蓋シ、是ヨリ先ハ、未ダ曾テ見ザル處ナリ。

1695年鬱陵島での日本人との漁業騒動に伴う安龍福談判事件で、1996年1月
幕府の松島渡海免許は中断され、1697年対馬藩主は東莱府使に鬱陵島は朝鮮領
土であると通告した。朝鮮は1698年3月対馬藩士に鬱陵島が竹島であり、朝鮮
領土であると通告し、これで、日本と朝鮮間の国境論争はひとまず終わった。だ
が、その際の歴史的権原論争は終わっていない。一方、韓国では、渡航禁止で鬱
陵島から国外追放となった安龍福を、自国領土の主権を確認した朝鮮通使として
英雄扱いしている。その上、結果的に、彼により于山島と鬱陵島は別個に併存す
るという事実が証明された。しかし、そこでの安龍福の取調べが、出雲藩主に対
する安龍福の申立てにより韓国の領土主権が確認されたとする韓国の外交交渉説
の解釈は成立していない。

　しかも、漁民事件で日本に連行された安龍福が、その取調べをもって、彼が鳥
取藩主に于山島の松島を、朝鮮領であると申し立て、大義を貫いたといえるか。
その連行の取調記録を引用する。

1696年5月23日徳川幕府伯州藩の元禄9丙子年安龍福らの朝鮮舟着岸1
巻之覚書

    1 朝鮮舟1艘   長   上口   22丈

                       下口   2丈

            幅   中にて上口   1丈2尺

            深さ   4尺2寸……

1 右、安龍福、雷憲、金可果

3人へ在番人立會いの時……

  安龍福申し候は竹嶋を竹の嶋と申し、朝鮮國江原道東菜府の内に鬱陵
嶋と申す嶋御座候是を竹の嶋と申し候則ち、八道の圖に之を記し所持仕
り候

1   松嶋は右同じ道の内子山と申す嶋御座候是を松嶋と申す由、是も八道
の圖に記し申し候……

1   竹嶋と朝鮮の間30里岳嶋と松嶋の間50里これ在る由申し候

1   安龍福ととらべ2人4年以前酉の夏竹嶋にて伯州の舟に連れられ参り
候そのとらべもこの度召し連れ参り、竹嶋に残し置き申し候

  以上の会話はどこまで正確か、そこでの島嶼認識は必ずしも的確でない。そし
て彼の連行されたことが朝鮮特使の派遣といえるか。それには、空論的な解釈が
展開されており、ある意味では、朝鮮を追放されていた者の英雄的行為といえる
であろう。『肅宗實録』に安龍福の記述があるが、それ以上の議論はない。

2、独島/竹島の地図認識

  「朝鮮八道地圖」には、于山島は鬱陵島の東に位置する小さな島として描かれ
ている。金大建神父の『朝鮮全圖』(1864年) やフランスの地理学者マルト・ブ
ランが1855年「パリ地理学会誌」に掲載した地図では、鬱陵島は本土から離れ、
于山島は鬱陵島より小さく、鬱陵島の東方に書き込まれている。そして于山は
Ousanと表記されている。

林子平の『三國通覧圖説』(1785年)は、朝鮮国を黄色、日本国を緑色で示し、竹島と松島は黄色で書き込まれている。韓国の説明では、この地図は、竹島、即ち鬱陵島、そして松島、即ち独島は、いずれも朝鮮領土であると明記したとしている。日本では、この記述は注記に過ぎなく、本文はそうでないと指摘する。竹島問題研究会は、その最終報告書で、この地図は「領有権とは関係のない地図」に過ぎないとしている。これに対して、韓国に帰化した日本人世宗大学教授、独島研究所長保坂祐二は、それは韓国の領有権をより明白に示した地図であるとした。

　日本では、1759年作成の「日本國大略之圖」には、隠岐雲州の隣りに2つの島が描かれている。竹島の地図記入が確認できるのは、1760年代作成の水戸藩地理学者長久保赤水の「日本圖」である。さらに、彼の「改製日本扶桑分里圖」(1786年)も同様で、いずれも竹島は松島となっており、鬱陵島は朝鮮領で竹島と書き入れている。「改製日本扶桑分里圖」には、鬱陵島の横に「見高麗猶雲洲

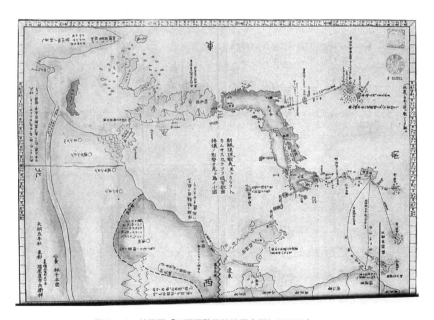

図9-4　林子平「三國通覧輿地路程全圖」1785年
(出所) 秋岡武次郎編『日本古地図集成』鹿島研究所出版会、1971年。

図9-5 「日本國大略之圖」1757年
（出所）秋岡武次郎編『日本古地図集成』鹿島研究所出版会、1971年。

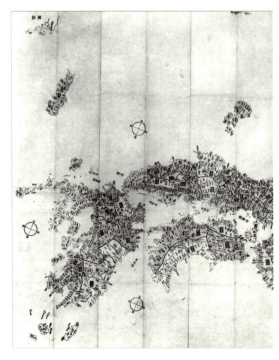

図9-6 長久保赤水「改正日本輿地路程全圖」1779年
（出所）秋岡武次郎編『日本古地図集成』鹿島研究所出版会、1971年。

第9章 独島／竹島紛争

図9-7　長久保赤水「新刻日本輿地路全圖」1779年
(出所)『江戸時代日本全圖歴覧』人文社、1968年。

233

望隠州」と記されており、それは鬱陵島から高麗（朝鮮）をみるのは、雲州（出雲国）を見るくらい近い」ということで、この地図は慶尚道の一部と鬱陵島と独島を描いていて、鬱陵島と独島は経緯度線の外に存在している。長久保赤水の「新刻日本輿地路全圖」（1979年）も、同様である。韓国は、鬱陵島と独島が隠岐島の北西に描かれているが、これをもって独島を日本領土とみるべきではないとしており、それは、経緯度

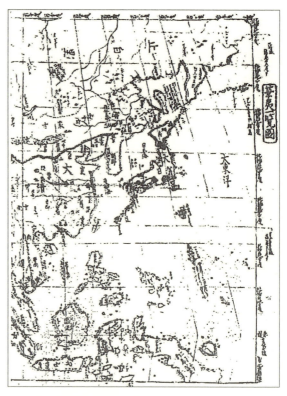

図9-8　山村才助「華夷一覧圖」1806年
（出所）鮎沢信太郎『山村才助』吉川弘文館、1959年。

が書き入れていないので、領土主権の確認にならない、と指摘している。

　さらに、蝦夷地調査隊の最上徳内「蝦夷風俗人情之沙汰付圖全圖」（1790年）、「蝦夷草紙全圖」（1790年）には、竹島と鬱陵島が日本領として描かれている。同様に、地理学者本多利明の東アジア地図、「寛政亞細亞地圖」（1796年）と「日本並北方圖」（1796）は、竹島を松島、鬱陵島を竹島と記し、いずれも日本領であるとしている。さらに、地理学者山村才助の「華夷一覧圖」（1806年）には、日本海に松シマと竹シマが並立して、いずれも日本領として描かれている。これからみると、17世紀には日本の竹島に対する領土主権を確立していたとする見方が成り立ち、しかも竹島は日本領としていたと解しており、日本の幕府も、藩

第9章 独島／竹島紛争

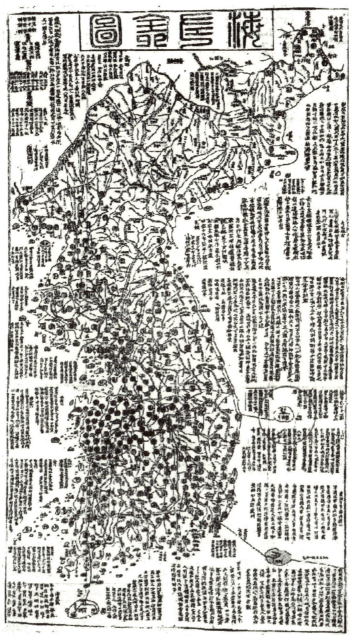

図9-9 「海左全圖」1809年
(出所)『原板朝鮮全圖寫』1876年。

235

も、あるいは江戸時代後期の知識人にも、その認識が深まっていたとみることができる。

一方、朝鮮半島全体を描いた「海左全圖」（1822年）は、鬱陵島の東に小島、于山島が描かれており、それは一括して朝鮮領土であることを示している。これは、「新増東國輿地勝覧」（1530年）にある「八道總圖」と同じである。「大東

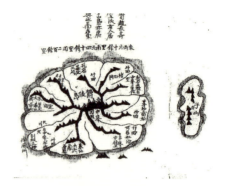

図9-10 「大東輿地圖」の鬱陵島、1861年
（注）東が竹島であり、于山島が隣接している。

輿地圖」1861年も同じく、2つの島が隣接して存在している。朝鮮の地図認識では、于山島の存在も確認していた。

日本人染崎延房による「朝鮮國細見全圖」（1873年）は、朝鮮を道別に色分けした地図で、そこでは、蔚珍島、亐山島が、江原道と同じ色で描かれ、亐山島は「日本ニテハ是ヲ竹島トイウ」とある。

「官板實測日本地圖」（1870年再刊）は、日本全域を詳細に示しているが、隠岐島はあっても、竹島は描かれていない。陸軍参謀局が作成した「亞細亞東部輿地圖」（1875年）は、竹島の島名が描かれており、鬱陵島はなく、認識ははっきりしない。同じ陸軍参謀局「大日本全圖」（1877年）も同様である。内務省地理局の「大日本國全圖」（1880年）も同様である。文部省の「日本全圖」（1877年）には、アルゴノート島（竹島）とダージュレー島（松島）が記載されている。1787年に鬱陵島を発見してダージュレー島と命名したのは、フランスの航海家ラ・ベルーズで、1789年英国の探険家コルネットも鬱陵島を発見して、彼の船名アルゴノートを島名とした。それは同一の島ではなく、緯度と経度が違っていたために2つの島になってしまった。医師シーボルトのは「日本圖」（1840年）は、アルゴノート島をタケシマ、ダージュレー島はマツシマを記載した。これによって、これまで竹島又は磯竹島と呼ばれていた鬱陵島に、いまひとつの混乱を加えることになってしまった。「大日本輿地全圖略」（1853年）には、鬱陵

第9章 独島/竹島紛争

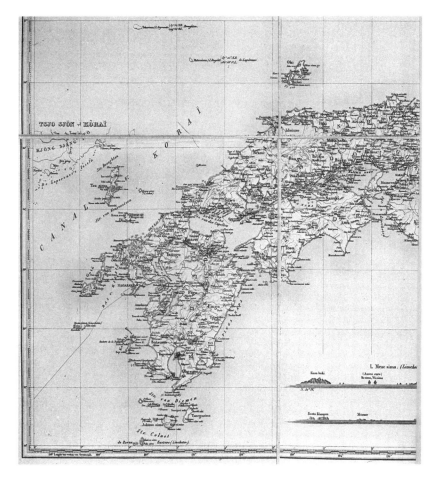

図9-11 シーボルト「日本圖」／
Ph. F. von Siebold, *Karte vom Japanischen Reiche*, 1840
(出所) 織田武雄・他『日本古地図大成——世界図編』講談社、1975年。

図9-12 「大日本全圖」陸軍参謀局、1877年
(出所)『明治大正日本国勢沿革資料総覧』第1巻、柏書房、1983年。

第 9 章　独島 / 竹島紛争

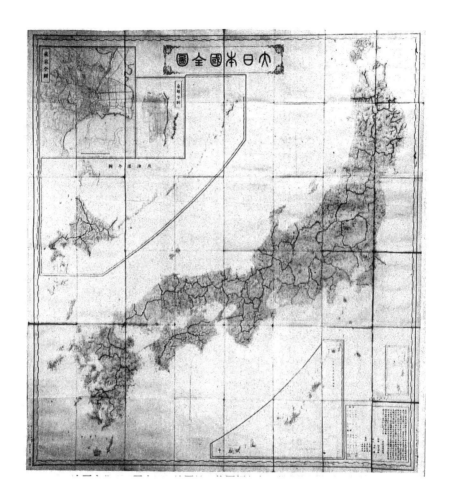

図 9 − 13　「大日本國全圖」内務省地理局、1880 年
(出所)『明治大正日本国勢沿革資料総覧』第 1 巻、柏書房、1983 年。

239

島と見られる島に竹シマとある。その下に小島が描かれているが、位置は正確とはいえない。

日本海軍は、ボーッスール／竹島は鬱陵島の一部で、新竹嶼とし、前者とは区別していた。シーボルトは、日本と朝鮮の間、日本寄りに松島／竹島、朝鮮寄りに竹島／鬱陵島があることを知っていた。1880年軍艦天城は、松島が鬱陵島と確認し、『朝鮮水路誌』(1894年) には、「鬱陵島、一名松島」と記入された。どうみても、そこでは、島の混乱がある。なお、竹島は、1849年にフランス人が名付けたリアンクールLioncourt Rocksとも称され、その用語は以後も使用された。

19世紀の「東國地圖」には、朝鮮の領海が色で示され、于山島の位置が明確である。

朝鮮総督府が製作した「初等地理書附圖」(1934年) の中部朝鮮のところに鬱陵島が記載され、その東に竹島がある。

3、独島／竹島の領有

明治政府の成立で、竹島と松島が朝鮮の付属となった経緯を調査することになり、1870年4月15日外務省に「朝鮮国交交際始末内探書」が提出された。同書は、竹島と松島の名称につき釜山で調査したもので、その調査では、松島は竹島の隣島で、松島は掲載がなく、竹島には以前に朝鮮人が居住していたが、現在は無人で、人参を産しており、朝鮮のものである、と結論づけられていた。

島根県は、1876年10月16日内務省に対し「日本海内竹島外一島地籍」の確認を求め、県の調査で外一島を日本地籍に含めるのが妥当であると判断されれば、含めるように、指示した。その「外一島」は、松島で、韓国の独島であるとの情報があったのではないか。内務省は、1877年3月17日内務卿代理は、竹島の所轄について「本邦とは関係がない」のではないかと述べていて、3月20日の指令で、竹島外一島は「本国關係無」としていた。それは、日本政府が松島は日本領土であるとの理解が及んでいなかったからであろう。そこで付属の竹島外一島の

240

第9章　独島／竹島紛争

地図はこれまでの韓国の地図と似ていた。

　1877年3月17日作成の、日本政府の日本海内竹島外一島地籍編纂方伺は、以下の通りである。

　　日本海内竹島外一島地籍編纂方伺

　　　竹高所轄之儀ニ付島根県ヨリ別紙伺出取調候處。該島之儀ハ元禄5年朝鮮人入島以来別紙書類ニ摘採スル如ク元禄9年正月

　　第1號舊政府評議之旨意ニ依リ2號譯官ヘ達書3號該國來東4號本邦回答及ビ口上書等之如ク則元禄12年ニ至リ夫夫

　　往復相済本邦關係無之相聞候得共版圖ノ取捨ハ重大之事件ニ付別紙書類椙添為念此段相伺候也。

　　　明治10年3月17日

　　　　　　　　　　　　　　　　内務卿　大久保利通　代理

　　　　　　　　　　　　　　　　　内務少輔　前島密

　　　右大臣　岩倉具視殿

　　　伺之趣竹島外一島之義本邦關係之義ト可想得事。

　　　明治10年3月29日

　1877年3月20日発出の、日本太政官指令、日本内務省稟議の日本海内竹島外一島地籍編纂の件は、以下の通りである。

　　　明治10年3月20日

　　　大臣　印　本局　印　印

　　　参議　印

　　　郷輔　印

　　　別紙内務省伺日本海内竹島外一島地籍編纂之件。右ハ元禄5年朝鮮人入島以来舊政府該國ト往復ノ末逐ニ本邦關係無之相聞候段申立候上ハ伺之趣御聞置左之通御指令相成可然哉。此段相伺候也。

　　　御指令按

　　　伺之趣竹島外一島之義本邦開係無之義ト可相心得事。

　1887年7月2日武藤平學はウラジオストックから松島開拓之建言を提出してい

241

るが、それをみると、松島・竹島の理解・知識が十分でなかったことが分かる。そこで、1880年9月天城艦が派遣され、それは小さな島で、岩礁であることが判明した。よって、外務省書記官北沢正誠が現地に派遣され、1881年8月20日「竹島版圖所屬考」を作成した。それは、松島は竹島

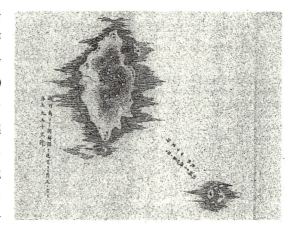

図9-14　日本海竹島外一島地籍編纂方伺の2島、1877年
（出所）国立公文書館資料。

と呼ばれた鬱陵島で、松島は竹島で、1つの岩石に過ぎないと記し、この現実を目の当たりにして、後者は、古来、わが国の版図外であった、と結んだ。そこで、日本は1905年の段階で松島という通常の呼称を止めて、竹島という名称を正式に採択した。この正式名称の竹島は独島である。

　大韓帝国では、1900年10月25日鬱陵島を鬱島と改称し、島監を郡守にする勅令を下付し、鬱島は江原道に編入され、「区域は鬱陵全島と竹島・石島を管轄する」とされた。この竹島は鬱陵島の真横にある石島の竹嶼島で、石島は独島であると韓国は解しているが、その石島は付属島嶼のようで、はっきりしない。

　1900年10月25日公布の、大韓帝国勅令、鬱陵島を鬱島と改称し、島監を郡守とする件、第41号は、以下の通りである。

　　　　勅令　第41號
　　鬱陵島を鬱島と改称し、島監を郡守に改正した件
　　第1条　鬱陵島を鬱島と改称し、江原道に所属させ、島監を郡守に改正
　　　　　し、官制に編入し、郡等級は五等とする。
　　第2条　郡廳は台霞洞に置き、区域は鬱陵全島と竹島・石島を管轄する。
　　第3条　開國504年8月16目、官報の官廳事項内の鬱陵島以下19字を削

除し、開國505年、勅令第36號、第5条江原道26部の6字は7字に改
正し、安峡郡の下に鬱陵島3字を挿入する。

第4条　経費は、五等級として準備し、當面諸般の予算が決まっておら
ず、また事務管理業務もすべて初めてのことなので、島での納税によっ
て賄う。

第5条　補充すべき諸条は、本島の開拓の具合に応じて決めていく。

光武4年10月25日

御押　御爾　奉

勅　　　議政府臨時署理

賛政　内部大臣李乾夏

日本は、大韓帝国の併合工作と日露戦争で、1905年1月竹島の併合を決定した。

1905年1月28日採択の、日本閣議の竹島に関する決定は、以下の通りである。

別紙内務大臣請議無人島ニ關スル件を審査スルニ右ハ北緯37度9分30
秒東經131度55分隠岐島ヲ距ル西北85浬ニ在ル無人島ハ他國ニ於テ之ヲ
占領シタリト認ムヘキ形跡ナク一昨36年本邦人中井養三郎ナル者ニ於テ
漁舍デノ構ヘ人夫ヲ移シ猟具ヲ備ヘテ海驢猟ニ着手シ今回領土編入並ニ
貸下ヲ出願セシ所此際所屬及び島名ヲ確定スルノ必要アルヲ以テ該島ヲ
竹島ト名ケ自今島根縣所屬隠岐島司ノ所管ト爲サントスト謂フニ在リ依
テ審査スルニ明治36年以来中井養三郎ナル者該島ニ移住シ漁業ニ從事セ
ルコトハ關係書類ニ依リ明ナル所ナレバ國際法上占領ノ事實アルモノト
認メ之ヲ本邦所屬トシ島根縣所屬隠岐島司ノ所管ト爲シ差支無之儀ト思
考ス依テ請議ノ通閣議決定相成可然ト認ム。

1905年2月22日島根県知事は、竹島名称告示をした。その全文は、以下の通
りである。

島根縣告示第40號

北緯37度9分30秒東經131度55分隠岐島ヲ距ル西北85浬ニ在ル島嶼
ヲ竹島ト稱シ爾今本縣所屬域島司ノ所管ト定メラル

明治38年2月22日

島根縣知事　松本武吉

さらに、2月22日島根県知事の竹島に対する訓令は、以下の通りである。

島根縣庶代11號

隠岐島廳

北緯37度9分30秒東經131度55分隠岐島ヲ距ル西北85浬ニ在ル島嶼ヲ竹島ト稱シ爾今本縣所屬域島司ノ所管ト定メラレ候條此旨心得フヘシ

右訓令ス

明治38年2月22日

島根縣知事　松本武吉

朝鮮半島及び付属島嶼すべてが日本の支配となった。そこでは、帰属問題は解消された。

1945年8月日本は敗戦し、1948年8月大韓民国が成立した。対日平和条約交渉を通じて、韓国は独島の支配回復を要求したが、成功しなかった。そこで、韓国は、李ラインを設定し、竹島／独島に対する領有権を確認するべく囲い込みを進め、そして漁業資源法で、管轄地域に竹島を組み込んだ。

こうしたなか、1965年6月日韓交渉の正常化が実現し、その直前、日本と韓国の間で「解決せざるをもって、解決したと見做す」との秘密合意が成立した。日本・韓国基本条約に伴う紛争解決の交換公文が成立したが、韓国は独島は紛争にないと固執し、そこでは日本による国際司法裁判所への付託は、その交換公文により付託できないこととなった。

しかも、金泳三政権は、小中華主義に従う国民操作をもってこの合意を拒否し、1995年12月竹島を一方的に強行占領した。それは、小中華ナショナリズムの文脈で、韓国の領土ナショナリズムの成就とされる一方、中華主義にない非文明国とされる日本人は立入りすべきでない、とされた。

第9章　独島／竹島紛争

4、竹島帰属紛争

　その韓国の竹島要求は、李承晩の指示を受けた愛国老人会の1948年8月5日文書「領土の回復と東洋の平和に関する島嶼調整の要請」に始まる。同文書は、竹島の返還、対馬の割譲、そして波浪島帰属の明確化を求めている。

　1948年8月5日の同文書は、以下の通りである。

　　　主題　韓日間の島嶼調整の要請

　　　1948年8月5日

　　　宛先　　連合国最高司令官ダグラス・マッカーサー元帥

　　われわれ韓国国民は、日本との平和条約において、貴下の折衝に強い関心を抱いている。それは、韓国が日本の間近に立地し長年にわたって日本の過酷な圧迫を受け、常に日本に対して大きな犠牲を払わされてきたからである。われわれは、貴下に東洋の平和と秩序を確立するために鋭い上にも鋭い計画を期待し、貴下の告知をお待ちする。韓国は、講和会議に実際の声を上げることができないが、貴下の偉大な計画においては、十分考慮されると考えている。

　　東洋の平和という観点から、重要な役割をもつ韓国の意見は、絶対に必要である。平和条約の交渉や東洋の秩序の確立について種々の情報が貴下に提示される前に、私ども愛国老人会が、貴下の真摯な考慮に役立つよう、領土についての要請をお伝えしたいと思う。

　　国際秩序において領土についての法的調整の重要性は、ベルサイユ体制における東ヨーロッパの回廊問題において示された。

　　一般的にいって、法的調整の標準は、受動的には、例えば、奪われた領土の回復に、能動的には、例えば、幾つかの国民の発展を支え、またある国民の平和をもたらすための領土の分割に立脚している。

　　韓国と日本の間の領土問題においては、受動的と能動的の両側面があり、以下にわれわれの要望を述べる。

Ⅰ　［独島］の返還

245

「Ulneundo」島は、まったく疑いないだけでない、しかもそのように十分理解されていて、その帰属は歴史的にかかる現実から、韓国に属している。しかしながら、日本は、国内治安のための同島への人民の立入りを禁止した韓国の引揚げ政策の下で、漁業と林業の利益を企図した。日本西海岸の武装強奪の漁民は、危険を冒して同島に侵入し、そして同島の日本への帰属を確保し、さらに混乱を引き起こした。しかし、合理的な交渉に従い、1693年の漁業禁止を、日本は認めた。1861年に、海洋防衛の空白に乗じて、日本は、そこに再侵入し、日本と韓国の両国間で、再び対立となった。東京と韓国で、全権代表申錫雨と彼のG・フィン・ホーレ・ドルフは、韓国に日本が降伏して以後、韓国政府は、法的にかつ絶対的に管理し、かかる対立が再び起きないようにした。他方、ロシアの太平洋政策で国際的対立となり、そして日本は最終的に鎖国した。

しかしながら、日本は、「Ulneundo」島周辺の漁業禁止を続けることになる。「Ulneundo」島の領土を全体として構成する「Doksun」といわれる小島に立ち入った。1904年、日本は、中井養三郎の要請で、海軍水路部、内務省、外務省、農水産省の要請で、同島を日本領土の登録をした。

同時に、新しい国際関係を検討して、日本官僚は実行した。しかしながら、日本は、日露戦争でのロシアの敗北で、鳥取縣布告第40号で、「隠岐から85海里にある島は、竹島と称され、この件につき帰属する」と公式に発表した。かくして、これら島嶼の日本政府による占領となった。このことは、韓国政府に対して通告されず、またいずれの国にも通告されなかった。さらに、韓国政府がそれに注意を払っていれば、その政策は正しいものではなかった。以上につき、日本の意思は、それに関して成功しているとはいえない。

いわゆる独島は、朝鮮語では、「Dockusum」であり、そしてこれは、リアンクール岩の名称で知られ、明白である。この名称、リアンクール岩は、フランス人により発見されたものである。以来、ロシア軍艦パレー

ドにより1854年に発見され、そして1855年英軍艦ホーンネットにより再発見され、同島はそれぞれ同軍艦の名称が名付けられ、

　その島には種々の意匠があり、その存在は疑いない。

II　「対馬」島の韓国への割譲

　韓国海と日本海の間の境界に位置している「対馬」は、日本から大陸への進出にとっての戦略地点をなしている。これの地理的重要性はロシアの敗北によって容易に確認できる。バルチック艦隊がここから脱出することができず、このため、ロシアは結局、日露戦争の最終段階で敗北をもたらしたことを理解すべきである。

　東洋の歴史では、対馬は倭寇の根拠地となって5世紀から500年間、東洋を侵略し、韓国の歴史からは、対馬は2000年間、韓国の中央部に対してその力を悪用した強盗団の巣窟を意味していた。

　かように、常に日本は、韓国又は大陸に対して飛躍のために、この島を根拠地として進軍していた。1554年にラポオメムがつくった世界地図で、中国と日本の間の海上に浮かぶ「ゴロツキ島」は、明らかに対馬のことで、その性質は、ヨーロッパ人の間ですでに知られていた。

　対馬に根城をもつ海賊どもの攻撃から逃れるため、韓国は、毎年、彼らに数百万の米、数百万の布、その他生活物を5世紀間も払わされてきた。われわれが、日本に発する暗雲が近年の韓国の歴史を覆い、現在においても邪悪の空気がこの島になお存在することを考えるとき、韓国国民は、対馬に対しては決して神経を鎮めることはできない。

　第二次世界大戦後の地域再構築では、対馬は、韓国に割譲されるべきである。即ち、

1　韓国国民の生存に対する脅威の絶対的除去

2　日本の大陸への侵略禁止

3　東洋における強盗団の蹂躙の防除

　われわれは、ここに妥当な根拠を次のように、指摘する。

a　地理的に、対馬の立地は、日本より韓国に近く、われわれが政治的条

件でなく、自由にその所属を決めるとしたら、対馬が韓国に所属することは、不自然なことではない。

b　歴史的に　「対馬」の名前は、2つの島を意味する韓国名の「ツーソン」に起源を有し（対馬は実際、2つの島から成り立つ）、対馬の文明の基礎は大部分韓国の古い文明に負っている、と多くの学者がいっており、近代の文明も種々の参考文献によれば、韓国に起源を有する日本人がつくった。

　なによりも、韓国は、対馬を1396年と1419年に征服しており、それは、彼らの悪行に帰すべきことで、対馬は、主人が韓国で、召使が対馬であるという両国の関係を再確認した。そして、対馬にいる多くの人民は、韓国政府から公式の地位と、俸禄を受けた。そのため、韓国は、対馬の領土は韓国政府に属したと認識し、この事実は韓国（李王朝）の正史と地理書に明白に記述された。ここでは、対馬は韓国に属し、その結果、日本の海賊がこの島を占拠して以来、韓国と日本に属している、と説明できる。このように、2つの国に占領される実情は、東洋の歴史では、しばしば見ることができる。例えば、琉球は中国と日本に両属し、女真は韓国と中国に両属した。そして、ある時期、対馬が韓国と日本に疑いなく両属したことは否定できない。

c　政治的に、仮に、東洋の平和が、すべての東洋の諸国の完全均等に発展した政治的な自己覚醒をもたらし、国の条件が完全に豊かになっても、日本の侵略は、そうなる前に根絶すべきものである。この目的のために、まず日本が対馬を東洋への進出のための橋頭堡としないようにすることが、必要である。日本が対馬を自由にかつ合法的に管理し統治する限り、日本は、東洋侵略の機会と能力をもつことになる。勿論、この日本の再侵略は、韓国や東洋に大きな脅威になる。

　率直にいえば、米国にとって、キューバやハイチが海賊や他の侵略勢力の基地になったことを考えると、対馬に対して朝鮮が心理的に尖鋭になる気持ちが理解できよう。

d　経済的に、対馬の土壌は農業には適さない貧弱なもので、独立した支援が得られなかった。そして、これはこの島が日本の支配のもとでは当然の結果だが、朝鮮に対しては、卑屈な立場で満足しており、海賊行為ができなくなれば、乞食に身をやつさざるをえなくなった。そして、かつて乞食をしていた対馬の人は、朝鮮海峡での漁獲を得て自らの生活を続けられる。古い時代、対馬を服従させる方法として、朝鮮の南海岸に3つの漁業基地が、彼らに開放されていた。

　その後、明治維新となり、韓日国際関係が中断されたとき、両国の外交関係は漁業条約によって再開された。朝鮮海峡を中心とする朝鮮沿岸で得られた漁業の利益は、単にこの島の住民のためのみでなく、日本の財政問題に重要な役割をもっていた。

　両国間の生活のための漁業上の紛争が厳しいと予想するのは疑いなく、そして海の支配権を制する対馬の韓国への復帰には重要な意味があり、この経済的基盤は政治的な活動の出発を促進することになる。

　自らの生活の発展のため、日本の生活方法を変更することは、実際に許されることに異議はないが、しかし、われわれの恐怖や犠牲の基礎の上に復活することは、決して許されない。対馬の韓国への割譲は、新しい東洋の秩序の確立の礎石になることを断言できる。論者によっては、韓国は直接の勝者ではないので、領土の取得は要求できないというところであろう。帝国主義の時代には、1、2の人が殺されたからといって、その引換えに多くの領土が奪われた。同様に、対馬の返還は、わが国の2000年間の巨大な犠牲からすれば、日本の全領土を貰っても、十分な償いでないことからすると、決して過大なものではない。これは、小さな「対馬」が韓国民の人命と財産の損害についての補償となるとした方が理解を得られやすい。ベルサイユ体制でのポーランド回廊の取決めは新ヨーロッパ秩序とポーランドへの価値ある恩恵であり、韓国人の負った過去の兵役負担も考慮に入れられる。

　1945年7月26日のポツダム宣言では、「日本の主権は本州、北海道、

九州、四国と決められた島嶼にのみ限定される」といっている。この条項では、対馬は省かれていることが注目され、これがこの問題の要望の基本的な点である。シシリアはイタリアへ、コルシカはフランスへ、そして対馬は韓国へ！　これが法的解決である。……

3.波浪島の帰属の明確化。……

　人民は、日本が海の限界から引き揚げ、降伏した後、これら島嶼を保証するよう、日本に対し、声明する。日本は、歴史的にかつ地理的にこれら島嶼と関連がない島嶼の占領を企てるであろうし、そして侵入の徴候がある。

　日本は、この手段で、獨島、及び南シナ海のパラセル島を奪取し、波浪の占領は、冷酷な悪い予測の再攻撃となろう。こうした日本の試みを考えなければ、問題が立たない。そして、現在、波浪を収容すべきことは明白である。

　以上の要望は、韓日間の領土を調整することが新しい東洋の秩序をつくることを意味する。この決定は、一時的な利益ではなく、世界平和についての永久的基礎となる。正義と真実に従って、威嚇する側も威嚇される側も、両方ともに、法的な平和と保障を得られる。

　勿論、われわれは、米国の伝統と、貴下の賢明かつ考慮を尽くした計画がこの時代の使命を達成することに、期待をかける。閣下への期待は、ウィルソンがパリ講和会議で賢明さと鋭い決定によったことよりも、より熱情的でより深いものということは、ご存じのことと思う。われわれは、韓国の地位を支える政策を作成される貴下に役立つよう、この要望を提出する。

　われわれは、米国の仲介によってつくられた韓・日間の平和に対する不公平な折衝について、過去、現在、遺憾に思っているが、われわれは、それをいつまでも覚えていることはなく、もはや過ぎたことと考えている。

　われわれは、現在、米国の伝統を知っている。そして、（アメリカ独立

宣言の）「生命、自由、及び幸福の追求の権利」が普遍的な真理であることから、われわれは、希望に満ちている。

　貴下の賢明さを十分に発揮して、領土の回復と東洋平和が確立されるよう、要望をお送りする次第である。

　　　チョー、サン　ウワン　愛国老人会会長、ソウル、韓国

　この原文を執筆したのは博学な歴史学者・文学者崔南善で、彼は熱情的な民族主義者の歴史学者であった。独島の記述は歴史的には忠実である。対馬の記述は極めて熱情的で、決して客観的指摘にとどまらない。コルシカの記述は決して正確でなく、李承晩の意図を受け継いだ対馬の韓国領有論は強行すぎる。

　竹島領有紛争の発生で、1954年9月25日日本は、韓国に国際司法裁判所への付託を提案した。韓国は拒否した。1962年3月日韓外相会談で、小坂善太郎日本外相が再提案したが、これも韓国は拒否した。同年11月大平正芳日本外相が金鍾泌韓国中央情報部長に同様の提案を行ったが、韓国側に拒否された。それは、国連非加盟国（韓国）でもその付託は可能であるとする見解で、通例の法的解決手続きに従うところであった。韓国は、紛争は存在しないの立場で、1954年10月28日の公文で、その付託につき拒否していた。

　1954年10月28日送付の、韓国政府の竹島問題の国際司法裁判所への付託に関する日本政府あて公文は、以下の通りである。

　　　紛争を国際司法裁判所に付託するという日本政府の提案は、司法的な仮想で虚偽の主張をするまた1つの企てに過ぎない。韓国は、独島に対して始めから領土権を有しており、この権利に対する確認を国際司法裁判所に求めなければならない理由は認められない。いかなる紛争もありえないのに、類似の領土紛争を作り上げるのは、まさに日本である。

　金鍾泌部長は日本との会談後、訪米し、ラスク米国務長官との会談で、独島は何に使用されているかの質問に、私は、独島破壊提案を日本側に提案した、と発言した。その内容について、のち金自由民主連合総裁は、1996年12月韓国の内部で、独島爆破提案説が問題になったとき、「日本には、絶対に独島を渡すことはできないとの意志の表現であった」と弁明した（中央日報、1996年12月29

251

日)。さらに、彼は、「国際司法裁判所で日本のものだとの判決が出ても、すべて爆破しなくてはならなく、そうしてでも、相手に渡すつもりがない」と、その真意を回想している（朝鮮日報、2010年8月28日）。米国の外交文書にも、ニュアンスは違うが、同じ記録がある（United States Department of States, *Foreign Relations of the United States, Near East, 1962-63,* Vol. 18, 1995.）。

　いいかえれば、独島は紛争事件でないので、国際司法裁判所に持ち込むことはできないということにある。「領土問題は存在しない」とする日本政府の立場から、韓国はこれに応じた。双方は、問題解決を自ら封じてしまった。そのことは、韓国にどんな選択も可能とするものとした。

　1951年8月10日ラスク書簡で、「竹島は日本領土」と韓国政府に通告された。翌52年1月李ラインが宣言され、7月米国と日本は竹島を米軍訓練地とすることに合意した。1953年4月20日韓国の独島義勇守備隊が竹島に上陸し、不法占領した。7月12日独島守備隊が海上保安庁巡視船へくらに発砲する事件が起きた。その韓国の占領状況は、以下の施設をもって確認できる。

　東島　警備隊宿舎、灯台、ヘリポート、気象観測台、船舶接岸施設、送受信塔。

　西島　漁民宿舎。

　1991年以後は、領有の既成事実化を図るために、キム・ソンド、キム・シンヨル夫婦が独島里山20番地に住民登録し、居住している。

　その竹島をめぐる政策の主要措置は、以下の通りである。それは、韓国による囲込みとその実力支配への現実追認による正統化にある。

　1946年1月29日日本占領軍、竹島に対する日本の施政権、暫定停止。

　1947年8月20日朝鮮山岳会、鬱陵島調査、独島訪問の報道（権相奎「東海の孤島鬱陵島紀行（1）」大邱時報、1947年8月27日、「鬱陵島紀行（2）」29日／石宙明「鬱陵島の沿岸」ソウル新聞、1947年9月2日／石宙明「鬱陵島の自然」9日／洪鐘仁「鬱陵島學術調査隊報告記」1〜3、漢城日報、1947年9月21日、24日、25日）。

　　9月16日米国、竹島の爆撃訓練地化。

252

1948年6月8日米極東空軍、竹島爆撃、韓国漁民死者・行方不明者14人。

1950年6月8日韓国、竹島に遭難漁民慰霊碑建立。

1951年9月9日サンフランシスコ平和条約調印——竹島は日本が放棄すべき領土として明記されなかった。

1952年6月日本人9人、竹島に水産試験船で上陸し、「島根縣隠地郡五箇所村竹島」標識を建立。

　　　　7月26日米国、竹島の米軍海上演習場へ移行。

1953年3月米国、竹島の米軍海上演習場の解除。

　　　　4月20日韓国独島義勇守備隊、竹島上陸。

　　　　10月15日韓国山嶽会調査隊、海軍905艇で竹島に上陸、「島根縣隠地郡五箇所村竹島」標識を排除、紅宗人会長（朝鮮日報主筆）による「独島」石碑の設置。表面は「獨島LIANCOURT」、裏面は「韓國山嶽会　15th Aug 1952」とあった。

1956年4月韓国警察鬱陵警察署警官8名、独島常駐。

1982年11月16日韓国、独島天然保護区域に指定。

1997年11月韓国、独島に接岸施設設置、日本政府、抗議。

1998年12月韓国、独島に有人燈台設置、日本政府、抗議。

2004年2月17日日本郵政公社、韓国が1月発行の切手を拒否。

2005年8月13日韓国、独島表記の世界地図作製。

2008年10月22日李明博韓国大統領、北東アジア歴史財団独島研究所の活動強化を確認。

2009年6月26日独島防衛の独島平和（177トン）就航。

2011年6月16日大韓航空、竹島上空のデモ飛行——韓国の実施計画の撤回要請にもかかわらず実施された。

　　　　7月31日韓国、日本人竹島調査に対する入国拒否。

2015年1月韓国国立海洋調査隊、独島北の暗礁をカンチ（アシカ／海馬）礁と命名。

以上、韓国は、独立後、独島に対し、その領土要求を提起して、古来、韓国領

土であったとの学説がナショナリズム運動の一環として国民的論議をもって展開され、独島の強行支配を堅持した。

そこにおけるそれぞれの主張の論点は、以下の通りである。

韓国の主張

独島は、古来、鬱陵島の属島で、韓国領土である。

その「古来、韓国領土」であるとの表現は、国際法上、いかなる支配にあっても、自国支配とすることができるというもので、中華主義の原則であって、中国は南シナ海諸島の維持・回復に適用している。

2008年8月8日韓国外交通商部は、文書「獨島は韓國の領土――獨島に對する大韓民國政府の基本的立場」を発表した。その論点は、以下の通りである。

1、独島に対する地理的認識――「世宗実録」地理志（1432年）で確認できる。

2、韓国の古文献の中の独島――新羅が于山国を服属させた。

3、江戸／明治時代における獨島の所属に関する基本認識――竹島外一島についての指令（1877年）で独島は日本領土でないと日本は認めた。

4、独島に対する大韓帝国の確固たる認識とその統治――大韓帝国は、勅令第41号（1900年）に基づいて統治していた。

5、独島に対する日本の不法的領土編入――日本は島根県告示第40号（1905年）で独島を侵奪した。

6、第二次世界大戦後、大韓民国による独島領有権の再確認――独島はサンフランシスコ平和条約（1951年）で日本の統治／行政の範囲から除外されたことが再確認された。

日本の主張

1949年サンフランシスコ平和条約草案において竹島は日本領であると確認されており、1951年平和条約は、竹島は放棄していない。

連合国総司令部覚書SCAPIN第677号は、1946年1月日本の政治権力を暫定的に停止したが、そこには、日本の4大島（北海道、本州、九州、及び四国）と並んだ、伊豆諸島と共に竹島も含まれていた。

同SCAPIN第1033号は、1946年6月22日マッカーサー・ラインとして漁業許

可区域を定めたが、それは、「日本船舶又はその乗組員は竹島から12海里以内に近づいてならず、またこの島とのいっさいの接触は許されない」（第6項）とあるが、「この許可は、当該区域又はそのいかなる区域に対しても、国家統治権、国境線、又は漁業権についての最終的決定に関する連合国の政策の表明ではない」（第3項）であるので、それは、日本の竹島放棄を意味しない。なお、このマッカーサー・ラインは、1952年4月28日廃止され、対日平和条約の条件となっていない。

対日平和条約交渉における領土関係文書は、1951年7月梁駐米韓国大使がアチソン米国務長官に対し、わが国は日本が朝鮮並びに済州島、巨文島、鬱陵島、独島、及び波浪島を含む、日本の朝鮮併合以前に朝鮮に一部であった島嶼に対するすべての権利、権原、及び請求権を、1945年8月9日に放棄することの確認を要望した。これに対して、ラスク極東担当国務次官補は、8月の返書で、「独島又は竹島ないしリアンクール岩として知られる島は、1905年当時から、日本領土であり、島根県隠岐島支庁の管轄にあり、かつて朝鮮によって領有権の主張がなされたことはない」と言及した。サンフランシスコ平和条約では、当然に日本領土とされた。

1951年7月19日送付の、梁佑燦在米韓国大使のアチソン米国務長官あて書簡は、以下の通りである。

　　書簡をもって啓上する。本大使は、近時の改訂された対日平和条約草案に関する以下の要望を国務省において検討されたく、わが政府の訓令に基づき閣下に提出する光栄を有する。

1、わが政府は、第2条a項の「放棄する」という語を、「朝鮮、並びに済州島、巨文島、鬱陵島、独島、及び波浪島を含む日本による朝鮮の併合以前に朝鮮の一部であった島嶼に対するすべての権利、権原、及び請求権を、1945年8月9日に放棄したことを確認する」と置き換えるよう、要望する。

2、（在韓日本資産接収・移転の承認）……

3、（マッカーサー・ラインの存続）……

本官は、以上を申し進めるに際し、ここに重ねて閣下に向かって敬意を表する。

　1951年8月10日送付の、ラスク極東担当国務次官補の梁韓国大使あて書簡は、以下の通りである。

　　閣下

　私は、貴下の1951年7月19日付及び8月2日付の書簡を受け取り、日本との平和条約草案の幾つかの点について米国政府の検討を要請する旨を確認することを光栄に存じる。

　草案第2条aを、日本が「韓国、並びに済州島、巨文島、鬱陵島、独島及び波浪島など日本による韓国併合以前に韓国の一部であった諸島に対するすべての権利、権原、及び請求権を、1945年8月9日に放案したことを確認する」と改訂するという韓国政府の要求に関しては、米国政府は、このような提案によって修正することに賛同することはできないことを、遺憾に存じる。米国政府は、日本が1945年8月9日にポツダム宣言を受諾したと同時に、日本が宣言で定めるこれら地域に対する主権を正式又は最終的に放棄したという理論を条約がとるべきだという意見を持していない。独島、又は竹島ないしリアンクール島として知られる島に関しては、この通常人の住まない岩島は、われわれの情報では、韓国の一部として扱われたことは決してなく、おおよそ1905年から日本の島根県隠岐島庁の管轄下にあり続けている。この島は、これまで韓国によって領土主張がなされていないと思われる。「波浪島」なるものを日本が放棄したものとして条約に名前を挙げる島の中に加えるという韓国政府の要望は、取り下げられたと理解する。

　米国政府は、草案第4条aの文言が誤解されやすいことに同意し、したがって韓国政府の見解と一致させるため、aの冒頭に「本条bの規定に従うことを条件として」という句を挿入し、次いで下記の通り新たにbを追加することを提案する。

b　日本国は、第2条及び第3条により規定される地域において、米国軍

政府の指令によってなされた日本国及び日本国民の財産の処分の有効性を認める。

現在の第4条bはcになる。

米国政府は、韓国政府の草案第9条の修正案を遺憾ながら受け入れられない。公海上の漁業を統制する条項を条約に含めようとすることは、多くの国の利害が関係することから、条約締結を無制限に遅らせることとなろう。但し、いわゆるマッカーサー・ラインは条約が発効するまで有効であり、第9条の利益を得る韓国は、当該発効日までに日本と漁業協定を協議する機会を得られる点は指摘しておく。

韓国政府による条約の第15条aの利益を得たいという希望については、戦時中に、韓国に起源を有する日本にいる人々の財産が、日本政府により没収されたり、その他妨害されたりしていないことからすれば、日本に当該財産を返還するように義務付ける必要はないものと思われる。そのような人々が日本国民の地位を有していた事実からすれば、戦争の結果としてその者たちの財産への損害補償を得るものとすることは妥当とは思われない。

ここに重ねて、閣下への最高の敬意を表する。

国務長官に代わって　　　　ディーン・ラスク

そこでは、古来、韓国領の一時的占領では、国際法上の主権移転は発生しないというのが、韓国の主張である。これに対して、日本は、竹島の権原や主権の放棄に同意していない、としている。元来、自国領土であるとする主張は、尖閣諸島に対する中国の主張であると同様に、物的管理の行使及び実効性が判断の要点とされるしかない。ここに、韓国の独島支配が成立しているとされているところである。

日本の一部には、竹島の日本領土とする発言に躊躇する動きがある。韓国での強烈な独島擁護運動に対して、日本社会では関心が低く、日本には領土問題はないとして議論したがらない。日教組の北海道教職員組合は2006年11月竹島について「韓国の主張が事実」と主張しているが、それは、その韓国の主張への深い

理解にあるのではなく連帯の手段だというにある。

　因みに、1951年9月8日調印の、日本国の平和条約の関係条文は、以下の通りである。

　　第3章　領域

　　第2条(a)　日本国は、朝鮮の独立を承認して、済州島、巨文島及び鬱陵島を含む朝鮮に対するすべての権利、権原及び請求権を放棄する。

　　(b)日本国は、台湾及び澎湖諸島に対するすべての権利、権原及び請求権を放棄する。

　　(c)日本国は、千島列島並びに日本国が1905年のポーツマス条約の結果として主権を獲得した樺太の一部及びこれに近接するすべての権利、権原及び請求権を放棄する。

　　(d)日本国は、国際連盟の委任統治制度に関連するすべての権利、権原及び請求権を放棄し、且つ、以前に日本国の委任統治の下にあった太平洋諸島に信託統治制度を及ぼす1947年4月2日の国際連合安全保障理事会の行動を受託する。

　　(e)日本国は、日本国民の活動に由来するか又は他に由来するかを問わず、南極地域のいずれの部分に対する権利若しくは権原又はいずれの部分に関する利益についても、すべての請求権を放棄する。

　　(f)日本国は、新南群島及び西沙群島に対するすべての権利、権原及び請求権を放棄する。

5、竹島切手事件

　韓国では、1954年に独島切手が発行され、日本政府が抗議し、その切手を貼った郵便物の扱いを拒否した先例があった。

　2002年に切手セットの一部に独島が使用される事件があった。

　2003年9月独島の四季を描いた4種の切手の2004年発行計画が判明し、日本総務省は、「外交問題と認識されているテーマを切手にすることは、国際協力を

第9章 独島／竹島紛争

図9-15 韓国の独島切手、1954年

図9-16 韓国の独島切手、2004年

図9-17 日本の竹島切手、2004年

図9-18 北朝鮮の独島切手、2004年
（注）左は竹島で、古地図は逆さに印刷され、○は別の島である。

謳った万国郵便条約にそぐわない」と韓国に通告した。12月外務省が韓国に対し「良識ある判断」を求める。この中止問題で、韓国郵政事業本部は2004年1月8日「切手発行は各国独自の権限」で、「独島の優れた自然環境を題材にした正常な手続きに基づいて発行するもので、万国郵便条約の趣旨に反しない」と反論した。12日川口順子日本外相は、この問題で尹永寛外交通産相に、発行中止を申し入れた。14日盧武鉉韓国大統領は、独島は「韓国が実効的に支配しており」、日本の中止要求には応じないとわざわざ言及した。

1月16日韓国で発行された独島切手は、花で美化されており、西島のみを描いていた。その切手は4枚1組で計56万組224万枚販売されるが、人気の集中で1人8組（32枚）の購入に制限された。その切手発行で、韓国外務部は、独島は「歴史的に地理的にも韓国の領土であり切手発行に至極当然のこと」と表明した。同日川口外相は駐日韓国大使に対し「切手の発行は到底容認できない」と抗議した。それ以上に、竹島ナショナリズムの高揚で、韓国自体、その対応の難しさに直面した。日本郵政公社は、韓国が1月発行した切手の通用を拒否した。したがって、その切手で、日本に郵便を送付することはできなかった。

日本郵政公社も、1月下旬に竹島切手が発行され、通用していた。それは、東京都内の切手販売業者が発行を申請して、処理されていた「写真付き切手」であった。発行されたのは、80円切手の10枚組が10シート、50円切手の20枚組4シート、90円切手の20枚組2シートで、いずれも竹島の写真を使用している（「業者の申請受け竹島切手を発行」朝日新聞、2004年3月4日夕刊）。

1月17日北朝鮮は、この事件を「日本の動きが露骨になっている」と報道した。そして、3月29日北朝鮮が独島切手の発行を準備していると、韓国情報筋が報じた。その切手は4月18日発行されたが、その切手には日本の不法占拠を謳っていた。韓国は、この北朝鮮切手の韓国への持込みを、国内事情から禁止した。北朝鮮の切手は、竹島の自然を描いていて、独島の古代地図を天地を逆にしたまま使用しており、島も違っていた。北朝鮮放送は、「切手は、独島が歴史的にわが国の島だったことをはっきりさせる」と朝鮮切手社の発言を伝えた。その北朝鮮の意図は、韓国領土は北朝鮮領土であることの原則に立っており、及びそのな

260

図9-19 北朝鮮の独島切手、2014年

かで韓国の大義を認めつつ発行したことにあった。というのも、北朝鮮の版図として韓国を含む朝鮮半島が描かれているからで、古い文献を参照している。北朝鮮は2005年にも独島切手を発行している。

日本では、その韓国独島切手の日本での通用を停止していたが、一方、3月28日日本の竹島切手もその使用が停止され、それは日本郵政公社の「事務上のミス」ということで、事件は落着した。この事件について、当然に、竹島が日本領土である以上、その国の主張を抑えてまで、国際親善を図ることはどうかというサンケイ社説の指摘もあった。

2014年に北朝鮮は、独島切手を発行した。

6、竹島紛争の解決

日本・韓国は、1965年12月28日日韓条約の批准・発効で、両国間の紛争は、その際、締結の紛争解決に関する交換公文に従い解決されることになっている。

1965年12月28日成立の、日韓条約の紛争解決に関する交換公文は、以下の通りである。

 韓国側書簡

  書簡をもって啓上いたします。本長官は、両国政府の代表の間で到達された次の了解事項を確認する光栄を有します。

  両国政府は、別段の合意がある場合を除くほか、両国間の紛争は、ま

ず、外交上の経路を通じて解決するものとし、これにより解決すること
ができなかった場合は、両国政府が合意する手続に従い、調停によって
解決を図るものとする。

　本長官は、さらに、閣下が前記の了解を日本国政府に代わって確認さ
れることを希望する光栄を有します。

　以上を申し進めるに際し、本長官は、ここに重ねて閣下に向かって敬
意を表します。

　　1965年6月22日

　　　　　　　　　外務部長官李東元

　　日本国外務大臣椎名悦三郎閣下

日本領書簡

　書簡をもって啓上いたします。本大臣は、本日付けの閣下の次の書簡
を受領したことを確認する光栄を有します。

（韓国領書簡）

　本大臣は、さらに、前記の了解を日本国政府に代わって確認する光栄
を有します。

　以上を申し進めるに際し、本大臣は、ここに重ねて閣下に向かって敬
意を表します。

　　1965年6月22日

　　　　　　　　　日本国外務大臣　椎名悦三郎

　　大韓民国外務部長官　李東元閣下

　日韓国交正常化交渉は、日韓最大の課題であり、それは韓国の近代化実現に
とって解決すべき前提とされ、その最後の議題が竹島問題であった。その妥協に
は、李長官が「韓国側の代表団が帰国後、本件（紛争の解決）領海には竹島が含
まれていないとの趣旨の答弁をすることがあっても、日本側からは、公式に直
ちに反論を行なわないでほしい」、それは、われわれの命にかかわるからである、
「もっとも、後日、日本が国会で竹島を含む旨の答弁を差し控えるようお願いす
るつもりはない」と要請し、佐藤栄作日本首相が了解した経緯がある。ともあ

262

れ、調停手続きは韓国が同意しない限り、付託されないで残るところとなった。いいかえれば、ここに竹島問題は将来も封印されてしまった。

したがって、韓国は、それの法的紛争を封じ、その法的適用は、「古来、韓国領」の論理で、韓国が応じることなく、韓国は当然の成行きとして実力行使による実質的解決へと向かうことになる。

そして、2005年以降、その紛争は新しい局面に突入した。

2005年3月16日島根県議会が「竹島の日」制定条例を可決した。これに対し、翌17日盧武鉉韓国大統領の主導下に国家安全保障会議が「対日新ドクトリン」を発表し、23日大統領は対日関係に関する国民向け談話「最近の韓日関係に関して国民の皆さんに述べる言葉」を発表した。そこで指摘されたのは、小泉首相の靖国神社参拝、竹島の日制定、歴史教科書の歪曲などは「日本がこれまでの反省と謝罪をすべて白紙に戻す行為」で、「日本は自衛隊の海外派兵の法的根拠を設け、再武装の論議を進め」、それは「われわれに過去を想起させ、未来を不安にさせる行為」で、それは「韓半島と北東アジアの未来がかかった問題であるため、侵略と支配の歴史を正当化し、再び覇権主義を貫徹せんとする意図で、これ以上黙ってはおられない。政府も、今や断固、対応せざるをえない。日本との厳しい外交戦争もありうるだろう。今回こそは、必ず根絶やしにする。われわれは、勝利するだろう」と宣言した。さらに、この日本との外交戦争は経済・社会・文化交流を萎縮させ、韓国経済を萎縮させるものではなく、そんな懸念を心配することなく、国家は、解決すべき負担があれば、それに耐えなければならない、と訴え、戦争は勝利する、と強調した（朝鮮日報、2005年3月17日）。

韓国は、いよいよ日本との竹島問題の外交戦争に突入した。今後、内政と連関した対外的イメージ操作の増幅は止まることはなくなった。この談話は、乾坤一擲の大パフォーマンスで、ポピュリズムの政治である。そこには、外交交渉の迷路打開というよりも国民支持のための政治操作を優先させる局面への転換にあった。3月23日中央日報社説「大統領は一歩控えよ」は、「韓日関係を取り戻しのつかない最悪の関係に追いやることは、事態の収拾につながらない。短期的には韓国国民の感情的な支持を得ることがあろうが、長期的な韓国と韓国大統領に負

担をかけることになる」と批判した。

　米国オレゴン州自動車管理局のホームページ、朝鮮語の運転マニュアルに、翻訳者米系韓国人が「独島は韓国領土である」との記事を追加し、オレゴン州政府は、その追加記事とその運転マニュアルをすべて削除した（削除された頁は"Oregon and Korea," Youtube, 2007-12-11である）。これに対し、翻訳者は、その記事は韓国系住民のもので問題はない、と反論した。こうした国際社会運動は今後さらに争点を拡大して、米国とかフランスとかでイメージ戦争として展開していくことになろう。

　竹島問題の解決はどこにあるか。領土帰属紛争にもかかわらず、国際司法裁判所への付託による解決は見出されない。それは、いかなる形であれ、交渉の議題となることはなかろう。そこでは、いま1つの重要な主題を取り上げていない。それは、島根県住民の生活とその環境の問題である。彼ら漁民の生活が李ライン以来、封じ込められてきた現実である。韓国は、すべてを拒否している。国家間の法的紛争のために、本来、共存すべき漁業を封じ込まれていることは許されない。それは、近隣海域における日韓漁業戦争にあるといわねばならない。日韓漁業協定があるが、その漁業地域を設定した実務的調整協定が政治交渉の協定となり、かくして成立した調整協定も実施されない。正しく、漁業戦争にある一方、竹島領土紛争はナショナリズムの貫徹に転化してしまった。生活漁民のために、漁業戦争を先ず解決し、解消しなければならない。

7、独島／竹島学界論争

　韓国では、政府も学界も、独島は、古来、韓国領土であると、明確に理解している。それは、独島の歴史と認識の解明にあり、鬱陵と于山は別個であると一貫して解明されている。これらは、国語学者方鍾鉉、歴史学者崔南善、洪以燮、国際法学者申基碩らを先駆とした。

　そこでの論点は、以下の点にある。

　1、鬱陵島と于山島に関する検証。

第9章　独島／竹島紛争

2、安龍福の対日談判の検証。

3、日本政府の竹島以外一島の意味。

4、独島を石島としての編入にもかかわらず、日本政府が竹島の島根県編入措置の意図。

5、日本の敗戦に伴う独島の現状回復。

6、対日平和条約の法的紛争。

最後の論点は、日本政府が国際司法裁判所への提訴を通じて、歴史論争を法的論争に転化するもので、韓国は拒否しているが、それについて金明基は当事者の合意にないものは提起できないのは、国際法の違反行為ではないと結論づけている。

その論点が拡大するとともに、研究者の拡がりをみせ、歴史学者宋炳基、外交史学者廬啓鉉、地理学者李燦、国際法学者李漢基、金明基、金正均、金柄烈、金榮球、白忠鉉、書誌学者梁泰鎮らが成果を上げ、なかでもソウル大学の慎鏞廈は、1997年1月独島研究保全協会を主導し、『独島研究叢書』10巻を刊行し、特に『領有権資料の探求』第1巻～第4巻（2000年）の資料の体系化は大きな成果であった。慎鏞廈『史的解明　独島／竹島』（1996年、日本語版1997年）の刊行は、その問題の大きな理解を促した。そして、新しい世代の研究者が東北亞歴史財団の傘下に2008年8月14日創設の独島研究所に参加している。多くの大学校には独島研究所の活動もあり、こうしたなかでも注目されるのは、国際政治学者、東亞日報社長・会長を歴任した金學俊の『獨島はわが領土』（1996年）／日本語版『獨島——竹島韓国の論理』（2004年）及び『獨島研究——韓日間論争の分析を通じた韓國領有権の再確認』（2010年、日本語版2012年）の刊行は、これまでの研究集成としてその論証において画期的な意義があった。

一方、局面は、竹島の帰属は小中華ナショナリズムの貫徹にあると位置づける方向へと移行した。

これに対し、日本の学界は、資料の研究が進められる一方、その帰属をめぐって対立している。実際、日本では、領土問題はないとする空論的所説が問題の研究と解決を回避する傾向を助長している。歴史学者内藤正中は、在日韓国人研究

265

者朴炳渉との共著『竹島＝独島論争——歴史資料から考える』（2007年）、及び
『竹島・独島——史的検証』（2007年）で、日本の研究者による研究の怠慢を指
摘し、日本政府の竹島の主張は、以下の3点で間違っていて通用しない、と指摘
した。

1、日本は竹島の固有領土説をとるが、幕府と明治政府は、2度にわたって日
　本の領土でないと明言していて、固有領土とは対外的に主張できない。

2、1905年の日本領土編入は、先占の法理が合理的に適用されたものではない。
　日本政府は、韓国領を無主地とは一方的に断定できない。

3、対日平和条約には、竹島の帰属は明記されていない。したがって、竹島は、
　日本領として残されたとは解釈できない。

　内藤は、韓国では国民的議論が深められているが、日本では50年前の議論で
しかない、と指摘する。しかし、このことをもって、日本の歴史理解が欠けてい
るとはいえない。対日平和条約に竹島の用語がないからといって、日本領土であ
ることが否定されているとはいえない。1905年の措置は、先占の法理に従って
いない。竹島、鬱陵島、磯竹島、松島などの、島名の混乱は歴史的に解明される
べきとされ、解明されてきた。日本の敗戦で竹島は韓国に帰属したという所説が
あるが、それは法的に成立しない。日本の米国施政への移行は、それが日本の施
政中断であっても、そのことをもって韓国領土の回復ないし韓国領土への移転の
成立を意味づけたとはいえない。それは、権力の一方的行使の結果として、その
事態が成立するところとは異なり、それは権力の奪取といえるものである。現在
の、韓国の独島に対する物的支配は、軍事占領と解するしかない。それで、その
ための実効的な立論を成立させるためには、国民的要求の成就であると論断する
ところとなっている。

　これに対応した所説が竹島放棄論である。その論理は、「日本政府は歴史教科
書と独島の領有権主張により、後世に誤りを残し、平和を損なう」心は直ちに中
断しなければならないと、2011年2月27日日韓キリスト教議員連盟日本側会長
土肥隆一衆議院議員、民主党党倫理委員長は論断した。彼は、同月竹島問題の解
決策として日韓共同宣言の竹島放棄論に署名した。この点の日本国民の批判に対

し、土肥は共同宣言は外交文書でないとして、その共同宣言の意義を強調した。

　一方、日本では、竹島の歴史的経過、そして国民的合意形成への努力が重ねられ、島根県竹島問題研究会の下條正男らは、竹島は日本領であった事実を確認し、そして、国民的理解を深めるべく「竹島の日」が制定された。

　2008年7月26日米国政府の地名委員会は、主権未画定として、無主地扱いとした。これに国民世論が沸騰し、同日韓国首相韓昇洙は独島を訪問して、韓国領であること世界に誇示した。在米韓国大使李泰植も国民世論を代弁して厳しく抗議し、1977年7月からリアンクール岩は韓国領であると記載を改めた。こうした経過から、日本政府は、教科書での竹島の不法占領、あるいは竹島の日本領の記載を強めるところとなった。竹島論争は今や学会論争の域を超えて、ナショナリズムの拮抗へと移ってしまった。

第10章　朝鮮半島の海上境界

　朝鮮半島は、北の満州から延び、西は中国の黄海であり、東は日本の日本海である。そして、南の先は朝鮮海峡、済州海峡である。したがって、西は西海、東は東海でなくてはならず、朝鮮海峡の支配はこれに接する対馬海峡が対馬と共に、半島の領土でなくてはならない、とする中華主義の適用的理解をとる。

　皮肉にも、半島は南北で分断され、南部の韓国は半島全体がその領土であるとしている。北部の北朝鮮は、その半島の支配が分断されているので、南部を統一してその不正常な状態が糺されなければならないとしている。

　この半島支配の原則が打ち出されているのが、その李ラインで、北部にも拡大しており、その半島の先にある中華圏にない日本に対する半島への封じ込めを原点としている。それは、李承晩の対日視点及びイデオロギーに帰せられる。この認識図式は、日韓基本条約による関係正常化にもかかわらず、韓国では、変わっていない。そして、南北統一のシナリオにも、その認識図式が機能している。こうして、統一シナリオは日本のせいで成功しないという論理が働く。一方、対南工作・軍事工作などの北の統一政策の強硬な遂行に直面して、南は、自国の安全保障への対処が不可欠となってきた。そこで、韓国は北朝鮮の海上防衛体制の強化に対応して領海法を制定し、領海に対する領土資源の防衛を打ち出した。同時に、日本との間で大陸棚協定を締結し、そこでの大陸棚の自然延長説を貫徹するべく、結局、日本と南部共同開発協定を締結したが、その共同開発は、その目的が自らの海底石油資源の確認・確保にあったことで、自らがその協定を崩してし

269

まっている。

1、李承晩と韓国の国際認識

　韓国の独立をめぐる基本図式は、李承晩の対日認識に発し、それは竹島紛争、そして対馬紛争の原点となっている。そして、李承晩の統一の未達成も、それを日本のせいにする論理が働いている。それを補強するのが中華文明圏にある文明国としての存在であり、その中華主義のイデオロギーは小国ナショナリズムの根底を形成している。

　李承晩のかかる思想形成は、彼が1875年生まれで、朝鮮が江華島事件で日本に開国を迫られ、列強の勢力圏の争いとなった舞台のなかで、朝鮮が日清戦争・日露戦争を通じ日本の植民地に転落していた時期にある。彼は、そこで海外に亡命して独立運動に献身し、第二次世界大戦の終結で帰国し、1948年8月韓国の独立を果たしたが、それは南部の独立で、朝鮮戦争にもかかわらず、北進統一は果たせなかった。その原因は、すべて日本の植民地化にあるとされる。日本の開国への干渉は、近隣国として朝貢国ではなく対等な国際関係への主権国としての参加を求めるものであった。しかし、韓国はそれに応じなかった。朝貢国からの中華文明圏にない非文明国日本への対応は、事大主義関係の韓国体制を崩すばかりか、非文明国に屈するものであった。

　李承晩のアメリカ留学での大義は、米国を後盾に日本を牽制することであった。いいかえれば、植民地化以前の米国・朝鮮通商条約の周旋条項（第1条）に基づく米国の発動を期待した。1905年8月ルーズベルト米大統領に会談したのも、そのためであった。米国はその直前に桂・タフト協定を締結し、日本の朝鮮に対する宗主権を認めていた。結局、彼は、大韓民国臨時政府大統領として外交活動を続けることになった。その過程で彼が執筆したのが『独立精神』で、その新聞記者活動から日本が西洋文明を受け入れて開化・発展し、一方、中国を裏切ることは道理に反すると、中華思想にしがみつく朝鮮の時代遅れを認識した。しかし、彼の理解は、1941年にニューヨークで発刊した*Japan Inside Out: The*

第 10 章　朝鮮半島の海上境界

*Challenge of Today*で、その認識はまったく一変した。序文には親日的なアメリカ社会への警告があり、朝鮮の事項を引用しつつ日本人悪人説を徹底的にかかる最大扇動的に記述する意図が明白で、日本の皇室は全人類の父母とする神国日本の行動が究明され、日本の伝統的な野心は領土の拡張にあると糾弾した。一方、朝鮮と中国は伝統的な政策として、日本の帝国主義野心を曝露しなければならないとした。朝鮮独立運動においては、こうした李承晩の転換において中国在留民族主義分子の間では、李承晩声討文を提出された。それに対する李承晩の回答は、中華主義へのいっそうの傾斜とともに反日認識の射程を深めるだけであった。

2、李ラインの宣言

1952年1月18日韓国大統領李承晩は、海洋主権宣言に基づく一方的な軍事境界線、韓国の用語では平和線を設定した。これは、海洋資源の保護のため、韓国付近の公海における外国籍漁船の操業を禁止することにあった。

その宣言の背景としては、トルーマン米大統領の大陸棚宣言が先例としてあり、マッカーサー・ラインの防衛水域を機能させ、政策目的から資源保護を名目に李ラインを発動し、日本の封じ込めを企図したものであった。

そして、その李ライン宣言の政策的意義は、以下にあった。

1、大陸棚に対する防衛水域のみか、それを拡大した李ラインを設定した。

2、その李ラインは、朝鮮半島全域に対する朝鮮水域として設定された。

3、その朝鮮の防衛水域は、防衛目的にマッカーサー・ラインとして一時的に設定され、李ラインでは防衛水域における韓国海軍の警戒水域として設定されており、それを漁業水域としても適用した。

4、とりわけ、防衛水域の拡大適用とされたのは、竹島の囲い込みにあった。

1952年1月18日公布の、李ライン宣言は、以下の通りである。

　　　十分に確立されている国際先例に依拠し、今後にわたって恒久的たるべき必要な保全の要請に促されて、大韓民国大統領は、ここに、以下の宣言を行う。

271

1、大韓民国政府は、朝鮮半島と韓国領土である島嶼の海岸線に近接する大陸棚に、その深度の如何を問わず、国家利益のために、それら大陸棚の上部、表面、及び地下において、既知又は将来発見されるであろうすべての鉱物と水産の天然資源を保護し、保全し、また利用するために、国家の主権を留保し、行使する。

2、大韓民国政府は、深度の如何を問わず、朝鮮半島と韓国領土である島嶼の海岸に隣接する水域に、以下に示す限界のなかで、最大限に、前記水域の表面に、水中に、又は海底にあるすべての種類の天然資源を留保し、保護し、保全し、また利用するために必要と見做される国家の主権を留保し、行使し、特に水産漁撈については、涸渇し易いこの種類の天然資源が、韓国住民の不利益をもたらすように開発し尽くされ、又は国家の損害となるように、減少し又は破壊されることを防ぐために、これを政府の監督下に置く。

3、大韓民国政府は、ここに、下記の通り、境界線を宣言し、保持する。それは、大韓民国政府の管轄と管理におかれる前記の水域の表面、水中、及び海底にある天然資源の管理保護地区を定義し、確定し、将来、出現する新しい発見、研究、又は利害関係によりもたらされる情況に応じて変更を受ける。

　　大韓民国の主権と保護下に置かれる区域は、朝鮮半島と韓国の領土島嶼の対外線と以下の諸線の接続によって形成される限界線との間の水域により構成される。

(1)咸鏡北道慶興郡牛岩面高頂から北緯42度15分、東経130度45分の点まで。

(2)北緯42度15分、東経130度45分の点から北緯38度、東経132度50分の点まで。

(3)北緯38度、東経132度50分の点から北緯35度、東経130度の点まで。

(4)北緯35度15分、東経130度の点から北緯32度、東経127度の点ま

で。

(5)北緯34度40分、東経129度10分の点から北緯32度、東経127度の点まで。

(6)北緯32度、東経127度の点から北緯32度、東経124度の点まで。

(7)北緯32度15分、東経124度の点から北緯39度45分、東経124度の点まで。

(8)北緯39度45分、東経124度の点から平安北道龍川郡薪島列島馬鞍島西端まで。

(9) 馬鞍島西端から韓国国境の西端と交差する点まで。

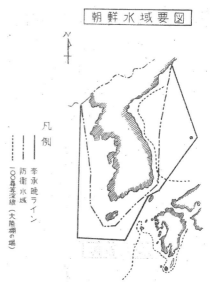

図10－1　朝鮮水域要図
(出所）杉山茂雄「李承晩ラインと朝鮮防衛水域」レファレンス、第33号、1953年、3頁。

4、隣接水域へ主権を及ぼすこの宣言は、公海における公海の自由の諸権利と抵触するものでない。

この宣言に対して、国際法上の慣例を無視した措置として、日本・米国が強く抗議した。それは、李承晩大統領の小中華主義に基づく反日感情による国民支持工作といえるもので、1965年まで続いた。1994年に発効した国連海洋条約では、その適用は正当化されてない。

1954年アイゼンハワー米大統領に提出されたバン・フリート極東使節団報告も、李ラインは違法であるとしていた。同報告は、1986年に機密解除となり、竹島の国際司法裁判所への付託を勧告していることが判明した。

この李ライン宣言に対して、韓国政府は、同1月27日、以下の注解声明を行った。

1、これは、沿岸漁業及び大陸棚の表面・地下の天然資源の保護宣言の先例に従っている。

2、宣言の保護水域は、日本占領時におけるマッカーサー・ラインと区別されるもので、「日本漁船の行動が許可される区域を限定する」ものである。但し、マッカーサー・ラインの限定性を補完する意図がある。

3、この保護水域は、領海の公海への拡張を意味しない。但し、保護水域における漁業の絶対的自由の国際法上の19世紀における見解は受け入れない。

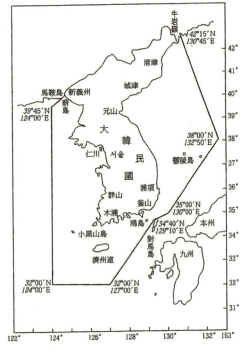

図10－2　李ラインの適用範囲
（出所）池鐵根『水産富國の野望』ソウル、韓國水産出版社、1972年、126頁。

　結局、それは、国際的宣言という形式での特定の意図に従う対外政策の限定宣言であった。同年2月9日李大統領は、その点を認めた。その李ラインは、既に本来の目的である漁業保護水域を拡大していた。それは、韓国の日本との対決に限定した誓約にあった。

　1955年11月17日布告の、韓国参謀本部の李ライン防衛声明は、以下の通りである。

　　　李ラインは、元来、日本占領当時、マッカーサー元帥によって布かれた境界線で、これは、日本の新たな侵略から韓国を守るためのものである。……日本と韓国の平和を守るためにも、最も価値ある目的について、米国が精神的支援を与えるものとわれわれは期待していたが、いままでのところこの平和線を韓国のみならず、アジアの全自由諸国の平和のた

めに守るという全責任を負わねばならなくなった。われわれは、日韓当局双方が受諾できる協定ができるまで、この平和線を守るのは、われわれの義務である。……

この李ラインで、対日平和条約で韓国編入が確認されなかった波浪島も、その範囲に含まれた。竹島も同様であった。ここに李ラインの組み込みの意義があった。

ここで言及されたマッカーサー・ラインは後、1952年9月27日国連軍韓国防衛水域として設定されたもので、それも1953年8月27日解消されいた。しかも、李ラインはそれを遙かに超えて設定しており、またその超えた部分についても、李ラインの目的とされた資源管理という理由は的確でない。

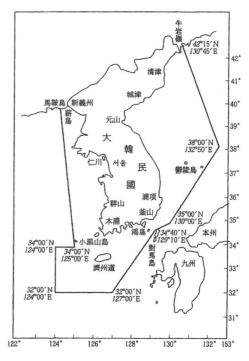

図10-3　韓国の漁業保護水域案
（出所）池鐵根『水産富國の野望』ソウル、韓國水産出版社、1972年、125頁。

1952年9月27日布告の、国連軍の韓国防衛水域の設定布告は、以下の通りである。

　　　国連軍司令官マーク・ウェイン・クラーク大将は、朝鮮海域における沿岸での攻撃を予防し、国連軍の連絡を確保し、韓国領域内に対する禁制品の輸送又は敵スパイの侵入を予防するために、海上防衛区域を設置することを布告する。

　　　この新たに設定された区域は、韓国に接続する水域で、次の諸点に囲まれる地域である。即ち、北緯42度5分・東経130度47分、北緯38度・

東経130度、北緯35度15分・東経130度、北緯33度・東経126度47分、北緯33度・東経126度、北緯34度・東経125度、北緯36度・東経125度、北緯39度37分・東経124度の諸点。済州島周辺の水域はこのなかに含まれる。

1950年6月、朝鮮において共産軍の侵略が開始されて以来、国連軍は、国連海軍及び韓国海軍をもって朝鮮半島周辺の水域を警備してきた。しかしながら、特に巨済島及び済州島付近における敵スパイ及び禁制品を載せた漁船及び小型舟艇の参入は、さらに厳格な取締りの開始を必要とするに至った。これら島嶼において暴力的な共産軍捕虜の一部の行った暴動を調査した結果、彼らは敵スパイによって支援され、煽動されていて、そのスパイは、小舟でこれら島嶼に上陸し、それは北朝鮮における共産軍司令部の指令を携えて来たものであることが明らかになった。新たな海上防衛区域に対する取締りは、これら敵スパイの参入を絶滅し、小舟を利用する捕虜との不法な連絡を阻止し、かつ禁制品についての商業活動を停止させることが企図されている。

本日布告された措置の計画に当っては、クラーク大将の代理者はこれら措置が韓国市民によって完全に了解されるべく、9月23日李韓国大統領との間で詳細にわたる事項が討議されている。

韓国周辺の防衛水域の取締り実施の責任は、クラーク大将によって極東海軍司令官に与えられている。

1953年8月27日発出の、国連軍司令官クラーク大将の韓国防衛水域実施停止の指令は、以下の通りである。

国連軍司令官マーク・ウェイン・クラーク大将は本日、国連海軍各艦隊に韓国防衛水域実施の停止を指令した。

この区域は、昨年9月、韓国と朝鮮半島の南の済州島に直接隣接する水域に、国連軍の軍事行動の安全又は成功に危険を及ぼしうるような船舶を拒否するために設定された。

この区域が設定されると同時に、クラーク大将は、朝鮮における敵対

行為の期間中の軍事的考慮は、国連軍の利益に反するような行為をする分子を拒否するために、これら水域を使用することが要請された、と声明した。

本日の布告において防衛水域の実施は、大韓民国に対する敵スパイ及び禁制品の侵入を禁ずることにおいて絶滅的に効果的であったことが証拠立てられたことを、一般的に明らかにした。

さらに、この地域の停止は、休戦協定の精神と文言の両方を守るに当たっての国連軍の審議の、より進んだ指標である、と付する。

日韓国交回復で平和線は解消された。但し、その管轄水域の規定は、1953年12月漁業資源保護法に継承され、再び確認された。

1953年12月1日公布の、韓国の漁業資源保護法の抜萃は、以下の通りである。

第1条　朝鮮半島及び附属島嶼の海岸と左の各線を連結することにより組織される境界線の間の海洋を、漁業資源を保護するための管轄地域（以下、管轄地域と称する）とする。

1、咸鏡北道慶興郡牛岩面高頂から、北緯42度15分、東経130度45分の点に至る線。

2、北緯42度15分、東経130度45分の点から、北緯38度、東経132度50分の点に至る線。

3、北緯38度、東経132度50分の点から、北緯35度、東経130度の点に至る線。

図10－4　韓国の漁業管轄地域
（出所）ジュリスト、1965年8月1日号、20頁。
（注）共同規制水域は、1965年日韓漁業協定に従っている。

4、北緯35度15分、東経130度の点から、北緯32度、東経127度の点に至る線。

5、北緯34度40分、東経129度10分の点から、北緯32度、東経127度の点に至る線。

6、北緯32度、東経127度の点から、北緯32度、東経124度の点に至る線。

7、北緯32度15分、東経124度の点から、北緯39度45分、東経124度の点に至る線。

8、北緯39度45分、東経124度の点から、（平安北道龍川郡薪島列島）馬鞍島西端に至る線。

9、馬鞍島西端から北へ韓・満国境西端と交差する直線。

第2条　管轄水域内で漁業をしようとする者は、主務部長アカンの許可を受けなければならない。

李ラインの適用地域と漁業資源保護法の管轄地域とは同一である。

3、李ラインの問題点

この対日平和条約発効直前における平和線の宣言は、その解決に長い歳月を要し、多くの禍根を残した。その問題点は、以下にある。

1、日・韓両国は、正常な関係にはなかった。国交正常化交渉は賠償請求権をめぐって紛糾し、遅々として進まなかった。両国はともに米国の庇護下に反共主義を旨とする西側陣営にあったが、李承晩大統領は、日韓併合以来の、長年にわたる反日闘争の戦士としての民族主義者であった。1948年韓国の樹立とともに、強硬な反日態度を堅持して、韓国人は日本人に対して中華主義としての文明国たる自覚の報復姿勢を貫いた。

　日本は1952年11月巡視船を哨戒配備して日本漁船の保護に当たったが、しかし、韓国警備艇の強行手段による魚船の拿捕を阻止し、韓国警備艇の発砲を封じることはできなかった。韓国により不法に抑留された日本人は

3,929人、拿捕された船舶は328隻、死傷者は44人を数えた。これは、戦闘行為にも等しい事件であった。

2、この紛争が長引いたのは、米国が2国間問題であるとして積極的に介入しなかったためである。韓国での李承晩の退陣後、政治混乱を収拾して朴正熙が大統領に就任した。経済復興と民族の悲願である南北統一が朴政権の課題であった。日本との戦後処理である国交回復こそ外交課題であり、それには李ラインを撤廃して安全操業の確保を実現することであり、この実現によって日本からの資本導入による経済回復の課題が達成できるという方向にあった。この方針は、朝鮮半島の安定化のためにも、米国も強く支持し、もって日韓関係の正常化と李ラインの撤廃となった。

3、李ラインの国際法上の非合法性は明白であった。1951年の国際法委員会における大陸棚及び関連事項の条約草案は「沿岸国が資源保存の規制に参加しうる特殊的地位を認めたが、いかなる水域でも漁業を行おうとする他国民を排除してはならない」と排他的独占権は認めていない。1953年の国際法委員会の草案も、同様であった。当時は、国際法上、特定の領海200海里は認められていなかった。したがって、マッカーサー・ラインを越えて、外部に、つまり日本寄りに設定された李ラインは、国際法において認められるものではなかった。

4、竹島は、この李ラインで、韓国領とされてしまった。その李ラインは、竹島を組み込むことを基準に設定されたという解釈が成立している。そして、1965年の李ライン廃止後も、韓国は竹島の管理方針を変えなかった。韓国は、漁業権を理由に警備隊を派遣し、そしてその主張は領土権にまで拡大し、それを1996年にその支配を実現した。

韓国の独島での日本漁船に対する発砲命令は、1955年11月17日の外務部長官卞榮泰の独島声明である。

　　　獨島は日本の韓国侵略に対する最初の犠牲である。解放とともに、獨島は、わが国に戻ってきた。獨島は韓国獨立のシンボルである。……わが民族の栄誉の錨である。これを失って、いかに獨立を守れようか。日

本が獨島の奪取をはかるのは、韓国に対する再侵略を意味する。

1965年日韓基本条約・日韓漁業協定が締結され、李ラインは廃止された。しかし、その根底にあった独島の組み込みという方針は変更されることもなく、独島の韓国接収が敢行されていた。その一方、この基本条約で請求権は完全に解消したものの、2000年以降、日韓基本条約・請求権協定で解決した請求権問題が登場し、東北亞歴史財団も、『国際法からみた韓日問題』（2008年）に取り組んだ。

4、日韓大陸棚協定

1970年代を通じ大陸棚の共同開発は、新たな海底油田開発の取り組みとして、現実的で画期的な開発構想として提起された。この構想を実現して、1974年1月日本・韓国は、両国に隣接する大陸棚北部の境界画定協定とともに、両国に隣接する大陸棚南部共同開発に関する協定に調印した。大陸棚開発地域については、日本が中間線の境界を主張したのに対し、韓国は大陸棚の画定をめぐり多数派とされる「自然の延長」理論に立っており、少数派の理論を貫徹した日本の交渉は国際的に先駆的な意義があった。日本内部では、日本が交渉をめぐり譲り過ぎたとの批判も強かった。しかし、日本としては、共同開発こそ現実的な選択であるとする外交方針を貫くことができた。他方、日本には、韓国による一方的な開発を封じるという使命があった。そこでは、以下の議論が残り、回答が引き出された。

1、共同開発で、日本の漁業は維持できるか。その法的措置は十分確立している。

2、この境界画定で中国が反発しないか。中国は自然延長論の立場にあるが、日本としては、境界線は中国との交渉の余地を残した形で、韓国との間で決着した。但し、中国は、その原則的立場を、大陸棚協定の調印後に確認した。

3、経済水域理論は、大陸棚理論に優先するのか。日本が200海里経済水域を

設定しても、韓国は、この協定の対象地域である海底区域が韓国に帰属するとの大陸棚の立場を維持した。にもかかわらず、日韓協定の共同開発の権原は損なわれることはなかった。

4、領海12海里が適用されると、領海の拡張になり、当該地域はどうなるか。当該地域は、当然に領海の適用を受けることになり、この点では、日本、韓国に見解の相異はない。

5、共同開発の最大期間50年に混乱は生じないか。このために、協定では、探査権は8年、採掘権30年とし、それぞれ延長を認めて48年から50年と設定された。日本の鉱業権は、試掘期間2年と規定されており、2回の延長しか認められない。但し、採掘権は無期限となっている。

依然、問題を残したままの協定成立には、日韓協力の新しい展望があった。

1974年1月30日調印の、日本・韓国北部境界画定協定の抜萃は、以下の通りである。

第1条　1、両国に隣接する大陸棚の北部において、日本国に属する大陸棚と大韓民国に属する境界線は、次の座標の各点を順次に結ぶ直線とする。

座標1　　北緯32度57.0分東経127度41.1分

座標2　　北緯32度57.5分東経127度41.9分

座標3　　北緯33度　1.3分東経127度44.0分

座標4　　北緯33度　8.7分東経127度48.3分

座標5　　北緯33度13.7分東経127度51.6分

座標6　　北緯33度16.2分東経127度52.3分

座標7　　北緯33度45.1分東経128度21.7分

座標8　　北緯33度47.4分東経128度15.5分

座標9　　北緯33度50.4分東経128度26.1分

座標10　北緯34度　8.2分東経128度41.3分

座標11　北緯34度13.0分東経128度47.6分

座標12　北緯34度18.0分東経128度52.8分

座標13　北緯34度18.5分東経128度53.3分

座標14　北緯34度24.5分東経128度57.3分

座標15　北緯34度27.6分東経128度59.4分

座標16　北緯34度29.2分東経129度　0.2分

座標17　北緯34度32.1分東経129度　0.8分

座標18　北緯34度32.6分東経129度　0.8分

座標19　北緯34度40.3分東経129度　3.1分

座標20　北緯34度49.7分東経129度12.1分

座標21　北緯34度50.6分東経129度13.0分

座標22　北緯34度52.4分東経129度15.8分

座標23　北緯34度54.3分東経129度18.4分

座標24　北緯34度57.0分東経129度21.7分

座標25　北緯34度57.6分東経129度22.6分

座標26　北緯34度58.6分東経129度25.3分

座標27　北緯35度　1.2分東経129度32.9分

座標28　北緯35度　4.1分東経129度40.7分

座標29　北緯35度　6.8分東経130度　7.5分

座標30　北緯35度　70分東経130度16.4分

座標31　北緯35度18.2分東経130度23.3分

座標32　北緯35度33.7分東経130度34.1分

座標33　北緯35度42.3分東経130度34.1分

座標34　北緯36度　3.8分東経131度　8.3分

座標35　北緯36度10.0分東経131度15.9分

第2条　海底下の鉱物の単一に地質構造が境界線にまたがって存在し、か
　　　つ、当該地質構造のうち境界線の一方の側に存在する部分の全体又は
　　　一部を境界線の側から採掘することができる場合には、両締約国は、
　　　当該地質構造をもっとも効果的に採掘するための方法について合意に
　　　達するよう努力する。当該地質構造をもっとも効果的に採掘するため

の方法に関連して両締約国で合意することができる。すべての問題は、いずれか一方の締約国の要請があったときは、第三者による仲裁に付託する。この仲裁の決定は、両締約国を拘束する。

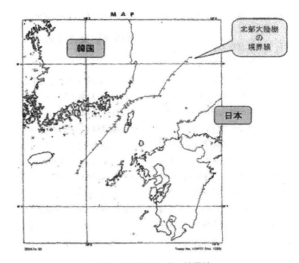

図10-5　日韓大陸棚北部境界画定の境界線
（出所）外務省国連海事海洋法課。

　この北部協定は、北緯33度付近から36度付近にかけての両国大陸棚を画定したもので、対馬海峡西水道を通過しており、両国の領海基線のほぼ中間線となっている。

　海洋境界画定については、国連海洋法条約のノモスがあり、それは等距離中間線である。それについては、日本・韓国は、立場が対立しているわけではない。但し、中国の立場は大陸棚自然延長論である。このために、境界画定をめぐって、同74年2月中国が反発した。

　こうしたなか、1977年12月韓国は、領海法を公布した。同法では、自国の平和、公共秩序、又は安全保障の侵害」を防止する視点を明確にした。

　次いで、南部共同開発協定は、以下の通り、共同開発区域を設定し、そこでの共同開発手続きを設定した。

　1974年1月30日調印の、日本・韓国間に隣接する大陸棚南部の共同開発協定の抜萃は、以下の通りである。

　　第2条　1、共同開発区域は、次の座標の各点を順次に結ぶ直線によって

囲まれている大陸棚の区域とする。

座標1　　北緯32度57.0分東経127度41.1分

座標2　　北緯32度53.4分東経127度36.3分

座標3　　北緯32度46.2分東経127度27.8分

座標4　　北緯32度33.6分東経127度13.1分

座標5　　北緯32度10.5分東経126度51.5分

座標6　　北緯30度46.2分東経125度55.5分

座標7　　北緯30度33.3分東経126度0.8分

座標8　　北緯30度18.2分東経126度5.5分

座標9　　北緯28度36.0分東経127度38.0分

座標10　北緯29度19.0分東経128度0.0分

座標11　北緯29度43.0分東経128度38.0分

座標12　北緯30度19.0分東経129度9.0分

座標13　北緯30度54.0分東経129度4.0分

座標14　北緯31度13.0分東経128度50.0分

座標15　北緯31度47.0分東経128度50.0分

座標16　北緯31度47.0分東経128度14.0分

座標17　北緯32度12.0分東経127度50.0分

座標18　北緯32度27.0分東経127度56.0分

座標19　北緯32度27.0分東経128度18.0分

座標20　北緯32度57.0分東経128度18.0分

第5条　1、両締約国の開発権者は、共同開発区域において天然資源を共同して探査及び操業するために、事業契約においては、特に、次の事項について定める。

(a)第9条に規定に基づく天然資源の分割及び費用の分担に関する詳細報告。

(b)操業管理者の指定。

(c)単独危険負担操業の取扱い。

(d)漁業上の利益との調整。

(e)紛争の解決。

1987年8月31日成立の、日本・韓国交換公文による南部開発協定の修正は、以下の通りである。

第1小区域

　座標1　　北緯32度57.0分　東経127度41.1分

　座標2　　北緯32度53.4分　東経127度36.3分

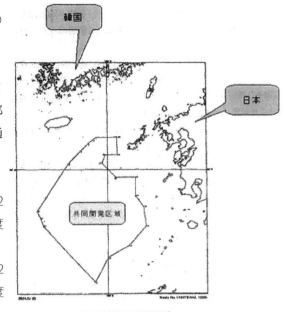

図10-6　日韓大陸棚共同開発区域
（出所）外務省国連海事海洋法課。

　座標3　　北緯32度46.2分東経127度27.8分
　座標4　　北緯32度33.6分東経127度13.1分
　座標5　　北緯32度10.5分東経126度51.5分
　座標6　　北緯31度47.0分東経126度35.6960分
　座標7　　北緯31度47.0分東経128度14.0分
　座標8　　北緯32度12.0分東経127度50.0分
　座標9　　北緯32度27.0分東経127度56.0分
　座標10　北緯32度27.0分東経128度18.0分
　座標11　北緯32度57.0分東経128度41.1分
　座標1　　北緯32度57.0分東経127度41.1分

第2小区域

　座標1　　北緯31度47.0分東経126度35.6960分
　座標2　　北緯30度46.2分東経125度55.5分

285

座標3 北緯30度46.2分東経127度22.5569分

座標4 北緯31度47.0分東経127度38.6139分

座標1 北緯31度47.0分東経126度35.6960分

第3小区域

座標1 北緯31度47.0分東経127度38.6139分

座標2 北緯30度46.2分東経127度22.5569分

座標3 北緯30度46.21分東経129度5.1187分

座標4 北緯30度54.0分東経129度4.0分

座標5 北緯31度13.0分東経128度50.0分

座標6 北緯31度47.0分東経128度50.0分

座標1 北緯31度47.0分東経127度38.6139分

第4小区域

座標1 北緯30度46.2分東経125度55.5分

座標2 北緯30度33.3分東経126度0.8分

座標3 北緯30度18.2分東経125度5.5分

座標4 北緯29度18.5378分東経127度0.0分

座標5 北緯30度46.2分東経127度22.5569分

座標1 北緯30度46.2分東経125度55.5分

第5小区域

座標1 北緯30度46.2分東経127度22.5569分

座標2 北緯30度0.0分東経127度25.854分

座標3 北緯30度0.0分東経128度52.5772分

座標4 北緯30度19.0分東経129度9.0分

座標5 北緯30度46.2分東経129度5.1187分

座標1 北緯30度46.2分東経127度22.5569分

第6小区域

座標1 北緯30度0.0分東経127度10.5854分

座標2 北緯29度18.5378分東経127度0.0分

座標3	北緯28度36.0分東経127度38.0分
座標4	北緯29度19.0分東経128度0.0分
座標5	北緯29度43.0分東経128度38.0分
座標6	北緯30度0.0分東経128度52.5772分
座標1	北緯30度0.0分東経127度10.5854分

　共同開発協定は、日本と韓国が、境界画定を50年間棚上げして、両国の大陸棚の主張が重複する海域を共同開発によって解決しようとするものであった。日本側は、南部についても中間線の境界を画定すべきであるとしたが、韓国は、自らの大陸棚が九州南西部のトラフまで自然延長していると主張し、さらに日本側は、国際司法裁判所への付託も提案したが、結局、共同開発の合意となった。その協定は、日韓中間線、日中中間線、日本を排除した中韓中間線、及び韓国の主張である大陸棚の自然延長としての自然延長説の限界に対する日本の拒否のなかで、共同開発の創業者を1つに限定することで、管轄権の配分問題が解決され、紛争手続きを仲裁委員会へ付託されるとすることにより、選択的除外宣言で共同開発の境界協定が成立した。但し、南部対象地域では、商業的生産活動は行われていない。

　そこにおける共同開発の利点は、以下にあった。

1、共同開発は大陸棚開発をめぐる資源開発をめぐる対立を、一定の範囲において解決し安定した状況の創出に成功したこと。

2、境界未画定の大陸棚開発の枠組みおいて民間企業の開発参加を可能にした。

3、開発の社会的・経済的可能性を可能最大限にする仕組みを創出した。

　残された課題は、共同開発の対象地域の外側で処理がどうあるべきか、いいかえれば、そこでは、中間線のそれぞれの側での共同開発の在り方という新たな問題が提起された。そこでは、開発企業主体の国内管轄権の行使の矛盾と限界という事実が提起されるところとなった。日本には、韓国にも中国にも自然延長論に対して中間線より日本側寄りに区域を設定したことで一方的に譲歩し、主権的権利を損なうことになったという議論が残った。一方、交渉の担い手による外国企業との提携の下での日韓協力、そして日韓協力委員会の主導する共同海洋開発の

推進という事前の動きも明白となり、その疑惑が指摘され、それは日韓癒着だとする糾弾もあった。現在のところ、南部協定の共同開発区域でのみ、規制の対象となるが、その外でも規制できないわけでもない。

なお、境界画定を棚上げで、有効期間中には、画定交渉の義務が否定されているが、当事国は、状況に応じて画定の協商をすることは義務とされなければならない。

韓国の政治的不安定、日本との交渉拒否の世論は底辺にあり、その成果はなきに等しいといえた。

一方、その大陸棚交渉におけるその中国の立場は、1974年2月3日の東海大陸棚協定声明で、中国大陸棚に対する侵犯であるとした。

さらに、1977年4月中国外交部は、日韓大陸棚南部共同開発協定に関する声明を発し、その声明は、東シナ海の大陸棚は中国大陸大陸棚の延長にあるとの立場を明確にした。

6月中国外交部は、大陸棚主権声明で、東中国海大陸棚に対する中国主権を確認し、日本・韓国の大陸棚開発を拒否した。

1974年2月3日発表の、中国外交部の東海大陸棚画定協定に関する声明は、以下の通りである。

　　　中国政府は、大陸棚は大陸が自然に伸出したものであるとの原則に基づき、東海大陸棚の画定は、当然に中国と関係諸国の話合いによって決められるべきである、と考える。しかし、いま、日本政府と南朝鮮当局は、中国をさしおいて、東海大陸棚において、いわゆる日本・韓国「共同開発区」を画定した。これは、中国の主権を侵犯する行為である。中国政府は、これに絶対同意できない。日本政府と南朝鮮当局が、この区域で勝手に開発活動を行うのであれば、これによって引き起こされるすべての結果に対して、いっさいの責任を負わなければならない。

1977年4月23日発表の、中国外交部の日韓大陸棚南部共同開発協定に関する声明は、以下の通りである。

　　　東海大陸棚は、中国大陸領土の自然延長であり、中国は、東海大陸棚

に対して侵すかすべからざる主権を有している。東海大陸棚の他の国家にかかわる部分は、中国と関係国との話合いによっていかに確定するかを決めるべきものである。日本政府は、南朝鮮当局と共に、中国をさしおいて、いわゆる「日韓大陸棚開発協定」に一方的に調印したが、それは、完全に非合法であり、無効である。いかなる国家、いかなる個人も、中国政府の同意なくして、東海大陸側でかってに開発結集をしてはならない。さもなければ、それによって引き起こされるすべての結果に対して、いっさいの責任を負わなければならない。

1978年6月の声明で、中国外交部は、再び共同開発協定の批准文書交換に際し、その無効を確認した。

以後、中国の横やりと3国間の対立・混乱で、共同開発は中断されてしまった。

韓国は、1999年済州島南方150キロの海中岩礁、離於島をめぐる対立が激化した。韓国は、2009年に国連大陸棚限界委員会に大陸棚の延長を提出した。この地域は、日韓大陸棚協定の共同開発区域で、韓国国土のほぼ2割、1万9,000平方キロの区域を占め、その境界設定当事国間の合意が必要である。同地域の海底資源、天然ガス及び石油の存在は、既に確認済で、その計画が起きた。2012年7月5日朝鮮日報は、政府がかかる大陸棚拡張を国連大陸棚限界委員会に正式に提出することを決定した、と報じた。この東シナ海大陸棚は、韓国大陸棚の外部にあって、沖縄トラフの一部であるが、済州島海域である。そこでは、新たな東シナ海資源戦争の再燃となるのは必然であろう。

5、領海論争

日韓大陸棚協定の締結は、新しい局面を迎えた。1977年6月7日北朝鮮は、日韓大陸棚協定は日韓共同開発による海底資源の略奪であると指摘し、その売国民族行動を糾弾した。そして、北朝鮮は6月21日海洋資源の確保のための経済水域設定の声明で、200海里を確認した。その経済水域実施の8月1日、朝鮮人民軍最高司令部は、東海では領海基線50海里、西海では軍事境界線の経済水域を

設定した。これは、西海での新たな北朝鮮の挑戦であった。4日韓国と米国はこれを拒否した。

1977年6月7日発表の、北朝鮮外務省の声明「「韓日大陸棚協定」は無効である」は、以下の通りである。

日本政府は、朝鮮・日本人民と国際世論の力強い反対にもかかわらず、国会会期を延長し、「日韓大陸棚協定」を「自然承認」した。

日本政府は、5月10日に衆議院で承認した「日韓大陸棚協定」が、5月28日に終わる国会会期内の参議院での可決が難しくなるや、この日、「自然承認」の方法で同「協定」を成立させるために、国会会期を6月9日まで延長した。

日本政府と南朝鮮傀儡政権の間に締結された「日韓大陸棚協定」は、石油を初め、地下資源が豊富に埋蔵されている、わが国南海の大陸棚資源を日本独占資本家に売り渡す売国と侵略の文書である。

「日韓大陸棚協定」は、わが国南海大陸棚の多くの部分を日本独占資本に委ね、彼らが「共同開発」の名の下に、50年間、その海底資源を意のままに略奪できるよう、規定している。

朝鮮民主主義人民共和国政府と朝鮮人民は、日本政府当局者が南朝鮮傀儡一味と「日韓大陸棚協定」を不法に締結し、それを最も狡猾な術策で国会で通過させたことを、断固、糾弾する。

わが国の大陸棚問題は、朝鮮人民の民族的自主権に関する問題として、全朝鮮人民の意思によってのみ処理されうる。

それにもかかわらず、日本政府が、全朝鮮人民の利益にかかわる朝鮮南海の大陸棚問題を朝鮮人民を代表することのできない南朝鮮傀儡集団との一方的な取引きを通じて「協定」を結んだことは、初めから不法である。それ故に、「日韓大陸棚協定」は、1974年1月に持ち上げられた後、朝鮮・日本両国人民の強力な反対を受けてきた。

日本政府は、今、国会で「日韓大陸棚協定」を無理矢理、通過させることによって、南朝鮮に対するその再侵略の野望を、再び剥き出しにし

た。既に、日本政府は、「韓日条約」の締結後、南朝鮮傀儡と各種の「協定」を結び、南朝鮮における特権的地位を占めてきたし、数百の独占会社と商社を引き入れ、南朝鮮の経済命脈を掌握し、左右している。

日本政府の「日韓大陸棚協定」批准騒動の背後には、南朝鮮傀儡集団との黒い癒着関係を深め、朝鮮の自主的平和統一を妨害し、分裂を永久化することにより、南朝鮮に対する新植民地主義的支配権を確立しようとする犯罪的な企図が隠されている。

南朝鮮傀儡は、「日韓大陸棚協定」を成立させることによって、日本反動勢力に再侵略の道を開き、国と民族のすべての財富を売り渡す代価として、滅亡の危機に直面した自己の余命を維持しようと、やっきになっている。

南朝鮮傀儡は、日本国会における「日韓大陸棚協定」批准騒動が、日本政界と各界の広範な反対に遭い、順調に進展しなくなるや、日本に対し「報復措置」を講ずるなどと云々し、同「協定」を成立してくれるよう懇請し、その売国反民族的正体をいっそう曝けだした。

南朝鮮傀儡は、日本独占体を引き入れ、朝鮮で新たな戦争を起こした際、日本反動層に「利権保護」の口実を与え、軍事行動を強行するよう企んでいる。

日本反動層と南朝鮮傀儡集団の「日韓大陸棚協定」批准騒動は、朝鮮で緊張を激化させ、戦争の危険を増大し、ひいては、アジアの平和と安全を由々しく脅かすものとなる。

今日、日本反動層のアジアに対する膨張野望が日毎、露骨になっていることは決して秘密ではない。しかし、彼らの野望は、時代錯誤的な妄想に過ぎない。

現代は、自主性の時代であり、だれも他人に従属されることを望まない。朝鮮人民と日本人民、アジアと全世界の平和愛好人民は、南朝鮮とアジアに対する日本反動層の再侵略策動を絶対に許さないであろう。

朝鮮民主主義人民共和国政府と朝鮮人民は、日本政府が南朝鮮傀儡集

団と不当に捏ち上げた「日韓大陸棚協定」が全的に無効であることを、再度、厳かに宣言する。

これと共に、われわれは、わが国南海の大陸棚と関連して日本との間になんらかの問題が提起されるとすれば、それはただ、朝鮮が統一された後、統一政府によってのみ処理することができると闡明する。

日本反動層は、現実を直視し、分別ある行動をとらなければならない。

1977年6月21日発表の、北朝鮮の200海里経済水域に関する政府声明は、以下の通りである。

わが国の海洋資源は、国家の富強発展と民族的繁栄の盛衰にとって貴重な原泉である。

朝鮮民主主義人民共和国中央人民委員会は、海洋における民族的利益を守るために、以下の通り、決定する。

1、わが国の海洋資源を保護・管理し、積極的開発及び利用を目的に朝鮮民主主義人民共和国経済水域を設定する。

2、朝鮮民主主義人民共和国の経済水域は、領海基線から200海里であり、200海里経済水域を引くことができない水域では、それを海洋の半分線までとする。

3、朝鮮民主主義人民共和国経済水域（水中・海底・地下）内における生物及び非生物資源に対する自主権を行使する。

4、朝鮮民主主義人民共和国当該機開の事前承認なしに、外国人、外国船、及び外国航空機などは、朝鮮民主主義人民共和国の経済水域内において漁獲・施設物設置・撮影・調査・測定・探索・開発・その他の経済活動にとって障害になる行為を行ってはならない。

5、朝鮮民主主義人民共和国経済水域内において、海洋汚染、大気汚染、並びに人命と自然に有害な行為は、いっさいこれを禁止する。

6、朝鮮民主主義人民共和国経済水域内において、漁撈活動を許可されたすべての船舶は、朝鮮民主主義人民共和国の漁業及び海上における秩序を、厳格に守らなければならない。

7、本政令と朝鮮民主主義人民共和国の該当法規に違反したすべての行為
は、その状況によって朝鮮民主主義人民共和国の法律により処理され
る。

8、本令は、1977年8月1日から実施される。

　これに対し、韓国は、同77年12月31日領海法の公布を余儀なくされた。領海
は、基線から12海里までとされ、その領海の範囲は、明確に規定されていない。
そして、領海の無害航行の権利を定めているが、そこでは、韓国の安全に対する
以下の措置を防止する意図がその領海法の狙いであった。それは、国防上の措置
として確認された意義がある。その意義として、以下を規定している。

　　　──大韓民国の主権、領土保全、又は独立に対する脅威又は力の行使、
　　　又は国際連合憲章に体現される国際法の原則に対する他の手段。

　　　──武器の行使。

　　　──軍事装置としてのロケット発射、地上攻撃、又は装備化。

　　　──水中航行。

　　　──大韓民国の安全保障を侵害する情報活動、宣伝、扇動。

　　　──非衛生行為。

　　　──漁業活動。

　　　──調査活動。

　　　──通信制度の侵害。

　それは、北からの脅威に対する対処を至上原則として確認していた。なお、漁
業活動は近海での漁業戦争、調査活動はスパイ活動への対処である。

　1977年12月31日公布の、韓国の領海法は、以下の通りである。

　　第1条　（領海の範囲）　大韓民国の領海は、基線から12海里の外部限界
　　　までの、領海とする。但し、前掲地域の領海の範囲は、大統領令に従
　　　い、12海里の限界内で、多様に決定される。

　　第2条　（基線）　1、領海の範囲を画定する基線は、大きな海図に印され
　　　た沿岸沿いの低水線で、公式に大韓民国により承認される。

　　　2、特別に、地理的環境が存在する海の地域において、大統領令に定め

る点を結び付ける直線は、基線として利用される。

第3条 （内水） 領海の範囲を画定する基線の土地側の海の地域は、内水とされる。

第4条 （隣接又は反対側の国家との境界） 大韓民国の領海と隣接又は反対側の国家の領海間の境界は、関係国間で他に合意されない限り、両国それぞれの領海の範囲が画定される基線の最短点から等距離のいずれの地点上の中間線とする。

第5条 （外国船の航行） 1、外国船は、航行船が大韓民国の平和、公共秩序、又は安全保障を侵害しない限り、大韓民国の領海を通じた無言航行の権利を享受する。非商業目的の外国の軍艦又は政府船舶が領海を通行する意図があるときは、大統領令に従い関係当局に事前通告をなす。

2、第2項から第5項まで、及び第13項に定める活動が関係当局により認可され、承認され、又は合意される場合を除いて、領海における以下の活動のいずれかに入る場合には、大韓民国の平和、公共秩序、又は安全保障を侵害したものと見做される。

(1)大韓民国の主権、領土保全、又は独立に対するいずれの脅威又は力の行使、又は国際連合憲章に体現される国際法の原則に違反するいずれの他の手段。

(2)いずれもの種類の武器のいずれの行使又は実際。

(3)いずれかの航空機によるロケット発射、地上攻撃、又は装備化。

(4)いずれもの軍事装置のロケット発射、地上攻撃、又は装備化。

(5)水中航行。

(6)大韓民国の安全保障の侵害に対する情報収集を目的としたいずれもの行動。

(7)大韓民国の安全保障を侵害する宣伝又は煽動の、いずれもの行動。

(8)大韓民国の関税、財政、移民、又は衛生規則に反するいずれもの商品、通貨、又は物品の持込み又は陸揚げ。

(9)大統領令に定める基準を超えた汚染物資の持込み。

(10)いかなる漁業活動。

(11)あらゆる調査活動の遂行。

(12)大韓民国のいずれの通信制度を損なう、又は便宜又は施設を損傷することを目的とした、いずれもの行動。

(13)大統領令に定める通行者とは関連のない、いずれもののその他の行動。

3、外国船舶の無害航行は、一時停止が大韓民国の安全保障に基本であると見做される場合、大統領令に従い領海の定める地域において、一時的に停止される。

第6条 （外国船舶の停止） 外国船舶（非商業目的のために運用される外国軍艦及び政府船舶を除く、同様に、以下、適用する）は、第5条の規定に違反したと懸念される場合、関係当局は、必要な命令を発し、又は停止、調査、又は占有といったその他の必要な措置をとる。

第7条 （処罰） 1、第5条2項又は3項の規定に違反した外国船舶の船員又は他の航行者は、5年を超えない期間の懲役、又は2,000万ウォンを超えない科料により処罰され、そして状況が重大であると見做される場合には、かかる船舶、その装備、その逮捕者、及びその他の品目が没収される。

2、第6条に従い発せられた命令又は執られた措置に違反し、忌避した外国船の船員又はその他の航行者は、2年を超えない期間の懲役、又は1,000万ウォンを超えない科料を科される。

3、本条1項又は2項の下で生じた違反の場合には、懲役刑及び科料を同時に科され得る。

4、本項の適用は、本条に言及した行為が他の法律の下での犯罪を構成する場合には、それぞれの法律に定める処罰の中での重い処罰が適用される。

第9条 （非商業目的の外国の軍艦及び政府船の場合における除外） 外

国の軍艦又は政府船舶が非航行目的で運用し、又はこの法又は他の関連の法律規則に広範に違反して航行する場合は、かかる船舶は、違反の撤回又は領海を離れることが必要である。

これに対抗して、北朝鮮は、経済水域における安全確保のために、経済水域での外国人・外国船・外国航空機の経済活動に関する規定を公布した。それは、軍事と資源の防衛がその目的であった。

1978年8月12日公布の、北朝鮮の経済水域における外国人・外国船・外国航空機の経済活動に関する規定は、以下の通りである。

第1章　一般規定

第1条　本規定は、朝鮮民主主義人民共和国中央人民委員会政令「朝鮮民主主義人民共和国経済水域決定に関して」（1977年6月21日）を正確に執行することによって、朝鮮民主主義人民共和国経済水域における水産資源を初め、海洋資源を保護し、積極的に開発し利用することに貢献することを目的とする。

第2条　朝鮮民主主義人民共和国は、わが国の経済水域（水中・海底・地下）にあるすべての生物資源と非生物資源に対して完全な自主権を行使する。

第3条　本規定は、朝鮮民主主義人民共和国経済水域（以下、わが国の経済水域と称する）において、経済活動及び科学研究事業を行うすべての外国人、外国船、及び外国航空機などに適用する。

第4条　本規定に規定されていないわが国経済水域における外国人、外国船、及び外国航空機などの経済活動と関連する問題は、別途に締結される協定又は合意によって処理する。

第2章　わが国経済水域における漁撈

第5条　外国人及び外国船は、朝鮮民主主義人民共和国の資源保護監督機関（以下、資源監督機関と称する）の許可なく、わが国の経済水域において漁獲活動を行ってはならない。

第6条　朝鮮民主主義人民共和国の承認（協定・契約・認可）を受けて、

296

わが回の経済水域において漁獲活動をする外国人及び外国船は、付表1に従って漁獲許可申請書3部を朝鮮語及び国際公用語によって作成し、1カ月前に資源監督機関に提出しなければならない。

第7条　外国人と外国船から漁撈許可申請書を受け付けた資源監督機関は、それについて審議し、付表2の通り漁撈許可証を発行しなければならない。

第8条　わが国の経済水域において漁獲活動を行う外国人及び外国船は、本規定及び漁獲に関連したわが国の法規を正確に守らなければならない。

第9条　漁撈のためわが国の経済水域に入る外国船は、24時間前に経済水域を超える座標、日時、及び時間を資源監督機関に告知しなければならない。

第10条　外国船がわが国の経済水域に入るときは、船の舷側と上甲板舷側に船名及び番号を昼夜を問わずよくみえるように、標識していなければならない。

　　資源監督機関が必要に応じて他の標識を加えることを要求するときは、その標識を付けなければならない。

第11条　わが国の経済水域において漁獲活動を行う船は、漁撈許可証と国際海事法規に規定された徴憑書類を所持していなければならない。

第12条　わが国の経済水域において漁獲活動を行う外国船は、資源監督機関に付表3に従って漁獲状況に対する旬報を無線又は電報によって、翌月5日まで、月報を文書（3部）にして翌月10日までに、提出しなければならない。

第13条　わが国の経済水域において漁撈活動を行う外国船は、付表4に従って漁撈日誌を正常に（毎日）付けなければならず、外国船は、これを所持していなければならない。

第14条　わが国経済水域において使用することのできる魚網の大きさ及び禁漁魚の大きさは、以下の通りである。

1　魚具と魚による網目の大きさ。

(1)助宗鱈中層ドラル37.5ミリメートル以上（捧受け網）。

(2)助宗鱈底引き網30ミリメートル以上（棒受け網）。

(3)鰈ドラル50ミリメートル以上（棒受け網）。

(4)海老ドラル20ミリメートル以上（棒受け網）。

(5)鰈底引き網40ミリメートル以上（捧受け網）。

(6)秋刀魚網17ミリメートル以上（捧受け網）。

(7)鰕網13.6ミリメートル以上。

(8)鯖網39ミリメートル以上。

2　禁漁魚とその大きさ。

(1)助宗鱈30センチメートル以上。

(2)鰈21センチメートル以下。

(3)オエチ19センチメートル以下。

3　子魚が8パーセント以上になる場所で魚を取ってはならない。

第15条　別に定められた協定又は合意がない限り、わが国の経済水域において、鱒・鮭・鰊・蟹・海豚・鯨などを捕獲することはできない。

第16条　わが国の経済水域において漁獲活動をする外国船の大きさ、並びに明かりを使用して漁を行う船が照明のために取られるもろもろの措置は、資源監督機関がこれを定める。

第17条　わが国の経済水域において漁撈活動をする外国船は、他の合意がない限り、朝鮮民主主義人民共和国当該機関が制定した料金を払わなければならない。

第18条　電気・ポンプ・爆発物質・化学性物質を初めとして魚類資源に害を与える漁具と方法によって、魚の捕獲を行ってはならない。

第19条　わが国の経済水域において漁撈活動をする外国船は、他の船の漁獲活動に支障をきたすような行為を行ってはならない。

第20条　外国人と外国船は、朝鮮民主主義人民共和国の軍事境界線内部及び別途に定めた禁止区域においては、禁漁である。

298

第10章 朝鮮半島の海上境界

第21条 水産監督院又は海洋警備成員は、わが国の経済水域において漁獲活動を行っている外国船に乗船し、また漁の状況を検閲することができる。外国船は、彼らの乗船に際して便宜を保障しなければならない。

第22条 わが国の経済水域において漁撈を行う外国船は、水産監督員又は海上警備員の信号（海上国際信号・号笛）に無条件に応じなければならない。

第23条 わが国の経済水域において漁を行う外国船が、わが国の経済水域設定に関する朝鮮民主主義人民共和国中央人民委員会政令及び本規定の外に漁撈に関連する法規に違反したときは、その程度によって、以下の通り、制裁を加える。

(1) 出漁の中止。

(2) 漁の許可取消し。

(3) 漁具と漁に関する道具、並びに捕獲した魚の押収。

(4) 被害額の保障。

(5) 15万ウォン以下の罰金命令。

(6) 乗組員及び船舶の抑留。

情状が重なれば、朝鮮民主主義人民共和国刑法による処罰を行う。

第3章 わが国経済水域においての科学研究

第24条 朝鮮民主主義人民共和国は、わが国の経済水域における科学研究に対する専属管轄権を行使する。

外国人・外国船・外国航空機は、資源監督機関の許可を受けてわが国の経済水域において科学研究を行うことができる。

わが国の経済水域において科学研究を行う外国機関及び外国人は、海洋環境のいかなる地域の資源に対して、いかなる所有権をも主張することはできない。

第25条 朝鮮民主主義人民共和国の承認（協定・契約・認可）を受けて、わが国の経済水域において科学研究を行う外国人、外国船、及び外国

299

航空機は、付表5に従って科学研究許可申請書3部を、朝鮮語と国際公用語で作成して、1カ月前に、資源監督機関に提出しなければならない。資源監督機関は、それについて審議し、付表6の科学研究許可証を発行しなければならない。

第26条　わが国の経済水域において科学研究を行う外国人、外国船、及び外国航空機は、本規定と海洋科学研究に関連した朝鮮民主主義人民共和国の法規を正確に守らなければならない。

第27条　わが国の経済水域において科学研究を行う外国人、外国船、及び外国航空機は、研究に共同参加するに際し、朝鮮民主主義人民共和国該当機関の要求に応じなければならない。

第28条　外国人、外国船、及び外国航空機は、わが国の経済水域において行った科学研究から得た利益と資料を朝鮮民主主義人民共和国海洋科学研究機関に必ず連絡しなければならず、朝鮮民主主義人民共和国海洋科学研究機関の同意なしに公布することはできない。

第29条　以下のような場合には、外国人、外国船、及び外国航空機がわが国の経済水域において行う科学研究を中止させることができる。

(1)生物又は非生物資源に対する探査及び開発を行うとき。

(2)トンネルを堀り、又は爆発物を使用するとき。

(3)朝鮮民主主義人民共和国の海洋経済活動に干渉するとき。

(4)わが国の安全に背く行為を行ったとき。

第30条　わが国の経済水域において科学研究を行う外国人、外国船、及び外国航空機が本規定及び海洋科学研究に関連するわが国の法規に違反したときは、応分の責任を負う。

　　第4章　わが国経済水域における海洋環境の保護

第31条　朝鮮民主主義人民共和国は、わが国の経済水域において海洋環境保護に対する専属管轄権を行使する。

第32条　わが国の経済水域における外国人、外国船、及び外国航空機は、海洋環境の保護と保存に対する朝鮮民主主義人民共和国の当該法規を

正確に守らなければならない。

第33条　外国人、外国船、及び外国航空機は、わが国の経済水域内で人の健康及び資源に害を与え、海水及び大気を汚染させる行為を行ってはならない。

第34条　外国人、外国船、及び外国航空機は、わが国経済水域において、本規定の第33条に指摘された違反行為を行ったときは、それにより生じた損害に対し責任を負い、朝鮮民主主義人民共和国の権限のある機関の調査に無条件に応じなければならない。

北部が領海支配を強化するなか、南部は南北分断下の現実に従う領海の施行令を公布した。そこでは、朝鮮海峡の外部限界が定められた。

1978年9月20日公布の、韓国の領海法施行政令、第9162号は、以下の通りである。

第1条　（目的）　本政令の目的は、領海法（以下、「法」と称する）により統治される問題、及びその施行につき規制することである。

第2条　（直線基線の基礎地点）　領海の幅の意味するところにおいて、本法の第2条2項に従い、水域は、添付の付属第1号に掲げられた地点間にあって基線により決定される。

第3条　（朝鮮海峡における領海の範囲）　国際航行に使用される朝鮮海峡を構成する水域の領海は、法の第1条の規定に従い、添付の付属第2号に指示される線の大陸側とされる。

第4条　（外国軍用船舶の航行など）　外国軍用船舶又は非商業政府艦船が韓国の領海を航行する意図の場合は、事前3日（休日を除く）前をもって、外務省に以下の詳細につき通告する。但し、その水域が前掲の艦船航行が公海地域でなくとも国際航行のために使用される海峡を構成するときは、適用されない。

1、艦船の名称、型、及び隻数。

2、航行の目的。

3、航路及び日程。

第5条 （領海における外国船舶の活動） 1、本法の第5条2項2ないし5、11、又は13に定める領海における活動を遂行するべく意図の場合は、以下の特定事項を持った要請を外務省に提出し、承認又は同意の承認を、関係当局から得る。

1、艦船の名称、型、及び隻数。

2、活動の目的。

3、地域、航路、及び日程。

2、本法の第5条2項2ないし5、11、又は13に掲げる活動に関しては、他の法の下での関係当局から得られた承認、認可、又は同意は、本政令の下で承認、認可、又は同意として扱われる。

第6条 （汚染物資の不行使の管理基準） 法の第5条2節の9号に掲げる汚染物資の管理基準は、海洋汚染防止法の第5条及び第10条以降、及び2項の規定により管理される。

第7条 （無害航行の一時停止） 1、本法の第5条3項に掲げられた領海及び一定地域における外国船舶の無害航行の一時停止は、国家評議会による事前の協議及び大統領の承認に従い、国防相により決定される。

2、第1項に掲げられた大統領の承認の下に、国防相は、無害航行が一時停止、停止時期、及びその事情の結果である地域を、遅滞なく公表する。

付属

第1節 施行日

本政令は、1978年9月20日に発効する。

第2節 その他規則の廃止

領海の施行に関する規則、即ち大統領政令第8994号の第2条、及びその付属はそれぞれ削除する。

第 10 章　朝鮮半島の海上境界

付属第1号　直線が適用され、そしてその基礎地点となる水域

水域	基礎地点	地理的指定地	緯度及び経度
ヨンギル湾	1	タルマン地点	北緯36度05分05秒　東経129度26分06秒
	2	チャンギ地点	北緯36度05分19秒　東経129度33分36秒
ウイサン湾	3	ハワルンチウ	北緯35度28分19秒　東経129度24分39秒
	4	ポムウォル地点	北緯35度25分45秒　東経129度22分16秒
南沿岸	5	1.5メートル岸壁	北緯35度09分59秒　東経129度13分12秒
	6	サエング洞	北緯35度02分01秒　東経129度05分43秒
	7	アルソム	北緯34度31分52秒　東経128度44分11秒
	8	カンヨ岸壁	北緯34度17分04秒　東経127度51分25秒
	9	ハベク洞	北緯34度01分38秒　東経127度36分48秒
	10	コムン洞	北緯34度00分07秒　東経127度19分35秒
	11	ヨソド	北緯33度57分56秒　東経126度55分39秒
	12	チャンギスド島	北緯33度54分55秒　東経126度38分25秒
	13	チョルンヨンギ1	北緯33度51分54秒　東経126度18分54秒
	14	ソウクサンド	北緯34度02分40秒　東経125度07分34秒
西沿岸	15	ソククヒウル洞	北緯34度06分51秒　東経125度04分42秒
	16	ホング洞	北緯34度40分18秒　東経125度10分25秒
	17	ホング洞西北ノブンソム	北緯34度43分03秒　東経125度11分25秒
	18	サングワングドウン洞	北緯35度20分03秒　東経125度59分14秒
	19	サングワングドウン洞	北緯35度39分30秒　東経126度06分16秒
	20	ピソム	北緯35度53分10秒　東経126度04分15秒
	21	オチオング洞	北緯36度07分05秒　東経125度58分11秒
	22	キヨンギオルビヨルト	北緯36度35分36秒　東経125度32分30秒
	23	ソルヨング洞	北緯36度58分38秒　東経125度45分02秒

付属第2号　朝鮮海峡の領海の外部境界

1、付属1に定める、順次、基礎地点5（1.5メートル岸壁）、基礎地点6
　（サエング洞）、及び基礎地点7（アルソム）を接合した朝鮮から3海里
　の線。

303

2、付属1の基礎地点5（1.5メートル岸壁）から127度で引かれる線の地点から、前掲の第1項に定める線を横断し、その横断した地点で93度の線が引かれる。

3、前掲の第1項で定めた線を横断した付属1の基礎地点（アルソム）から120度で引かれる線の地点から、12海里の横断した線の地点で172度の線が引かれる。

さらに、1996年7月31日公布の、韓国の領海法改正施行法に関する規定、大統領令第15133号が公布された、以下の通りである。

　　領海法、法律第4986号は、1996年8月1日から施行する。

1、（施行日）　本令は、1996年8月1日から施行する。

2、（領海法施行令の改正）　大統領は、第9162号領海法施行令を、次の通り改正する。

　　旧「領海施行令」を「領海接続水域施行令」とする。

　　第1条の「領海法」を「領海及び接続水域法」とする。

その結果、1996年8月8日韓国は排他的経済地帯法を公布し、200海里排他的経済地帯を制定した。1999年9月4日排他的経済地帯法大統領第151445号が公布され、10日の施行で、排他的経済地帯が実施された。但し、同法は地名を明確にしていない。

1996年8月8日公布の、韓国の排他的経済地帯法、第5151号は、以下の通りである。

　　第1条　（排他的経済地帯の設立）　韓国は、本法により国連海洋法条約（以下、「条約」として称される）に規定された排他的経済地帯を設立する。

　　第2条　（排他的経済地帯の幅）　1、韓国の排他的経済地帯は、条約の規定に合致して、韓国の領海を除く、領海及び接続地帯の第3条に定める基線から200海里まで拡がる海の地域である。

　　2、第1項の規定にかかわらず、対立又は接続沿岸の他国の排他的経済地帯に関連して韓国の排他的経済地帯の画定は、国際法の基礎に合致

304

第 10 章　朝鮮半島の海上境界

した諸国との協定により結果づけられる。

第3条　（排他的経済地帯の権利）　排他的経済地帯においては、韓国は、以下を有する。

1、海床の上部及び海床とその地下土壌の生物又は非生物天然資源の開発及び利用、保持、及び管理のために、及び風、潮流、及び海流からのエネルギー生産といった、同地帯の経済開発及び利用のその他の活動に関する主権的権利。

2、以下に関して条約に規定される管轄権。

(a)人工島、施設、及び構造の樹立及び利用。

(b)海洋科学調査。

(c)環境の保護及び防止。

3、条約に規定されるその他の権利。

第4条　（その他の国家及び国民の権利及び義務）　1、韓国の排他的経済水域において、他の国家又は国民は、条約の関連規定に従い、航行及び飛行の、及び海底ケーブル及びパイプライン、及びこれら自由に関連した海のその他の国際的に合法的権利を享受する。

2、韓国の排他的経済地帯における彼らの権利の行使及び彼らの義務の遂行において、韓国の権利及び義務に関して正当に配慮し、韓国により採択された法及び規則を遵守する。

第5条　（韓国の権利の行使）　1、第3条の規定に言及される権利の行使又は保護のために、韓国の法及び規則は、他国との協定に規定するところを除いて、韓国の排他的経済地帯において適用される。韓国の法及び規則は、また第3条2項(a)に言及された人工島、施設、及び構造の法的関連を尊重して適用する。

2、第3条の規定に言及された排他的経済地帯における韓国の権利は、韓国と関係国間で他に合意されなければ、韓国と関係国間の中間線を越えて海域には行使されない。前掲の中間線は、韓国の基線の最近地点、及び関係国の基線の最近地点から等しい各地点の線とする。

3、韓国の排他的経済地帯において第3条の規定に言及された権利を侵害する、又は排他的経済地帯に適用される韓国の法律及び規則を侵犯していると思われることに関して、関係当局は、停止、乗船、点検、検束、及び司法手続きといった、条約の第111条に規定される厳しい処罰の行使を含む、必要な措置をとることができる。

追加　本法は、大統領令により決定され。公布日から1年以内に発効する。

韓国が自国の範囲とする境界は、以下の通り整理することができる。そこでは、明確な境界となっていないところもある。

最北端は咸鏡北道と江原道高城郡を主張しているが、前者は北朝鮮の支配にあり、後者は韓国政府が実効支配している。

最西端は、平安北道と白翎島（仁川広域市）としているが、前者は北朝鮮が実効支配しており、後者は韓国の統治にあり、白翎島は住民が生活しているものの、韓国国民は立ち入ることはできない（外国人には立入りが認められる）。いずれも、軍事要塞となっている。

最東端は、独島／竹島と竹嶼としている。前者は、日本領土で、韓国が軍事占領しており、後者は、日本の領土である。

最南端は、波浪島と馬羅島（済州特別自治道西帰浦市）と対馬島であると主張しているが、馬羅島は韓国の統治にある一方、波浪島は韓国も管理しているが、後者は中国が主権を主張している。対馬島は日本の統治にある。

韓国の領土囲い込みは依然、根強い。

第11章　朝鮮半島の統一問題

　朝鮮半島は、アジア大陸東岸から南へ突出した半島、南北840キロメートル、東西354キロメートル、三千里の半島である。半島の背梁をなすのが太白山脈で、西部を展望する遼東方向に妙香山脈が下る。日本海／東海に流れる大河は、豆満江のみで、鴨緑江は黄海／西海に注ぐ。この構造帯は東部アジアの縁辺部を構成し、多くが大陸性気候で、南部の海岸地域のみが海洋性気候帯にある。その重心はいわゆる白頭山にある。

　その半島は、南部の穀倉地帯、北部の天然資源地帯を形成し、一体としてのみ生存条件が成立する。これで第二次世界大戦後、南北に分断された半島では統一による生存の追求が基本的課題で、北部の指導者金日成は1950年6月南部支配・併合のための朝鮮戦争を企て、一方、南部の李承晩大統領は北進統一論を提唱した。そして北部は朝鮮民主主義人民共和国は朝鮮唯一の正統な国家としての立場にあり、南部は防衛に与る「米帝の傀儡」と見做され、対南工作を続けた。反共の南部は半島全体を支配する正統な国家を打ち出し、南北間では激しい対立が続き、民族が念願する統一の選択は、1902年7月4日の南北共同声明、1991年12月13日の南北間の和解と不可侵及び交流・協力に関する基本的合意書の成立にもかかわらず、実を結んでいない。それは、それぞれの政権の選択が許さないからである。

307

1、半島国家の宿命

　永らくこの中国と朝鮮の接合地帯は、清帝国に至る歴史の諸民族の生誕の地で
あったし、朝鮮族の北進の地であった。中国はその北進を支配するために、鴨緑
江と豆満江を押さえてきた。ロシアが中国東北に進出し、朝鮮半島を押さえると
いう危機に直面し、日本が朝鮮半島の主役となった。その日本の戦略は、山県有
朋の国是としての利益線の発想にあった。日本の朝鮮・中国東北支配にもかかわ
らず、その中国による背梁支配は変わらず、その北進地域は中国朝鮮族自治州と
して中国内に残った。

　朝鮮人の運命は、半島における諸国の興亡史にあり、15世紀、李王朝の樹立
とともに、その領土支配の一元的形成となった。当然に、民族生誕の地、白頭山
の檀君建国神話が確認され、他方、白頭山での抗日民族解放闘争が展開された。
しかし、この北進地域は中国に残り、朝鮮の解放にもかかわらず、国土は南・北
に分断されたまま、3分割となった。

　北朝鮮は、1948年の朝鮮民主主義人民共和国憲法に、日本支配の否定条項は
あるが、国土の規定はない。北朝鮮は、その国土の支配・統一を国家戦略として
おり、朝鮮戦争、そして対南工作を継続中である。他方、朝鮮民族の聖地白頭山
は1962年の国境条約で確保したが、北進地域のいわゆる間島は中国の支配に引
き渡した。民族の裏切りといわれるところである。一方、北朝鮮は、中国による
高句麗王朝の中国地方政権としての存在には、その中国の解釈に厳しく抵抗して
いるわけではない。加えて、中国の鴨緑江開発は北朝鮮経済に寄与する展望にあ
る。そこでは、平壌（ピョンヤン）近郊に分布する古墳群について、それが中国
の円頂方台封漢基と完全に一致していることから、朝鮮半島ではなく中国東北遼
河下流域における王朝をもって、その存在に同意している。そこにおける北朝鮮
の中国に対する全面的な従属性の認識と行動は著しい。事実、中国は、現在にお
いても、この北朝鮮の存在を、国家間関係ではなく抗日闘争以来の党関係レベル
で処理しており、当該地域の存続と支配に対する中国の安全保障上の認識と行動
は明白である。

第 11 章　朝鮮半島の統一問題

　韓国は、南部支配の分断国家にもかかわらず、自らを朝鮮半島における唯一の正統国家と位置づけている。そして、北部は実効的支配にないが、理念的に行動原則として、その方針を貫いている。その要点を、幾つか列記する。

1、1948年7月17日公布の大韓民国憲法は、次のように規定している。

　　第4条　大韓民国の領土は、韓半島／朝鮮半島及びその付属島嶼とする。

　　北部は、実効的支配にないが、憲法の適用範囲にある。したがって、1952年の李ライン、及び1953年の漁業資源保護法などは、朝鮮半島全域に適用された。独島も、波浪島も、その付属島嶼に含まれる。現在、韓国の統治にない黄海道、平安南道、平安北道、咸鏡南道、咸鏡北道、の韓国以北5道は、統治組織がソウル市に設置されている。

2、檀君建国神話は、韓国人の間に定着している。但し、檀君遺跡は北部にある。

　　韓国は分断国家で、白頭山はその支配にない。にもかかわらず、韓国人／朝鮮人の統一意識は根強い。それは、国家的忠誠をも優先している。それで、朝鮮統一意識はその韓国ナショナリズムの基本にある。そして、その対外認識が中国延辺朝鮮族自治州における朝鮮族の感情を動揺させることになると、中国側に危惧を生み出したほどである。その結果として、東北工程論争が生じている。ソウル／首尔と中国朝鮮族延辺自治州延吉の間には、現在、航空ルートが成立している。

3、西海の波浪島に対する韓国の認識は半島全体認識の文脈にある。そこでは、中国との間に大陸棚の自然延長論をめぐる対立、海洋支配をめぐる国益対立が提起されている。それは海底資源戦争の序章である。

2、分断国家の選択

　分断国家北朝鮮の外交選択と中国に対する密約は、自国の外交を制約づけている。そのため、国家的忠誠を対外的要因としての反日的処理と、その打破的要因を南下テロ工作及び金日成対外工作に転化して国威発揚を遂行するところの北朝

309

鮮の政治方策は自ずと限界にある。そこでは、指導者への神格的な国民的忠誠は
あっても、それをもって統一政策が一定しない一方的な国家の対外戦略は遂行で
きない。

　韓国の朝鮮半島における国家存在としてのイデオロギーは、中華思想に立脚し
ており、そのイデオロギーは内外に摩擦を生じるのはやむを得ない。日本との西海
共同開発は新しい外交の展開を意味したが、韓国は、それを遂行できる状況には
ない。外交・交流・往来におけるイデオロギーの適用は望ましくない。そこで
は、日本と韓国間、さらに中国と韓国間の対立も続くことになる。

　独島に対する実効的支配は、日本の武力行使による奪取によるしか、その日本
支配の回復はありえない。したがって、その支配に対する日本の復帰はありえな
い。日本が領土問題はないとして竹島の日本主権を確認する論理はフィクション
であって、法理の適用は成立しない。日本の竹島近海における排他的経済水域に
おける漁業活動は、韓国軍の干渉が続く状況下に韓国人の不法操業が現出してお
り、次元は外交交渉レベルになく、関係当事国の決断にかかる。日本は、韓国と
の外交においてその処理能力を欠いており、その政策決断はなく、事態に対する
認識も欠如している。本来、竹島問題は、その本質が領土問題としては存在しな
いとして、中央政府の国家管轄・責任事項にもかかわらず、現地の地方当局にそ
の処理を転化している。その意味では、日本政府の統治能力は問題視されなくて
はならない。結論的に、韓国の独島占領行為は、朝鮮半島の支配行使における日
本の朝鮮当局への権力移管の手続きの文脈において遂行されるべきことは否定で
きない。いいかえれば、すべての移行手続きの空白における突然事態から生じて
いる。

　韓国は、同様に、波浪島に対する離於島への改称と同暗礁に対する物的施設の
建設をもって、その現実的支配を確認している。しかし、そのことは、中国の大
陸棚延長論に反対する反論を構成しない。その支配が可能であるのは、物理的管
理の維持しかない。当然に、その方策に対する中国の一部抵抗の可能性なしとは
しない。

第11章　朝鮮半島の統一問題

3、朝鮮統一問題

　朝鮮半島において念願される最大の課題は、朝鮮が大韓民国（韓国）と朝鮮民主主義人民共和国（北朝鮮）に分裂している状況を改め、最終的に単一政府の施政による朝鮮の再統合を実現することである。政治的には、現在、分断されて存在するが、両国とも、朝鮮統一、「一つの国家としての朝鮮」の実現をそれぞれ最終目標としており、それは至上の条件であり、それというのは、朝鮮人のアイデンティティの命題、民族統一意識の成就への高揚が優先しているからである。そして、国家生存の条件においても、至上の条件とされる。

　半島の南・北は、第二次世界大戦後、半島の信託統治の実施計画が策定される状況下に、2つの施政地域に分割され、南北それぞれに軍政が施行され、2つの分裂状態が出現した。北朝鮮はソ連の支援で朝鮮戦争に突入し、米軍／国連軍の参戦で反撃を受け、韓国側による半島全土制圧の可能性が展望されるなか、スターリンの工作もあって、中華人民共和国が100万人規模の人民解放軍志願兵を派遣し、戦線を元に戻し、これが軍事境界線となって、南北分割が維持されるところとなり、そこでは未だに平和条約というものは成立していない。以来、南と北の間には敵対的関係状態が続いてきており、その行為状態は朝鮮の「正統な国家」としての立場を定礎づけてきており、その政治イデオロギーはその国家存在を弁証してきた。

　南・北の統一方策は、韓国が先統一後建設、北朝鮮が革命統一路線をもってそれぞれ追求しつつも、1972年の7・4共同声明で実現をみた。

　1972年7月4日発表の、南北朝鮮の7・4共同声明は、以下の通り、確認した。

　　1、双方、次のような祖国統一原則に合意した。

　　　(1)統一問題は、外国勢力に依存したり、外国の干渉を受けたりせずに、自主的に解決されるべきである。

　　　(2)統一は、相互の武力行使によらず、平和的方法で実現されるべきである。

　　　(3)思想・理念・制度の相異を乗り越えて、先ず1つの民族として、民

311

族の大団結を図るべきである。

2、双方は、南北間の緊張状態を緩和し、相互に信頼される雰囲気を作り上げるため、互いに非難中傷せず、大小にかかわらず武力の挑発を行うことなく、偶発的な軍事衝突を防止するために積極的な措置を講ずることに、合意した。

3、双方は、分断された民族的連繋を回復し、互いの理解を深め、自主的平和統一を促進させるために、南・北間に多方面の諸交流を行うことに、合意した。

4、双方は、民族の大きな期待の下で進められている南北赤十字会談が一日も早く実を結ぶよう、積極的に協力することに、合意した。

5、双方は、突発的な軍事衝突を防止し、南北間に起こる問題を直接、迅速、かつ正確に処理するため、ソウルと平壌に非常直通電話を架設することに、合意した。

6、双方は、このような合意事項を推進させると同時に、南北間の諸問題を解決し、また合意した祖国統一原則に従って国家の統一問題を解決することを目的として、李厚洛部長と金英柱部長を共同委員長とする南北調節委員会を設置することに、合意した。

　方法は、以上の合意事項が祖国統一を一日千秋の思いで渇望するすべての同胞の念願に沿うものであると確信し、この合意事項を誠実に履行することを、全民族の前で厳粛に約束する。

これにより「対話のない対決」から「対話のある対決」状態に入り、南北会談が始まった。しかし、事態は前進しなかった。1988年ソウル・オリンピックの共同参加が方向づけられたが、それは成功しなかった。

しかも、この南北対話の前進において、1980年10月金日成首相が武力によらない統一方法として高麗民主連邦共和国を提唱した。韓国はそれを受け入れなかった。それは、軍事的に優位にある1962年の4大軍事路線（全人民の武装化、全国土の要塞化、全人民軍の幹部化、全人民軍の現代化）を基盤に北朝鮮がその強力な底力で南を併合する方策として提案されていたことで、先統一後建設を先

312

建設後統一へ、しかし先統一後一体回復を模索するジレンマのなかにある韓国は拒否した。

1980年10月10日第6回朝鮮労働党大会採択の、高麗民主連邦共和国の十大施政方針は、以下の通りである。

1、国家活動のすべての分野で自主性を堅持し、自主的な政策を実施する。

2、国の全地域と社会の各分野にわたる民主主義を実施し、民族の大団結を図る。

3、北と南の間の経済合作と交流を実施し、国民経済の自立的発展を保障する。

4、科学・文化・教育の分野において、北と南の間の交流及び協力を実現し、国の科学・技術及び民族文化・芸術・民族教育を統一的に発展させる。

5、北と南は、中断された交通・通信を連結し、全国的範囲で交通・通信手段の自由な利用を確保する。

6、労働者・農民を始め、勤労大衆と全人民の生活の安定を図り、その福祉を系統的に増進させる。

7、北と南の間の軍事的対峙状態を解消し、民族連合軍を組織し、外国の侵略から民族を防衛する。

8、すべての在外朝鮮同胞の民族的権利と利益を擁護し保障する。

9、北と南が統一以前に外国と結んだ対外関係を正しく処理し、両地域政府の対外活動を統一的に調整する。

10、全民族を代表する統一国家として、世界のすべての諸国との友好関係を発展させ、平和愛好的な対外政策を実施する。

それは、「自主・平和・民族大団結による統一」のスローガンのもと、一民族・一国家・二制度・二政府の連邦制を提起したもので、一国両制の枠組みに立脚した開拓的な提案であった。しかし、以下の問題点から、この提案は生かされなかった。

1、それは、韓国の経済的・外交的優位の状況下に、北朝鮮において、軍事的

313

優位をもってする政治的優位（連邦議会）による優位実現戦略であった。それは朝鮮労働党大会で提唱されたもので、韓国は、先統一後一体回復の原則にあっても、国家保安機関の解体、共産党の活動容認、駐韓米軍の撤収などの条件について、受け入れることは出来なかった。

2、高麗民主連邦共和国は、いかなる政治・軍事同盟へも加盟しない中立を提起した。朝鮮半島の中立化は、韓国内部において支持され、理解され、議論されたが、韓国政府は、そのための米軍撤収という選択、及び米国との同盟関係の解消という選択をできず、それは結局、選択されなかった。これに対し、北朝鮮は、中国及びソ連との同盟関係にあるが、公式上、外国軍隊は駐留していないので、議論とならなかった。

3、連邦国家の最高民族連邦会議が北と南の団結と合作を実現し、統一政府が、現存する社会制度と行政組織・各政党・各階層の意志を尊重し、相互に自己の意志を強要できないようにし、地域政府は、連邦政府の発足の下に全民族の民族的利益と要求に合致して独自の政策を実現し、国家・民族の統一的発展を図るとされた。その実施と確認には、韓国では、理論としてではなく、現実において理解が得られなかった。一国両制は果たして機能しうるものかの議論さえあった。

そこで、韓国において求められたのが北方政策の検討であった。したがって、韓国では、全斗煥政権の下で先建設後一体回復に代わって北方政策が立案されるところとなり、それは、韓国の経済力で北朝鮮と連繋し、他方、北朝鮮の友好国共産国との国交を樹立し、もって北朝鮮を外交的に包囲する戦略にあった。それは、韓国財界の要請に立ち、1985年を通じ中国・朝鮮貿易が著しく増大し、1990年9月30日韓国はソ連と国交樹立した。一方、同90年9月南・北朝鮮首相が会談し、1991年12月南北基本合意書が成立した。そこでの韓国の戦略は、北朝鮮の韓国への依存を含め、これをもって最終的に南北統一を実現することで、北方政策を完成させるというにあった。

1991年12月13日成立の、南・北間の和解と不可侵及び交流・協力に関する基本合意書は、次の通りであった。

314

第11章　朝鮮半島の統一問題

　南・北は、分断した祖国の平和統一を念願するすべての同胞の意志に
従い、7・4南北共同声明で宣明した祖国統一の3大原則を再確認し、政
治的・軍事的対決状態を解消し、民族的和解を達成し、武力による侵略
と衝突を防止し、緊張緩和と平和を保障し、多角的交流・協力を実現し
て民族共同の利益と繁栄を図り、双方の間の関係が国と国の間の関係で
ない、統一を志向する過程で暫定的に形成された特殊関係であるという
点を認め合い、平和統一を成就するため、共同して努力することを確認
して、以下の通り、合意した。

　　　第1章　南北和解

第1条　南・北は、互いに相手側の体制を認め、尊重する。

第2条　南・北は、相手側の内部問題に干渉しない。

第3条　南・北は、相手側に対する誹謗・中傷をしない。

第4条　南・北は、相手側を破壊し又は転覆しようとするいっさいの行為
　　をしない。

第5条　南・北は、現在の休戦状態を、南北間の強固な平和状態に転換す
　　るため、共同して努力し、こうした平和状態が達成されるまで、現軍
　　事休戦協定を遵守する。

第6条　南・北は、国際舞台での対決と戦争を中止し、互いに協力し、民
　　族の尊厳と利益のため共同して努力する。

第7条　南・北は、相互に緊密な連絡と協議のため、この合意書の発効後
　　3カ月以内に、板門店に南北連絡事務所を設置し、運営する。

第8条　南・北は、この合意書の発効後1カ月以内に、本会議の枠内で南
　　北政治分科委員会を設置し、南北和解に関する合意を履行し遵守する
　　ための具体的対策を協議する。

　　　第2章　南北不可侵

第9条　南・北は、相手側に対して武力を使用せず、相手側を武力で侵略
　　しない。

第10条　南・北は、意見対立と紛争問題などを、対話と協議を通じて平

315

和的に解決する。

第11条　南・北間の不可侵境界線と区域は、1953年7月27日付の軍事休戦に関する協定に規定された軍事境界線と、これまで双方が管轄してきた区域とする。

第12条　南・北は、不可侵の履行と保証のため、この合意書発効後3カ月以内に、南北軍事共同委員会を設置し運営する。……

第13条　南・北は、偶発的な武力衝突とその拡大を防止するために、双方の軍事当局者間に直通電話を設置し、運用する。

第14条　南・北は、本合意書の発効後、1ヵ月以内に、本会談の枠内で南北軍事分科委員会を設置し、不可侵に関する合意の履行と遵守、及び軍事対決状態を解消するための具体的対策を協議する。

　　　第3章　南北交流・協力

第15条　南・北は、民族経済の統一的で均衡的な発展と民族全体の福利向上を図るため、資源の共同開発・民族内交流としての物資交流・合弁投資などの経済交流・協力を実施する。

第16条　南・北は、科学・技術・教育・文学・芸術・保健・スポーツ・環境・新聞・ラジオ・テレビ・出版・報道などの分野で協力を実施する。

第17条　南・北は、民族構成員の自由な往来と接触を実現する。

第18条　南・北は、離散家族・親戚の自由な交通と往来、再会、及び訪問を実施し、自由意志による再結合を実現し、その他人道的に解決すべき問題の対策を処置する。

第19条　南・北は、切断された鉄道と道路を連結し、海路・空路を開設する。

第20条　南・北は、郵便・電信交流に必要な施設を設置し連結し、郵便・電信交流の秘密を保障する。

第21条　南・北は、国際舞台における経済・文化などの分野で、互いに協力し、海外に共同して進出する。

第11章　朝鮮半島の統一問題

第22条　南・北は、経済・文化など各分野の交流と協力を実現する合意
　　　　を履行するため、合意書の発効後3ヵ月以内に、南北経済交流・協力
　　　　共同委員会をはじめとする部門別共同委員会を設置し運営する。
第23条　南・北は、本合意書の発効後1ヵ月以内に、本会談の枠内で南
　　　　北交流・協力分科委員会を設置し、南北の交流・協力に関する合意の
　　　　履行と遵守のため具体的対策を協議する。
　　　　第4章　修正及び発効
第24条　本合意書は、双方の合意により修正し補充することができる。
第25条　本合意書は、南北がそれぞれ発効に必要な手続きを経て、この
　　　　文書それぞれを交換した日から発効する。

　そこでは、南・北統一のための実務的協力方式の枠組みが成立した。合意文書
では、国際法的形態をとっており、同時に、朝鮮半島の非核化に関する共同宣言
が合意された。同宣言は、「南・北は、核兵器の実験・製造・生産・受入れ・保
有・貯蔵・配備・使用をしない」ことに合意しており、その通り確認された。そ
して、1991年9月南・北国連同時加盟が実現し、この新しい局面への移行を歓迎
して、南北対立から南北共存への出発となった。その合意書の南・北による実施
は注目され、期待されるところであった。そして、主体的統一論争となった。

　韓国では、金大中政権の成立以降、それをさらに進めて北朝鮮の宥和政策、い
わゆる太陽政策の推進により、南北首脳会談が実現した。しかし、北朝鮮は、こ
の韓国北送金資金を充当してこれまで通り核開発を強行し、韓国人拉致工作を
図った。そこでは、これまでの北朝鮮の姿勢は、韓国の太陽政策の下でもいっさ
い変更されることもなく、北朝鮮をめぐる多国間アプローチを標榜して組み立て
られた宥和・関与政策は、統一方策において南・北間の、あるいは両国と関係国
の間において状況認識をめぐる温度差を目立たせたのみで、この宥和関与政策に
より、統一方策が改善されたどころか、非民主的な全体主義の北朝鮮政府の体制
強化を助長しただけである、と判断された。

317

4、南と北における核の選択

　南の朴正熙政権は，政治的安定及び経済回復の実現とともに、自主国防と武器国産化を掲げ、その結果、核兵器の開発計画まで企図していた。その武装開発極秘計画は、北朝鮮の侵攻作戦、プエブロ号拿捕事件、1970年6月韓国放送船の拿捕事件が続き、さらには7月米国は駐韓米軍第7師団の撤退を通告していた。米国はこの危機にもかかわらず、1969年6月の米韓国防協議では、韓国に北朝鮮を挑発しないよう指示していた。このため、1972年秋、韓国はイスラエルのゲイブエル地対地ミサイルの購入を決めた。そして1978年9月韓国は暗号名「白熊計画」のナイキ・ハーキュリーズ地対地ミサイルの発射に成功した。一方、1991年末以降、歩兵部隊の武器の国産化を企図したコード名「稲妻プロジェクト」によって、1年間にその国産化は成功した。そして核兵器開発は、1971年11月新発足の青瓦台の武器開発委員会が、翌72年に核開発計画を決定し着手した。米中央情報局（CIA）は1975年初めこの活動を探知し、韓国がその計画を放棄するまで、韓国の核装備買付け状況につき徹底的に調査した。韓国のフランスとベルギーとの交渉でも、米国は徹頭徹尾、圧力をかけた。米国は、韓国がどうしても核開発を進めれば、核の傘を撤去するとまで警告した。結局、韓国は1975年6月公式に核開発を撤回した。

　他方、北朝鮮は、1984年1月10日朝鮮中央人民委員会・最高人民会議常設会議合同会議を開催し、「朝鮮問題の平和的解決のための新たな措置を採ることについて」の、米国・韓国・北朝鮮の三者会談の提案文書を採択し、米国政府及び国会に送る書簡を採択した。その書簡は、朝鮮戦争の法的処理をもって米国との単独交渉を提起していた。そこでは、わが民族の核の惨禍の犠牲が指摘されており、「北朝鮮の国際認識は将来における米国との対等な地位での交渉、そのために究極的には大陸弾道弾開発が企図されるであろう」とあった。その新たな提案は、その代替手段として対等な米国との交渉、そしてそのための国家の威信を賭けたその促進、強大な核大国の建設が追求されていた。

　1980年代後半以降、北朝鮮は秘密裡に核兵器開発を進めているのではないか

との懸念が国際的関心事となった。1992年北朝鮮は国際原子力機関IAEAの査察を受け入れたが、北朝鮮が保有する兵器類の申告とIAEAの推算との違いから特別査察が求められ、これに対し北朝鮮は、1993年3月核拡散防止条約NPTから撤退した。翌94年6月カーター元米大統領が訪朝し、金日成国家主席と会談した。その直後、7月金日成が死去し、後継した金日正は、10月現有の原子炉を解体すると約束した。しかし、以後の交渉は難航し、最終合意は生まれなかった。1995年代替援助のための朝鮮半島エネルギー開発機構KEDOが発足し、軽水炉建設計画が始まった。しかし、北朝鮮は、凍結中の核施設を再稼働させ、2003年1月NPTを脱退した。4月の6カ国協議で、北朝鮮は核保有を宣言した。同協議での非核化交渉は未だ成果が上がっていない。

　2013年3月6日朝鮮労働党機関紙労働新聞は、「米帝が核兵器を振り回せば、われわれは、精密な核攻撃手段でソウルとワシントンまでを火の海とするだろう」と報じた。

　韓国では、かつて核開発が企図され、米国によって封じ込められているが、現在でも、自衛的核武装論は厳然として存在している。ハンナラ党の鄭夢準国会議員は核武装を進んでとるべきとしており、2013年2月李明博大統領は、核武装論を愛国的で高く評価すると述べ、「それは北朝鮮と中国への警告にあり、間違っているばかりではない」と言及した。

　その統一手段は、朝鮮戦争で李承晩が北侵攻を念願したが、それ以上になく北部支配の目標にとどまり、一方、農耕地を欠いた北部の金日成にとっては南部支配は国家生存の至上命令であった。そのための手段として、あらゆる方策が企てられた。軍事境界線での宣伝工作のみか軍事措置も発動された。北方限界線での軍事侵攻もあり、さらに、軍事境界線の地下トンネルで侵入する工作が発覚した。また、潜水艇による東海岸上陸ゲリラ作戦も相次いで遂行された。南部民衆に対するスパイ工作、外国での韓国要人に対するテロも強行された。しかし、いずれの工作も成功していない。

　その一方、北朝鮮の核開発、ミサイル開発は止まっていない。中国と対等とされるその立場の確立は停まるところがない。北の人工衛星という名の長距

離弾道ミサイルはほどなく米本土に届くところとなると自負している。

にもかかわらず、いうまでもなく南北和解と統一がその南北それぞれにとっての大義であることには変わりない。

5、韓国の宥和・関与政策と北朝鮮の選択

1994年南北首脳会談は金日成の急死で実現しなかったものの、韓国では、金大中政権の下で北方政策を基礎として太陽政策が立案された。この宥和・関与政策の遂行で、2000年6月13日～14日平壌で、金大中大統領は金正日総書記との南北首脳会談を実現し、北朝鮮三大経済協力事業（①金剛山観光開発、②開城工業団地事業、③京義線と東海線の鉄道・道路連結事業）が進められ、離散家族事業も始まった。この結果、韓国では、目に見える形で北朝鮮と韓国の距離が大きく縮まったという認識が行き渡り、統一のシナリオが現実的な次元に設定されるところとなった。そして、統一方策を継承した盧武鉉政権は、平和・繁栄政策で、これを継承し、南北和解を推進する大きな譲歩をみせた。他方、北朝鮮首脳は、韓国による包囲の危機認識を深め、それを打破すべく外交の道具ともなる核開発を強行に進めるところとなった。

2006年6月金大中大統領は、北朝鮮のテポドン発射問題で北方政策を中断し、10月北朝鮮は核実験を強行した。その一方、太陽政策が関与政策としての役割を果たしたかどうかとの議論が浮上した。加えて、金大中が金正日との会談のため現代グループを通じて4.5億ドルを金正日に渡したことが判明し、関与政策は、その北朝鮮政策が国民に対する裏切りに他ならず、その結果、北朝鮮は、統一政策を有していないとした分析も登場した。その太陽政策をめぐる日米間あるいは日韓の間での認識・評価をめぐる温度差が極めて大きいなか、韓国では、太陽政策は、日本及び米国の北朝鮮制裁への妨害行為として遂行されたと確認され、左翼政権の盧武鉉大統領は北朝鮮に屈した形での、親共産化政策を強行し、徹底した反米主義・反日主義で、すべての政策を処理してしまった。そして、盧武鉉は、韓国人在日組織民団の解体、その北朝鮮組織への吸収工作を企てた。

こうした現実に直面して、2007年3月韓国で、国民行動本部の6項目声明書が公表された。その要旨は、次のようであった。

1、親北左翼勢力は、去る10年間、権力を壟断しながら、あらゆる叛逆と腐敗を犯した。国民は、今年の大統領選挙と来年の国会議員選挙を通じて、その間、隠されてきたこのような権力型の不正を曝露して審判し、国を清掃しなければならない。

2、金大中元大統領は、再び地域感情を扇動しながら、大統領選挙の政局に介入しており、不正工作を停止しなければならない。

3、2001年初めに、金大中政権は、国家機関と6つの都市銀行を動員し、北送金用といって追加3000億ウォンを作った。その「月刊朝鮮」2007年1月の報道に反論はなかった。

4、お金は全額が金正日に送付されたのか。6つの都市銀行はどこか。

5、ハンナラ党は、左派政権の不正を曝露しなければならない。

6、左派政権の10年間、偽装してきたことは曝露された。すべての不正が審判されるべきである。

包容政策の大義ですべてが処理されてきた国民の審判結果として、2007年12月韓国の大統領選挙で野党ハンナラ党の李明博が選出された。左翼の権力不正を排除することが、李政権の国民的課題となった。このため、2008年大統領に就任したハンナラ党李明博政権は、北朝鮮支援の条件として核放棄を求めた「非核・開放・3000」を掲げ、太陽政策を転換した。金大中は、この問題状況が出現したことに対して、それは米国の北朝鮮核政策に対する強硬政策のためであると、北の核政策を擁護し、太陽政策を弁護した。他方、太陽政策の背景には、経済危機にある北朝鮮の存続があるとの同情的な見解が出されるなか、金大中は、北朝鮮の存続、北朝鮮との連合のためには太陽政策は当然であるとした。

金大中は、その太陽政策の評価をめぐり、2つの政策講演をしたが、それを、ここに引用する。

　　　去る（2006年）10月15日、国連安全保障理事会は、国際連合憲章第7章の第41条に基づく北朝鮮に対する経済制裁を決議した。私たちは、北

朝鮮核を撤廃させる目標に達するため、どんな手段をとるべきか、3つを考える。

　第1は、軍事的手段で、結論的にいって、軍事的手段は許されないということである。……国連安全保障理事会決議が第7章第12条の軍事的手段を含めないように、希望する。

　第2、経済制裁手段について、その強行は北朝鮮に相当な苦痛をもたらすが、中国は、相当な支援ができる。……したがって、経済制裁は、苦痛を与えるが、北朝鮮を完全に屈服させることには、かかる選択は限界がある。むしろ、北朝鮮は第2次核実験や休戦線での挑発などの反撃に出る可能性が大きい。それで、効果がある何らかの対策であるといえるのか。

　第3に、対話による解決についての模索である。北朝鮮は、核実験以後にも、朝米双方の対話を通じて、彼らの安全を受けて経済制裁を解除すれば、朝鮮半島の非核化に積極的に応じると、宣言している。私達は、北朝鮮に一度、機会を与えなければならない。……　太陽政策は、多くの成果を上げた。南北首脳会談以前の50年には200人しか会えなかった離散家族は、既に1万3000人も会えるようになった。これは、いかに大きい人権と人道主義の勝利ではないか。……私たちの食糧と肥料の支援を受けて北朝鮮の人々は、韓国に対して過去の誤解と憎悪の態度から感謝と羨望の態度へと変わっている。……

　北朝鮮が「低い段階の連邦制」という名で従来主張した連邦制を完全に諦めた以上、一種の独立国家連合のような第1段階の「南北連合」は、いつでもできる。「南北連合」体制は、1民族2独立政府制度である。南・北は、南北首脳会談後、南北国会会談などを持つことができ、すべての案件を満場一致で処理することで、南と北のどちらも不安をもつ必要がなくなる。こうして、「南北連合」を10年から20年行った後に、南北連邦制や完全統一に進めることになる。統一への希望を持とう。

　先祖が血と汗と涙で統一したこの民族を、また1つに繋ごう。南も勝つ

て北も勝つ共同勝利の統一を推進しよう。21世紀は、知識基盤経済の時代である。知的伝統と教育が広く普及した朝鮮民族は、わが世の春を迎えた。平和共存と平和統一されれば、私たちは世界の中で、悠然と聳えた大きい峰になるであろう。「鉄のシルクロード」が釜山港から、パリ、ロンドンにまで繋がるようにしよう。「鴨緑江の奇蹟」がこの地に出現するようにしよう。（2006年10月19日ソウル大学統一研究所講演「北朝鮮核と太陽政策」）

　私は、北朝鮮が要求した安全保障と経済再建、米国及び日本との国交回復など米国が尊重し、守らなければならないと思う。既に、北朝鮮核問題は、1994年のジュネーブ会議で合意され、2005年の6カ国協議の9・15合意によって、北朝鮮は核を放棄し、米国は北朝鮮に経済支援を行うことに合意したので、どこまでも苦難と忍耐力をもって研究しながらすべきところで、核問題を持ち出してくるのはいけない、と金正日に強く言いたいと思う。……

　わが国民は、北朝鮮の核実験とミサイルに反対である。反対は、どこまでも、6カ国協議において、米国との会談において反対すべきところで、絶対に戦争の道に進んではならない、と考える。われわれが統一するのに、100年、1000年がかかっても、戦争によって統一してはならない。

　われわれがみな行動する良心として、自由国民経済を守り、平和な南北関係を守ることにみなが、立ち上がり、安心して暮らせる国、希望のある国を作ろう。（2009年6月13日6・15南北共同宣言9周年記念演説「行動する良心になろう！」）

この引用から、金大中の平和統一に向けた強い信念を感じる。にもかかわらず、その信念はどこまで実現できるか。ここに、金大中の太陽政策の評価を分かつところがある。金大中の包容政策には、北朝鮮支援の決定的な強い原則的信念があった。それは、国益確認の対外政策においてどこまで許されるか（「「対北送金」は首脳会談の大義ではない？」朝鮮日報、2003年2月14日）。

金大中の北送金疑惑は解消されてない。これは、金大中の南北会談の直前に、

323

現代グループによる北朝鮮あて5億ドル送金を容認した事実である。送金は、現代グループの事業の権利を得た見返りという大義であった。韓国検察当局は、江原ファンドの秘密資金造成疑惑など要人ら10件の調査に着手した。6つの都市銀行は北送金のため500億ウォンの不法資金を作り、さらに追加3,000億ウォンを調達したとする証言がある。スイス銀行への3,000万ドルを送金し、5年間で国家債務を2倍にした一方、それは北朝鮮の核武装に充当されたと分析する報道がある。2004年3月28日韓国最高裁判所が東源元国家情報院長、李瑾栄元産業銀行総裁、朴相培元産業銀行副総裁、及び金潤圭現代峨山社長に対する4.5億ドル手続き違反の有罪を確定したと公表したことで、事実が全面的に確認された（「「対北送金」6被告の有罪確定」朝鮮日報、2004年3月28日）。6月12日金大中は、北送金の特別検事捜査はそれ自体やってはならないことであり、北に1億ドルを提供したのは事実である、と自ら発言し、検事は国政に干渉してはならないとまで断言し、その送金工作事件の事実と関与を自ら認めた（「金大中氏「対北送金の捜査はすべきでなかった」朝鮮日報、2004年6月14日」）。のち、国家安全企画部による盗聴で、北朝鮮に5億ドルを不法送金したことが確認され、これにかかわった関係者の米国亡命が続いた。この亡命元職員は、機密漏洩の容疑で、国家情報院が告発した（趙甲済「李明博はなぜ金大中・盧武鉉政権の疑惑を捜査しなければならないのか？」統一日報、2008年9月5日／現代コリア、2008年9月号）。月刊朝鮮、2007年1月号は多くの情報を公表した。この国家情報院は、大統領直属の国家安全保障にかかわる情報・保安・犯罪捜査の機関で、1961年朴正熙政権の下で創設された韓国中央情報部（KCIA）が前身で、1981年に国家安全企画部となり、1999年金大中政権により国家情報院に改組された。その目的と使命は変わってはいない。

北朝鮮は、韓国を南朝鮮と呼称し、南北会談では南側としている。そして、南朝鮮傀儡あるいは南朝鮮傀儡徒党という表現を使用している。一方、韓国は、1972年までは北傀と呼んでいたが、現在、北韓と呼び直し、その存在を公式化している。

2005年9月中央日報が報道した「朝鮮半島分断の責任はどこにあるか」の調査

結果では、韓国人は米国53パーセント、日本15.8パーセント、ソ連13.7パーセント、中国8.8パーセントとなっていた。対比されるべき北朝鮮の国民統一意識は、言論の自由がまったく欠如している以上、判断できない。韓国人は、強い統一意識と共に、北朝鮮の孤立状況と南北経済格差、韓国の資本主義と北朝鮮の共産主義という現実があることも、十分認識してきている。あるいは、韓国の共産化という危機認識よりも、北朝鮮国家体制の崩壊が大きいとする懐疑論ともなって、そこで生じる難民の韓国、日本、及び中国への流入の指摘もある。それに対する日本の援助は不可欠とされており、日本も積極的に対応することになるが、朝鮮に成立の朝鮮人同胞政権は、日本援助を公表せず、共通の敵に旧植民者日本を設定してそれを屈服させることで、その存在を誇示して存続し、反日スローガンのもと核武装政権が成立するシナリオが有力である。同政権は、米国と対決し、日本と対決し、中国とも対決するシナリオへと走ることになる。それは、同胞政権の北東アジアにおける大国のプレゼンス行使にある。いいかえれば、それは、朝鮮半島がアジアを支配するとした民族の念願の実現である。韓国では、1948年に反民族行為処罰法が制定されてきた。そして、これは、かつて朝鮮半島の安定及び統一の手段として中立化論が追求されてきたことへの、いまひとつの選択といえる。反民族行為処罰法によって、朴正煕元大統領、日韓関係正常化の父と"漢江"の奇蹟を実現した国家の指導者も処断し、糾弾された。それは、朴正煕が日本の統治下に日本の陸軍士官学校に学んだからであった。2006年韓国政府は、親日反民族行為者財産調査委員会を設け、2010年までに親日反民族行為者の子孫の資産180億ウォンを接収した。この調査は終わっていない。

　北朝鮮は、朝鮮戦争を開始して、軍事的統一を目指した過去がある。北朝鮮の崩壊後に成立する朝鮮人同胞政権は、その統一国家戦略としていかなる手段をとっても、統一の成果を対決核武装同胞独裁政権の成立で誇示するしかない。しかし、統一による「平和の配当」も期待できる一方、敗北者という名の難民を生み出し、それを受け入れる近隣国は敵対国として対決を強められることになる。大量の難民を受け入れる中国と日本は、朝鮮同胞政権の対決を余儀なくされる。とりわけ、中国は、北朝鮮における鉱山開発権を失い、その経済権益を大きく喪

失する。他方、北朝鮮は、崩壊・内戦・クーデタなどの混乱状態が生じれば、中国が北朝鮮に軍事介入する可能性は大きい。それは、接壤国として混乱あるいは不安定を防止する国際的責務においてであり、そこには、権益の保持という目的もある。

　したがって、そこでは、北朝鮮の存続が望ましいとする選択は成立する。これは、中国が地政学的に北朝鮮を吸収するとする傀儡政権維持説に通じる。他方、韓国主導で、南北統一が実現すれば、中国は、米国と同盟関係にある韓国と対峙することになり、その対決状況はより著しいところとなる。その一方で、韓国が北朝鮮吸収の負担を負いうるのかという難点がある。これは、韓国が統一を強行しない理由である。

　2013年2月朴槿恵大統領は、就任演説で、経済復興・国民幸福・文化隆盛の新しい希望の時代を打ち出した。しかし、反日国民操作に応じたことによる平和統一の基盤政策は、大国中国の出現による中国への接近と米韓体制の維持政策と太陽政策の間の動揺を引き起こすことは必至である。朴大統領は政治論争に一定の距離を置いたことで、外交政策のジレンマに突入しかねない。現在、基盤構築の実現による平和統一を北朝鮮政策の基本とするが、その外交選択のジレンマは体制基盤それ自体を崩しかねない難しさがある。朴槿恵政権は、2014年に北朝鮮に30億ウォンの支援を行った。一方、北朝鮮は、米国との交渉、そのための大陸弾道弾ミサイル、及び核兵器開発の基盤強化に邁進するのみである。

6、南と北の統一シナリオ

　最後に、南と北それぞれの統一シナリオを掲げる。

　韓国主導の統一

1、韓国国民の強い要望で、平壌に遷都する可能性——北朝鮮を「ゲリラ政権」とみる韓国は選択しない。平壌の経済回復による経済の安定こそ急務である。なお、北朝鮮は、1972年まで憲法上では、ソウルを首都としていた。

2、韓国の中国延辺朝鮮族自治州の併合要求——朝鮮人の聖地回復は、統一国

第 11 章　朝鮮半島の統一問題

家の使命とされる。その韓国領有は中韓紛争となり、韓国は中国、日本、米国、ロシアとの国交断絶を生み出しかねない。そうした選択能力が韓国にあるかどうか疑問である。

　逆に、朝鮮半島が中国の自治区となる可能性も提起される。これは東北工程の文脈にある。

3、統一国家の成立と混乱——統一国家への移行で、北の労働者が南部に大量に流入し、治安が悪化し、中国もロシアも侵入し、大混乱となる。地方は近隣諸国の関与で秩序を維持し、分断された国家状態が出現する。

4、一国両制といった政治・経済秩序—— 一国両制はチベットへの適用が提起され、中国本土と台湾の統一原則として取り組まれた。いずれも実現できていないが、香港では住民自治で適用された。南の企業が北での経済活動に適用される可能性はあるが、中国での経済活動の方が現実的で、その実現可能性は大きい。

　いずれにしても、現下の南・北分断を克服する政治・社会・経済条件は難しい。統一シナリオよりも混乱のシナリオの方が強い認識にあるからである。

5、現実的な統一方策——北朝鮮政策のジレンマのなか、李明博政権は、非核・開放・3000を提起したが、履行戦略とロード・マップは提示されていないし、提示できる状況にない。李明博は、2008年9月金大中との会談で「包容政策」という用語を使用しなかった。朴槿恵大統領も、同様に使用していない。

朴政権は、外交選択のジレンマのなかで、自らの施政の責任を日本のせいにする限り、その平和統一の基盤政策の実現のための韓国の力量強化すら難しい状況にある。このすべてを反日に転化する図式は、北朝鮮の国民的操作事例と同様に、朴政権も国民操作に従う例証の通りである。

北朝鮮主導の統一

1、首都は平壌で国家建設——北朝鮮は一時、ソウルを首都としていたが、平壌を民族革命の聖地とする限り、変更しない。しかし、統一の成果を確認

327

して、ソウルに移転する可能性はある。朝鮮半島は高麗半島となり、朝鮮語は高麗語となる。栄光ある高麗の再現であり、国名も高麗人民共和国となる。朝鮮労働党は高麗共産党となり、地名の変更も実施され、チュチェ文化による国家建設となる。

2、国民の再配置——南部の韓国人、特に富裕層・中間層は、統一直前に米国・カナダ・オーストラリアの各地に亡命し移住する。そして残った階層は敵対階層扱いとなり、監視され、隔離され、国民の財産は没収される。必要な収容所が建設される。国民の再教育キャンプが設置され、洗脳工作が着手される。

3、施政の正当化——南の各地に、その支配を確認して、金日成像が建設される。外国企業、特に日本・米国企業の経済活動は監視され、追放され、接収される。統一政府は、旧朝鮮政府と同様に、自らの施政の責任は「日本のせい」に帰せられ、すべてが反日の責任転嫁となる。これは、これまでの国民操作の例証に従う。

情報管理は引続き維持され、旧韓国語は改められ、外国語は規制される。これは、旧体制統治モデルの拡大適用である。ハングルはチョソングに統一される。

連邦の統一においては、一国両制の原則がある。香港では成功したが、中国本土と台湾の統一での適用には、国民意識のギャップがある。朝鮮の場合、その統一のイデオロギー性において、その実態は、南の植民地化という現実といえるから、その適用はない。

4、対外政策の選択——南北統一の成果を確認して、その国家能力の誇示から、日本に、あるいは中国に侵攻する可能性は大である。念願の中国朝鮮自治州の回復という使命をもって、中国侵攻は不可避である。中国に侵攻すれば、統一国家の敗北可能性は大きい。

5、亡命政府の樹立——韓国人政治家らによる大韓民国亡命政府が米国に樹立される。これは、日本の韓国併合で、韓国亡命政府が樹立された先例がある。但し、それで終わり、亡命政府による本土回復はない。

ソウル－開城－新海州－沙里院－平壤－元山－咸興－清津の鉄道の全線開通は、朝鮮人の念願である。それは、国土統一の象徴とされる。中国と朝鮮を連結した輸送ルートの確立は、国民経済発展の条件である。

朝鮮統一は民族の念願であり、南・北の諜報工作ではなく、率直な国民統一意識の文脈で議論が展開されることは望ましい。しかし、その条件の検証と遂行は極めて厳しく、それに向けて行動の転換が可能となる状況に、現在はない。

第12章 済州島

　済州島は、朝鮮半島全羅南道木浦の対岸14キロメートルにある西帰浦の面積1,840平方キロメートルの火山島である。その付属島嶼を併せて、大韓民国済州特別自治道である。15世紀初葉までは、耽羅という王国があった。西洋では、オランダのアジア統治期に台湾から長崎へ向かう途中でオランダ商船が難破し、その島をQuelpart（みかん畑）と呼んだ。韓国では、唯一のミカン産地である。日本とは長崎県の五島列島に近く、約180キロメートルの距離である。日本との関係は歴史的に古い。

　全島が火山島で、特徴的な漢拏山（標高1950メートル）は、半島南部の最高峰で、さらに城山日出峰の噴火口跡（タフコーン／火山灰丘の岬）、及び拒分岳溶岩洞窟の3つが、済州の火山島及び溶岩洞窟群として2007年に世界遺産に登録されている。

　1948年4月からほぼ1年にわたり反李承晩政権の人民抗争が続き、朝鮮戦争では激しい

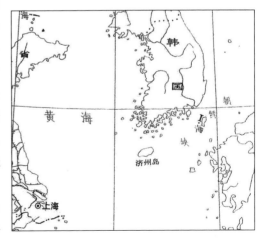

図12-1　済州島

331

パルチザン闘争があった。1948年4月3日の済州島4・3事件で、ほぼ3万人の島民が韓国軍などによって虐殺され、それから逃れて日本に渡ってきた在日韓国人も多く、彼らの国民感情は韓国本土出身の反日闘士とは違う。

島には、朝鮮の行政区域である3つの郡・圏のそれぞれ東・西・南の門に、村の災厄を追い払う守護神、トルハルバンが建立されており、済州島のシンボルとなっている。済州島の特徴を表現するのに、三麗、三多、三無という言葉がある。三麗とは、「美しい心」、「素晴らしい自然」、「美味しい果物」の3つで、農民の心や警官の素晴らしさを意味する。三多とは、「石と風と女の3つが多い」という意味で、ここは、火山島で、火山の噴火により噴出した火山岩の地形を季節風が通過する地帯にあり、またかつて漁労で男子が遭難することが多かった。三無とは、「泥棒がいない」、「乞食がいない」、「外部からの侵入者がいない」、それで、門がないということであり、厳しい環境にあって協同精神が発達し育まれてきた。そのために、半島本土に住む人々の気性の激しさに対照的、性格も温和で素朴である。在日朝鮮人／韓国人からは、彼ら済州島民は元流刑地に住んでいた者と侮蔑され、その差別が著しい。

耽羅国の言語は、朝鮮民族とは言語系統が異なるものであるとするのが通説である。

1、済州島と三姓神話

『三国史記』地理志によれば、この島は百済の附庸下にあり、冬音県と称していた。景徳王の時代（742～64年）に新羅に帰附して耽羅と改めた。一方、『東國輿地勝覧』や『高麗史』地理志によると、耽羅民族の独自の建国神話「三姓神話」があり、『世宗實録』にもその記述がある。その内容はこうである。

　　　瀛州と呼ばれた、未だ人の住まない太古の済州に、高乙那、良乙那、夫乙那ともいわれる高、梁、夫の3つの姓のある3人の神人が漢拏山の北麓の地、三姓穴に現れ、これが済州人の先祖である。ある日、漢拏山を展望していた彼らは、北の海（日本海）の方から流れてくる木の箱を発見した。開いてみると、箱の中には東国の碧浪国（日本）からきたとい

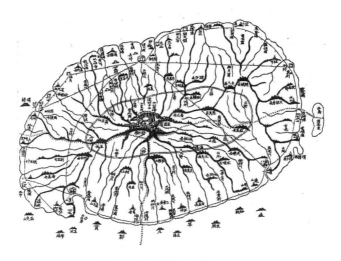

図12-2　済州島の山勢
（出所）「大東輿地図」1861年。

う紅帯紫衣の使者と3人の姫と駒と馬と五穀が入っており、神人は彼女を妻として迎え、年齢順に住居を構えて暮らすようになった。その子孫は、産業を興し五穀を栽培し集落を形成した。それから900年、人望の高い高氏を王として崇め、タクラ王国が成立した。

　成立した王国は、新羅に朝貢し、高麗の時代には三別妙の反乱軍がこの島に脅威となったが、元の軍隊がこれを鎮圧した。以後、済州島は、元の支配下に、牧場として軍馬を供給した。1290年請うて高麗に返却され、翌91年に済州となった。李朝には、牧地として牧使が置かれ、特別な地位に置かれた。一方、流刑地となった。

2、済州島蜂起事件

　1945年8月日本の敗戦で、朝鮮は解放されたが、北緯38度線で南・北に分割された。南・北それぞれの政治路線の違いから、統一国家の実現は困難にあった。1947年9月国連監視下に総選挙を行い、国民政府を樹立することが国連決議

333

で成立したものの、その実施は困難で、南北分断の固定化が現実となった。

南朝鮮では、1948年2月単独選挙に反対するゼネストが決行され、3月1日3・1独立運動節に大規模なデモとなり、4月3日未明には10カ所以上の警察署が襲撃された（3・1蜂起）。

済州島では、同3月南朝鮮の単独選挙に反対し、本土から国防警備隊・警察隊が派遣されて武装蜂起した人民と一般島民は漢拏山に日本軍が残した塹壕に立て籠もり、断続的にパルチザン闘争を繰り返した（4・3蜂起事件）。韓国軍は、一時、全島を掌握したが、5月の単独選挙は実施できず、翌49年5月再選挙となった。3月蜂起から2カ月後、麗水の国防警備隊が鎮圧に着手したが、南朝鮮労働党の影響で、目的は達せられなかった。1950年の朝鮮戦争で、パルチザン闘争は1954年9月まで続いた。李承晩政権は反共暴動と断定し、粛軍を決行した。

1960年4月革命を契機とした真相糾明運動は、翌61年のクーデタで活動を中断した。1987年の6・29民主化宣言で、真相糾明運動が再開され、1988年を通じ多くの研究成果が刊行された。1993年金泳三政権は「歴史の立て直し」を掲げ、4・3特別委員会を設置し、1995年済州道議会は「済州4・3被害調査第1次報告」を刊行し、2000年1月金大中大統領の下で4・3真相糾明及び犠牲者名誉回復に関する特別法が成立した。但し、同法は「済州4・3」とあるのみで、抗争とも蜂起とも記していない。それは、事件の性格に対する評価は民族感情も重なり、未だ決着していないからである。

3、済州人と金石範の思想

金石範、本名慎陽根は、済州島出身の両親のもとで大阪で1925年に生まれた。戦時中は済州島で暮らし、日本の終戦を大阪で迎えた。直後にソウルに赴くも、1946年に日本に戻り、京都大学文学部美学科を卒業した。彼は1967年朝鮮総連の組織から離れ、日本語での創作活動に入れ、1970年の『万徳幽霊奇譚』で作家としての地位を確立した。彼は、済州島4・3事件をモチーフとした作品が中心で、風土性がその根底にある一方、文学と政治は切り離せないと考えていて、

その立場は数度にわたる韓国政府の招請に応じていないことに明らかである。1988年民間団体の招請で、朝鮮籍のまま済州島を訪問したが、韓国籍取得を拒否している。金石範は李恢成と国籍論争を展開し、準統一国籍を主張している

彼の思想の特徴は、以下の点にある。

1、朝鮮という記号が国籍に代わるとの立場で、分断された朝鮮人の結末に対する危惧の解決を、「文化は国境を越える」という主題で、二重の言語の呪縛に置かれた自己の解放を求める。

2、生活する日本が物的にも精神的にも、悪い環境にあるとは思わない。差別はあると思うが、それは在日の人がやたらに意識しているからである。

3、何故、いつまでも差別される側、他者とされる側だけに生きることを感じ、忍苦のみを訴えなければならないのか、経験に基づき物事を考えることをしないのか。日本人が日本語で自らの民族意識のある歴史的状況というものを理解せず、なぜすべて否定するのか。彼の『過去からの行進』は、済州島4・3事件から現在まで貫く権力というものの暴力性を、正面から問うていた。

4、韓国の歴史教科書『韓国の歴史』に済州島4・3事件が記載されているが、それを「共産集団の南韓攪乱」と記述している。それは、私の『火山島』とは相容れない。それは、日本政府の「沖縄」や「アイヌ」の態度やそれに対する研究課題とは言い換えられないものがある。朝鮮の歴史においても、消去されたものを歴史の本流に戻すべきことが求められる。

金石範の思想は、以下を鋭利に指摘している。権力志向の世界の直中にある半島人の朝鮮人に対して、自然人としての済州人の思考は、日本人の世界に交差する座標にある一方、共存の思想として注目されなくてはならないアジア人が求める共存の姿にあり、その原点は済州島にある。

第13章　韓国の対馬併合要求

1、対馬

　対馬島は、南北に細長い形状の対馬島、及び100を越える小島で構成され、九州本土の日本海西入口に位置し、玄界灘と対馬海峡東水道（狭義の対馬海峡）を挟んで約132キロメートル、朝鮮半島へは対馬海峡西街道（朝鮮海峡）を挟んで約49.5キロメートルの距離にある。主島は、かつて1つの島だったが、地峡部分が1672年に大船越瀬戸、1900年に万関瀬戸とそれぞれ開削され、細長い主島は南北3島に分離された。対馬は奄美大島に次ぐ第10位の面積領土で、696平方キロメートルである。

　この対馬は縄文時代から九州北部と同一文化圏にあり、『古事記』の建国神話に「津島」と記され、『日本書紀』の国生み神話には「対馬洲」、「対馬島」として登場し、歴史的には朝鮮半島と倭國・倭人・ヤマトを結ぶ交通の要衝であった。そして『魏志』倭人傳では、「対馬国」が倭の一部として登場する。大化改新で律令制が施行され、対馬には西海道に属する令制国として厳原に国府が置かれた。ヤマト政権では、朝鮮半島出兵の中継地としての役割を担い、遣唐使も壱岐と対馬が航路の寄港地であった。鎌倉時代に、日本は2度、元とその属国高麗の侵略（元寇）を受け、対馬はその最初の攻撃目標となり、ここから宗氏の統制

337

図13−1　対馬と朝鮮、1757年
(出所)「日本國大略之圖」、1757年、秋岡武次郎編『日本古地図集成』鹿島研究所出版会、1971年。

が深まる一方、宗の領国支配が確立していった。1587年豊臣秀吉の九州平定で、宗義智は対馬守に任じられ、この地域は対馬藩又は府中藩となった。1661〜64年に検地が実施され、いっさいの土地は収公の上、農民に分散され、用益者の交替と均分割、いわゆる均田割六の政策が実施された。藩の維持は朝鮮との貿易にあったことで、その支配構造は強固なものとなった。

　李朝朝鮮の初期、平和な通行が相互に受けられ、日本から渡航する船は沿岸のどの浦にも自由に出入りができ、それが朝鮮の経済を潤した。1492（成宗23）年3月、朝鮮では、倭人による海賊行為の解決を求める特使が送られた際、朝鮮沿岸に対馬住民が居住して対処してはどうかの議論があった（「成宗実録」23年3月乙松（25日）の条）。朝鮮・対馬海峡海域は基本的には交流と共存の世界であった。『海東諸国紀』（1471年、1474年追加）の記述に、「宗茂次、庚辰年、我が漂流民を救いて、来朝す」とあるように、その交際は友好的であった。そこには漁業の営みも、一定の規制があったことが記録に残っている。

2、対馬と対外防衛

　李朝朝鮮は、その開国以来、日本と対馬を通じて国書の往復、通信使の渡来をもった。その国際関係は、朝鮮と幕藩体制下の宗氏対馬藩の朝貢的貿易関係にあった。それは、1812年の通信使の中断とともに、江戸中期以降、特に私貿易で対馬経済は変容し、異国船の到来で、対馬は経済的に悪化し、移封論が出現した。

　ときに、1861年2月3日申の刻、ロシア軍艦ポサシニカ号が対馬芋古里に停泊、上陸し、戦隊修理の名目で永住施設を建設する事件が起きた。これは幕府の抗議と駐日英公使オールコックの干渉で退去した。この事件は、当時、日本にとっては緊迫した国際的事件であった。

　これより先、対馬は、異国船の出没で、1792年に対馬守は沿岸地図を作成し、遠見番所を各所に設けた。1797年8月釜山に英国軍艦が来航し、対馬では戦争に備える警備に着手し、翌98（寛政10）年海辺御備覚を作成した。

　1798（寛政10戊午）年治定の、海邊御備覺は、以下の通りである。

　　　　　　寛政十戊午年治定、海邊御備覺

　　　御國之地形は南北20里余に流、東西廣き所凡7里、狭き所3里に滿、至而細く長き地形に有之、方圓之曲尺難合候、元來地利に要害を構候は、丸く角成を以て可尊事に有之候を、当國之如き地形は、州中之海邊無殘相備候儀、其利至而薄、防甚益少き事歟と被存候、雖然外國防禦之地利に有之候得者、四方海邊之要害御定不披置候而又不相儀勿論に候得共、第一於州中公役可相勤者、侍足輕小者に至候迄6千不足之人數に候得者、上豊崎郷よりして下豆酘郷に至、南北西之海邊繫船可相成浦々悉く守兵を披置候と申に至候而者、先以人數之配不行届、其上上郷邊海之儀者、王代以來文禄年高麗陣之砌、渡口番兵を儲被置候之外、兵防之守又異賊之害有之事終に傳不申候、今日大口内淺海浦隣村小茂田浦之事者、凡國之中通に有之、此兩所においては往古文永久弘安頃異賊時々襲来防戦之場に有之、就中淺浦者大船数千艘を繫候に誠最上之浦津に有之、尤當浦

大洋に乗出途に見候にも、浦口廣く大山左右に引離れ浦口より内手山遠
く、いかにも川口大なる港と相見江候由承居候、譬異賊等磐石之如き大
船に乗じ神變不思議之術を成候と萬里之波濤を彼此大難荒波之海變に至
候而、本船を荒波に乗捨争戦に及可申様無之、然者大口者專異賊乗付之
目當、於當國者守之第一に被存像樓、……

　対馬の対外防衛における役割は極めて重要で、それは朝鮮海峡を制し、日
露戦争での日本の勝利を決定づけた。他方、そこでの航行における責務もあっ
た。対馬の藩邸では協議が重ねられ、ロシア軍艦の船舶修理を認めた。その
家中への達示は、以下の通りである。

　　此度尾崎浦江來泊之異様船、問情役々より注進相速候處、魯西亞船に
　　て箱館より歸船掛、破損所出來に付、不得止尾崎浦へ罷越、船修理之願
　　出、至極穏順に有之候、尤船　修理之儀は兼而公邊御伺済之儀に付、願
　　望急速に船修理御取斗被下、早々退帆に至候様、御治定被成候筈に付、
　　右之趣御家中懸念も可有之事故、被及為御知候間、向寄に可破相違候、
　　以上、

　　　2月6日

　　　　　年寄中

　　　　　　與頭衆中

　そして、この事件は逐一、幕府へ報告されており、そのために外国奉行豊後守
も来島し、外国奉行野々山丹後守も来島し、退去処理が施行された。ポサニア号
に続いて、ロシア軍艦ヲプリチニック号が来泊し、壱岐沿岸での測量に入った
が、成功しなかった。1861年（文久元年）8月ポサシニカ号は退去し、翌62年
復命報告が提出され、ここに日本では開港・移封の論議が促されることになる。

　1862（文久2）年11月21日議奏正親松三條實慶は、長州藩に賊衛の地対馬の
調査を命じ、その報告が対馬藩から長州藩を通じて対馬藩情説明書として提出さ
れた。その抜萃は、以下の通りである。

　　……元来不毛同様之土地柄、一州之生穀一州三分之人口をも難得養、纔
　　二肥筑之鎖所些少之収納米、且海浜之浮利為主所朝鮮國貿易之利潤を以

340

米穀に換、乍無念女を異邦に仰、多年之間不束之取凌に有之侯處、時變に依願鮮貿易之道茂斷絶同樣之姿に至、終に今日家中之扶助撫育茂手届兼腕程之難迫、投筋之者共種々心胆を碎侯而も、眼前之急に被追、守邊辺之實備難相立、苦心此事に奉存侯……、然處當時宇内之形勢一變、攘夷御一決之　勅掟至、左候得者天下之人心今日より戰闘之覚悟に不至侯而万難叶……

その要点は、以下にあった。

1、対馬藩は窮迫し、防備は整っていない。

2、攘夷実行により、対馬は、外夷に狙われており、対馬が外夷に落ちれば、天下の一大事で、対馬は飢餓状態になり、窮する。

3、かくて、対馬は、攘夷論者により、国威を発揚し、天皇の権威を掲げることにある。

4、対馬の問題は、対馬一藩の問題ではなく、国家全体の課題である。

これに対して、幕府は、1863年1月30日以下の勅書及び沙汰書を公布した。

　　　　勅書

　　今度攘夷之決議二至リ其藩之儀絶海之孤島本邦守邊之要地實備緊要二侯猶盡忠報國周旋有之度侯事

　　　　沙汰書

　　就攘夷御一定者　皇國御安危實不容易儀全國フ和一團　叡慮於無遵奉者難相成一同合心戮力盡忠有之度其藩兼赤心報國之聞有之候間殊　御沙汰候事

翌63年5月12日対馬藩は援助要求の上書を幕府に提出し、そこでは、朝鮮との断交も議論の俎上にあった。いうまでもなく朝鮮が服従しないことは十分認識されており、対馬の防衛は不備で、朝鮮の外夷が占拠するとの伝聞も指摘されていた。5月26日幕府は援助決定の達書を下し、28日朝廷は藩主宗義達に対し帰国を命じた。

1863年5月28日公布の、朝廷の対馬藩達書は、以下の通りである。

　　攘夷期限披　仰出、鎖港之及談判候付而者、外夷朝鮮國江渡來、屋宇

を設候聞茂有之候處、同國之儀者年來之御信義茂有之候間、為援助出張、外夷根據之策を破り、時宜二寄兵威を以服從可為致之處、元來兵食欠乏之國柄二付、粮米等之儀、厚申立之趣尤之次第二茂相候聞、願之通、粮米為御手當三萬石宛年ε三ヶ度二割合被下候間、守戰之實備相立、國力ヲ盡シ、御國威海二輝候樣可彼致候、萬一其効無之節者、改而御所置之品茂可有之候間、其旨可被相心得候、願之通、加又器械軍艦御貸渡之儀者、御聞居二相成候得共、當時御數少之事故、御都合次第追而百可相達候、猶又惣而國取締向之儀、願之通、追ε公儀より御差圖茂可有之候得共、松平大膳大夫（長州藩主毛利敬親）江茂厚申談可被取斗候、粮米請取方之儀者、御勘定奉行可被談候、

この援助運動の成功で、日本は、皇国防衛の大義で三韓征伐の理想を追求した征韓論にも結び付き、大政奉還、廃藩置県の道を辿ることになる。

1868（明治元）年閏4月6日（5月27日）宗義達は上書「朝鮮國との通交刷新建議の件」を提出し、「……皇威遠ク海表二及候樣勉勵努力仕御鴻恩萬分一二報度誓而奉禱願イ候恭ク惟ルニ朝鮮國之儀上代三韓朝貢之吉儀相止ミ候爾後中葉兩告之時態一轉シテ将家ノ隣交ト成其交禮總而幕府ヲ以敵禮ト爲シ其頃兵革命之際文物未開接之事例體裁府和立問々御國威ヲ損back失措無ニシテ非ス其後豊臣家壬辰ノ投通交及斷德川氏二至而再隣睦ヲ修シ爾體來兩告陽二誠新ヲ表シテ交候ト雖只慶吊聘問稜二其禮節ヲ存スル而巳ニシテ其實對洲一國之私交二均數交際之事例一是一非以不朽之法典ト爲スヘカラス然ニ今般幕府ヲ被廢萬機宸斷ヲ以被仰出候次第朝鮮國へ可相達旨被仰渡奉畏候隋而此度御兩告之御通交更始一新之御時二贋リ從前之宿弊遍ク御革萬般衆論公議ヲ被爲盡御交接之綱要者申二不及禮節之末二至リ深ク叡慮ヲ被爲留候半而者古來彼國文弱勇武之我二不可敵ヲ覺知シ動モスレハ文事ヲ以テ勝ヲ我國二求之趣ニモ候得者事々御失體舉ナク乍恐向來御意表之儀ヲ以悔ヲ外邦二不披爲招樣不堪至願奉存候依之臣義達不憚不遜愚考之件々別紙奉陳述侯冀クハ英明之聖斷ヲ以何介之叡旨被爲仰下度伏而奉懇願候臣義達誠恐誠惶頓謹言」と述べられた。それには、別録があり、1つは朝鮮に対する改革論事であり、いま1つは「兩國交際ノ節目」とある。

第 13 章　韓国の対馬併合要求

　対馬侍従起草の兩國交際ノ節目は、以下の通りである。そこには、通信使の回顧と展望が論じられている。

　　　　　　大　　略

1　朝鮮國通信使來ノ儀舊幕慶事朝宮ノ者使節トシテ渡海國書土物ヲ齎シ來テ賀辭ヲ伸舊來東武二於テ接待ス7文化辛未聘禮易地對州二於テ交禮有之候事

1　兩國吉凶且不時ノ禮節二付對馬守家老者初其以下二至骨柄二應相當ノ使者差渡害契且ツ別副ノ土物往復贈与仕來候事

1　以前裁邦ノ使節都テ國都ヘ能通候處壬辰亂後上京ヲ鎖テ使節大小トナク釜山浦草梁項二於テ接遇政候事

1　幕府且宗家吉凶二付朝鮮國ヨリ譯官評言ノ使者差渡於對州接應書契且土物贈答仕來候事

1　書契往復ノ式事柄ノ脛重二應シ禮曹参加判同参議同佐郎且東萊府使釜山僉使ト往復仕來候事

1　朝鮮國ヨリ日本ヘ應接ノ官員禮曹参参議佐郎ヲ初東萊府使釜山祁良策府使僉使ノ兩官ウヨリ相勤其以下譯官ノ内ヨリ訓導差壹人宛和館近編任所ト申ヘ平常出役館中ノ諸用相勤來候事

1　歳造船トシテ年々送使差渡書契往復双方ノ有無貿易仕來對馬守ヨリ重立差渡候者銅類胡椒明礬丹木等ニテ何レモ幕府ヨリ定額ヲ以テ賣渡有之彼國ヨリ右代二當木綿差出候ヲ其内ヨリ精米二仕換木綿精米兩品ヲ以相受取來候事

1　朝鮮國慶尚道ノ内草梁項ノ地境二和館對州洲人ノ居館ヲ云取設館守ノ者差遣置隣交筋ノ儀主管爲仕來候事

1　和館ノ地境關門ヲ設ケ閣外州人ノ出歩彼國二於テ堅禁止候事

1　對州ヨリ裁判役ノ者差遣置兩國ノ諸用爲取扱候事

1　兩國ノ交際總テ對州ノ切手所持不仕船々ハ彼邦二於テ海賊船ヲ以及處置候約條相立居候事

1　男女ノ禁双方ノ約條厳重相立居事

343

1 武器ノ禁右同斷……

　歳造船圖書之事例……

　公貿開市之事例

　貿易ニ公私ノ別アリ公貿ハ送使船彼國ニ到ル毎ニ鑵銅丹木黒角等ノ物品ヲ載セ往テ交易スルナリ彼國公府ノ木綿ヲ出シ貨物ノ價ヲ定メテコレヲ給ス故ニ公貿易ト謂ヒ公府ノ水綿ナルヲ以テ公木ト稱フ慶安萬洽ノ頃彼我議リ公木ノ内ヲ以テ彼國ノ精米ニ換ユコレヲ公作米ト云公貿原ト定數ナシ應長己酉東莱府ニ李昌庭ノ議ニ依テ今ノ數トナル開市是ヲ私貿易ト稱フ彼國商買ノ輩其私銀ヲ以タ燕京ニ至リ糸絹ヲ求メ來リ又國内ノ産物薬品ヲ以テ本邦ノ物質ニ換ユ其利商買ノ私家ニ歸ス故ニ是ヲ私貿易ト云フ往昔唐貨盛ンナルノ時毎歳私貿ノ益金平均貳拾餘萬ヲ以テ算ノ又本州ヨリ彼國ヘ送ル所銀銅ノ員數定額ナク商路盛榮國益不少其後敦府ニ於レ銀幣ノ出資ヲ禁シ銅ノ員數ヲ定ム爾来財源彌滅シ時態ノ變遷私貿類ニ衰ヘ安永ノ頃終ニ廢絶ニ至ル然ルニ近年私貿ノ商略漸々開ケ物資隨テ増加ス然ハ今後通商ノ法其措置宜キヲ得交易互市盛榮ニ至ランヲ願フノミ。

　そして、1889年対馬は、伊豆諸島、隠岐諸島、鹿児島県三島村・吐噶喇列島・奄美群島、沖縄と同様に、市制・町制が施行された。対馬は九州の一部として統治された。民俗学的調査のため対馬を踏査した宮本常一は、対馬開発の遅れに胸を痛め、離島振興法の制定に奔走し、1953年に成立した。1952年頃から日韓片貿易が始まり、1961年の朴正熙のクーデタまで続いた。島の14町村は1956年までに6町村に再編された。この時代は、対馬近海が西日本屈指の漁場として栄えた。しかし、片道貿易が終息し、200海里問題での水産業の不振、航空機時代の到来で、過疎化に入り、2004年3月対馬6町すべてが合併して対馬1市体制となった。

　対馬は、日本文化圏にあるが、依然、日韓交流の拠点である。

3、対馬紛争

1949年1月17日李承晩韓国大統領は、対馬は韓国領であるとして日本に返還を要求した。連合国軍総司令部（GHQ）は根拠がないと拒否した（「韓国、サンフランシスコ講和条約で対馬領有権を要求」朝鮮日報、2005年4月10日）。

李承晩の意図を受けた愛国老人会が連合軍総司令部に提出したその文書は、竹島の返還、対馬の割譲、及び波浪島の帰属を求めていた。その文書の抜萃は、以下の通りである。

愛国老人会本部、韓国ソウル、1948年8月5日

主題　韓日間の島嶼調整の要請

宛先　連合国最高司令官ダグラス・マッカーサー元帥

われら韓国国民は、対日平和条約において、貴下の折衝に強い関心を抱いている。それは、韓国が日本の側近に立地し、長年にわたる日本の過酷な圧迫を受け、常に日本に対して大きな犠牲を強いられてきたことにある。われわれは、常に貴下に対し東洋の平和と秩序を確立するために明確な計画を期待し、貴下の通報を期待する。韓国は、講和会議で実際の発言をすることはできないが、貴下の偉大な計画において十分に考慮されるとみている。

東洋の平和という観点から、重要な役割にある韓国の見解は、絶対に不可欠である。……国際秩序における領土の法的調整の重要性は、ベルサイユ体制における東欧回廊問題において示された。一般的に、法的調整の基準は、受動的には、例えば、奪われた領土の回復において、能動的には、例えば、幾つかの国民の発展を支え、またある国民の平和をもたらすための領土の分割の上に立脚している。韓国と日本間の領土問題は、受動的かつ能動的の両側面があり、以下に、われわれの要望を述べる。

1、「独島」の返還。……

2、「対馬」島の韓国への割譲。

345

韓国の海と日本の海間の境界に位置する「対馬」は、日本から大陸への進出にとっての戦略地点である。この地理的重要性は、ロシアの敗北によって容易に確認できる。バルチック艦隊はここを脱出することができず、このため、ロシアは、結局、日露戦争の最終局面で敗北したことを理解すべきである。

　東洋の歴史では、対馬は、倭寇の根拠地として、5世紀から500年間、東洋を侵略し、韓国の歴史では、対馬は、2000年間、韓国中央部に対しその力を悪用した強盗団の巣窟を意味した。

　かように、日本は、常に韓国又は大陸に対して、飛躍のためにこの島を根拠地として、進軍してきた。1554年ラポオメムが作製した世界地図で、中国と日本の間の海上に浮かぶ「ゴロツキ島」は、明らかに対馬で、その性状はヨーロッパ人の間で知られていた。

　対馬に根拠をもつ海賊どもの攻撃から逃れるため、韓国は毎年、彼らに数百万の米、数百万の布、その他の生活物資を、500年間、払わされてきた。われらは、日本に発する暗雲が近年の韓国史を覆い、現在においても邪悪の空気がこの島になおも存在することを考えるとき、韓国国民は、対馬に対して決して神経を静めることができない。

　第二次世界大戦後の地域構築においては、対馬は、韓国に割譲されるべきである。即ち、

1、韓国国民の生存に対する脅威の絶対的除去。

2、日本の大陸侵略の禁止。

3、東洋における強盗団の蹂躙の防除。

　われわれは、ここに妥当な根拠を、次のように指摘する。

a　地理的に、対馬の立場は、日本により近く、われわれが政治的条件でなく、自由にその所属を定めるときは、対馬は、韓国に属することは不自然ではない。

b　歴史的に、「対馬」の名称は、2つの島を意味する韓国語「ツーソン」に起源を有し、対馬の文明の基礎は、大部分、韓国の旧い文明に負っ

ていると、多くの学者が指摘しており、近代の文明も、種々の文献によれば、韓国に起源を有する日本人が創った。

なによりも、韓国は、対馬を1396年と1419年に征服しており、それは、彼らの悪行に帰するべきところであり、対馬は、主人が韓国で、召使が対馬であるとの両国関係を再確認してきた。そして、対馬にいる多くの人民は、韓国政府から公式の地位と俸禄を受けてきた。このため、韓国は、対馬の領土は韓国政府に属すると認識し、この事実は、韓国の正史と地理書に明白に記述された。……

c　経済的に、対馬の土壌は、農業には適さない貧弱なもので、独立した支援が得られなかった。そして、このことは、この島が日本支配下では、当然の結果として、韓国に対して卑屈な立場で満足させられ、海賊行為ができなくなれば、乞食に身をやつさざるを得なかった。それで、かつて乞食にあった対馬人は、朝鮮海峡での漁獲を得て、自らの生活を続けた。古い時代、対馬を服従させる方法として、韓国も南海岸に、3つの漁業基地を彼らに開放していた。……

1945年7月26日のポツダム宣言では、「日本の主権は、本州、北海道、九州、及び四国、並びに決められた島嶼に限定される」とされた。この条項では、対馬が省かれていることが注目されるが、この点こそ、この問題の要望の基本点である。シシリアはイタリアへ、コルシカはフランスへ、そして対馬は韓国へ！──これが法的解決というものである。

3、波浪島の帰属の明確化。……

この要望書は、対馬が倭寇の根拠地として、朝鮮・大陸への侵略を図ったという主張にあった。だから、地理的に近い対馬をよこせという論理にあった。この要望書を執筆したのは歴史学者崔南善で、彼は、1951年、対日平和条約に関連して韓国政府から意見を求められて、対馬は韓国のものとはいえないと発言していた。しかし、李大統領は、竹島、対馬、及び波浪島の回復・支配を強行し、対馬のみは実現していない。

2005年1月18日韓国慶尚南道馬山市議会は、島根県議会の「竹島の日」に対

抗して「対馬島の日」条例を制定した（「馬山市議会が「対馬島の日」条例を可決」朝鮮日報、2005年3月18日）。これに対し、2006年10月6日対馬市議会は、馬山市議会に対し「対馬島の日」条例の廃止措置を要請した（釜山日報、2006年11月2日）。馬山市議会は「対応する価値がない」と条例は廃止しないことを確認した。2008年7月21日ハンナラ党議員50余人が対馬は韓国領土であり、日本の対馬に対し即時返還を求める対馬の大韓民国領土確認及び返還要求決議案を提出し、成立した（「国会決議「対馬は韓国の地　すぐに返還を」朝鮮日報、2008年7月21日）。世論調査機関リアルミーターが2008年7月実施の世論調査では、返還要求賛成50.6パーセント、反対33.5パーセントであった（「「日本に対馬返還要求すべき」賛成50.6％」中央日報、2008年7月27日）。そして、2010年9月日本が不法に占領している対馬を早急に返還させるための議員連盟が発足した。

　その韓国の対馬帰属根拠は、李氏朝鮮国王世宗が宗貞盛にあてた外寇に際して送付した書簡に、「対馬の島たる慶尚道の鶏林に隷す。本是れ我が國の地なり。載せて文籍に在り。昭然、考ふべし」（「世宗實録」元年庚申条及び3年4条己亥条）とあり、2年後、朝鮮に送られた使者が「本島（対馬）は本大国の牧馬の地なり」と返事をしたとの記録が指摘される。しかし、この返書は、朝鮮の倭寇鎮圧への対応で、対馬人の帰属意識の証拠とはならないとされる一方、偽使の文書ではないかとされる。

　因みに、李氏朝鮮領議政申淑舟の『海東諸国記』（1471年）には「日本国対馬之図」が収められ、「對島島は、……日本國西海道に屬す」とある。彼は、宗貞盛との間で通交貿易に関する癸亥条約（嘉吉条約）を締結し、朝鮮の統治と繁栄に大きく寄与した。同書は、日本と琉球に関する情報の集大成として注目された。16世紀の地理書『新増東國輿地勝覧』の「八道總圖」には、鴨緑江とともに対馬が描かれているが、それは韓国領土の証明とはならない。

　財部能成対馬市長は、「主張は自由だが、対馬は先史時代以降、日本領土で、『魏志倭人傳』にも入っていて、対馬が韓国領土ということはありえない」と発言した（長崎新聞、2008年7月22日）。

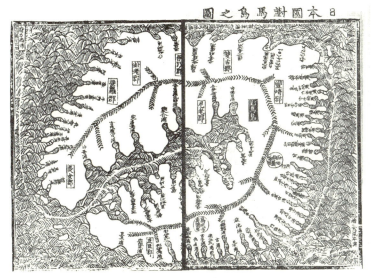

図13-2 申淑舟の日本国対馬島之図、1471年
(出所) 申淑舟『海東諸国記』1471年

以後、以下の事件が起きた。

2008年7月23日　韓国退役軍人抗議団、在日韓国人の支援で対馬市役所前で血書抗議。

　　　7月31日　韓国国会に50名が対馬返還決議案提出。

　　　11月　韓国資本、日本人名義の旧日本海軍要地の自衛隊売却を阻止、韓国が土地買収に成功。

2009年3月26日　ソウルの日本文化センターに、対馬は韓国領土と主張して火炎瓶が投擲され、11月4日日本大使館に放火する事件。

2010年4月1日　韓国ハンナラ党、韓国歴史教科書に対馬の領有権明記の決定。

人口減少が続く対馬では（1960年人口6万656人、2010年3万4,116人）、こうした事態に対し、2008年12月20日長崎県神道議員連盟は「国境離島等振興特別措置法（仮称）の制定について」の要望書を提出した。2009年1月29日対馬市長・対馬市議会議長ら対馬市民が、防衛省に対し、対外的脅威・侵攻に対する抑止力の強化を求める嘆願書を提出した。さらに、対馬では、日本の民主党による

外国人参政権付与となれば、韓国人数万人の大量移住による住民投票に従う対馬の分離独立宣言に向けた工作が成立する可能性があるとされ、この対馬の韓国併合シナリオが危険視された。長崎県は、この動きに警戒を深めた（長崎県議会プレスリリース「永住外国人への地方参政権付与の法制化に反対する意見書」2009年12月17日）。

　対馬で、2012年10月8日海神神社から韓国人により渡来仏が持ち去られる事件が起き、同仏像は2013年2月韓国地方裁判所の決定で、韓国のものであり返還することはないとした。この事件は、日本からの持ち出しを認めた国家犯罪である。

文献

1 はしがき

『郭璞傳山海經廣18巻・山海經圖5巻』6冊、ND、聚錦堂、1667年／『山海經』2冊、湖北、崇文書局、1875年／『山海經18巻』3冊、杭州、浙江書局、1877年／1冊、上海、大同書局、1887年／2冊、上海、文瑞樓、1897年／7冊、梶田惣助／光文堂、1902年／『山海經箋疏』四部備要、台北、臺灣中華書局、1971年／3冊、北京、中華書局、1985年／高馬三良訳、中国古典文学大系第8巻、平凡社、1969年／『山海経——中国古代の神話世界』平凡社、1994年／『山海經、水經注』長春、吉林人民出版社、1997年／『山海經』杭州、浙江古籍出版社、2000年／『山海経』北京、京華出版社、2000年／沈微微訳『山海経』哈爾浜、黒龍江人民出版社、2003年／郭郛注『山海経注証』北京、中國社会科學出版社、2004年。

上野昭夫『高氏山海経周辺と古史概考』ツーワンライフ、1996年。

徐朝龍『三星堆・中国古代文明の謎——史実としての『山海経』』大修館書店、1998年。

章行『山海經現代版』上海、上海古籍出版社、1999年。

張岩『「山海経」与古代社会』北京、文化芸術出版社、1999年。

沈海波『『山海経』考』上海、文匯出版社、2004年。

久間健ニ『朝鮮農業經營地帯の研究』農林省農業総合研究所、1950年。

マルコ・ポーロ、瓜生寅訳補『マルコポロ紀行』博文館、1912年／生方敏郎訳『マルコポーロ旅行記』上・下、新潮文庫、新潮社、1914年／佐野保太郎編『東方見聞録』赤城正蔵、1914年／深澤正策訳『マルコ・ポーロ旅行記』改造文庫、改造社、1936年／青木一夫訳『マルコポーロの東方見聞録』校倉書房、1960年／青木富太郎訳『マルコ・ポーロ旅行記』世界探検紀行全集第1巻、河出書房、1954年／『東方見聞録』現代教養文庫、社会思想社、1969年／社会思想社、1983年／文元社、2004年／愛宕松男訳『東方見聞録——マルコ・ポーロの旅』2冊、東洋文庫、平凡社、1971年／『東方見聞録——マルコ・ポーロの旅・完訳』2冊、平凡社、1973 – 74年／長沢和俊訳『東方見聞録』小学館、1996年／月村辰雄・久保田勝一訳『全訳マルコ・ポーロ東方見聞録——「驚異の書」fr.2810写本』岩波書店、2002年。

馬哥孛羅、張星烺訳『馬哥孛羅遊記導言』北京、中國地學會、1924年／李季訳『哥可波羅遊記』上海、亞東圖書館、1936年／馮承鈞訳『馬可波羅行記』上・中・下、上海、商務印書舘／北京、中華書局、1954年／台北、臺灣商務印書館、1962年／張星烺訳『馬哥孛羅遊記』台北、臺灣商務印書館、1972年。

張星烺『馬哥孛羅』上海、商務印書館、1934年。

吉原公平『マルコ・ポーロ旅行奇談——附・元寇とマルコ・ポーロ』大同館書店、1936年。

佐伯好郎『マルコポウロの東方見聞録』春秋社、1945年。

岩村忍『マルコ・ポーロの研究』上、筑摩書房、1948年。

岩村忍『マルコ・ポーロ』平凡社、1948年。

岩村忍『マルコ・ポーロ——西洋と東洋を結んだ最初の人』岩波新書、岩波書店、1951年。

Ｍ・Ｚ・トーマス、早川東三訳『マルコ・ポーロ』白水社、1964年。

東方出版社編輯委員会主編『馬哥孛羅』台北、東方出版社、1970年。

佐口透『マルコ＝ポーロ——東西世界を結んだ不滅の旅行家』清水書院、1977年／『マルコ＝ポーロ——東西を結んだ歴史の証』清水書院、1984年。

イタロ・カルヴィーノ、米側良夫訳『マルコ・ポーロの見えない都市』河出書房新社、1977年／河出文庫、河出書房新社、2003年。

保永貞夫『マルコ＝ポーロ——シルク＝ロードの冒険』講談社、1982年。

ヘンリー・Ｈ・ハート、幸他札雅訳『ヴェネツィアの冒険家——マルコ・ポーロ伝』新評論、1994年。

Frances Wood、洪允息訳『馬可・波羅到過中国嗎』北京、新華出版社、1997年／フランシス・ウッド、栗野真紀子訳『マルコ・ポーロは本当に中国へ行ったのか』草思社、1997年。

四方田犬彦『マルコ・ポーロと書物』梉出版社、2000年。

マイケル・ヤマシタ＆ジアンニ・グアダルーピ、井上暁子・他訳『再見マルコ・ポーロ「東方見聞録」——シルクロードを行く』日経ナショナルジオグラフィック社、2002年。

佐藤直樹『魏志倭人伝と東方見聞録』佐野直樹、2003年。

的場節子『ジパングと日本——日欧の遭遇』吉川弘文館、2007年。

ジョン・ラーナー、野崎嘉信・立崎秀和訳『マルコ・ポーロと世界の発見』法政大学出版局、2008年。

浦野起央『地政学と国際戦略——新しい安全保障の枠組みに向けて』三和書籍、2006年。

増田忠雄『滿洲國境問題』中央公論社、1941年。

梁泰鎮『韓國國境領土關係文獻集』ソウル、甲子文化社、1979年。

梁泰鎮『近世筆宝國境關聯史料抄録輯』ソウル、法經出版社、1992年。

梁泰鎮『韓國の國境問題』ソウル、同和出版公社、1981年。

梁泰鎮『韓國邊境史研究』ソウル、法經出版社、1989年。

梁泰鎮「韓國領土史研究」ソウル、法經出版社、1991年。

梁泰鎮『韓國國境史研究』ソウル、法經出版社、1992年。

俞政甲『北方領土論』ソウル、法經出版社、1992年。

小川琢治『支那歴史地理研究』弘文堂書房、1928年。

青山定雄「元代の地圖について」東方學報、東京第8冊、1938年。

青山定雄「李朝に於ける二三の朝鮮全圖について」東方學報、東京第9冊、1939年。

張保雄「李朝初期、15世紀において政策された地図に関する研究」地理科学、第16号、1972年。

廬思慎・金旨直・李荇『新増東國輿地勝覽55巻』上・中・下、京城、淵上書店、1906年／『東國輿地覧』4冊、朝鮮群諸体系第6－10輯、京城、朝鮮古書刊行會、1912年／『新増東國輿地勝覽』3冊、京城、朝鮮史學會、1930年／ソウル、東國文化社、1957年／ソウル、明文堂、1959年／ソウル、亞細亞文化社、1974年／索引2冊を含む6冊、ソウル、景仁文化社、2005年。

末松保和編『東國輿地勝覽索引續』京城、朝鮮総督府中樞院、1940年／科学院古典研究室編『新増東國輿地勝覽索引』平壤、朝鮮科学院、1963年／鄭孝恒・他編・李李荇・他増訂、国書刊行会、1986年。

田保橋潔『近代日鮮關係の研究』2冊、京城、朝鮮總督府中樞院、1940年／文化資料調

352

査会、1963 - 64年／宗高書房、1972年／原書房、1973年。

竹島卓一「風水説と支那歴代の帝王陵」、米林富男編『東亞學』第2輯、日光書院、1940年。

李約瑟主編、陳立夫主訳『中國之科學與文明・節本』3冊、台北、臺灣商務印書館、1972 - 74年。

ジョセフ・ニーダム、東畑精一・藪内清監修『中国の科学と文明』11冊、思索社、1974 - 83年。

ジョセフ・ニーダム、橋本敬造訳『文明の滴定──化学技術と中国の社会』法政大学出版局、1974年。

ジョーセフ・ニーダム、井上英明訳『理解の鋳形──東西の思想体験』法政大学出版局、1992年。

潘吉星主編、段之洪・他訳『李約瑟集』天津、天津人民出版社、1998年。

ジョセフ・ニーダム、牛山輝代編訳『ニーダム・コレクション』ちくま学芸文庫、筑摩書房、2009年。

村山智順『朝鮮の風水』京城、朝鮮總督府、1931年／ソウル、圓光大學民俗學研究所、1971年／ソウル、學文閣、1972年／国書刊行会、1972年／崔吉城訳、ソウル、民音社、1990年／龍渓書舎、2003年／ソウル、景仁文化社、2005年。

三浦國雄『中国人のトポス──洞窟・風水・壺中天』平凡社、1988年／『風水──中国人のトポス』平凡社、1995年。

三浦國雄『風水・暦・陰陽師──中国文化の辺縁としての沖縄』榕樹書林、2005年。

三浦國雄『風水講義』文春新書、文藝春秋、2006年。

渡邊欣雄『風水思想と東アジア』人文書院、1990年。

渡邊欣雄『漢民族の宗教──社会人類学的研究』第一書房、1991年／周星訳『漢族的民族宗教・社会人類学的研究』天津、天津人民出版社、1998年。

渡邊欣雄・三浦國雄編『風水論集』環中国海の民俗と文化第4巻、凱風社、1994年。

渡邊欣雄『風水　気の景観地理学』人文書院、1994年／索秋勁訳『風水気的景観地理學──社會人類學的研究』ソウル、地気企業、2000年。

渡邊欣雄『風水の社会人類学──中国とその周辺比較』風響社、2001年。

李人『風水辞林秘解』台北、泉源出版社、1990年。

李夢日『韓国風水思想史──時代別風水思想の特性』ソウル、明寶文化社、1991年。

林駿『風水地理からみた良い土地・良い家』ソウル、韓國資料情報社、1991年。

坂出祥伸『中国古代の占法──技術と呪術の周辺』研文出版、1991年。

妙摩・慧度『中国風水術』北京、中国文聯出版公司、1993年。

野崎充彦『韓国の風水師たち──今よみがえる龍脈』人文書院、1994年。

詹石窗『道教風水學』台北、文津出版社、1994年。

姜泳琇『青瓦台の風水師──これを知らなければ韓国はわからない』文藝春秋、1994年。

牧尾良海『風水思想論考』山喜房佛書林、1994年。

辛侊柱『正統風水地理學原点──風水學教科書』3巻, ソウル、明堂出版社、1994年。

張長雄『韓国の風水説話研究』ソウル、民族苑、1995年

何曉昕、宮崎順子訳『風水探源──中国風水の歴史と実際』人文書院、1995年。

月清円訳『原書地理風水』基礎篇・応用篇、鴨書店、1995年。

J・J・M・デ・ホロート、牧尾良雄訳『風水───地霊人傑の思想』大正大学出版部、1977年／『中国の風水思想──古代地相術のバラード』第一書房、1986年。

353

小林祥晃『風水の奥義』廣済堂、1995年。

朝倉敏夫「韓国の風水研究——その回顧と展望」、武田旦編『民俗学の進展と課題』国書刊行会、1990年。

崔昌祚、金在浩・渋谷鎮明訳『韓国の風水思想』人文書院、1997年。

リリアン・トゥー、小林祥晃監訳『図説風水大全』東洋書林、1998年。

千田稔編『風水・精神・哲学』古今書院、1998年。

崔昌祚、熊谷治訳『風水地理入門』雄山閣出版、1999年。

黄永融『風水都市——歴史都市の空間構成』学芸出版社、1999年。

一丁・雨露・洪涌編『中国古代風水与建筑選祉』石家庄、河北科学技術出版社、1996年/台北、藝術家出版社、1999年。

聶莉莉・韓敏・曽士才、西沢治彦編『大地は生きている——中国風水の思想と実践』てらいんく、2000年。

加納喜光『風水と身体——中国古代のエコロジー』大修館書店、2001年。

漢寶德『風水輿環境』天津、古籍出版社、2003年。

邵偉華『中國風水全書』拉薩、西藏人民出版社、2004年。

王銭国忠・仲守華主編『李約瑟与中国文明図典』北京、科学出版社、2005年。

干希賢・干楠編『中国古代風水的理論与実践——対中国古代風水的再認識』2冊、北京、光明日報出版社、2005年。

水口拓寿『風水思想を儒学する』風響社、2007年。

虚恆立、島内大乾訳『完全定本風水大全』河出書房新社、2008年。

金基徳「韓国の風水思想」、賈鍾壽編訳『韓国伝統文化論』大学教育出版社、2008年。

傅洪光『中国風水史——个文化現象的歴史分析』北京、九州出版社、2013年。

程建軍『風水解析』広州、華南理工大学出版社、2014年。

水口拓寿『儒学から見た風水——宋から清に至る言説史』風響社、2016年。

李重煥『擇里志』星湖李瀷、1751年/金藤真鋤和解『朝鮮八城誌 全』漢城、日就社、1881年/崔南善編『擇里志』、京城、朝鮮光文會、1912年/朝鮮研究會『東國山水録』、『朝鮮博物誌』京城、青柳綱太郎、1914年/清水鍵吉訳『八城誌』自由討究社、1921年/李翼成訳『擇里志』ソウル、乙酉文化社、1971年/『李重煥 擇里志』ソウル、ハンギル社、1990年/李泳澤訳『擇里志』ソウル、三中堂、1975年/梶井陟訳、成甲書房、1983年/許敬震訳『択里志』ソウル、漢陽出版社、1996年/平木實訳『択里志——近世朝鮮の地理書』東洋文庫、平凡社、2006年。

韓沽欣『星湖李瀷研究』ソウル、ソウル大学校出版部、1983年。

小石晶子「李重煥と『択里志』」朝鮮学報、第115輯、1985年。

朴光用「李重煥の政治的統一と『択里志』著述」震檀學報、第69輯、1990年。

金正浩『大東興地圖』京城、京城帝國大學文學部、1936年/『大東地志』ソウル、漢陽大學附設國學研究院/亞細亞文化社、1976年。

金正浩『輿圖備志』3冊、ソウル、韓國人文科學院、1991年。

金正浩『東輿圖』2冊、ソウル大學校奎章閣、2003年。

楊普景・渋谷鎮明「日本に所蔵される19世紀朝鮮全図に関する書誌学的研究——『大東興地全図』および関連地図を中心に」歴史地理学、第45巻第4号、2003年。

「地図の上に路を作った 金正浩（キム・チョン補）の大東興地図」koreana、巻号2006、2006年。

藤岡勝二訳『滿文老檔』3冊、岩波文庫、岩波書店、1939年/滿文老檔研究会訳『滿文老檔・太祖』東洋文庫、1955－58年/『滿文老檔・太宗』4冊、東洋文庫、1959－63

文献

年/中國第一歷史檔案館・中國社會科學印歴史研究所訳『滿文老檔』2冊、北京、中華書局、1990年/中国第一歴史檔案館編『内閣蔵本満文老檔』20冊、沈陽、遼寧民族出版社、2009年。

神田信夫「清朝興起誌の研究——序説『滿文老檔』から『旧満洲檔』へ」明治大学人文科学研究所年報、第20号、1979年。

群衆日報宣伝部編『抗美援朝重要文献言論汇編』西安、群衆日報図書出版社、1951年。

陸戦史研究普及会編『朝鮮戦争史』原書房。
第1巻『国境海戦と遅滞行動』1966年。
第2巻『釜山橋頭堡の確保』1967年。
第3巻『米海兵隊の中共軍重囲の突破』1968年。
第4巻『仁川上陸作戦』1969年。
第5巻『国連軍の反攻と中共の介入』1970年。
第6巻『中共軍の攻勢』1973年。
第7巻『国連軍の再反攻』1972年。
第8巻『陣地戦への移行』1972年。
第9巻『会談と作戦』1973年。
第10巻『停戦』1973年。

民族問題研究会編『朝鮮戦争史——現代史の再発掘』コリア評論社、1967年。

グレン・D・ペイジ、関寛治監訳『アメリカと朝鮮戦争——介入決定過程の実証的研究』サイマル出版会、1971年。

金點坤編『韓國動乱』ソウル、光明出版社、1973年。

マシュウ・B・リッジウェイ、馬形正巳・秦恒彦訳『朝鮮戦争』恒文社、1976年。

沈志華『毛澤東、斯大林与朝鮮戦争』広州、広東人民出版社、1983年。

柴成文『抗美援朝紀実』北京、中共党史資料出版社、1987年。

平松茂雄『中国と朝鮮戦争』勁草書房、1988年。

白善燁『韓国戦争一千日』ジャパン・ミリタリー・レビュー、1988年。

白善燁『対ゲリラ戦——アメリカはなぜ負けたか』原書房、1993年。

白善燁『若き将軍の朝鮮戦争——白善燁回顧録』草思社、2000年/草思社文庫、草思社、2013年。

白善燁『指揮官の条件——朝鮮戦争を戦い抜いた軍人は語る』草思社、2002年。

ブルース・カミングス、鄭敬白・他訳『解放と南北分断体制の出現——1945年～1947年』2冊、シレヒム社、1989－91年/朝鮮戦争の起源第1巻、明石書店、2012年。

ブルース・カミングス、鄭敬白・他訳『「革命的」内戦とアメリカの覇権——1947年～1950年』朝鮮戦争の起源第2巻、2冊、明石書店、2012年。

J・ハリディ、B・カミングス、清水知久訳『朝鮮戦争——内戦と干渉』岩波書店、1990年。

韓國政治外交史學會編『韓國戦争の政治外交史的考察』ソウル、平民社、1989年。

丁一権『原爆か休戦か——元韓国陸海空軍総司令官(陸軍大将)が明かす朝鮮戦争の真実』日本工業新聞社、1989年。

金学俊、鎌田光登訳『朝鮮戦争＝痛恨の民族衝突——統一のための6・25動乱の歴史的考察』サイマル出版会、1991年。

ホ・ジョンホ、カン・ソクヒ、パク・テホ『偉大なる首領金日成同志が領導した朝鮮人民の正義の祖國解放戦争——祖國解放戦争勝利40周年記念』3冊、平壌、社会科學出版社、1993年。

355

徐京跃『日出日落38線──抗美援朝紀実』北京、軍事科学出版社、1995年。

江拥輝『三十八軍在朝鮮』瀋陽、遼寧人民出版社、1996年。

葉雨蒙、朱建栄・山崎一子訳『黒雪──中国の朝鮮戦争参戦秘史』同文舘出版、1990年。

曹延平編『抗美援朝運動』北京、新華出版社、1991年。

朱建栄『毛沢東の朝鮮戦争──中国が鴨緑江を渡るまで』岩波書店、1991年。

李英・他『掲開戦争序幕的先鋒──四十軍在朝鮮』瀋陽、遼寧人民出版社、1996年。

呉信泉『朝鮮戦場1,000天──三十九軍在朝鮮』瀋陽、遼寧人民出版社、1996年。

萩原遼編『米国・国立公文書館所蔵北朝鮮の極秘文書──1945年8月〜1951年6月』3冊、夏の書房、1996年。

　　上『ソ連占領下の北朝鮮と朝鮮共産党』。

　　中『朝鮮戦争を準備する北朝鮮』。

　　下『南進から平壌陥落まで』。

朱世良『彭徳懐在朝鮮戦場』瀋陽、遼寧人民出版社、1996年。

中国軍事博物館編『抗美援朝戦争風雲録』広州、花城出版社、1999年。

蘇鎮轍『朝鮮戦争の起源──国際共産主義者の陰謀』三一書房、1999年。

韓国国防軍史研究所編、翻訳・編集委員会訳『韓国戦争』6冊、かや書房。

　　第1巻『国連軍の再反攻と共産軍の春季攻勢』2000年。

　　第2巻『人民軍の南侵と国連軍の遅滞作戦』2001年。

　　第3巻『中共軍の介入と国連軍の後退』2002年。

　　第4巻『洛東江防御戦と国連軍の反攻』2004年。

　　第5巻『休戦会談の開催と陣地戦への移行』2007年。

　　第6巻『休戦(完結編)』2011年。

荒敬編集・解説『朝鮮戦争と原爆投下計画──米極東軍トップ・シークレット資料』現代史料出版、2000年。

楊風安・王天成『北緯三十八度線──彭徳懐与朝鮮戦争』北京、解放軍出版社、2000年。

軍事科学院軍事歴史研究部『中国人民志願軍抗美援朝戦争史』中国人民解放軍全史第6巻、北京、軍事科学出版社、2000年。

和田春樹『朝鮮戦争全史』岩波書店、2002年。

沈志華編『朝鮮戦争──俄國檔案的解密文件』3冊、台北、中央研究院近代史研究所、2003年。

金東椿、金春恵・他訳『朝鮮戦争の社会史──避難・占領・虐殺』平凡社、2008年。

韓桂玉『韓国軍駐米軍』かや書房、1989年。

村田晃嗣『大統領の挫折──カーター政権の在韓米軍撤退政策』有斐閣、1998年。

金元奉・光藤修編『最新朝鮮半島軍事情報の全貌──北朝鮮軍、韓国軍、在韓米軍のパワーバランス』講談社、2000年。

金相顕「インターネットにおける韓国文化」Koreana、第11巻第1号、1988年。

服部民夫『韓国──ネットワークと政治文化』東アジアの国家と社会4巻、東京大学出版会、1992年。

木村幹『朝鮮／韓国ナショナリズムと「小国」意識』ミネルヴァ書房、2000年。

池東旭「韓国N(ネットワーク)世代と呼ばれる韓国の若者たち」世界週報、2000年2月13日号。

小針進「「IT強国化」で韓国の対日意識が変わった──ネットに現れる韓国の世論では、

ステレオタイプの「反日」は少数派だ」改革者、第501号、2002年4月。
モバイル・コミュニケーション研究会『ネットヘビー社会の実像』モバイル・コミュニ
　ケーション研究会、2003年。
玄武岩『韓国のデジタル・デモクラシー』集英社新書、集英社、2005年。
金敬一・河映秀・佐藤寛「韓国・インターネット・セマウル運動の一考察」中央学院大
　学社会システム研究所紀要、第3巻第1・2号、2003年。
呉連鎬、大畑龍次・大畑正姫訳『オーマイニュースの朝鮮――韓国「インターネット新
　聞」事始め』太田出版、2005年。
高原基彰『不安型ナショナリズムの時代――日韓中のネット世代が憎みあう本当の理由』
　洋泉社、2006年。
古野喜政・隅井孝雄・河瀬俊治編『ジャーナリズムのいま――新聞・放送・デジタルメ
　ディア、そして民衆運動の現場から』みずのわ出版、2006年。
櫻井輝治「韓国のネット新聞――市民参加と政治変革への役割」経済、第144号、2007
　年。
米倉律・山口誠「韓国における「デジタル公共圏」――放送ネット、市民の新たな関係
　性」放送研究と調査、第58巻第11号、2008年。
金美林「韓国のインターネット・リテラシーに関する一考察」メディア・コミュニケー
　ション、第61号、2011年。
野間易通『「在日特権」の虚構――ネット空間が生み出したヘイト・スピーチ』河出書
　房新社、2013年。
玄大松『領土ナショナリズムの誕生――「独島/竹島問題」の政治学』ミネルヴァ書房、
　2006年。
姜誠『竹島とナショナリズ』コモンズ、2013年。
高月靖『独島中毒――韓国人の異常な愛情』文藝春秋、2013年。
岩下明裕編『領土という病――国境ナショナリズムへの処方箋』北海道大学出版会、
　2014年。
高橋亨『朝鮮人』京城、朝鮮總督府學務局、1920年。
『朝鮮人の思想と性格』京城、朝鮮總督府學務局、1927年。
尹泰林『意識構造上より見た韓國人』玄岩新書、ソウル、玄岩社、1970年／馬越徹・稲
　葉継雄訳『韓国人――その意識構造』高麗書林、1975年。
尹圭泰『韓國人の意識構造』2冊、ソウル、文理社、1977年。
李圭泰、尹淑姫・岡田聡訳『韓国人の情緒構造』新潮社、1995年。
小針進『韓国と韓国人――隣人達の本当の話』平凡社新書、平凡社、1999年。
田中明『物語韓国人』文春新書、文藝春秋、2001年。
浦野起央『日・中・韓の歴史認識』浦野起央著作集XI、南窓社、2002年、第2章韓国
　人/朝鮮人の認識。
池明観『韓国と韓国人――一哲学者の歴史文化ノートより』アドニス書房、2004年。
閔甲完『百年恨――閔甲完人生手記』ソウル、文宣閣、1962年。
白尚昌『民族の恨――金日成精神分析とわれらの道』ソウル、成原安全研究社、1978
　年。
李御寧、裴康煥訳『恨の文化論――韓国人の心の底にあるもの』学生社、1978年。
下宰洙『恨と抵抗――金芝河と南朝鮮の詩人たち』創樹社、1981年。
李御寧、裴康煥訳『恨の文化論』学生社、1978年／『韓国人の心』学生社、1982年。
麗羅『恨(ハン)の韓国史――六の古都の歴史案内』徳間文庫、徳間書店、1988年。

金炳珠・他『恨50年――日警察と司法の横暴許すまじ』「恨50年」刊行委員会、1988年。

呉善花『攘夷の韓国・開国の日本』文藝春秋、1996年。

呉善花『「日帝」だけでは歴史は語れない――反日の源流を検証する』三交社、1997年。

呉善花『恨を楽しむ人びと』三交社、1991年／角川文庫、角川書店、1999年。

崔吉城、真鍋佑子訳『恨の人類学』平河出版社、1994年。

河正雄編『恨――・'95――2つの祖国に生きる』民衆社、1995年。

真鍋佑子『烈士の誕生――韓国の民衆運動における「恨」の力学』平河出版社、1997年。

「百萬人の身世打鈴」編集委員会編『百萬人の身世打鈴――朝鮮人連行・強制労働の「恨(ハン)」』東方出版、1999年。

末木國雄『こうして捏造された韓国「千年の恨み」』ワック、2014年。

黄文雄『恨韓論――世界中から食らわれる韓国人の「小中華思想」の正体!』宝島社、2014年。

太田洪量『恨(はん)を解く――古代史から紐解く日韓関係』賢仁舎、2015年。

室谷克実『日朝中世史――恨みの起源：「恨み1000年」の深淵・日朝の眞実をのぞく』別冊宝島2418、宝島社、2016年。

重村智計『韓国人はほんとに日本人が嫌いか』講談社、1987年。

前川恵司『なぜだ韓国なるほど韓国――知っておきたい「隣人の情緒」と「正義」』PHP研究所、1997年。

加藤幸次・全設樂『すれちがう歴史――日韓関係の根底にあるもの』風水社、1993年。

朴一『日本人と韓国人「タテマエ」と「ホンネ」――「韓流知日」を阻むもの』講談社、2012年。

金慶珠『歪みの国韓国』祥伝社新書、祥伝社、2013年。

シンシアリー『韓国人による恥韓論』扶桑社新書、扶桑社、2014年。

辺真一『大統領を殺す國韓国』KADOKAWA、2014年。

グレゴリー・ヘンダーソン、鈴木沙雄・大塚喬雄訳『朝鮮の政治社会――渦巻型構造の分析』サイマル出版会、1979年。

李成茂『朝鮮初期兩班研究』ソウル、一潮閣、1980年／楊秀芝訳、台北、中華民國韓國研究会、1996年。

李成茂『朝鮮兩班社會研究』ソウル、一潮閣、1995年。

金宅圭、伊藤亜人・嶋陸奥彦訳『韓国同族村落の研究――両班の文化と生活』学生社、1981年。

江守五夫・崔龍基編『韓国両班同族制の研究』第一書房、1982年。

尹学準『オンドル夜話――現代両班(ヤンバン)考』中公新書、中央公論社、1983年。

尹学準『韓国両班(ヤンバン)騒動記――“決闘主義”が巻き起こす悲喜劇』亜紀書房、2000年。

宮嶋博史『両班(ヤンバン)――李朝社会の特権階層』中公新書、中央公論社、1995年。

岡田浩樹『両班――変容する韓国社会の文化人類学敵研究』風響社、2001年。

大韓民國教育部国史編纂委員会『両班社會』ソウル、大韓民国教育部國史編纂委員會。
『両班官僚國家の成立』1973年。
『両班官僚國家の社命構造』1974年。
『両班官僚社会の文化』1974年。
『両班社會の變化』1976年。

文献

『両班社會の矛盾と対外抗争』1977年。

キム・イルソン『わが革命におけるチュチェについて』1・2・3、ピョンヤン、外国文
　出版社、1975年。

キム・イルソン『チュチェは自主の旗じるし』ピョンヤン、外国文出版社、1977年。

金日成『チュチェの旗を高くかかげ社会主義建設をさらに促進しよう』ピョンヤン、外
　国文出版社、1978年。

金日成、金日成主席著作翻訳委員会訳『チュチェ思想について』雄山閣、1983年／白峰
　文庫、チュチェ国際思想研究所、1979年。

金日成、金日成主席著作翻訳委員会訳『チュチェ思想と祖国統一』雄山閣、1982年。

金日成『全社会のチュチェ思想化をめざす涛人民政権の任務』ピョンヤン、外国文出版
　社、1982年。

金日成、金日成主席著作翻訳委員会訳『全社会のチュチェ思想化』白峰文庫、チュチェ
　国際思想研究所、1983年。

金日成、金日成主席著作翻訳委員会訳『朝鮮におけるチュチェの確立』白峰文庫、チュ
　チェ国際思想研究所、1983年。

金日成、金正日、金日成主席著作翻訳委員会訳『チュチェ思想とマルクス・レーニン主
　義』白峰文庫、チュチェ国際思想研究所、1984年。

金日成、金日成主席著作翻訳委員会訳『チュチェの党理論』白峰文庫、チュチェ国際思
　想研究所、1985年。

金日成、金日成主席著作翻訳委員会訳『チュチェ哲学の諸問題』白峰文庫、チュチェ国
　際思想研究所、1986年。

金日成、金正日、金日成主席著作翻訳委員会訳『全社会の金チュチェ思想化とその方法』
　1・2、白峰文庫、チュチェ国際思想研究所、1989年。

金日成『青年は党の指導にしたがい、チュチェの革命偉業をりっぱに完成させよう』
　ピョンヤン、外国文出版社、1993年。

金正日『主体思想について』平壌、外国文出版社、1982年／在日本朝鮮人総聯合会中央
　常任委員会訳『主体思想について──金日成主席誕生70周年記念主体思想全国セミ
　ナーに送った論文』在日本朝鮮人総聯合会中央常任委員会、1982年。

金正日、金日成主席著作翻訳委員会訳『チュチェ思想について』白峰文庫、チュチェ国
　際思想研究所、1983年。

金正日『わが党のチュチェ思想について──全世界の労働者団結せよ』ピョンヤン、外
　国文出版社、1985年。

金正日『チュチェ思想教育における若干の問題について』ピョンヤン、外国文出版社、
　1987年。

金正日『チュチェの革命観を確立するために』ピョンヤン、外国文出版社、1988年。

金正日『チュチェ思想について』ピョンヤン、外国文出版社、1989年。

金正日『チュチェの革命偉業の完成のために』ピョンヤン、外国文出版社、1990年。

金正日『チュチェ思想の継承発展について』ピョンヤン、外国文出版社、1995年。

外国文出版社編『チュチェ思想は現時代の思潮』ピョンヤン、外国文出版社、1977年。

外国文出版社編『人類思想の天才金日成』平壌、外国文出版社、1978年。

外国文出版社編『チュチェの偉大な指導者金日成』平壌、外国文出版社、1981年。

シュキ・アジャミ『チュチェの理論とその具現』ピョンヤン、外国文出版社、1978年。

チュチェ思想国際研究所編『金日成主席誕生70周年記念研究論文集』チュチェ国際思
　想研究所、1982年。

チュチェ思想国際研究所編『金正日書記誕生50周年記念研究論文集』チュチェ国際思想研究所、1992年。

ムハマド・アル・ミツリ『金日成主義大業の輝かしい継承』平壌、外国文出版社、1982年。

Ｔ・Ｂ・ムケルジー、外国文出版社編集部訳『偉大な金日成主席の社会・経済・政治思想』平壌、外国文出版社、1983年。

南時雨『主体的芸術論』未来社、1984年。

金昌河『不滅のチュチェ思想』ピョンヤン、外国文出版社、1984年。

河秀図『主体思想と祖国統一──金日成主義批判』三一書房、1984年。

姜雪彬『チュチェ思想の創始と歴史的意義』ピョンヤン、外国文出版社、1986年。

韓徳鉄『主体的海外僑胞運動の思想と実践』未來社、1986年。

李聖準『チュチェ思想の哲学的原理』ピョンヤン、外国文出版社、1986年。

井上周八『チュチェ思想概説──愛と統一の実践哲学』雄山閣、1987年。

井上周八『解説チュチェ思想』チュチェ思想国際研究所、1992年。

李珍珪『主体的政治論』未來社、1987年。

玄源錫『主体的人間論』未來社、1987年。

金守鎮『主体的教育論』未來社、1988年。

朴庸坤『チュチェ思想の理論的基礎』未來社、1988年。

朴庸坤『主体的世界観』未來社、1990年。

金哲央『主体哲学概論』未來社、1992年。

大内憲昭『朝鮮社会主義法の研究──チュチェの国家と法の理論』八千代出版、1994年。

徐大粛、古田博司訳『金日成と金正日──革命神話と主体思想』岩波書店、1996年。

朝鮮・金正日伝編纂委員会『金正日正伝』1・2・3、白峰社、1993年。

林誠宏『裏切られた革命──金日成主席批判序説』創世記、1980年。

林誠宏『私は、なぜ金日成主席批判を書くか・主体思想批判‼──祖国朝鮮を想う』創世記、1981年。

河秀図『金日成思想批判──唯物論と主体思想』三一書房、1980年。

河秀図『主体思想と朝鮮の統一──金日成思想批判』三一書房、1984年。

日本共産党中央委員会『「キムイルソン(金日成)主義」信奉者批判』日本共産党中央委員会出版局、1984年。

李相憲、統一思想研究院編『金日成主体思想の批判』光言社、1990年。

朴斗鎮『北朝鮮その世襲的個人崇拝思想──キム・イルソン主体思想の歴史と真実』社会批評社、1999年。

ユン・ヒョニョン、ユン・ピンジュン、ユン・ヘジュン、チョン・ムンヨン『主體概念の批判』ソウル、ソウル大学校出版部、1999年。

黄長燁「金日成同志革命思想は勤労人民大会の自主偉業を勝利へ導く永久不滅の革命的旗じるし──朝鮮労働党中央委員会黄長燁初期の布告(要旨)」月刊朝鮮資料、第22巻第5号、1982年。

黄長燁、萩原遼訳『金正日(キムジョンイル)への宣戦布告──黄長燁回顧録』文藝春秋、1999年/文春文庫、2001年。

黄長燁『北朝鮮の真実と虚像──犬にも劣る民族反逆者は誰だ?』光人社、1999年。

黄長燁、萩原遼訳『狂犬におびえるな』文藝春秋、2000年。

黄長燁『黄長燁秘録公開──闇に味方した日光は闇をてらすことができない』ソウル、

月刊朝鮮社、2001年。

黄長燁、中根悠訳『北朝鮮崩壊へのシナリオ』河出書房新社、2003年。

黄長燁『黄長燁回顧録(時代精神)2006』ソウル、時代精神、2006年。

黄長燁、久保田るり子編『金正日を告発する——黄長燁(ファンジャンヨプ)の語る朝鮮半島の実相』産経新聞出版、2008年。

植田剛彦『驚愕!「亡命半島」の真実——黄長燁事件で吹き出した北朝鮮の恐るべき実態』黙出版、1997年。

現代朝鮮研究会編訳『暴かれた陰謀——アメリカのスパイ朴憲永・李承燁一味の公判記録』駿台社、1954年。

統一朝鮮新聞特集班『「金炳植事件」——その深層と背景』統一朝鮮新聞社、1973年。

金昌順『北韓十五年史』ソウル、知文社、1961年。

内外問題研究所『北韓共産傀儡集團の黒皮書——彼らの罪行録』ソウル、内外問題研究所、1961年。

内外問題研究所『北傀の派閥闘争史——北傀十七年罪悪の足跡』ソウル、内外問題研究所、1962年。

内外問題研究所『粛清を通じた北韓政権の暗闘相』ソウル、内外問題研究所、1966年。

内外問題研究所『奔流——北韓脱出者の綜合手配』ソウル、内外問題研究所、1967年。

内外問題研究所『北傀病理史』ソウル、内外問題研究所、1975年。

バック・カップ・トン『嘆きの朝鮮革命——朝鮮革命党と朴憲永』三一書房、1975年。

兪完植・金泰瑞『北韓三十年史』ソウル、現代經濟日報社、1975年。

金元奉『北朝鮮における全住民に対する一斉点検粛清の歴史——北鮮の粛清は政治的ライバルの個人に対するものだけはない』アジア親善交流協会、1976年。

國土統一院調査研究室(兪完植)『北韓の政治体制と粛清』ソウル、國土統一院、1976年。

朴甲東『朴憲永——その一代記を流れる現代史の再照明』ソウル、人間、1983年。

柴田穂『粛清の歴史』金日成の野望中巻、サンケイ出版、1984年。

林誠宏編『欺かれた革命家たち』2冊、啓文社。
  第1巻 『朝鮮労働党内粛清の意味と朴憲永裁判』1986年。
  第2巻 『李承燁、林和等12名の粛清と朝鮮共産主義運動』1988年。

浦野起央・崔敬洛『朝鮮統一の構図と北東アジア』勁草書房、1989年、第2章。

浦野起央『新世紀アジアの選択——日・韓・中とユーラシア』浦野起央著作集X、南窓社、2000年、第2章韓国の対外認識——反日認識と日・韓関係。

高峻石『朴憲永と朝鮮革命』社会評論社、1991年。

高衛煥、池田菊敏訳『亡命高官の見た金正日』徳間書店、1995年。

イム・ギョンソク、而丁朴憲永記念社業會編『而丁朴憲永一代記』ソウル、歴史批評社、2004年。

韓國臨時政府宣伝委員會編、趙文訳『韓國獨立運動文類』ソウル、建國大學校出版部、1976年。

金河璟編『大韓獨立運動と臨時政府闘争史』ソウル、鶏林社、1946年。

大韓民國文教部國史編纂委員會編『韓國獨立運動史』5巻・資料42巻、果川、大韓民國文教部國史編纂委員會、1965-69年。

國史編纂委員会編『大韓民國臨時政府』ソウル、國史編纂委員会、1981年。

胡春恵『韓国獨立運動在中國』台北、三民書局、1976年。

李炫熙『三・一革命と大韓民國臨時政府の法統性』ソウル、東方圖書、1996年(日本

語)。

李炫熙『大韓民國臨時政府史』ソウル、集文堂、1982年／ソウル、國學資料院、1999
　年。
韓詩俊『韓國光復軍研究』ソウル、一潮閣、1993年。
李相俊編『光復軍戰史』ソウル、大韓民國在郷軍人會、1993年。
李延馥『大韓民國臨時政府30年史』ソウル、國學資料院、1999年。
鄭用大『大韓民國臨時政府外交史』ソウル、韓國精神文化研究院、1992年。
朝鮮總督府警務局編『在滿不逞團・社會主義團體ノ狀況』京城、朝鮮總督府、1928年。
朝鮮總督府警務局編『在滿地方思想運動概況』京城、朝鮮總督府、1929年。
朝鮮總督府警務局編『朝鮮の治安狀況』京城、朝鮮總督府、1927年、1930年／『最近に
　於ける朝鮮治安狀況』1933年、1938年。
朝鮮總督府編『施政二十五年史』京城、朝鮮總督府、1935年。
朝鮮總督府警務局編『在滿鮮人ト支那官憲』京城、朝鮮總督府、1935年。
在上海日本總領事館編『朝鮮民族運動年鑑』上海、在上海日本總領事館、1932年。
市川正明編『共産主義運動篇』2巻、朝鮮独立運動4〜5、原書房、1966‐67年。
梶村秀樹・姜徳相編『共産主義運動──抗日パルチザン』現代史資料、2冊、みすず書
　房、1972年。
李羅英、朝鮮問題研究所訳『朝鮮民族闘争史』新日本出版社、1960年。
在日本朝鮮青年同盟中央常任委員会譯『若き抗日パルチザン──金日成将軍とともに』
　朝鮮青年社、1961年。
尹炳奭『獨立軍史──鳳梧洞・青山里の獨立闘争』ソウル、知識産業社、1969年。
尹炳奭『國外韓人社會の民族運動』ソウル、一潮閣、1990年。
尹炳奭・他『中國東北地域韓國獨立運動史』ソウル、集文堂、1997年。
「特集・三・一運動以後」韓、第7巻第8号、1978年。
元仁山『東北義勇軍』哈爾浜、黒龍江人民出版社、1982年。
『抗日統師──从史料上看抗日武装闘争』平壤、外文出版社、1986年。
鹿鳴節子「朝鮮義勇隊の成立と活動──金元鳳の動向を中心に」朝鮮民族運動史研究、
　第4号、1987年。
朝鮮労働党中央委員会党歴史研究所編、「朝鮮人民の自由と解放」翻訳委員会訳『朝鮮
　人民の自由と解放──1930年代の抗日武装闘争の記録』未来社、1971年。
金昌順・金俊華篇『韓國共産主義運動史』5冊、ソウル、高麗大學校亞細亞問題研究所、
　1973年／ソウル、清渓研究所、1986年。
金昌順『韓國共産主義運動史』上・下、ソウル、北韓研究所、1999年。
韓洪九「華北朝鮮独立同盟の組織と活動」青丘学術論集、第1集、1991年。
報勳研修院『中國東北地域の獨立運動史研究』ソウル、報勳研修院、1995年。
浅田喬二『日本帝国主義下の民族革命運動──台湾・朝鮮・「満洲」における抗日農民
　運動の展開過程』未来社、1973年。
李命英『在満韓人共産党運動研究』ソウル、成均舘大學校出版部、1975年。
朴永錫『日帝下獨立運動史研究──滿洲地域を中心として』ソウル、一潮閣、1982年。
朴永錫『民族史の新視角』ソウル、探求堂、1986年。
朴永錫『在滿韓人獨立運動史研究』ソウル、一潮閣、1988年。
朴永錫『抗日獨立運動の足跡』ソウル、探求堂、1991年。
許東粲『金日成虚像と実像──その抗日武装闘争』自由社、1988年。
韓桂玉『朝鮮人民軍』かや書房、1990年、第1章朝鮮人民軍の母体──抗日遊撃隊。

延辺人民出版社編、高木桂蔵訳『抗日朝鮮義勇軍の真相——忘れられたもうひとつの満洲』新人物往来社、1990年。

朴恒『満洲韓人民族運動史研究』ソウル、一潮閣、1991年。

《東北抗日聯軍闘争史》編写組『東北抗日聯軍闘争史』北京、人民出版社、1991年。

キム・チョンミ『中国東北部における抗日朝鮮・中国民衆史序説』現代企画室、1992年。

和田春樹『金日成と満州抗日戦争』平凡社、1992年。

姜在彦『満州の朝鮮人パルチザン』——1930年代の東満・南満を中心として』青木書店、1993年/『金日成神話の歴史的検証——抗日パルチザンの〈虚〉と〈実〉』明石書店、1997年。

志賀勝『民族問題と国境——〈環日本海〉の向こう岸』研文出版、1994年。

韓國獨立有功者協會『中国東北市域　韓國獨立運動史』ソウル、ジュブンダム、1997年。

田中恒次郎『「満州」における反満抗日運動の研究』緑蔭書房、1997年。

バクファン『在蘇韓人民族運動史——研究の現況と材料解説』ソウル、國學資料院、1998年。

金穎『近代満州の稲作發達と移住朝鮮人』ソウル、國學資料院、2004年。

沈昌夏『金日成偶像化　捏造　事例調査——金日成研究』ソウル、大韓民國國土統一院調査研究室、1978年。

李命英『権力の歴史——偽造された北朝鮮近代史』世界日報社、1986年。

李命英『金日成主席の隠された経歴——20世紀最後の独裁者』世界日報社、1991年。

李命英『金日成は4人いた——北朝鮮のウソは、すべてここから始まっていた』成甲書房、2000年。

李基奉、宮塚利雄訳『金日成は中国人だった——"王朝"の主人となった男の港運と秘密』イースト・プレス、1991年。

コ・ジョンス、柳昌夏・朴泰暎訳「金日成主席が領導した抗日武装闘争の世界史的意義」、資料編集委員会編『朝鮮史における諸問題』第2巻、朝鮮大学校、1978年。

高木健夫『白頭山に燃える——金日成抗日戦の記録』第1部、現代史出版会、1978年。

高木健夫『金日成満州戦記』二月社、1979年。

〈朝鮮族簡史〉調査組編『朝鮮族簡史』延辺、延辺人民出版社、1986年/高木桂蔵譯『抗日朝鮮義勇軍の真相』新人物往来社、1990年。

柴田穂『謎の北朝鮮——地上の楽園か、この世の苦界か』光文社、1986年。

金賛汀『パルチザン挽歌——金日成神話の崩壊』御茶の水書房、1992年。

恵谷治『ドキュメント金日成の真実——英雄伝説[1912年～1945年]を踏査する』毎日新聞社、1993年。

朴珪壽、城淳在・他編『朴珪壽全集』上・下、ソウル、亞細亞文化社、1978年。

朴珪壽、韓国文集編纂委員会編『瓛齋先生文集』2冊、ソウル、景仁文化社、1999年。

原田環「朴珪寿と洋擾」、『朝鮮史論文集』下巻、龍渓書舍、1979年。

原田環『朝鮮の開国と近代化』渓水社、1997年。

孫炯冨『朴珪壽の開化思想研究』ソウル、一潮閣、1997年。

田保橋潔『近代日鮮關係の研究』上、京城、朝鮮總督府中枢院、1940年。

奥平武彦『朝鮮開国交渉始末』刀江書院、1969年。

彭澤周『明治初期日韓清関係の研究』塙書房、1969年。

薫徳模『朝鮮朝の一貫関係』ソウル、博英社、1990年。

金鳳珍「朝鮮の万国公法の受容——開港前夜から甲申政変に至るまで」北九州大学外国語学部紀要、第78号、第80号、1993－94年。
金鳳珍「東3国の「開国」と万国公法の受容」九州大学外国語学部紀要、第84号、1995年。
黄枝連『亜州敵華夏秩序・中国与亜州国家関係形態論』天朝礼治大系研究、上巻、北京人民大学出版社、1992年。
黄枝連『朝鮮的儒可情境構造・朝鮮王朝与満清王朝的関係形態論』天朝礼治大系研究、中巻、北京人民大学出版社、1992年。
復旦大学文史研究院編『从周辺看中国』北京、中華書房、2009年。
孫卫国『大明旗号与小中華意識——朝鮮王朝尊周思明問題研究、1637－1800』北京、商務印書館、2007年。
王元周『小中華意識的嬗変——近代中韓関係的思想史研究』北京、民族出版社、2013年。
李庭植、小此木政夫・古田博司訳『戦後日韓関係史』中央公論社、1987年。
石井清司『ドキュメント金大中裁判』幸洋出版、1981年。
金大中、和田春樹・他訳『金大中獄中書簡』岩波書店、1983年。
藤島宇内編『金大中事件　告発——国民法廷の記録』晩声社、1977年。
毎日新聞社編『金大中事件全貌』毎日新聞社、1978年。
「金大中を殺すな」市民署名運動事務局編『金大中裁判全記録、1980・1・4－1981・1・23』日韓連帯委員会、1981年。
金大中氏拉致事件真相調査委員会編『全報告金大中事件』ほるぷ出版、1987年。
釜元京平『金大中事件の構図』亜紀書房、1978年。
毎日新聞社編『金大中事件全貌』毎日新聞社、1978年。
朝鮮統一問題研究会編『謀略の断面——金大中事件』シリーズ日韓問題第5巻、晩聲社、1978年。
韓国の民主化運動を考える日本人の会編『金大中氏を殺すな!』晩声杜、1980年。
在日本朝鮮人総聯合会『金大中抹殺陰謀を許すな』在日本朝鮮人総聯合会、1980年。
柴田穂『金大中の挫折——模索する韓国』サンケイ出版、1981年。
「世界」編集部『金大中氏事件の真実』岩波書店、1983年。
清水知久・和田春樹編『金大中氏と共に——3世代市民運動の記録』新教出版社、1983年。
中薗英助『拉致　知られざる金大中事件』光文社、1983年／現代教養文庫、杜会思想社、1995年／新潮文庫、新潮杜、2002年。
金相一編『金大中事件』ソウル、麒麟苑、1985年。
咸允植、柴田穂訳『金大中の虚像と実像——1987年冬、つくられた英雄神話が崩壊する!!』竹書房、1987年。
金大中氏拉致事件真相調査委員会編『全報告　金大中事件』ほるぷ出版、1987年。
『大韓民国大統領金大中——勇気とビジョンのプロフィール』ソウル、大韓民国海外文化弘報院、1989年。
金大中先生拉致事件の真相究明を求める市民の会(韓国)編、大畑正姫訳『金大中拉致事件の真相』三一書房、1999年。
趙甲済、金宣英訳『「首領様の戦士」金大中の正体』洋泉杜、2006年。
鄭在俊『金大中救出運動小史——ある「在日」の半生』現代人文社、2006年。
古野喜政『金大中事件の政治決着——主権放棄した日本政府』東方出版、2007年。

古野喜政『金大中事件最後のスクープ』東方出版、2010年。
横田早紀江『めぐみ、お母さんがきっと助けてあげる』草思社、1999年。
横田早紀江・彼女を支える仲間たち『フルーリボンの祈り』いのちのことば社フォレストブックス、2003年。
北朝鮮による拉致被害者家族連絡会『家族』光文社、2003年──家族会関連年表を収める。
家族会・救う会編『めぐみさんたちは生きている!──「北朝鮮拉致」家族会・救う会10年の闘い』産経新聞出版、2007年。
家族会・救う会編『「北朝鮮拉致」の全貌と解決──国際的視野で考える』産経新聞出版、2007年。
蓮池透『引き裂かれた二十四年』新潮社、2003年。
蓮池透『終わらざる闘い』新潮社、2005年。
蓮池透・他『奪還』双葉社、2006年/双葉文庫、双葉社、2008年。
蓮池透『拉致』かもがわ出版、2009年。
蓮池透・太田晶国『拉致対論』太田出版、2009年。
蓮池透・他『拉致問題を考えなおす』青灯社、2010年。
蓮池透『夢うばわれても──拉致と人生』PHP研究所、2011年。
蓮池透『半島へ、ふたたび』新潮文庫、新潮社、2012年。
蓮池透『拉致と決断』新潮文庫、新潮社、2015年。
有本嘉代子『恵子は必ず生きています』神戸新聞総合出版センター、2004年。
飯塚繁雄『妹よ!──北朝鮮に拉致された八重子救出をめざして』日本テレビ放送網、2004年。
地村保・岩切裕『地村保　絆なお強く──別離の苦難を乗り越えて』主婦の友社、2005年。
藤崎康夫『密航者──ドキュメント』草風社、1977年。
石高健次『金正日の拉致指令』朝日新聞社、1996年/朝日文庫、朝日新聞社、1998年。
石高健次『これでもシラを切るのか北朝鮮──日本人拉致続々届く「生存の証」』光文社、1997年/『これでもシラを切るのか北朝鮮』幻冬舎文庫、幻冬舎、2003年。
安明進、金燦訳『北朝鮮拉致工作員』徳間書店、1998年/徳間文庫、徳間書店、2000年。
高世仁『娘をかえせ息子を返せ──北朝鮮拉致事件の真相』旬報社、1999年/『拉致──北朝鮮の国家犯罪』講談社文庫、講談社、2002年/未来書房、2002年。
荒木和博編『拉致救出運動の2000日──1996年〜2002年』草思社、2002年。
荒木和博『拉致──異常な国家の本質』勉誠出版、2005年。
荒木和博『日本が拉致問題を解決できない本当の理由(わけ)』草思社、2009年。
荒木和博『北朝鮮拉致と「特定失踪者」──救出できない日本に「国家の正義」はあるか』展転社、2015年。
畠奈津子『拉致の悲劇──日朝交渉への気概を問う』高木書房、2002年。
佐藤勝巳編『拉致家族「金正日との戦い」全軌跡』小学館文庫、小学館、2002年。
西岡力『拉致家族との6年戦争──敵は日本にもいた!』扶桑社、2002年。
西岡力『金日正が仕掛けた「対日大謀略」拉致の真実』徳間書店、2002年。
西岡力『テロ国家・北朝鮮に「拉致問題」の陰で侵攻している驚愕の現実!』PHP研究所、2002年。
西岡力『北朝鮮の「核」「拉致」は解決できる』PHP研究所、2006年。

山本将文『北朝鮮激撮！——拉致と飢餓の真相にせまる』扶桑社、2002年。

金元奉『北朝鮮・金正日の犯罪黒書』アリアドネ企画、2002年。

李在根、河合聡訳『北朝鮮に拉致された男——30年間のわが体験記』河出書房新社、2002年。

稲山三夫『拉致被害者と日本人妻を帰せ——北朝鮮問題と日本共産党の罪』未来書房、2002年。

中野徹三・藤井一行編『拉致・国家・人権——北朝鮮独裁体制を国際法廷の場へ』大村書店、2003年。

人権と報道・連絡会議編『検証・「拉致帰国者」マスコミ報道』社会評論社、2003年。

萩原遼『拉致と核と餓死の国北朝鮮』文春新書、文藝春秋、2003年。

太田昌国『「拉致」異論——あふれでる「日本人の物語」から離れて』太田出版、2003年。

井沢元彦『「拉致」事件と日本人——なぜ、長期間黙殺されたのか』祥伝社、2003年。

『横田めぐみは生きている——北朝鮮元工作員安明進が暴いた「日本人拉致」の陰謀』講談社、2003年。

クライン孝子『拉致!!——被害者を放置した日本　国をあげて取り戻したドイツ』海竜社、2003年。

山際澄夫『拉致の海流——個人も国も売った政治とメディア』恒文社21,2003年。

NHK報道局「よど号と拉致」取材班『よど号と拉致』日本放送出版協会、2004年。

共同通信北朝鮮取材班『はるかなる隣人——日朝の迷路』共同通信社、2004年。

平沢勝栄『拉致問題——対北朝鮮外交のありかたを問う』PHP研究所、2004年。

若宮清『真相——北朝鮮拉致被害者の子供たちはいかにして日本に帰還したか』飛鳥新社、2004年。

金国石『拉致被害者は生きている——初公開！日本人拉致行動隊「清津連絡所」の全貌』光文社、2004年。

新潟日報報道部特別取材班編『ドキュメント拉致』新潟日報社、2004年。

新潟日報社・特別取材班編『祈り——北朝鮮・拉致の真相』講談社、2004年。

川邊克明『拉致はなぜ防げなかったのか——日本警察の情報敗戦』ちくま新書、筑摩書房、2004年。

北朝鮮による拉致被害者の救出にとりくむ法律家の会編『拉致と強制収容所——北朝鮮人の人権侵害』朝日新聞社、2004年。

栗田法和『検証・拉致疑惑』鹿砦社、2004年。

金讃汀『拉致——国家犯罪の構図』ちくま新書、筑摩書房、2005年。

日朝国交促進国民協会編『拉致問題と過去の清算——日朝交渉を進めるために』日朝国交促進国民協会、2006年。

川島茂『女工作員清美(チョンミ)の挽歌——天使の都(バンコク)でイマジンを聴け!』三五館、2006年。

川人博『金正日と日本の知識人——アジアに正義ある平和を』講談社現代新書、鉱山社、2007年。

菊池嘉晃『北朝鮮帰国事業——「壮大な拉致」か「追放」か』中公新書、中央公論新社、2009年。

チャック・ダウンズ編、鈴木伸幸訳『ワシントン北朝鮮人権委員会拉致報告書——めぐみさんは生存している可能性がある』自由社、2011年。

鄭龍男・他『拉致と朝鮮総連——北政権のスパイ工作——在日!民団!日本!韓国!横の悪

辣な蛮行をいつまで放置・傍観・黙認するにか!』日新報道、2009年。

金東祚『回想30年・韓日会談』ソウル、中央日報社、1986年。

金東祚、林建彦訳『韓日の和解——日韓交渉14年の記録』サイマル出版会、1993年。

金東祚『冷戦時代のわが外交』ソウル、文化日報社、2000年。

李東元『大統領を懐かしみながら』ソウル、高麗苑、1992年。

李東元、崔雲祥監訳『韓日条約締結秘話——ある2人の外交官の運命的出会い』PHP研究所、1997年。

金裕澤『回想60年』ソウル、合同通信社出版部、1997年。

日本共産党中央委員会宣伝教育文化部編『日韓会談のねらい——その陰謀を粉砕しよう』日本共産党中央委員会出版部、1961年。

日本共産党中央委員会宣伝教育文化部編『「日韓会談」の本質と背景』日本共産党中央委員会出版部、1963年。

大韓民國『韓日会談白書』1963年／『韓国の「韓日会談白書」』外務省、1976年。

韓國産業開発研究所『對日請求權資金評価報告書』ソウル、韓國産業開発研究所、1976年。

韓國經濟企画院『請求權資金白書』ソウル、韓國經濟企画院、1976年。

杉道助追悼録刊行会編『杉道助遺稿』杉道助追悼録刊行会、1985年。

裵義煥『上の峠は越えたが——裵義煥回顧録』ソウル、内外經濟新聞社、1981年。

椎名悦三郎追悼録刊行会編『記録・椎名悦三郎』上・下、椎名悦三郎追悼録刊行会、1982年。

『第6‐7次韓日会談請求権関連文書』3冊、韓国出版院、2005年。

李洋秀編・訳「韓国側文書にみる日韓国交正常化交渉」戦争責任研究。

　　その1「韓国側文書にみる日韓国交正常化交渉」第53号、2006年。

　　その2「請求権問題」第54号、2006年。

　　その3「在日韓国人の国籍」第55号、2007年。

　　その4「大村収容所、北朝鮮帰還事業、そして個人請求権」第57号、2007年。

李洋秀「日韓会談と文化財返還問題」戦争責任研究、第72号、2011年。

大韓民國國史編纂委員會編『韓日會談關係美國務部文書(1952～1955)——駐韓・駐日美國文書綴』韓國現代史資料集成第60巻～第63巻、4冊、果川、國史編纂委員會、2007年。

　　第1巻　1952～1955。

　　第2巻　1952～1955。

　　第3巻　1956～1958。

　　第4巻　1956～1958。

浅野豊美・吉澤文寿・李東俊編『日韓国交正常化問題資料』25冊、現代史料出版、2010‐15年。

『基本関係及請求権規定集・外務省公表集』日韓国交正常化関係資料第8巻、現代史料出版、2011年。

衛藤龍太『日韓会談と財産請求権問題——1962・8～1963・12の動向を中心として』アジア経済研究所動向分析室、1963年。

中川信夫「韓国の請求権資金使用計画の問題点」エコノミスト、第43巻第54号、1965年12月。

朴實『韓国外交秘史』ソウル、麒麟苑、1979年。

山本剛士「日韓関係と矢次一夫」、『日本外交の非正式チャンネル』国際政治75、1983

年。

「海峡をへだてて」刊行委員会編『海峡をへだてて──日韓条約20年を検証する』現代書館、1985年。

李元徳「日韓請求権交渉過程(1951～1962)の分析」法学志林、第93巻第1号、1995年。

李度珩『黒幕・韓日交渉秘話』ソウル、朝鮮日報社、1987年。

利詳雨『第三共和国外交秘話』ソウル、朝鮮日報社、1987年。

兪鎮午『韓日会談』ソウル、韓国外交安保研究院、1993年。

李度晟『實録・朴正煕と韓日会談』ソウル、寒松、1995年。

高崎宗司『検証・日韓会談』岩波新書、岩波書店、1996年。

太田修「李承晩政権の対日政策──「対日賠償」問題を中心に」、朝鮮史研究会編『「解放」50年──朝鮮の分断と統一』朝鮮史研究会論文集第34集、朝鮮史研究会、1996年。

山田昭次『日韓条約の成立と植民地支配の責任──請求権の解釈と日本の植民地支配の認定をめぐる問題を中心に」「朝鮮問題」懇話会、1990年。

永野慎一郎「韓国の対日請求権処理に関する一考察」、『大東文化大学経済学部創設60周年記念論文集』大東文化大学経済学会、1999年。

金正渥『對日請求權資金の活用事例研究』ソウル、對外經濟政策研究院、2000年。

太田修『日韓交渉──請求権問題の研究』クレイン、2003年。

太田修「日韓財産請求権問題の再考──脱植民地主義の視角から」文学部論集、佛教大学、第90号、2006年。

倪志敏「大平正芳と日韓交渉」龍谷大学経済学論集、第43巻第5号、2004年。

木宮正史「日韓関係の力学と展望──冷戦期のダイナミズムと脱冷戦期における構造変化」社会科学ジャーナル、第61号、2007年。

リー・ダニエル『竹島密約』草思社、2008年。

金斗昇『池田勇人政権の対外政策と日韓交渉──内政外交における「政治経済一体路線」』明石書店、2008年。

吉澤文寿『戦後日韓関係──国交正常化交渉をめぐって』クレイン、2015年。

吉澤文寿『日韓会談1965──戦後日韓関係の原点を検証する』高文研、2015年。

真子ゆかり訳「対日民間請求権の申告に関する法律令」、「対日民間請求権の申告に関する法律施行令」外国の立法、第34巻第3・4号、1996年5月。

「対韓国財産請求権をめぐる問題」時の法令、第233号、1957年1月。

朴培根「1965年「韓日請求権協定」と個人の請求権」、『国際法からみた韓日問題』ソウル、東北亞歴史財団、2008年。

山手治之「日韓請求権協定2条の解釈序論──韓国側の会社について」、『転換期の法と文化──京都学園大学法学部20周年記念論文集』法律文化社、2008年。

浅野豊美「日韓国交正常化の際のヒトと法人の請求権──分離に伴う企業生産を中心に」中京企業研究、第31号、2009年。

李泳采「日韓会談と対日請求権交渉の変化過程の分析──「経済協力＋国家補償」方式の形成過程を中心に」法学研究、第83巻第12号、2010年。

『在韓被爆者の戦後補償──「日韓請求権協定に関する「韓国憲法裁判所・決定」を読む──2つのきのこ雲の下で7万人もの朝鮮人が被曝しそして放置された……」韓国の原爆被害者を救援する市民の会、2011年。

浅野豊実編『戦後日本の賠償問題と東アジア地域再編──請求権と歴史認識問題の起源』中京大学企業研究所／慈学社出版、2013年。

張博珍『未完の清算――韓日会談請求権交渉の細部過程』ソウル、歴史空間、2014年。
鈴木裕子編『日本軍「慰安婦」問題と「国民基金」――資料集』現代女性社会史研究所／梨の木舎、2013年。
女性のためのアジア平和国民基金(アジア女性基金)編『日韓・市民の時代をどう作るか――韓流と「慰安婦」・歴史問題、未来への対話』女性のためのアジア平和国民基金、2004年。
女性のためのアジア平和国民基金(アジア女性基金)編『「女性の人権」とアジア女性基金』女性のためのアジア平和国民基金、2007年。
女性のためのアジア平和国民基金(アジア女性基金)編『「慰安婦」問題とアジア女性基金』女性のためのアジア平和国民基金、2007年。
村山富市・和田春樹編『慰安婦問題とアジア女性基金』青灯社、2014年。
和田春樹『慰安婦問題の解決のために――アジア女性基金の経験から』平凡社、2015年。
朴裕河、安宇植訳『反日ナショナリズムを超えて――韓国人の反日感情を読み解く』河出書房新社、2005年。
朴裕河、佐藤久訳『和解のために――教科書・慰安婦・靖国・独島』平凡社、2006年。
朴裕河『帝国の慰安婦――植民地支配と記憶の闘い』ソウル、根と葉と、2013年、34カ所削除版2015年／朝日新聞出版、2014年。
琴秉洞『告発「従軍慰安婦」』同時代社、2007年。
「戦争と女性への暴力」リサーチ・センター編『「慰安婦」バッシングを越えて――「河野談話」と日本の責任』大月書店、2013年。
山際澄夫『すべては朝日新聞から始まった「慰安婦問題」』ワック、2014年。
前川恵司『朝日新聞元ソウル特派員が見た「慰安婦虚報」の真実』小学館、2014年。
讀賣新聞編集局編『徹底検証朝日「慰安婦」報道』中公新書、中央公論新社、2014年。
青木理『抵抗の拠点から――朝日新聞「慰安婦報道」の核心』講談社、2014年。
池田信夫『朝日新聞の大誤報――慰安婦問題の深層』アスペクト、2014年。
西岡力『朝日新聞「日本人への大罪」――「慰安婦捏造報道」徹底追求』悟空出版、2014年。
大高未貴『日韓"円満"断交はいかが?――女性キャスターが見た慰安婦問題の真実』ワニブックス新書、ワニブックス、2014年。
田中克彦『従軍慰安婦と靖国神社――一言語学者の随想』KADOKAWA、2014年。
水間政憲『ひと目でわかる「慰安婦問題」の真実』PHP研究所、2014年。
日本共産党『歴史を偽造するものは誰か――「河野談話」否定論と日本軍「慰安婦」問題の核心』日本共産党中央委員会出版局、2014年。
勝岡寛次『安倍談話と朝日新聞――慰安婦問題と南京事件はいかにして捏造されたか』双葉社、2015年。
永留久恵『盗まれた仏像――対馬と渡来仏の歴史的背景』交隣舎出版企画、2013年。

2　朝鮮半島をめぐる論争

金富軾撰『三國史記』、朝鮮古書刊行會編、京城、朝鮮古書刊行會、1909年／坪井九馬三・日下寛校訂、7冊、吉川弘文館、1913年／青柳綱太郎編『三國史記――原文和譯對照』上・下、京城、朝鮮研究會、1914年／名著出版、1975年／金冨軾『三國史記』6冊、東京帝國大學文學部東洋史學科、1925－26年／朝鮮史學會編、京城、朝鮮史學

會、1928年／京城、近藤書店、1941年／国書刊行会、1971年／学習院東洋文化研究所、1964年／金鍾權訳『完譯三國史記──附・原文』ソウル、先進文化社、1960年／ソウル、景仁文化社、1969年／台北、東方文化書局、1971年／2冊、ソウル、太洋書籍、1972年／民族文化推進會編『三國史記』ソウル、民族文化推進會、1973年／林英樹訳、3冊、上卷新羅本紀・中卷高句麗本紀・百済本紀・下卷雑志・列伝、三一書房、1974－75年／辛鎬烈訳、ソウル、東西文化社、1976年／李兵燾訳、上・下、ソウル、乙酉文化社、1983年／金思燁訳、明石書店、1997年／鄭求福・他訳『譯註三國史記』城南、韓國精神文化研究院、1996年、修訂版1999年／井上秀雄訳『三國史記』4冊、東洋文庫、平凡社、2006年。

金冨軾、鈴木武樹訳『三國史記──倭国関係』大和書房、1975年。

佐伯有清編訳『三国史記倭人伝・他六篇』朝鮮正史日本伝第1卷、岩波文庫、1988年。

書景文化社編『三國史記の新研究』慶州、新羅文化宣揚會、1981年。

申澄植『三國史記研究』ソウル、一潮閣、1981年。

金聖昊『沸流百済と日本の国家起源──「三國史記」・「日本書記」の一元的復原を中心とした』ソウル、知文社、1982年。

黛弘道編『古代国家の歴史と伝承』吉川弘文館、1992年。

高寛敏『『三国史記』の原典的研究』雄山閣出版、1996年。

鄭大均・古田博司編『韓国・北朝鮮の嘘を見破る──近代史の争点30』文春新書、文藝春秋、2006年。

横山和子『日本古代史の解明に挑む──『古事記』『日本書紀』『三国史』から読み解く』丸善岡山支店サービスセンター、2008年。

室谷克実『日韓がタブーにする半島の歴史』新潮新書、新潮社、2010年。

片野次雄『戦乱の朝鮮3国』誠文堂新光社、1985年／『戦乱3国のコリア史──高句麗・百済・新羅の英雄たち』彩流社、2007年。

李殿福・孫玉良、姜仁求・金瑛洙訳『高句麗簡史』ソウル、三省出版社、1990年。

申澄植『集安高句麗遺跡の調査研究』ソウル、國史編纂委員會、1996年。

楊枝春吉・耿鉄華主編『高句麗歴史与文化研究』長春、吉林文史出版社、1997年。

孔錫龜『高句麗領域擴張史研究』ソウル、書景文化社、1998年。

琴京淑『高句麗前期政治史研究』ソウル、高麗大學校民族文化研究院、2004年。

劉炬・付百臣・他『高句麗政治制度研究』香港、香港亞洲出版社、2008年。

金鎮漢『高句麗後期對外關係史研究』ソウル、韓國學中央研究院韓國學大學院、2010年。

高句麗研究會編『高句麗國際關係』ソウル、學研文化社、2002年。

高句麗研究會編『高句麗正體性』ソウル、高句麗研究會、2004年。

魏存成『高句麗遺迹』北京、文物出版社、2002年。

山本勇二「高句麗をめぐる中韓歴史論争」海外事情、2004年9月号。

下條正男「高句麗歴史論争と間島問題」海外事情、2004年12月号。

厉声・朴文一主編『高句麗歴史問題研究論文集』延吉、延辺大学出版社、2005年。

姜維恭『高句麗歴史研究初編』長春、吉林大学出版社、2005年。

李春祥『高句麗与東北民族疆域研究』長春、吉林文史出版社、2006年。

李国強・李宗勛主編『高句麗史新研究』延吉、延辺大学出版社、2006年。

高句麗研究會編『韓国學界の東北工程對應論理』ソウル、高句麗研究會、2007年。

主栄憲「渤海文化」考古民俗、1966年2月号。

主栄憲「渤海中京顯德府について」考古民俗、1966年2月号。

主栄憲「渤海は高句麗の継承者」考古民俗、1967年2月号。

李熙範『中世東北亞細亞史研究』ソウル、東國大學校韓國學研究所／亞細亞文化社、1975年。

濱田耕策「渤海史をめぐる朝鮮史学界の動向——共和国と韓国の「南北国時代」論について」朝鮮学報、第86輯、1978年。

濱田耕策『渤海国興亡史』吉川弘文館、2000年。

孫進己・孫海主編『高句麗・渤海研究集成』6冊、哈爾浜、哈爾浜出版社、1994年。
　　第1巻～第3巻　高句麗巻。
　　第4巻～第6巻　渤海巻。

鳥山喜一・他『渤海史上の諸問題』風間書房、1968年。

森安孝夫「渤海から契丹へ」、『東アジア世界における日本』古代史講座第7巻、学生社、1982年。

尹熙炳『高麗の北方政策——女眞征伐再評価と尹瓘九城考察を中心として——正史解説』ソウル、世界文化社、1983年。

三上次男『高句麗と渤海』吉川弘文館、1990年。

李殿福・他『高句麗・渤海の考古と歴史』学生社、1991年。

上田雄『渤海国の謎——知られざる東アジアの古代王朝』講談社現代新書、講談社、1992年。

上田雄『渤海国』講談社学術文庫、講談社、2004年。

方學鳳主編『渤海史研究』4冊、延吉、延辺出版社、1993年。

森田悌「渤海の狩猟について」弘前大学國史研究、第94号、1993年。

韓圭哲『渤海の對外關係史——南北國の形成と展開』ソウル、新書苑、1994年。

朱国忱・魏国忠、佐伯有清・浜田耕策訳『渤海史』東方書店、1996年。

魏国忠・朱国忱・趙哲夫『謎中王国探秘密——渤海国考古散記』済南、山東畫報出版社、1999年。

石井正敏『日本渤海関係史の研究』吉川弘文館、2001年。

紀勝利・郝慶雲「渤海国初の際国号考」中国辺疆史地研究、第14巻第2期、2004年

チャンジェジン、キムジョンボク、イムソクキュ『渤海對外關係史資料集成』ソウル、東北亞歴史財團、2011年。

馬大正「発展中国辺疆史地研究几点思考」中国辺疆史地研究、1988年第4期。

馬大正「中国古代辺疆政策研究綜述」上・下、中国辺疆史地研究、1989年第3期、1989年第4期。

馬大正主編『中国東北辺疆研究』東北邊疆研究、北京、中國社会科學出版社、2003年。

馬大正・李大龍・耿哲華・漢赫秀『古代中国高句麗歴史続論』東北邊疆研究、北京、中國社会科学出版社、2003年。

張碧波「高句麗研究中的誤区」中国辺疆史地研究、1999年第3期。

李德山「東北辺疆和朝鮮半島古代国族研究」中国辺疆史地研究、2001年第4期。

李德山・栾凡『中国東北古民族発展史』東北邊疆研究、北京、中國社会科學出版社、2003年。

刁書仁「論明前記幹朵里女真与明、朝鮮的関係——兼論女真対朝鮮向図們江流域拓展疆域的抵与闘爭」中国辺疆史地研究、第12巻第1期、2002年。

王曉菊『俄國東部移民開発問題研究』東北邊疆研究、北京、中國社会科學出版社、2003年。

耿哲華『好太王碑一千五百八十年祭』東北邊疆研究、北京、中國社会科學出版社、2003

年。

張鳳鳴『中国東北与俄國』東北邊疆研究、北京、中國社会科學出版社、2003年。

李国強「"東北工程"与中国東北史的研究」中国辺疆史地研究、第14巻第4期、2004年。

利淑英・耿哲華「兩漢時期高句麗的封国地位」中国辺疆史地研究、第14巻第4期、2004年。

楊郡『高句麗民族与国家的形成和演変』東北邊疆研究、北京、中國社会科學出版社、2006年。

李大龍『漢唐藩属体制研究』東北邊疆研究、北京、中國社会科學出版社、2006年。

郝慶雲『渤海国史』東北邊疆研究、北京、中國社会科學出版社、2006年。

『東北アジアの歴史和解に向けての大きな一歩』ソウル、東北亞歴史財團、2009年。

白鳥庫吉「檀君考」學習院輔仁會雑誌、第28号、1894年。

白鳥庫吉「朝鮮古傳説考」史學雑誌、第5編第12号、1894年。

白鳥庫吉「朝鮮古代諸國名稱考」史學雑誌、第6編第7・8号、1895年。

白鳥庫吉「朝鮮古代地名考」史學雑誌、第6編第10・11号、第7編第1号、1895－96年。

白鳥庫吉「朝鮮古代王號考」史學雑誌、第7編第2号、1896年。

白鳥庫吉「高句麗の名稱に就きての考」國學院雑誌、第2巻第10号、1896年。

白鳥庫吉「箕孤は朝鮮の始祖に非ず」東京日日新聞、1910年8月31日。

白鳥庫吉『朝鮮史研究』白鳥庫吉全集第3巻、岩波書店、1970年／『朝鮮史研究』岩波書店、1986年。

喜田貞吉「日鮮兩民族同源論」民族と歴史、第6巻第1号、1921年7月。

金澤庄三郎『日鮮同祖論』京城、汎東洋社／刀江書院、1943年／成甲書房、1978年。

河野六郎「日本語と朝鮮語の二三の類似」、八學會連合編『人文科學の諸問題——協同研究課題『稲』關書院、1949年。

本山美彦『韓国併合と同祖神話の破綻——「霧」の下の修羅』御茶の水書房、2010年。

蒋韮韮・王小甫・他『中韓関係史』3冊、古代巻・近代巻・現代巻、北京、社会科学文献出版社、1996－1998年——蒋韮韮・王小甫・翁天兵・趙冬海・張帆・徐万民は、古代巻の執筆者である。

孫進己『女真史』長春、吉林文史出版社、1987年。

孫進己・他編『契丹史論著汇編』2冊、沈陽、北方史地資料編委員会、1988年。

孫進己・他主編『東北歴史地理』2冊、哈爾浜、黒龍江人民出版社、1989年。

孫進己・郭守信編『東方古史資料叢編』沈陽、遼瀋書社。

　　第1巻　『先秦・三国』1989年。

　　第2巻　『兩晋・随』1989年。

　　第3巻　『唐』1990年。

　　第4巻　『遼』1990年。

孫進己・孫海主編『高句麗・渤海研究集成』6冊、哈爾浜、哈爾浜出版社、1994年。

　　第1巻～第3巻　高句麗巻。

　　第3巻～第6巻　渤海巻。

孫進己・孫泓『女真民族史』桂林、広西師范大学出版社、2010年。

孫進己・孫泓『契丹民族史』桂林、広西師范大学出版社、2010年。

佟冬主編『中国東北史』長春、吉林文史出版社、1987年。

佟冬主編『中国東北史』6冊、長春、吉林文史出版社、1998年、修訂版2006年。

李丙壽『韓国古代史』上・下、ND、1979年／金思燁訳『韓國古代史』ソウル、金思燁

全集刊行委員會／国書刊行会、2004年。

白山資料院編『韓民族の大陸關係史』ソウル、白山資料院、1987年。

白山資料院編『韓國考古學關係中國資料選集』6冊、ソウル、白山資料院、1994－97年。

    第1卷　考古學報編。

    第2卷　文物編。

    第3卷　考古編上・下。

國際教科書研究所編『韓・日歴史教科書修正の諸問題』ソウル、白山資料院、1994年。

檀國代史学會編『韓國古代史』3冊、史學志論文選集、ソウル、學研文化社、1994年。

朴性鳳編『高句麗南進經營史の研究』ソウル、白山資料院、1995年。

金鍾潤『新講韓國古代史――半島史學を全面拒否する』ソウル、東信出版社、1995年。

白山學會編『古朝鮮史――研究』白山資料院、1995年。

白山學會編『高句麗史――研究』白山資料院、1995年。

白山學會編『朝鮮時代北方關係史論攷』2冊、白山資料院、1995年。

白山學會編『百濟・新羅・伽倻史研究』ソウル、白山資料院、1995年。

白山學會編『韓國の民族文化起源』ソウル、白山資料院、1995年。

白山學會編『韓国古代語と東北アジア』白山資料院、2001年。

李仁哲『高句麗の對外征服研究』ソウル、白山資料院、2000年。

韓国東北亞歴史財団編、中国延辺大學訳『東北工程相関韓国學者論文選』首尔、東北亞歴史財団、2007年。

    余吴奎「中國學界的高句麗對外關係史研究狀況」。

    金貞培「中國史書中出現的“海東三國”」。

    李仁哲「中國的高句麗歸屬問題研究分析」。

    金一權「中國學界對高句麗國家祭祀的研究分析」。

    金貞姫「渤海史的歸屬問題與唐代羈縻府轄制度」。

    尹戴雲「渤海的主權與對中貿易」。

    朴龍雲「高麗時期人間的高麗繼承高句麗意識」。

    尹榮寅「中國學界關于蒙古與漢族關係的研究動態――以近十年蒙古(元)帝國民族關係史研究爲中心」。

    裵城溶「中國的朝、清國境問題研究動態」。

    崔德奎「中國關于中蘇國境運送的研究動態」。

    張世胤「中國朝鮮族的現況與展望――以20世紀90年代以後爲中心」。

    尹輝鐸「當代中國的邊疆政策――以“東北振興戰略”爲中心」。

東北亞歴史財團編『東北亞關係史性格――東北亞歴史財團・北京大學共同學術會議』首尔、韓國東北亞歴史財團、2009年。

    鄭夏賢「《三国志・魏志・東夷伝》中的世界視」。

    羅新「高句麗兄系官職的内亜淵源」。

    金鉉球「白村江之戰与東北亞國際關系的変化」。

    李志生「从西安地区唐代喪葬模式看渤海貞惠和貞孝」。

    金塘譯「高麗與遼・金・元關係史的特性」。

    徐凱「八旗満洲高麗家族與清初戰争」。

    李泰顜「从朝鮮“中華主義”到韓清條約」。

    党宝海「試論《至正条格》的性質及影響」――元朝の大元通交制関係までを主題とする。

裴京漢「20世紀初韓中之間的相互認識」——韓國人の孫文理解が主題である。

王元周「近代中韓關係轉變的理想與現実——韓國人対中國否定認識的歷史根源」——北伐論から北方史観を主題としている。

鈞光林「高句麗史の帰属をめぐる韓国・朝鮮と中国の論争」新潟産業大学人文学部紀要、第16号、2004年。

金容雲『韓国数学史』槙書店、1978年。

金容雲『韓国人と日本人双対文化のプリズム』サイマル出版会、1983年。

金容雲『鎖国の汎パラダイム』サイマル出版会、1983年。

金容雲『日本人と韓国人の意識構造』坡州市、ハンギル社、1985年。

金容雲『日韓民族の原型——同じ種から違った花が咲く』サイマル出版会、1986年。

金容雲『訪れる没落』情報センター出版局、1988年——原本「原型史観の韓国」ソウル、韓国経済新聞社、1988年の副題がある。

金容雲『日本の喜劇』情報センター出版局、1992年。

金容雲『韓国人、大反省——「エセ韓国人論はもう要らない」徳間書店、1993年。

金容雲『醜い日本人——「嫌韓」対「反日」をこえて』三一新書、三一書房、1994年。

金容雲『「かしこ型」日本人と「かちき型」韓国人』学生社、1994年。

金容雲、亜細亜文化交流協会編訳『日韓歴史の理解』白帝社、1997年。

金容雲『日本語の正体』三五館、2009年。

金容雲『倭の大王は百済語で話す』三五館、2009年。

金容雲『「日本＝百済」説』三五館、2011年。

金容雲、平井敏晴編訳『日韓の文化対立は宿命である——引き裂かれた言語と、原型の精神分析』三五館、2012年。

金容雲『風水火——原型史観にみた韓・中・日葛藤の突破口』ソウル、教育メディア、2014年。

今西龍「檀君考」、『朝鮮古史の研究』国書刊行会、1970年。

龍賢鍾「檀君神話」、韓國文化藝術振興院編『民族文學体系』ソウル、同和出版社、1975年。

孫仁銖『研究方法・檀君神話・花郎道の教育思想』韓國教育思想史第1巻、ソウル、文音社、1989年。

ソ・ヨンデ『北韓學界の檀君神話研究』ソウル、白山資料院、1995年。

白山資料院編『檀君神話研究』ソウル、白山資料院、1995年。

大阪経済法科大学『檀君と古朝鮮』大阪経済法科大学、1999年。

田中俊明「檀君陵」、田中俊明編『韓国の歴史——先史から現代』昭和堂、2008年。

金成煥編『日帝強占期檀君陵修築運動』ソウル、景仁文化社、2009年。

一然撰『三國遺事』5冊、京城、京都帝國大學文學部、1921年／平岩佑介訳、自由討究社、1923年／朝鮮史學會、1928年／朝鮮史學會編、国書刊行会、1971年／李丙燾訳、ソウル、東國文化社、1956年／李丙燾訳、韓國思想大思想全集第4巻、ソウル、良友堂、1994年／ソウル、東國文化社、1956年／学習院大学東洋文化研究所、1964年／李戴培訳、2冊、ソウル、光文出版社、1967年／李戴培訳、2冊、ソウル、明知大學出版部、1975年／ソウル、東方文化書局、1971年／李東歡訳、2冊、ソウル、三中堂文庫、三中堂、1975年／林英樹訳、2冊、三一書房、1975-76年／金思燁訳『三國遺事・完訳』朝日新聞社、1976年／『完訳三國遺事』六興出版、1980年／金思燁全集第25巻、ソウル、金思燁全集刊行委員会／国書刊行会、2004年／李民樹訳、2冊、ソウル、三星美術文化財團、1979年／李民樹訳、世界思想教養全集續第12巻、ソウル、

乙酉文化社、1973年/李民樹訳、世界思想全集第8巻、ソウル、乙酉文化社、1983年/權相老訳、ソウル、東西文化社、1977年/釜山、民族文化、1984年/『原本三國史記・三國遺事』ソウル、大堤閣、1987年。

韓國精神文化研究院古典研究室編『三國遺事索引』ソウル、韓國精神文化研究院、1980年。

韓國精神文化研究院国際協力室編『三國遺事の綜合的檢討』ソウル、韓國精神文化研究院、1987年。

三品彰英遺撰『三國遺事考証』上・中・下1・2・3計5冊、塙書房、1975－95年。

嶺南大學校民族文化研究所編『三國遺事研究』ソウル、嶺南大學校出版部、1981年。

白山資料院編『三國遺事研究論選集』白山資料院、1986年。

李弘植「「日本書記」所載　高句麗関係記事考」東方學志、第1号、第3号、1954年/『韓国古代史の研究』ソウル、新丘文化社、1971年/加盟輝一郎訳、井上秀雄・旗田巍編『古代日本と朝鮮の基本問題』學生社、1974年。

金錫亨、村田正雄・都竜雨訳「三韓三国の日本列島内分国について」歴史科学、第1号、1963年/朝鮮研究、第71号、1968年/朴鐘鳴訳、井上秀雄・旗田巍編『古代日本と朝鮮の基本問題』學生社、1974年。

金錫亨「天孫降臨神話を通じてみた駕洛人たちの日本列島への進出」歴史科学、1965年第3号/朴鐘鳴訳、井上秀雄・旗田巍編『古代日本と朝鮮の基本問題』學生社、1974年。

鄭仲煥「「日本書記」に引用された百済三書について」亞細亞學報、第10号、1972年/泊勝美訳、井上秀雄・旗田巍編『古代日本と朝鮮の基本問題』學生社、1974年。

朝鮮民主主義人民共和国社会科學院歴史研究所編『朝鮮全史』第2巻、平壤、科学・百科辞典出版社、1979年。

村田正雄「百済の大姓八足について」、山本博士還暦記念東洋史論叢編纂委員会編『東洋史論叢──山本博士還暦記念』山川出版社、1972年/旗田巍・井上秀雄編『古代の朝鮮』学生社、1974年。

全春元「論邪馬台国的社会性質」延辺大学学報、社会科学、1986年第2期/「邪馬台国の社会性質を論ず──日中史学界の専門家の論説を検討しながら」歴史評論、第440号、1986年12月。

全春元「関于日本早期国家形成的意義」歴史教学、1990年第7期。

全春元・方學『中朝日関係史』延吉、延辺大学出版社、1994年。

全春元「早期東北亜文化圏中心的朝鮮」延辺大学学報、社会科学、1995年第4期。

全春元『韓民族──東北亜歴史へ及ぼす影響』ソウル、集文堂、1998年。

全春元「「任那日本府」歪曲に見る北朝鮮史学会の荒唐無稽」正論、2007年2月号。

末松保和『任那興亡史』大八洲出版、1949年/吉川弘文館、1956年。

末松保和『古代の日本と朝鮮』末松保和朝鮮史著作集第4巻、吉川弘文館、1996年。

請田正幸「6世紀前期の日朝関係──任那「日本府」を中心として」、『古代朝鮮と日本』朝鮮史研究会論文集第11号、1974年/『古代朝鮮と日本』龍渓書舎、拡充版1974年。

小野寺直日『任那日本府への史観』日本及び日本人、1977年7月号。

井上秀雄『任那日本府と倭』東出版、1973年/東出版事業社、1978年。

金廷鶴『任那と日本』日本の歴史別巻1、小学館、1977年。

盧泰敏「三韓國についての認識の変遷」ソウル、韓國史研究、第38号、1982年。

鈴木英夫「「任那の調」の起源と性格」国史学、第119号、1983年3月。

鈴木英夫「加耶・百済と倭──「任那日本府」論」朝鮮史研究会論文集、第24号、

1987年。

鈴木英夫・吉井哲編『歴史にみる日本と韓国・朝鮮』赤楚書店、1999年。

林陸朗先生還暦記念會編『日本古代の政治と制度』続群書類従完成会、1985年。

鬼頭清明「所謂「任那日本府」の再検討」東洋大学文学部紀要、史学科篇、第17号、1991年。

田中俊明『大加耶連盟の興亡と「任那」——加耶琴だけが残った』吉川弘文館、1992年

寺本克之『任那と古代日本——歴史認識の原点をさぐる』新泉社、1999年。

井上秀雄「任那の調」朝鮮学報、第176・177号、2000年。

李永植「「任那日本府」を通じて見た6世紀の加耶と倭」東アジアの古代文化、第110号、2002年。

李鎔賢「「任那と日本府の問題」東アジアの古代文化、第110号、2002年。

山尾幸久「「任那日本府」の二、三の問題」東アジアの古代文化、第117号、2003年。

兼川智「「任那日本府」説批判」東アジア日本語教育・日本文化研究、第6号、2003年。

熊谷公男「いわゆる「任那四県割譲」の再検討」東北学院大学論集、歴史学・地理学、第39号、2005年。

東潮『倭と加耶の国際環境』吉川弘文館、2006年。

東潮「「任那四県割譲」問題と歴史教科書」東アジアの古代文化、第137号、2009年。

森公章「「任那」の用法と「任那日本府」(「在案羅諸倭臣等」)の実態に関する研究」東洋大学文学部紀要、史学科篇、第35号、2009年。

李進熙「古代におけるいわゆる〈南鮮経営〉論について」朝鮮史研究会論集、第1号、1965年。

李弘稙「任那日本府は実在するか?」新東亜、1966年8月号。

宮原兎一「任那日本府をめぐる朝鮮古代史論争」歴史教育、第15巻第5・6号、1967年。

韓ユウキン『韓國通史』ソウル、乙酉文化社、1970年。

旗田巍「韓ユウキン『韓国通史』(ソウル1970年)——"任那日本府"を否定」朝日アジアレビュー、第1巻第4号、1970年。

井上光貞「金錫亨著朝鮮史研究会訳「古代朝日関係史——大和政権と任那」」朝日アジアレビュー、第1巻第4号、1970年。

宮原兎一「任那日本府をめぐる朝鮮古代史論争」歴史教育、第15巻第5・6号、1967年。

金達寿「わが内なる皇国史観——「任那日本府」をめぐって」展望、1974年8月号。

泊勝美『任那日本府はなかった』二見書房、1975年。

李進熙『好太王碑と任那日本府』学生社、1977年。

金鉉球『任那日本府研究——韓半島南部經營論批判』ソウル、一潮閣、1993年。

李永植『加耶諸国と任那日本府』吉川弘文館、1993年。

高寛敏「『〈百済記〉と〈百済新撰〉に関する研究」朝鮮大学校学報、第1号、1994年。

高寛敏「〈任那〉の滅亡と〈任那の調〉」」東アジア研究、第7号、1994年。

高寛敏「『日本書紀』と「三韓」と「任那」」朝鮮大学校学報、第2号、1996年。

武光誠『日本と朝鮮はなぜ1つの邦にならなかったのか——聖徳太子の野望と加耶諸国をめぐる謎』新人物文庫、新人物往来社、2010年。

大平裕『知っていますか、任那日本府——韓国がけっして教えない歴史』PHP研究所、2013年。

『安羅國(=安羅加那)と任那日本府』釜山、釜山大学校韓国民族文化研究所、2014年。

3 中朝辺境史

朝鮮闕菜撰、郭天中・他校『朝鮮史略』6冊、昌平坂學問所、1822年/3冊、出雲寺次郎、1922年/國立北平圖書館編、上海、商務印書館、1937年/6冊、上海、上海商務印書館、1966年/四庫全書、台北、臺灣商務印書館、1980年。

秋月望「朝魯国境の成立と朝鮮の反応」国際学研究、第8号、1991年。

楊昭全・孫玉梅『中朝辺界史』長春、吉林文史出版社、1993年。

楊昭全・孫玉梅『中朝辺界沿革及界務交渉資料集編』長春、吉林文史出版社、1994年。

刁書仁・他編『中朝相邻地区朝鮮地理志資料選編』長春、吉林文史出版社、1996年。

刁書仁「中朝辺界沿革志研究」中国辺疆史地研究、2001年第4期。

刁書仁「康熙年間穆克登查辺定界考辨」中国辺疆史地研究、第13巻第3期、2003年。

朝鮮史研究会編『「地域」としての朝鮮——「境界」の視点から』朝鮮史研究会論文集第36巻、朝鮮史研究会、1998年。

池内博『満鮮史研究』上世編、まさき會・祖国社、1951年。上世第2冊、吉川弘文館、1960年。

丁若鏞『大韓疆域考』京城、皇城新聞社、1905年。

青柳綱太郎編『大韓疆域考』上・下、京城、朝鮮研究會、1915年。

申采浩、矢部敦子訳『朝鮮上古史』緑蔭書房、1983年。

阿桂・他撰『欽定滿洲源流考　20巻』8冊、1777年/4冊、杭州、便益書局、1893年/4冊、上海、中西書房、1904年/朝鮮古書刊行會編、1冊、京城、朝鮮古書刊行會、1916年/4冊、奉天、奉天大同學院出版部、1934年/天龍長城文化芸術公司編、中国辺疆史志集成、北京、全國圖書館文獻縮微復制中心、2004年。

申基碩『韓末外交史研究——清韓宗屬關係を中心にして』ソウル、一閣、1967年。

全海宗「韓中朝貢関係考」、『韓中關係史研究』ソウル、一潮閣、1970年。

大滿洲帝國國務院『滿洲實録』新京、大滿洲帝國國務院、ND/今西春秋訳『滿和對譯滿洲實録』東洋史研究會、1936年/新疆、日滿文化協會、1938年/刀水書房、1992年/國學文庫、文殿閣書莊、1937年/3冊、台北、臺聯國風出版社、1969年/『大淸滿洲實録』崇文書房、1969年/崔鶴根訳、ソウル、通文館、1974年/ソウル、1983年/ソウル、保景文化社、1992年/北京、中華書局、1986年/天龍長城文化芸術公司編『東北史志』中国辺境歴史志集成、北京、全國圖書館文獻縮微復制中心、2004年/遼寧省檔案館編、2冊、沈陽、遼寧教育出版社、2012年。

上原久『満文満洲実録の研究』不味堂書店、1960年。

陳捷先『満文清實録研究』文化書局、1978年。

鄭在浩・他『白頭山説話研究』ソウル、高麗大學校民族文化研究所出版部、1992年。

李花子「朝鮮王朝的長白山認識」中国辺疆史地研究、第17巻第2期、2007年。

京都帝國大學白頭山遠征隊/今西錦司『白頭山——京都帝國大學白頭山遠征隊報告』梓書房、1935年/大修館書店、1978年。

梅棹忠夫・藤田和夫編『白頭山の青春』朝日新聞社、1995年。

吉林鐵道局總務課資料係編『白頭山ト其ノ周邊』吉林、吉林鐵道局、1940年。

城山正三『秘境白頭山天池——探行記録』叢文社、1970年。

崔南善、高麗大學校亞細亞問題研究所六堂全集編纂委員會編『白頭山觀參記・金剛禮讚・外』ソウル、玄岩社、1973年。

趙基天、許南麒訳『白頭山——長編叙事詩』大平出版社、1974年。

丁興旺『白頭山天池』北京、地質出版社、1982年。

今井通湖・カモシカ同人隊『白頭登頂記』朝日新聞社、1987年。

若林熙『白頭山への旅』雄山閣出版、1988年。

王季平主編『長白山志』長春、吉林文史出版社、1989年。

檮杌金容沃知音『白頭山神曲──「気哲學の構造」とともに』ソウル、トンナム、1990年。

第1回白頭山国際共同研究調査団編『白頭山への道』大阪経済法科大学出版部、1992年。

劉忠傑・沈恵淑『白頭山と延邊朝鮮族』ソウル、白山出版社、1993年。

刁書仁主編『長白山文化論説』長春、吉林文史出版社、1994年。

劉厚生「長白山文化的界定及其他」中国辺疆史地研究、第13巻第4期、2003年。

苗威「"長白山"考辨」中国辺疆史地研究、第19巻第4期、2009年。

谷口宏充編『白頭山火山とその周辺地域の地球科学』東北大学東北アジア研究センター、2010年。

金得榥『白頭山と北方疆界──鴨緑江・豆満江は私たちの国境ではない』ソウル、思社研、1987年。

陶勉「清代封祭長白山与派員踏査長白山」中国辺疆史地研究、1996年第3期。

徐徳源「長白山東南地区石堆土堆筑設的真相」中国辺疆史地研究、1996年第2期。

徐徳源「穆克登碑的性質及其奮立地点与位移述考──近世中朝辺界争議的焦点」中国辺疆史地研究、1997年第1期。

文純實「白頭山定界碑と18世紀朝鮮の疆域観」、朝鮮史研究会編『朝鮮の領域観と自己認識──前近代と近代との接点』朝鮮史研究会論文集第40巻、朝鮮史研究会、2002年。

馬孟龍「穆克登査辺与《皇輿全覧圖》編絵──兼対穆克登"審視碑"初立位置的考辨」中国辺疆史地研究、第19巻第3期、2009年。

陳慧『穆克登碑問題研究──現代中朝図們江界務考証』北京、中央編訳出版社、2011年。

廬思慎・他奉勅撰『新増東國輿地勝覧──55巻』3冊、京城、淵上商店、1906年/李翔・他編『東國輿地勝覧第1～第5』朝鮮群書大系續第6～10輯・計5冊、京城、朝鮮古書刊行會1912年/朝鮮史學會編『東國輿地勝覧』第1・第2・第3、京城、朝鮮史學會、1930年/『新増東國輿地勝覧』4冊、ソウル、景仁文化社、2005年/鄭孝恒・他編、李荇新増編、朝鮮民主主義人民共和国科学院古典研究室編『新増東国輿地勝覧』4冊、平壤、科学院古典研究室、1959─63年/国書刊行会、1986年。

末松保和編『新増東國輿地勝覧索引』京城、朝鮮総督府中樞院、1937年/『新増東國輿地勝覧索引續編』京城、朝鮮総督府中樞院、1940年。

「李朝初期、15世紀において製作された地図に関する研究」地理科学、第16号、1972年。

李重煥、廬道陽訳『擇里志』ソウル、大洋書籍、1973年/梶井渉訳『択里志・朝鮮八城誌』成甲書房、1983年/平木實訳『択里志──近世朝鮮の地理書』東洋文庫、平凡社、2006年。

内藤虎次郎「間島吉林旅行談」1～13、大阪朝日新聞、1908年11月3日、4日、5日、24日、25日、26日、27日、29日、30日、12月3日、4日、5日、6日。内藤湖南全集内藤虎次郎「韓国東北疆界攷略」1907年、内藤湖南全集第6巻、筑摩書房、1972年。

内藤戊申編「内藤湖南・間島吉林旅行談」上、立命館文學、第216号、1963年。

西重信「「北朝鮮ルート論」と朝鮮人の間島移住」關西大學經濟論集、第37巻第4号、

文献

1967年。

西重信「内藤湖南と「間島条約」」書評、関西大学生協、第73号、1985年。

西重信「内藤湖南と「北朝鮮ルート」論」書評、第77号、1986年。

西重信「間島協約と「北朝鮮ルート」論」三千里、第47号、1986年。

西重信「内藤湖南の朝鮮観」書評、第80号、1987年。

西重信「北朝鮮ルート論の系譜」(1)、關西大學經濟論集、第45巻第4号、1995年。

朝鮮總督府編『國境地方視察復命書』京城、朝鮮總督府、1915年／龍溪書舍、2005年。

篠田治策編『統監府臨時間島派出所紀要』京城、朝鮮總督府、1909年／ソウル、亞細亞
　　文化社、1984年。

篠田治策『間島問題の回顧』京城、篠田治策、1930年。

篠田治策『「間島問題」の回顧』大連、中日文化敎會、1930年。

篠田治策「統監府間島派出所の事蹟概要」、稻葉博士還曆記念會編『滿朝史論叢──稻
　　葉博士還曆記念』京城、稻葉博士還曆記念會、1938年。

長野朗『滿洲問題の關鍵間島』支那問題研究所、1931年。

南滿洲鐵道株式會社東亞經濟調查局『間島の経緯』南滿洲鐵道株式會社東亞經濟調查局、
　　1931年。

陸軍省調查班『間島の概況』陸軍省調查班、1932年。

在間島日本總領事館『間島事情概要』間島、在間島日本總領事館、1932年。

新京鐵路局『間島地方概要』新京、新京鐵路局、1935年。

間島教育會編『間島』延吉縣龍井村、栗原書店、1935年。

朝鮮總督府『間島集團部落』京城、朝鮮總督府、1936年。

東滿新聞社編『躍進間島』間島省延吉街、東滿新聞社、1941年。

河口忠『間島、琿春、北鮮及東海岸地方行脚記』大連、小林又七支店、1942年／ソウル、
　　景仁文化社、1995年。

「間島問題一件」日本外交文書第40巻第2冊、外務省、1961年。

李喆珪編『間島領有權關係抜萃文書』日本外務省陸海軍省文書第1輯、ソウル、大韓民
　　國國會圖書館、1976年。

金正柱・呉世昌編『間島問題』朝鮮統治史料第1巻、韓國史料研究所、1970年。

韓國史料研究所編『間島出兵』朝鮮統治史料第2巻、韓國史料研究所、1970年。

國會圖書館編『間島問題資料集』ソウル、大韓民國國會圖書館、1975年。

東尾和子「琿春事件と間島出兵」、『朝鮮民族運動の諸段階』朝鮮史研究会論文集第14
　　巻、1977年。

蘇在英編『間島流浪40年』ソウル、朝鮮日報社、1989年。

朝鮮民主主義人民共和国科学院・人文科学院編『白頭山資料集』日朝友好資料センター、
　　1993年。

陸洛現編『韓民族の間島疆界』ソウル、白山資料院、1994年。

「間島の來歷」外務省警察史、間島ノ部、不二出版、1998年。

大阪経済法科大学間島史料研究会編『満州事変前夜における在間島日本総領事館文書──
　　─在鉄嶺日本領事館文書・在広東日本総領事館文書』上・下、大阪経済法科大学アジ
　　ア研究所、1999-2006年。

『間島事件關係書類』2冊、ソウル、國家報勳處、2003-04年。

幣原坦「間島國境問題」、東洋協會調查部編『東洋協會調查部學術報告』東洋協會、
　　1909年。

379

東洋拓殖株式会社『間島事情』京城、東洋拓殖株式會社、1918年。

永井勝三『會寧及間島事情―― 一名北鮮間島の案内』會寧、會寧診察所、1923年／ソウル、景仁文化社、1989年。

永井勝三『北鮮間島史』會寧、會寧印刷所出版部、1925年。

天野元之助『間島に於ける朝鮮人問題に就いて』大連、中日文化教會、1931年。

張杰「清代鴨緑江流域的封禁与開發」中国辺疆史地研究、1994年第4期。

秋月望「朝清境界問題にみられる朝鮮の「領域観」――「勘界会談」後から日露戦争期まで」、朝鮮史研究会編『朝鮮の領域観と自己認識――前近代と近代との接点』朝鮮史研究会論文集第40巻、朝鮮史研究会、2002年。

東亞經濟調査局『間島問題の經緯』東亞經濟調査局、1931年。

林正和「間島問題に関する日清交渉の経緯」駿台史学、第10号、1960年。

白山學會編『間島領有權問題論攷』ソウル、白山資料院、2000年。

陸洛現『白頭山定界碑と間島領有權』ソウル、白山資料院、2000年。

崔長根「韓国統監伊藤博文の間島政策――統監府派出所の設置決定の経緯」1・2、法學新報、第102巻第7・8号、第9号、2001年。

白榮助『東アジア政治・外交史――「間島協約」と裁判管轄権』大阪経済法科大学出版部、2005年。

趙興元「徐世昌与延吉辺務交渉」中国辺疆史地研究、第10巻第3期、2001年。

孫春日「清末中朝日"間島問題"交渉之原委」中国辺疆史地研究、第12巻第4期、2002年。

南満洲鐵道總務部調査課『歐洲戦争卜揚子江流域ニ於ケル列國ノ貿易・間島事情・間島ニ於ケル水稻』大連、南満洲鐵道總務部調査課、1918年。

朴昌昱「試論朝鮮族的遷入及其歴史上限問題」朝鮮族研究論叢、第1号、1948年。

朴昌昱・延辺大学民族研究所編「朝鮮族研究論叢」第1号・第2号、延吉、延辺人民出版社、1989年。

松本英紀「宋教仁と「間島」問題――「愛国」的革命運動の軌跡」、『東洋史論叢――三田村博士古稀記念』立命館大学人文学会、1980年。

韓俊光・延辺朝鮮歴史研究所編『中国朝鮮族遷入史論文集』哈爾浜、黒龍江朝鮮民族出版社、1989年。

金盛煥『近代東アジアの政治力学――間島をめぐる日中朝関係の史的展開』錦正社、1991年。

チュ・ジャングン『韓中國境問題研究――日本の領土政策史的考察』ソウル、白山資料院、1998年。

下條正男「間島問題考」海外事情、2005年10月号。

名和悦子『内藤湖南の国境領土論再考――20世紀初頭の清韓国境問題「間島問題」を通して』汲古書院、2012年。

矢木毅『韓国・朝鮮史の系譜――民族意識・領域意識の変遷をたどる』塙書房、2012年。

『朝鮮暴徒討伐誌』京城、駐鮮駐箚軍司令部、1913年。

在哈爾浜朝鮮總督府内務局派遣員編『北滿在住朝鮮人ノ状況』京城、朝鮮總督府内務局、1922年。

在外朝鮮人事情研究會編『南滿及び東蒙朝鮮人事情』上・下、京城、在外朝鮮人事情研究會、1922－23年。

滿鐵庶務部調査課『在滿朝鮮人の現況』大連、南滿洲鐵道庶務部調査課、1923年。

牛丸潤亮・村田懋麿編『最近間島事情 附・露支移住鮮發達史』京城、朝鮮及朝鮮人社出版局、1927年／龍渓書舎、2002年。

朝鮮總督府警務局『間島問題の経過と移住鮮人』京城、朝鮮總督府警務局、1931年。

拓務省大臣官房文書課『滿洲と朝鮮人』拓務省大臣官房文書課、1933年。

東洋協會調査部『朝鮮農民の滿洲移住問題』東洋協會、1937年。

田川孝三「清緒初年朝鮮越境流民問題」、市古教授退官記念論叢編集委員会編『論集近代中国研究』山川出版社、1981年。

《朝鮮族簡史》編写組編『朝鮮族簡史』延吉、延辺人民出版社、1986年。

「延辺朝鮮族自治州概況」執筆班『延辺朝鮮族自治州概況』延吉、延辺人民出版社、1984年／大村益夫訳『中国の朝鮮族』むくげの会、1987年。

洪承稷、他『延邊朝鮮族自治州研究』ソウル、高麗大學校出版社、1988年

金贊汀『日の丸と赤い星——中国大陸の朝鮮族を訪ねて』情報センター出版局、1988年。

『間島地域 韓國民族鬪争史』日本の韓国侵略史料集、12冊、ソウル、高麗書林、1989年。

高勇主編『堅実的足跡——来自延辺企業思想政治工作中的報告』延吉、延辺人民出版社、1989年。

梁泰鎮『「1902年」間島邊界戸籍案』ソウル、法經出版社、1992年。

キム・チョンミ『中国東北部における抗日朝鮮・中国民衆史序説』現代企画室、1992年。

ミレ(未来)編集部編『在外朝鮮民族を考える——アメリカ・旧ソ連・中国・日本からの報告』東方出版、1994年。

朴晶『中国朝鮮族歴史研究』延吉、延辺大学出版社、1995年。

高崎宗司『中国朝鮮族——歴史・生活・文化・民族教育』明石書店、1996年。

李鴻文『30年代朝鮮共産主義者在中国東北』長春、津山師範大学出版社、1996年。

河合和男・他編『論集朝鮮近現代史——姜在彦古稀記念論文集』明石書店、1996年。

鶴嶋雪嶺『中国朝鮮族の研究』関西大学出版部、1997年。

鄭雅英『中国朝鮮族の民族関係』アジア政経学会、1997年。

姜龍範『近代中朝日三國對間島朝鮮人的政策研究』牡丹江、黒龍江朝鮮民族出版社、2000年。

延辺朝鮮族自治州土地志編纂委員会編『延辺朝鮮族自治州土地志』延吉、延辺人民出版社、2002年。

藤原書店編集部編『満洲とは何だったのか』藤原書店、2004年。

櫻井龍彦『東北アジア朝鮮民族の多角的研究』ユニテ、2004年。

中国朝鮮族研究会編『朝鮮族のグローバルな移動と国際ネットワーク——「アジア人」としてのアイデンティティを求めて』アジア経済文化研究所、2006年。

柏崎千佳子監訳『ディアスポラとしてのコリアン——北米・東アジア・中央アジア』新幹社、2007年。

滝沢秀樹『朝鮮民族の近代国家形成史序説——中国東北と南北朝鮮』御茶の水書房、2008年。

李海燕『戦後の「満州」と朝鮮人社会——越境・周縁・アイデンティティ』御茶の水書房、2009年。

金成鎬『1930年代延邊‘民生團事件’研究』ソウル、白山資料院、1999年。

金成鎬『東満抗日革命鬪争特殊性研究——1930年《民生団事件》を中心に』牡丹江、

黒龍江朝鮮民族出版社、2006年。

延辺人民出版社、高木桂蔵訳『抗日朝鮮義勇軍の眞相——忘れられたもうひとつの満州』新人物往来社、1990年。

金鉄星「新民主主義・革命時期中国共産党対朝鮮自治政策的歴史考」、朝鮮族研究論集、第4号、延吉、延辺大学出版社、1991年。

高木健夫『白頭山に燃える——金日成抗日戰の記録』現代史出版会、1978年。

オ・ギルボ『朝鮮近代反日義兵運動史』ソウル、白山資料院、1988年。

徐題粛『金日成——思想と政治体制』お茶の水書房、1992年、第1部若き金日成と東北抗日連軍。

和田春樹『金日成と満州抗日闘争』平凡社、1992年。

楊昭全編『中国境内韓国反日独立運動史(1910～45)』長春、吉林省社会科学院、1997年。

鄭雅英『中国朝鮮族の民族関係』アジア政経学会、2000年。

李命英『金日成列傳——その伝統と神話の真相究明のための研究』ソウル、新文化社、1974年。

李命英『在満韓人共産主義運動研究』ソウル、成均館大學校出版部、1975年。

李命英『4人の金日成』成甲書房、1976年。

李命英『権力と歴史——偽造された北朝鮮近代史』世界日報社、1986年。

李命英『金日成の隠された経歴——20世紀最後の独裁者』世界日報社、1986年。

林誠宏『私は、なぜ金日成主義批判を書くか!!——祖国朝鮮を想う』創世記、1981年。

沈昌夏『金日成偶像化捏造事例調査——金日成研究』ソウル、大韓民國國土統一院調査研究室、1978年。

許東燦『金日成評伝——虚像と実像』亜紀書房、1985年／ソウル、北韓研究所、1988年。

朴甲東『証言金日成との闘争記』成甲書房、1991年。

恵谷治『金日成の真実——英雄伝説〈1912年～1945年〉を踏査するドキュメント』毎日新聞社、1993年。

姜在彦『金日成神話の歴史的検証——抗日パルチザンの〈虚〉と〈実〉』明石書店、1997年。

4　新中国・北朝鮮の国境処理

金基燦『空白の北朝鮮現代史——白頭山を売った金日成』新潮新書、新潮社、2003年、121頁以降。

岩下明裕『中・ロ国境4000キロ』角川書店、2003年。

裵淵弘『中朝国境をゆく——全長1300キロの魔境』中公新書、中央公論新社、2007年。

Daniel Goma, "The Chinese-Korean Border Issue: Analysis of a Contested Frontier," *Asian Survey*, Vol. 46 No. 6, 2006.

金辰明、夏香夏訳『中国が北朝鮮を呑みこむ日』ダイヤモンド社、2007年。

西重信「中朝国境につての一考察」北東アジア地域研究、第14号、2008年。

安藤彦太郎「吉林省延辺朝鮮族自治州——旧「間島」の歴史と現実」中国研究月報、第193号、1964年。

金永万・戴維翰・金鈡国『延辺社會主義民族関係的形成和発展』延吉、延辺人民出版社、1987年。

延辺朝鮮族自治州地方志編纂委員会編『延辺朝鮮族自治州史』上・下、北京、中華書局、
　　1996年。
亜細亜大学アジア研究所編『延辺朝鮮族自治州の社会・経済の変容と適応』亜細亜大学
　　アジア研究所、2011年。
張龍『陶彬与延辺地区朝鮮族社会』延吉、延辺人民出版社、2013年。
南北問題研究所、李洪在訳『北朝鮮暗黒帝国の最期』ポケットブック社、1994年、121
　　頁。
内藤湖南「間島問題私見」内藤湖南全集第6巻、筑摩書房、1972年。
津田左右吉「尹權政略地域考」、「高麗松に於ける東北境の開拓」津田左右吉全集第11
　　巻、岩波書店、1964年。
朱孟震『西南夷風土記』上海、商務印書館、1936年 / 台北、廣文書局、1969年 /『中國
　　西疆地誌』中文出版社、1969年 / 北京、中華書局、1985年。
張鵬岐『雲南外交問題』上海、商務新書館、1937年。
張誠孫『中英滇緬疆界問題』北京、哈佛燕京學社、1937年 / 燕京大学燕京學報專號、台
　　北、東方文化書店、1973年。
ニコル・スミス、救仁郷繁訳『滇緬公路──雲南・ビルマルート視察記』萬里閣、1940
　　年 / 木川正男訳『ビルマ・ロード』文明社、1941年。
姚文棟『雲南省雲南勘界籌邊記』1892年 / 中國方志叢書、台北、成文出版社、1967年。
劉伯奎編『中緬界務問題』重慶、正中書局、1946年 / 新加坡、南洋學會、1981年 /
　　『近現代中國邊疆界務資料』續編、香港、蝠書院、2007年。
黄祖文「乾隆年間中緬辺境之役」四川大学学報、1988年第2期。
戚基耶紐『四個次期的中緬関係』昆明、徳宏民族出版社、1995年。
秦和平「艰难的歴程──清末滇緬界務交渉之回顧」中国辺境史地研究、1995年第3期。
王介南・王全珍『中緬友好両千年』昆明、徳宏民族出版社、1996年。
寥心文「解決辺界問題的典苑」党史文献、1996年第4期。
林超民「明代雲南辺疆問題述論」中国辺疆研究通報、第2集、1998年。
余定邦『中緬関係史』北京、光明日報出版社、2000年。
賀経達「嘉靖松年至万歴年間的中緬及其影響」中国辺疆史地研究、第12巻第2期、2002
　　年。
朱昭華「薛福成与滇緬辺界談判再研究」中国辺疆史地研究、第14巻第1期、2004年
楊煜達・楊枝慧芳「華馬礼──16～19世紀中緬辺界的主権之争」中国辺疆界的主権之
　　争」中国辺疆史地研究、第14巻第2期、2004年。
周恩来「関于中緬辺界問題的報告」人民日報、1957年7月10日。
王善中「論述《中華人民共和国緬甸聯邦辺界条約》」中国辺疆史地研究、1997年第2期。
丸山鋼二「中国・ビルマの国交樹立について」文教大学国際学部紀要、第10巻第2号、
　　2000年。

5　鴨緑江と水豊ダム

デーヴィド・エリ・リリエンソール、和田小六訳『TVA──民主主義は進展する』岩
　　波書店、1949年 / 和田小六・和田昭充訳『TVA──総合開発の歴史的実験』岩波書
　　店、1979年。
デーヴィド・エリ・リリエンソール、末田守・今井隆吉訳『リリエンソール日記』3冊、
　　みすず書房。

383

第1巻『TVAの時代』1968年。

第2巻『TVAから原子力へ』1969年。

第3巻『原子力の時代』1969年。

William F. Donnelly ed., *American Economic Growth: The Historic Challenge*, New York: MSS Information Corp., 1973.

Michael L. Brookshire & Michael D. Rogers, *Collective Bargaining in Public Employment: The TVA Experience*, Lexington: Lexington Books, 1977.

秋元英一『ニューディールとアメリカ資本主義──民衆運動史の観点から』東京大学出版会、1989年。

小林健一『TVA実験的地域政策の軌跡──ニューディール期から現代まで』御茶の水書房、1994年。

山田直『「方法的制覇」の源流としての「鴨緑江」──ポール・ヴァレリーの文明・文化論』駿河台出版社、2001年。

鮮于煇、裴陽子・李民子訳「水豊ダム」、猪狩野で鮮于煇作品を読む会訳『火花──鮮于煇翻訳集』白帝社、2004年。

劉峻徳主編『三峡工程論』北京、中国環境科学出版社、1990年。

長江水利委員会編『三峡工程移民研究』武漢、湖北科学技術出版社、1997年。

王維洛『三峡工程36計』香港、博大出版／台北、博大國際文化出版、2009年。

河川環境管理財団報告『21世紀の河川、ダム、砂防、海岸線に関する調査研究』日本大学人文科学研究所、1990年。

Sandra Postel., *Pillar of Sand: Can the Irrigation Miracle Last*, Washington,DC: Worldwatch Institute/ New York: W. W. Norton, 1999.

戴晴主編『長江──三峡工程論争』貴陽、貴州人民出版社、1989年／『長江三峡應否興建──學者論文集』香港、中國圖書刊行社、1989年／『長江長江』台北、新地社、1991年／鷲見一夫・胡曄婷訳『三峡ダム──建設の是非をめぐっての論争』築地書館、1996年。

鷲見一夫『三峡ダムと日本』築地書館、1997年。

日本ダム協会ダム建設ヴィジョン懇談会『21世紀のダムヴィジョン──よりよいダムづくりをめざして』2冊、日本ダム協会、1991年。

日本ダム協会環境委員会編『人に自然に優しいダム作り──持続的開発のために』日本ダム協会、1993年。

大崎峰登『鴨緑江──満韓國事情・全』兵林館／丸善、1910年。

満洲弘報協會編『鴨緑江』新京、満洲國通信社、1937年／ソウル、景仁文化社、1989年。

則武三雄『鴨緑江』第一出版會、1943年。

湯浅克衛『鴨緑江』晴南社、1944年。

金得榥『白頭山と北方疆界──鴨緑江・豆満江は私たちの国境ではない』ソウル、思社研、1987年。

張杰「清代鴨緑江流域的封禁与開発」中国辺疆史地研究、1994年第4期。

広瀬貞三「植民地朝鮮における水豊発電所建設と流筏問題」新潟国際情報大学情報文化学部紀要、第1号、1998年。

森谷克己「鮮満一如──その意味、諸施設經營と朝鮮の地位」上、満洲評論、第12巻15号、1937年。

御手洗辰雄『南総督の朝鮮統治』京城、京城日報社、1942年。

384

御手洗辰雄『南次郎』南次郎伝記刊行会、1957年。

「鮮満国境の共同開発」満州評論、第12巻第4号、1937年6月。

満洲中央銀行調査課編『特殊會社準特殊會社法令及定款集』新京、満洲中央銀行調査課、1938年。

佐藤時彦『鴨緑江水豊堰堤工事概要』土木學會誌、1944年11月。

久保田豊「鴨緑江の征服者・水豊ダム」讀賣評論、1951年1月号。

佐藤時彦『土木人生五十年』中央公論事業出版、1969年。

満史会編『満州開発四十年史』謙光社、1964年。

永塚利一『久保田豊』電気情報社、1966年。

日本窒素株式会社調査部編『水豊堰堤工事誌』日本窒素株式会社、1949年。

高梨光司編『野口遵翁追懐録』野口遵翁追懐録編纂会、1952年。

「満州電業史」編纂委員会編『満州電業史』満州電業会、1976年。

朝鮮電気事業史編纂委員会編『朝鮮電気事業史』中央日韓協会、1981年。

広瀬貞三「水豊発電所建設により水没地問題——朝鮮側を中心に」朝鮮学報、第139号、1991年。

広瀬貞三「「満洲国」における水豊ダム建設」新潟国際情報大学情報文化学部紀要、第6号、2000年。

「水豊爆撃とその反共」世界情勢旬報、第166号、1952年7月。

「水豊ダム爆撃と世界の反響」経済往来、1952年8月号。

吾妻隆雄「波紋をよぶ水豊ダムの爆撃」地上、1952年9月号。

遼寧省地方志編纂委員会弁公室編『遼寧省志——電力工業志』沈陽、遼寧科学技術出版社、1996年。

6 中国・北朝鮮国境河川協力と往来

拓殖局『松花江及黒龍江』拓殖局、1912年。

峯旗良充・松尾小三郎『吉林小開發と豆満自由港——附豆満江より覗きたる満蒙』奉公會、1925年。

朝鮮總督府鐵道局營業課『豆満江流域經濟事情』京城、朝鮮總督府鐵道局營業課、1927年。

哈爾濱日本商工會議所『松花江黒龍江經濟事情概要——附鳥蘇里江事情』哈爾濱、哈爾濱日本商工會議所、1936年。

李箕永、李殷直訳『豆満江』7冊、ソウル、朝鮮文化社、1961-62年。

富田和明『豆満江に流る——中国朝鮮族自治州・延吉下宿日記』第三書館、1993年。

龍民声・孟憲章・歩平編『十七世紀沙俄侵略黒龍江流域史資料』哈爾濱、黒龍江教育出版社、1998年。

金賛汀『慟哭の豆満江——中・朝国境に北朝鮮飢民を訪ねて』新幹社、2000年。

崔洪彬・全信子『図們江訴説——朝鮮族』昆明、雲南大学出版社、2001年。

王禹浪「黒龍江流域的歴史与文化」(1)、大連大学学報、2003年第1期。

尹麟錫『蒼き豆満江の流れ』東洋書院、2005年。

UNDP, *Tuman River Area Development Programme Project Document for Assistance, Programme*, New York: UNDP,1991.

UNDP, *Tuman River Area Development Programme: First Meeting of Programme Management Committee Conclusion*, New York: UNDP, 1992.

UNDP, *Minute: Tuman River Area Development Programme Management Committee Meeting II*, New York: UNDP, 1992.

UNDP, *Tuman River Area Development Programme Working Group Meeting III*, New York: UNDP, 1993.

UNDP, *Meeting Minute: Tuman River Area Development Programme, The Third Programme Management Committee*, New York: UNDP, 1993.

龍遠図「中蘇東段辺界烏蘇里江井達図們江口界段考察紀要」中国辺疆史地研究、1988年第4期。

杉本孝『曙光の中の図們江開発──中朝ソ三国国境地帯に訪れる国際協力の機運』世界平和研究所、1991年。

藤間丈夫編『「豆満江・北部3港視察」「平壌国際会議」報告書──1992年4月28日～5月3日」「平壌国際会議」日本実行委員会、1992年。

「図們江流域開発計画」調査と情報、第208号、1993年。

崔龍鶴主編『亜太時代与図們江開発』延吉、延辺大学出版社、1994年。

尹春志「トウマン江地域開発計画」情況、第2期第5巻第1号、1994年。

日中東方開発協会『'95図們江流域開発視察団報告書──長春、琿春・ザルビノ・延吉・北京』日中東北開発協会、1995年。

丁士晟、霍儒学・他訳『図們江開発構想──北東アジアの新しい経済拠点』創知社、1996年。

太田勝洪「図們江開発の現状」調査と情報、第194号、1996年

李浩思主編『中国図們江地区──延辺』延吉、延辺大学出版社、1996年。

海野八尋「図們江(豆満江Tumen River)を巡る周辺諸国・地域の政策──「構造調整」下の北東アジア地域経済協力の可能性と展望」日本大学経済学部経済科学研究所紀要、第24号、1997年。

金森久雄「図們江の歴史・現状・将来」世界経済評論、1998年4月号。

高成鳳「「図們江開発」をめぐる鉄道建設の史的展開とその現状」日中経協ジャーナル、第58号、1998年。

鶴嶋雪嶺『豆満江地域開発』関西大学出版部、2000年。

玄東日主編『中朝俄図們江流域開発概況』延吉、延辺大学出版社、2000年。

利貞玉「図們江地域開発計画とUNDPの役割」現代社会文化研究、第22号、2001年。

沈万根『図們江地区開発中延辺利用外資研究』北京、民族出版社、2006年。

林今淑『中朝経済合作』延吉、延辺大学出版社、2006年。

王勝今・于瀟主編『図們江地区跨国経済合作研究』長春、吉林人民出版社、2006年。

大澤正治「図們江流域開発の兆し」JCCS、第2巻第1号、2010年。

郭文君『東北増長板──図們江区域合作開発』長春、吉林人民出版社、2010年。

大澤正治「東アジア共同体への道筋──図們江流域の経験」地域研究、第8号、2011年。

除瓊『図們江(外門項)地域における開発と社会変容──1990～2005』一粒書房、2012年。

胡仁霞『中国東北与俄羅斯远東区域経済合作研究』北京、社会科学文献出版社、2014年。

7　朝鮮・ロシア国境

滿洲國外務省調查處『滿蘇國境關係條約集』新京、滿洲國外務省調查處、1938年。

『中俄邊界條約集』北京、商務印書館、1973年。

白毅、濱岡福松訳『露支國境考』哈爾浜、南満洲鐵道哈爾浜事務所調査課、1925年。

ウェ・ベー・サヴィン、川他秀雄訳『近世露満蒙關係史』福田書房、1935年。

近藤義晴『満蘇國境問題の解剖』横濱貿易協會、1935年。

東亜同文會『満蘇國境紛争事件の全貌』東亞同文會、1937年。

石塚壽夫編『蘇聯の支那邊疆侵略』興亞院政務部、1939年。

入江啓四郎「ネルチンスク条約の研究」、『愛知大学十周年記念論文集』愛知大学法経学
　会、1956年／アジア・アフリカ国際関係研究会編『中国をめぐる国境紛争』アジア・
　アフリカ国際関係史叢書第2巻、巌南堂書店、1967年。

矢野仁一「清代満州を繞るロシアとの国境問題交渉」、アジア・アフリカ国際関係研究
　会編『中国をめぐる国境紛争』アジア・アフリカ国際関係史叢書第2巻、巌南堂書店、
　1967年。

趙中孚『清期中俄東三省界務交渉』台北、中央研究院近代史研究所、1970年。

吉田金一『近代露清関係史』近藤出版社、1974年。

A・普羅霍羅夫『関于蘇中辺界問題』北京、商務印書館、1977年。

金吴春「豆満江下流のKorea Irredentaについての一考」白山學報、第30・31号、
　1985年。

寺島英明「世界史における民族主義――ソ連(ロシア)と隣接するアジア3国の領土問題
　を中心に」、野口鉄郎編『中国史における乱の構図――筑波大学創立十周年記念東洋
　史論集』雄山閣出版、1986年。

劉遠図「中蘇東段辺界鳥蘇里江至図們江口界段考察記要」中国辺疆史地研究、1988年
　第4期。

三好千春「アヘン戦争に対する燕行使情報」史艸、第20号、1989年。

秋月望「朝露国境の成立と朝鮮の対応」明治学院論叢・国際学研究、第8号、1991年。

劉遠図『早期中俄東段辺界研究』北京、中国社会科学出版社、1993年。

岩下明裕『ユーラシア国境政治――ロシア・中国・中央アジア』北海道大学スラブ研究
　センター、2005年。

西清編『黒龍江外記』2冊、新西村舎、1894年／上海、金匱浦氏、1903年／廣雅書房、
　1920年／上・下、上海、商務印書館、1936年／台北、藝文印書館、1964年／台北、臺
　灣商務印書館、1966年／台北、成文出版社、1969年／北京、中華書局、1977年／石川
　年訳『黒龍江外記』満洲日日新聞東京支社出版部、1943年。

拓殖局『松花江及黒龍江』拓殖局、1912年。

内藤虎次郎編『満蒙叢書』第5巻、満蒙叢書刊行會、1921年／ソウル、民俗苑、1992
　年南満洲鐵道庶務部調査課編『黒龍江省』上・下、大連、南満洲鐵道庶務部調査課、
　1924年。

満鐵弘報課編『間宮林蔵の黒龍江探檢――東韃紀行』奉天、満洲日日新聞社、1940年。

『松花江の航運――附黒龍江水系』哈爾濱、露満蒙通信刊行會／哈日社印刷部、1928年／
　『松花江の航運――附黒龍江航運の使命』哈爾濱、露満蒙通信刊行會／哈日社印刷部、
　1929年。

百瀬弘『沿黒龍江地方及沿海州合併に關する歴史的考察』東亞經濟調査局、1933年。

張伯英編『黒龍江大事志』1933年／台北、成文出版社、1970年。

中東鐵路局商業部編、湯爾和訳『黒龍江』上海、商務印書館、1933年。

哈爾濱日本商工會議所『松花江黒龍江經濟事情概要――附鳥蘇里江事情』哈爾濱、哈爾
　濱日本商工會議所、1936年。

滿洲事情案内所編『黒龍江』新京、滿洲事情案内所、1936年。

鳥居龍藏『黒龍江と北樺太』生活文化研究會、1943年。

中国社会科学院地理研究所編、呉傳欽・郭来喜・謝香方主編『黒龍江省黒龍江及烏蘇里江地区経済地理』北京、科学出版社、1957年。

徐兆奎編『清代黒龍江流域的経済發展』北京、商務印書館、1959年。

拉文斯坦、陳霞飛・他訳『俄国人在黒龍江』北京、商務印書館、1974年。

巴赫魯申、郝建恒・高文風訳『哥薩克在黒龍江上』北京、商務印書館、1975年。

何茂正・他「関于黒龍江的名称」吉林師苑大学学報、1978年第3期。

傳朗雲「龍的神話与黒龍江的名称」学習与探索、1979年第4期。

П・И・卡巴諾夫、姜延祚訳『黒龍江問題』哈爾浜、黒龍江人民出版社、1983年。

方衍主編『黒龍江方志簡述』哈爾浜、黒龍江地方志編纂委員会／黒龍江図書館学会、1985年。

徐宗亮・他撰『黒龍江述略・外』哈爾濱、黒龍江人民出版社、1985年。

張向凌主編『黒龍江四十年』哈爾濱、黒龍江人民出版社、1986年。

黒龍江省档案館編『黒龍江設治』上・下、哈爾濱、業経黒龍江省出版局、1986年。

中華人民共和国黒龍江省統計局編『黒龍江四十年巨変』北京、中国統計出版社、1989年。

《当代中国》叢書編輯部編『当代中国的黒龍江』上・下、北京、中国社会科学出版社、1991年。

辛培林・他主編『黒龍江開発史』哈爾濱、黒龍江人民出版社、1999年。

小林静雄『遙かなる黒龍江』有朋書院、2003年。

王禹浪「黒龍江流域的歴史与文化」(1)、大連大学学報、2003年第1期。

陳立中『黒龍江站岸研究』北京、中国社会科学出版社、2005年。

呉樹黒「近代"黒龍江"考釋」中国辺疆史地研究、第20巻第3期、2010年。

黒龍江年鑑編纂委員会編『黒龍江年鑑』哈爾濱、黒龍江人民出版社、1990年〜。

8 西海と東海

辺真一『朝鮮半島Ⅹデー』ディーエイチシー、1994年。

李光洙、辺真一訳『潜航指令——証言・北朝鮮潜水艦ゲリラ事件』ザ・マサダ、1998年。

池田菊敏編『北朝鮮が戦争を起こす5つの根拠』KKベストセラーズ、1998年。

金元奉・光藤修編『最新朝鮮半島軍事情報の全貌——北朝鮮軍、韓国軍、在韓米軍のパワーバランス』講談社、2000年。

塚本勝一『北朝鮮・軍と政治』原書房、2000年。

重村智計『北朝鮮の外交戦略』講談社現代新書、講談社、2000年。

李美淑、趙庸恩訳『金正日最後の賭け——北朝鮮の胎動』講談社、2000年。

西村金一『詳解北朝鮮の実態——金正恩体制下の軍事戦略と国家のゆくえ』原書房、2012年。

姜禎求「「天安」沈没の事件化と長・短期的課題——軍事冒険主義の統制と平和体制の加速化」統一評論、2010年7月号。

姜禎求「「天安艦事件」以後の危機局面の実相」統一評論、2010年12月号。

康水山「その後の「天安沈没事件」謀略、最大の受益者は誰か?——強まる一方の疑惑、高まる再調査を求める声」統一評論、2010年8月号。

石川厳「北が魚雷攻撃コマンドに英雄称号？天安艦事件第2弾・監査院報告で軍の失態が浮上」軍事研究、2010年8月号。

小林正男「韓国哨戒艦沈没事件の謎を追う「天安」に何が起きたのか？」世界の艦船、2010年9月号。

シン・サンチョル「天安艦沈没事件関連裁判　疑惑はいまだに何ひとつ解明されない」統一評論、2010年10月号。「天安艦沈没事件関連裁判(2)　発見された艦首を軍はなぜ放置したのか」統一評論、2011年11月号。「天安艦沈没事件関連裁判(3)　発見された艦首を軍はなぜ放置したのか？」統一評論、2012年1月号。

「天安沈没事件　真相糾明のための国政調査を要求する」統一評論、2010年11月号。

斎藤頼之「李明博政権と軍部が歪曲して事件化──"北魚雷攻撃説"は科学的でなく公正性もない」社会評論、第152号、2010年。

金承浩「2011年を迎え振り返る天安艦・延坪島事件」統一評論、2011年3月号。

康熙泰「天安艦事件から1年、やむことのない真相糾明の動き」統一評論、2011年5月号。

朴貞憙「韓国における北朝鮮政策をめぐる市民団体間の対立構造──「天安艦沈没事件」を事例として」立命館国際研究、第24巻第1号、2011年。

防衛研究所編『抑止と対話──哨戒艦事件後の朝鮮半島』防衛研究所、2011年。

大韓民国政府『天安艦被撃事件白書』ソウル、大韓民国政府、2011年。

朝鮮民主主義人民共和国国防委員会検問団「真相公開状　天安沈没事件は一大謀略・捏造劇」統一評論、2010年12月号。

郭璞撰『山海經圖賛』台北、藝文印書館、1966年／『経典圖読山海読』上海、上海辞書出版社、2003年。

衛挺生・徐聖謨『山經地理圖考』陽明山、華岡出版部、1974年。

伊藤清司『中国の神獣・悪鬼たち──山海経の世界』東方書店、1986年。

徐顯之『山海経探原』武漢、武漢出版社、1991年。

李岳勲・田中紀子『山海經繪圖解讀──日本太古の風土記』日野史談会、1992年。

松田稔『『山海經』の基礎的研究』笠間書院、1995年。

徐敬幸『〈山海經〉研究』ソウル、ソウル大学校出版部。1996年。

叶舒憲・蕭兵・鄭在書『山海経的文化尋踪──「想像地理学」与東西文化碰触』武漢、湖北人民出版社、2004年。

海軍省水路部『朝鮮水路誌』水路部、1907年。

United States Department of States, *Foreign Relations of the United States, 1951, Asia and the Pacific* , Vol. VI, Part 1, 1977.

朴實『韓國外交秘史』ソウル、麒麟苑、1979年。

韓國建設部國土地理情報院企画政策課『世界史と共にした韓國の地図の歴史をひと目で…～東海・獨島及び間島の變化を集中調査』ソウル、韓國建設部國土地理情報院企画政策課、2007年11月20日。

青山宏夫「日本海という呼称の成立と展開──地図史からのアプローチ」環日本海地域比較史研究、第2号、1993年。

菱山剛秀・永岡正利「「日本海」呼称の変遷について」地図管理部技術報告、創刊号、1994年。

谷治正孝「世界と日本における海域名「日本海」の生成・受容・定着過程」地図、第40巻第1号、2002年。

East Sea: The Name EAST SEA Used for Two Millennia, Seoul: Northeast Asian

History Foundation/ The Society for East Sea, 2006.

East Sea in World Maps, Seoul: Northeast Asian History Foundation, ND(2010).

『朝鮮人民に對するアメリカ帝国主義の露骨な侵略行為——朝鮮民主主義人民共和国の領海深く侵入した米帝侵略軍武装スパイ船「プエブロ」号の侵略行為と関連する資料』4冊、平壌、外国文出版社、1968年。

『全世界の人民に次ぐ——朝鮮でのアメリカ侵略軍の犯罪行為につて・朝鮮民主主義法律家協会ほか12団体の告発状』在日本朝鮮人総聯合会中央常任委員会、1968年。

日朝協会編『プエブロ号事件と日本』日朝協会、1968年。

「プエブロ号事件関係資料」世界週報、1968年2月13号。

「38度線をめぐる5日間〔1968.1.22～26〕——武装遊撃隊・プロブロ事件」朝鮮研究、1968年2月号。

トレバー・アンブリスター、中村悌次訳『情報収集艇艦プエブロ号——日本海のミステリー』上・下、大日本絵画、1991－92年。

平田雅己「日本海のキューバ危機——プエブロ号事件とジョンソン政権の対応」国際関係学部研究年報、日本大学、第21号、2000年。

Mitchell B. Lerner, *The Pueblo Incident: A Spy Ship and the Failure of American Foreign Policy*, Lawrence: U. P. of Kansas, 2002.

島川雅史『アメリカの戦争と日米安保体制——在日米軍と日本の役割』社会評論社、2001年、増補版2003年。

黒川修司「プエブロ号事件——米国の情報活動と危機」東京女子大学紀要論集、第57巻第1号、2006年。

9　独島/竹島紛争

朝鮮總督府中樞院編『校訂世宗實録地理志』京城、朝鮮總督府中樞院、1937年。

鄭麟趾・等他奉教撰『高麗史』139巻・70冊、江戸中期/3冊・索引係4冊、國書刊行會、1908－09年、1977年/金鍾權訳『完譯高麗史』ソウル、凡潮社、1963年/『高麗史』3冊、台北、文史哲出版社、1972年/3冊、ソウル、亞細亞文化社、1972年/3冊、ソウル、延世大學國學研究所、1981年/3冊、韓國學文献研究所編、1990年。

廬思愼・他撰『新増東國輿地勝覧』3冊、京城、池上書店、1906年/朝鮮古書刊行會編『東國輿地勝覧』、5冊、朝鮮群書体系、京城、朝鮮古書刊行會、1912年/朝鮮史學會編『新増東國輿地勝覧』4冊、京城、朝鮮史學會、1930年/古書刊行會編『『新増東國輿地勝覧』、ソウル、東國文化社、1957年/ソウル、景文社、1978年/ソウル、書景文化社、1994年/『東國輿地勝覧・新増』6冊、韓国地理風俗誌叢書、ソウル、景仁文化社、2005年。

徐仁源『朝鮮初期地理志研究——『東國輿地勝覧』を中心として』ソウル、母岳實學會、2002年。

洪鳳漢・他編『増補文献備考』51冊、弘文館編、京城、印刷局、1908年/51冊、3冊、ソウル、明文堂、1959年/ソウル、以文社、1978年。

「竹島図説」、『竹島関係文書集成』エムティ出版、1996年。

谷口為次校『隠洲視聴合紀』出雲文庫、松陽出版社/文明堂、1914年。

大西俊輝『日本海と竹島——日韓領土問題』2冊、東洋出版、2003年/權五曄・權勢訳『獨島』ソウル、ジェイアンドシー、2004年。

大西俊輝『日韓領土問題の根本資料『隠洲視聴合紀』を読む』東洋出版、2007年。

文献

大西俊輝『元禄の領土紛争記録「竹島紀事」を読む』3冊、東洋出版、2012年。
金義煥編、李泰吉訳『安龍福将軍──獨島の歴史』ソウル、チピョン、増補版1996年。
李薫「朝鮮後期獨島を守った漁夫安龍福」歴史批評、第33号、1996年。
チョン・ステ「海洋主権の先駆者、安龍福」自治月刊ウィン、1996年5月号。
房奇編・丁永美『鬱陵島・獨島死守實録──安龍福の歴史行跡を尋ねて』ソウル、ピポン社、2007年。
竹島問題研究会編『竹島問題に関する調査研究　中間報告書』竹島問題研究会、2006年。
竹島問題研究会編『竹島問題に関する調査研究　最終報告書』竹島問題研究会、2007年。
保坂祐二『日本古地図にも獨島はない』ソウル、子音と母音、2005年。
保坂祐二『大韓民国──獨島教科書』ソウル、ヒューイノム、2012年。
保坂祐二、他『獨島領有権に対する韓日及び周辺国の認識と政策比較研究』ソウル、韓國海洋水産開發院、2007年。
保坂祐二『竹島問題研究会の最終報告書批判──日本側繪圖に對する批判的考察』ソウル、韓國海洋水産開發院、2008年。
保坂祐二『我らが歴史獨島──韓日関係史から見る獨島の話』ソウル、BMソンアンダン、2009年。
海軍省水路部編『朝鮮水路誌』水路部、1894年。
堀和生「1905年日本の竹島領土編入」、『朝鮮古代史の争点』朝鮮史研究会論文集第24巻、朝鮮史研究会、1987年／ソウル、海外公報處海外公報館、1987年。
ロー・ダニエル『竹島密約』草思社、2008年。
崔南善『大東韻群玉』9冊、京城、朝鮮光文會、1913-14年。
崔南善『朝鮮と神道』京城、中央朝鮮協會、1934年。
崔南善『國民朝鮮歴史』ソウル、東明舎、1947年。
崔南善『大韓獨立運動史』ソウル、東明舎、1950年。
崔南善「獨島は巖然たる韓國領」、大韓公論社編『獨島』ソウル、大韓公論社、1965年。
崔南善『朝鮮常識問答』2冊、ソウル、三星文化財團、1972年。
高麗大學校亞細亞問題研究所六堂全集編『六堂崔南善全集』15冊、ソウル、玄岩社。
　第1巻・第2巻『韓國史』1973年。
　第3巻『朝鮮常識問答』1973年。
　第4巻『故事千字』1973年。
　第5巻『神話・説話。詩歌・随筆』1973年。
　第6巻『白頭山觀参記・混合禮讃・外』1973年。
　第7巻『新字典』1973年。
　第8巻『三國遺事・大東地名辭典・時文讀本』1973年。
　第9巻・第10巻『論説論文』1974年。
　第11巻『歴史日鑑』1974年。
　第12巻『韓國歴史事典』1974年。
　第13巻『時調類聚・歌曲選・飜譯文』1974年。
　第14巻『新校本春香傳・水滸志・玉樓夢』1974年。
　第15巻金鍾武編『總目次・綜合索引・年譜』1975年。
鄭漢模編『崔南善作品集』ソウル、螢雪出版社、1977年。
趙容萬『六堂崔南善──彼の生涯・思想・業績』ソウル、三中堂、1964年。

鄭一永・朴椿浩編『韓日關係國際法問題』ソウル、韓國文蘭/百想財團、1998年。

United States Department of States, *Foreign Relations of the United States, Near East, 1962-63*, Vol. 18, 1995.

崔圭荘「獨島守備隊秘史」、大韓公論社編『獨島』ソウル、大韓公論社、1965年。

中村三郎『竹島を譲った男』新人物往来社、1978年。

金教植『獨島守備隊』ソウル、ソンムン出版社、1979年。

洪淳七「全財産と一身を捧げて守り抜いた」新東亞、1996年4月号。

洪淳七『ここは誰の地か——獨島義勇守備隊　洪淳七の手記』ソウル、慧眼、1997年。

藤原芳男『竹島事件史——浜田藩・南洋密貿易——会津屋八右衛問』浜田市観光協会、1988年。

日本研究室編『韓日關係資料集』第1輯、ソウル、高麗大學校亞細亞問題研究所、1976年。

韓国外交通商部『「獨島」は韓國の領土——獨島に対する大韓民國政府の基本的立場』ソウル、外交通商部、2008年。

外務省条約局編『竹島の領有』外務省条約局、1953年。

塚本孝「サンフランシスコ条約と竹島——米外交文書集より」レファレンス、1983年6月号。

塚本孝「平和条約と竹島(再論)」レファレンス、1994年3月号。

「竹島領有権問題の経緯」調査と情報、第244号、1994年4月。

外務省アジア大洋州局北東アジア課『竹島——竹島問題を理解するための10のポイント』外務省アジア大洋州局北東アジア課、2008年。

植田捷雄「竹島の帰属をめぐる日韓紛争」一橋論叢、第54巻第1号、1965年。

Guenter Weissberg, *Recent Development in the Law of the Sea and the Japanese-Korean Fishery Dispute,* The Hague: Martinus Nijhoff, 1966.

太壽堂鼎「竹島紛争」國際法外交雑誌、第64巻第4・5号、1966年/『領土帰属の国際法』東信堂、1998年。

李度晟『實録・韓日交渉秘話』ソウル、朝鮮日報社、1987年。

李度晟『実録朴正熙と韓日会談』ソウル、寒松、1995年。

金東祚『回想30年——韓日會談』ソウル、中央日報社、1987年/林建彦訳『韓日の和解』サイマル出版会、1993年。

安藤貴世「日韓国交正常化交渉における竹島問題——「紛争の解決に関する交換公文」の成立をめぐって」政経研究、第47巻第3号、2010年。

Sean Fern, "Tokdo or Takeshima?: The International Law of Territorial Acquisition in the Japan-Korea Island Dispute," *Stanford Journal of East Asia Affairs,* Vol. 5 No. 1, Winter 2005.

呉善花「盧武鉉政権に日本との和解はない」正論、2005年6月号。

澤喜司郎『盧武鉉の竹島戦争』山口大学経済学会、2006年。

加藤昭「極左盧武鉉政権と金正日と東大名誉教授」WILL、2006年6月号。

浦野起央『日本の国境[分析・資料・文献]』三和書籍、2013年。

韓國外務部『獨島問題概論』ソウル、外務部政務局、1955年。

大韓民國外交部『獨島關係資料集』ソウル、外交部、1977年。

韓國外交通商部外交安保研究院編『韓国の領土——獨島』ソウル、外交通商部外交安保研究院、1990年。

『島根県竹島の研究』島根県総務部広報文書課、1954年。

田村清三郎『島根県竹島の新研究』田村清三郎、1965年／島根県総務部総務課、1996年、増補版2010年。

島根県総務部総務課『竹島関係資料集』2冊、島根県総務部総務課。
　　第1集　『近世地方文書』2010年。
　　第2集　『島根県所蔵行政文書』2011年。

大韓公論社編『獨島』ソウル、大韓公論社、1965年。

金明基『獨島と国際法』ソウル、華學社、1987年。

金明基編『獨島研究』ソウル、法律出版社、1997年。

金明基『獨島義勇隊と國際法』ソウル、タムル、1998年。

金明基編『獨島特殊研究』ソウル、獨島調査研究學會、2001年。

金明基・李東元『日本外務省竹島問題の概要批判――竹島10ポイント批判、ソウル、チェックァサラムドゥル、2010年。

盧啓鉉『朝鮮の領土』ソウル、韓國放送大學出版部、1997年。

李炳基『鬱陵島と獨島』ソウル、檀國大學出版部、1999年。

宋炳基編『獨島領有權資料集』春川市、翰林大學文化研究所、2004年。

李炳基『書き直した鬱陵島と獨島』ソウル、檀國大學出版部、2005年／朴炳渉訳『竹島(独島)・鬱陵島歴史研究』新幹社、2009年。

李炳基『鬱陵島と獨島――其の歴史的檢証』ソウル、歴史空間、2010年。

李漢基『韓国の領土――領土取得に関する国際法的研究』ソウル、ソウル大学校出版部、1969年。

白忠鉉「獨島領有權に關する國際法的議論――韓國側現況」、鄭一永・朴春浩編『兩國學社協同研究韓日關係國際法問題』ソウル、百想財團、1998年。

金正均「獨島問題に關する國際法的考察」國際法學會論叢、第25巻第1号、1980年。

金正均「中井養三郎の所謂獨島編入及び貸下請願に關する研究」國際法學會論叢、第27巻第2号、1982年。

梁泰鎮『韓國邊境史研究』ソウル、法經出版社、1990年。

梁泰鎮『韓國領土史研究』ソウル、法經出版社、1991年。

梁泰鎮編『獨島研究文獻輯』ソウル、景仁文化社、1998年。

梁泰鎮『韓國獨立の象徴、獨島』ソウル、白山出版社、2004年。

梁泰鎮『我が國の領土物語』ソウル、大陸研究所出版部、1994年。

梁泰鎮『韓國の領土管理政策に関する研究――周辺國との領土問題を中心に』ソウル、韓國行政研究院、1996年。

金柄烈『獨島か竹島か』ソウル、ダダメディア、1997年。

金柄烈『獨島、獨島資料總覧』ソウル、ダダメディア、2001年。

金柄烈『獨島に關する日本人の主張』ソウル、ダダメディア、2001年。

金柄烈『獨島が我が領土である理由!』ソウル、ダダメディア、2005年。

金柄烈・内藤正中『韓日専門家が見た獨島』ソウル、ダダメディア、2006年。

金栄球『韓國と海の國際法』ソウル、韓國海洋戦略研究所、1999年。

金栄球『Quo Vasis, Kokdo?――獨島よ、どこへ行くのか』ソウル、タソム出版社、2005年。

金栄球『獨島領土主權の危機』ソウル、タソム出版社、2006年。

羅洪柱『日本の"獨島"領有權主張と國際法の不當性』ソウル、クムグァン、1996年。

羅洪柱『獨島の領有權に關する研究――獨島は日本の隣接.小島"Smaller adjacent islands"ではない』ソウル、法律出版社、2000年。

尹素英「日本明治時代の文件に表れた鬱陵島・獨島の認識」獨島研究、創刊号、2005年12月。

韓亨健「韓日併合条約の無効と獨島の法的地位」獨島研究、創刊号、2005年12月。

愼鏞廈『獨島、貴重な韓國領土――日本の獨島領有權主張に對する總批判』ソウル、知識産業社、1996年／『獨島領有權に對する日本主張批判』愼鏞廈著作集第38巻、ソウル、知識産業社、2001年。

愼鏞廈『獨島の民族領土史研究』愼鏞廈著作集第21巻、ソウル、知識産業社、1996年／韓誠訳『史的解明　独島(竹島)』インター出版、1997年。

愼鏞廈『韓國と日本の獨島領有權論争』愼鏞廈著作集第39巻、ソウル、知識産業社、2003年。

愼鏞廈『獨島領有權の探求』4冊、ソウル、獨島研究保全協會、1998－2000年。

愼鏞廈『獨島領有權に關する日本主張批判――獨島問題111問111答』ソウル、ソウル大學出版部、2002年。

愼鏞廈『韓國と日本の獨島領有權論争』ソウル、漢陽大學出版部、2003年。

愼鏞廈、曺亨均訳『獨島學會會長愼鏞廈教授(元ソウル大学教授)の独島問題100問100答――獨島問題の基礎資料の提示』ソウル、弘益齋、2007年。

獨島研究保全協會『獨島研究叢書』10冊、ソウル、獨島研究保全協會。

　第1巻獨島學會編『獨島領の歴史と国際法』1997年。

　第2巻 Shin, Yong-ha, *Korea's Territorial Rights to Tokdo: A Historical Study*, Seoul: Tokdo Research Association, 1997.

　第3巻『獨島領有權、領海と海洋主權』1998年。

　第4巻『獨島近隣海域の環境と水産資源の保全のための基礎研究』1998年。

　第5巻愼鏞廈『獨島領有權の探求』第1巻、1998年。

　第6巻愼鏞廈『獨島領有權の探求』第2巻、1999年。

　第7巻愼鏞廈『獨島領有權の探求』第3巻、2000年。

　第8巻愼鏞廈『獨島領有權の探求』第4巻、2001年。

　第9巻獨島學會編『獨島領有權研究論集』2002年。

　第10巻獨島學會編『韓國における獨島領有權研究史』2003年。

洪聖根「日本の獨島領土排除の性格と意味」、東北亞歷史財團編『獨島と韓日関係――法・歷史的アプローチ』ソウル、東北亞歷史財團、2009年。

ペ・ジンス『獨島問題の學際的研究』ソウル、東北亞歷史財團、2009年。

東北亞歷史財團編『日本國會獨島關連速記録集第1部(1948～1976)』ソウル、東北亞歷史財團、2009年。

東北亞歷史財團編『日本國會獨島關連速記録集第2部(1977～2007)』ソウル、東北亞歷史財團、2009年。

東北亞歷史財團編『獨島と韓日関係――法・歷史的アプローチ』ソウル、東北亞歷史財團、2009年。

金學俊『獨島はわが國の領土』ソウル、ハンジュルキ、1996年／ソウル、ヘマジ、改訂版2003年／増補版、Hosaka Yuji訳『独島(ドクト)/竹島韓国の論理』論創社、2004年。

金學俊『獨島研究――韓日間論争の分析を通じた韓国領有権の再確認』ソウル、東北亞歷史財團、2010年／李喜羅・小西直子訳、論創社、2012年。

奥原碧雲『竹島及鬱陵島』報光社、1907年／ハーベスト出版、2005年。

松岡布政、佐伯元吉編『伯蓍民談記』横山敬次郎書店、1927年／萩原直正校註、因伯文

庫、日本海新聞社、1960年。

北島正道『竹島考證』3冊、エムティ出版、1996年。

『竹島関係文書集成』エムティ出版、1996年——「竹島図説」、「竹島雑誌」、「竹島版圖歸屬考」、「多気甚麼襍誌」を収める。

田保橋潔「鬱陵島——その発見と領有」青丘學叢、第3号、1931年。

速水保孝『竹島漁業の変遷』外務省アジア局第二課、1953年。

川上健三『竹島の歴史地理学的研究』古今書院、1966年／金柄烈訳、内部資料、ソウル、韓國海洋水産部、1998年。

大熊良一『竹島史稿——竹島(独島)と鬱陵島の文献史的考察』原書房、1968年。

中村榮孝『日鮮関係史の研究』上・下、吉川弘文館、1965－69年。

梶村秀樹「竹島＝独島問題と日本国家」朝鮮研究、第182号、1978年／「日本領土という主張は膨張・殖民主義の所産」新東亞、1996年4月号／『獨島問題は何か』ソウル、サハムケ出版社、2005年。

上地龍典『尖閣列島と竹島——中国・韓国との領土問題』教育社、1978年。

塚本孝「竹島関係旧鳥取藩文書および絵図」上・下、レファレンス、1985年4月号、5月号。

塚本孝「竹島領有権問題の経緯」調査と情報、第244号、1994年。

島根県竹島問題解決促進協議会『竹島かえれ島と海』島根県竹島問題解決促進協議会、1992年。

山辺健太郎「竹島問題の歴史的考察」コリア評論、1995年2月号／韓國論壇、1996年4月号。

山邊健太郎・他、林英正訳『獨島領有権の日本側主張を反駁した日本人の論文集』ソウル、キョンイン文化社、2003年。

牧野愛博『尖閣・竹島・北方四島——領土問題テキストブック』朝日新聞社総合研究センター調査研究室、1998年。

池内敏「解体期冊封体制下の日朝交渉——7〜19世紀の鬱陵島海域を素材に」、朝鮮史研究会編『日朝関係史への新しい視点』朝鮮史研究会論文集第41巻、朝鮮史研究会、2003年。

池内敏『大君外交と「武威」——近世日本の国際秩序と朝鮮観』名古屋大学出版会、2006年。

池内敏『竹島問題とは何か』名古屋大学出版会、2012年。

池内敏『竹島——もうひとつの日韓関係史』中公新書、中央公論新社、2016年。

岩下明裕『北方領土・竹島・尖閣、これが解決策』朝日新聞出版、2013年

吉岡古典「『竹島問題』とは何か」獨島研究、第5号、2008年12月。

吉岡古典「ふたたび『竹島問題』について」獨島研究、第5号、2008年12月。

小蕢清明『坂本龍馬と竹島開拓』新人物往来社、2009年。

福原裕二「竹島／独島研究における第三の視角」、上田崇仁・崔錫栄・上水流久彦編『交渉する東アジア』風響社、2010年。

洪性徳・他、韓春子訳『独島・鬱陵島の研究——歴史・考古・地理学的考察』明石書店、2015年。

内藤正中『竹島(鬱陵島)をめぐる日朝関係史』多賀出版、2000年。

金柄烈・内藤正中『韓日専門家が見た獨島』ソウル、ダダメディア、2006年。

内藤正中・朴炳渉『竹島＝独島論争——歴史資料から考える』新幹社、2007年。

内藤正中・朴炳烈『竹島・独島——史的検証』岩波書店、2007年。

内藤正中『竹島＝独島問題入門──日本外務省「竹島」批判』新幹社、2008年。

内藤正中「竹島一件と安龍福問題」鳥取短期大学北東アジア文化綜合研究所、2013年。

朴炳渉「日本の竹島＝独島放棄と領土編入」、姜徳相先生古希・退職記念論集刊行委員
　　会編『日朝関係史論叢──姜徳相先生古希・退職記念』新幹社、2003年。

朴炳渉「明治政府の竹島＝独島認識」鳥取短期大学北東アジア文化綜合研究所、2008
　　年。

朴炳渉「明治時代の鬱陵島漁業と竹島＝独島問題」、鳥取短期大学北東アジア文化綜合
　　研究所、2010年。

朴炳渉『日露海戦と竹島＝獨島の軍事的価値』鳥取短期大学北東アジア文化綜合研究所、
　　2013年。

下條正男「『竹島』が韓國領だという根據は歪曲されている」韓國論壇、1996年5月号。

下條正男「竹島問題考」現代コリア、第361号、1996年5月。

下條正男「論據を擧げて實証せよ」韓國論壇、1996年8月号。

下條正男「続竹島問題考」現代コリア、第371号、1997年5月、第372号、6月。

下條正男『日韓・歴史克服への道』展転社、1999年。

下條正男『竹島は日韓どちらのものか』文春新書、文藝春秋、2004年。

下條正男『「竹島」その歴史と領土問題』竹島・北方領土返還要求運動島根県民会議、
　　2005年。

下條正男「竹島はなぜ奪われ続けるのか」海外事情、2011年4月号。

下條正男「竹島問題と日本の課題」、岩下明祐編『国境・誰がこの線を引いたのか──
　　日本とユーラシア』北海道大学出版会、2006年。

古谷ツネヒラ『竹島に行ってみた！マスコミがあえて報道しない竹島の眞実』青林堂、
　　2012年。

「今知っておかねばならない領土問題の真実──尖閣・竹島を自国の領土と主張する中
　　国・韓国の矛盾に迫る」サクラムック・47、笠倉出版社、2013年。

黄宰源『二領土問題の原風景』早稲田大学出版部、2014年。

久保井規夫『図説竹島＝独島問題の解決──竹島＝独島は、領土問題ではなく歴史問題
　　である』柏植書房新社、2014年。

洪性徳・他、韓春子訳『獨島・鬱陵島の研究──歴史・考古・地理学的考察』明石書店、
　　2015年。

11　朝鮮半島の統一問題

山縣有朋「外交戦略論」1890年11月、大山梓編『山縣有朋意見書』原書房、1966年／
　　『対外観』日本思想史体系第12巻、岩波書店、1988年。

金東赫、久保田るり子訳『金日成の秘密教示──対日・対南工作、衝撃の新事実』産経
　　新聞社、2004年。

金學俊『韓國民族主義の統一論理』ソウル、集文堂、1983年。

和田春樹『北朝鮮──遊撃隊国家の現在』岩波書店、1998年。

キム・ミョンチョル『韓国崩壊──金正日の軍事戦略』光人社、1999年。

重村智計『北朝鮮の外交戦略』講談社現代新書、講談社、2000年。

重村智計『南北統一』小学館文庫、小学館、2000年。

重村智計『最新・北朝鮮データブック──先軍政治、工作から核開発、ポスト金正日ま
　　で』講談社現代新書、講談社、2002年。

重村智計『朝鮮半島「核」外交——北朝鮮の戦術と経済力』講談社現代新書、講談社、2006年。

重村智計『「北朝鮮はなぜ潰れないのか」ベスト新書、ベストセラーズ、2007年。

重村智計『北朝鮮の真実——国際問題としての朝鮮問題』日本文芸社、2011年。

重村智計『金正恩が消える日』朝日新聞出版、2012年。

礒崎敦仁「北朝鮮政治体制論の研究動向と「スルタン主義」」国際情勢紀要、第76号、2006年。

礒崎敦仁「金正日とイデオロギー」、慶應義塾大学法学部編『慶應の教養学——慶應義塾創立150年記念法学部論文集』慶應義塾大学法学部、2008年。

礒崎敦仁・澤田克己『北朝鮮入門——live講義』東洋経済新報社、2010年。

李吴宰『核の世界と韓國核政策——国際政治下における核の役割』ソウル、法文社、1981年。

金辰明、方千秋訳『ムクゲノ花ガ咲キマシタ』上・下、徳間書店、1994年。

金在洪、金淳鎬訳『極秘　韓国軍』下、光人社、1995年、第7章。

米科学・国際安全保障研究所編「北朝鮮の核開発疑惑」世界週報、1991年8月2日号。

「朝鮮半島の非核地帯化」1〜3、月刊朝鮮資料、1991年8月号、9月号、1992年3月号。

「北朝鮮の核疑惑に関する米国防長官の発言」1994年4月3日、世界週報、1994年5月3日号。

「米議会調査報告書——北朝鮮と米韓の軍事オプション——北には「現状維持」から「核攻撃」までの選択肢」1994年4月1日、世界週報、1994年7月5日号。

Albright David、江畑謙介訳、科学・国際安全保障研究所＆憂慮する科学者同盟「北朝鮮の核開発疑惑に関する報告書——北朝鮮のプルトニウム生産」世界週報、1994年8月2日号。

「北朝鮮への核査察に関する米会計検査院の議会報告書」上・下、世界週報、1998年9月29日号、10月6日号。

佐藤勝巳『北朝鮮「恨(ハン)」の核戦略——世界一貧しい強国の論理』光文社、1993年。

松井茂『謎の軍事大国北朝鮮——日本を狙う核ミサイル、韓国が怖れる戦慄のシナリオ』光人社、1994年。

池萬元、李炳珠訳『北朝鮮の「核」を読む』三一書房、1994年。

李忠国、文章煥訳『金正日の核と軍隊』講談社、1994年。

林永宣、池田菊敏訳『金王朝の極秘軍事秘密——北朝鮮将校の証言』徳間書店、1994年。

ラリー・A・ニクシュ、C－NET訳『北朝鮮の核開発計画』米国議会調査局報告書、C－NET、1994年。

キム・ミョンチョル『金正日朝鮮統一の日——北朝鮮戦争と平和のシナリオ』光人社、1998年。

キム・ミョンチョル『韓国崩壊——金正日の軍事戦略』光人社、1999年。

キム・ミョンチョル『金正日核の陰謀——謎の核戦略を徹底解明する』光人社、2004年。

金哲男『銃声なき朝米戦争——核とミサイルと人工衛星』社会評論社、1999年。

ビル・ガーツ、仙名紀訳『誰がテポドン開発を許したか——クロントンのもう一つの"失敗"』文藝春秋、1999年。

辺真一『北朝鮮100の新常識——「対日工作」から「核・ミサイル」まで』ザ・マサダ、

1999年。

小都元『テポドンの脅威——北朝鮮のミサイルを理解するために』新紀元社、1999年。

小都元『ミサイル事典』新紀元社、2000年。

小都元『核武装する北朝鮮——日本を狙う核の実態』新紀元社、2003年。

「米議会の北朝鮮諮問グループ報告書」1999年11月、1～3、続編、1～3、世界週報、2000年1月18日号、25日号、2月1日号、29日号、3月7日号、14日号。

米国務省北朝鮮政策調整官報告「米国の対北朝鮮の見直し——所見と勧告」上・下、世界週報、1999年12月14日号、21日号。

ケネス・キノネス、山岡邦彦・山口瑞彦訳『米国務省担当官の交渉秘録』中央公論新社、2000年。

ケネス・キノネス、山岡邦彦・山口瑞彦訳『核の秘密都市寧辺を往く』中央公論新社、2003年。

高青松、中根悠訳『金正日の秘密兵器工場——腐敗共和国からのわが脱出記』ビジネス社、2001年。

イ・ヨンジュン、辺真一訳『北朝鮮が核を発射する日——KEDO政策部長による真相レポート』PHP研究所、2004年。

金大虎、金燦訳『私が見た北朝鮮核工場の真実』徳間書店、2003年。

島田洋一『アメリカ・北朝鮮抗争史』文春新書、文藝春秋、2003年。

黒井文太郎編『北朝鮮〈空爆〉へのシナリオ』宝島社、2003年。

萩原遼『拉致と核と餓死の国北朝鮮』文春新書、文藝春秋、2003年。

朴振『これが北朝鮮問題のすべてだ!』東洋経済新報社、2003年。

春原剛『米朝対立——核危機の十年』日本経済新聞社、2004年。

リッツ・ピース・メッセンジャーズ、安斎育郎監修『北朝鮮の核実験をどう見るか』かもがわ出版、2006年。

ジャスパー・ベッカー、小谷まさ代訳『ならず者国家』草思社、2006年。

西岡力『北朝鮮の「核」「拉致」は解決できる』PHP研究所、2006年。

高世仁『金生日「闇ドル帝国」の壊死』光文社、2006年。

冨田圭一郎「核開発問題をめぐる中国の北朝鮮政策——2002年10月～2005年11月」調査と月報、第507号、2006年。

平岩俊司「北朝鮮の対外政策と核実験」、世界秩序研究会編『国際秩序とアジア情勢研究——研究報告書』世界経済情報サービス、2007年。

劉長敏『論朝鮮核問題解決中的国際斡旋与調整』北京、中国法政大学出版社、2007年。

李柱天、中根悠訳『韓国の大失策——北の核実験と南の人質化』河出書房新社、2007年。

統一研究院『朝鮮半島の非核化と平和体制構築戦略』ソウル、統一研究院、2007年。

統一研究院『北朝鮮開発支援の包括的推進方案——非核・開放・3000構想のための実践方策模索・総括報告』ソウル、統一研究院、2009年。

咸澤英『非核・開放・3000構想——北朝鮮の開放化推進方策』ソウル、統一研究院、2009年。

朴洞重『北朝鮮核保有固守の挑戦と対応』ソウル、統一研究院、2010年。

洪半澤『対北朝鮮核交渉戦略構想方向』ソウル、統一研究院、2011年。

裵廷鎬『北朝鮮核の國際政治と韓国の對北朝鮮核戦略』ソウル、統一研究院、2011年。

林鍾喆『朝鮮半島の平和と北朝鮮非核化——協力的威嚇縮小(CTR)の適用方策』ソウル、統一研究院、2011年。

康宗憲編『北朝鮮が核を放棄する日──朝鮮半島の平和と東北亜細亜の安全保障に向けて』晃洋書房、2008年。

防衛省防衛研究所編『北朝鮮の核問題──平和と安定に向けて』防衛省防衛研究所、2008年。

マイク・チノイ、中村雄二・山本正代訳『メルトダウン──北朝鮮・核危機の内幕』本の泉社、2012年。

矢野義昭『日本はすでに北朝鮮核ミサイル200基の射程下にある──金正日の核とミサイル問題の真相』光人社、2008年。

本多美樹「北朝鮮をめぐる「核危機」と国連経済制裁」、『国連憲章体制への挑戦』国連研究9、2008年。

遠藤哲也「北朝鮮の核開発」海外事情、2009年7月・8月号。

石川卓「北朝鮮のミサイル発射と日本の対応──ミサイル防衛の適用を中心に」海外事情、2009年7月・8月号。

桧山良昭『金日成の核ミサイル──日本壊滅のシナリオ』光分社、1994年。

松井茂『謎の軍事大国北朝鮮──日本を狙う核ミサイル、韓国が恐れる戦慄のシナリオ』光人社、1994年。

ドン・オーバードーファー、菱木一美訳『二つのコリア──国際政治の中の朝鮮半島』共同通信社、1998年。

高原孝生「冷戦後の核問題──北東アジア非核地帯構想の展望」研究所年報、明治学院国際学部附属研究所、第2号、1999年。

辺真一『北朝鮮100の新常識──「対日工作」から「核・ミサイル」まで』ザ・マサダ、1999年。

石川潤一・岡部いさく・能勢伸之『検証日本着弾──「ミサイル防衛」とコブラボール』扶桑社、2001年。

李福九、金燦訳『北朝鮮弾道ミサイルの最高機密──標的は東京!』徳間書店、2003年。

マイケル・ユー＆デクスタ・イングラム『ウォー・シミュレイション──北朝鮮が暴発する日』新潮社、2003年。

パク・ソンジョ、桑畑優香・葵七美訳『韓国崩壊──統一がもたらす瓦解のシナリオ』ランダムハウス講談社、2005年。

鄭勘燮『原題韓米關係史──在韓米軍撤退の歴史的変遷過程──1945年～2008年』朝日出版社、2009年。

船橋洋一『ザ・ペニンシュラ・クエスチョン──朝鮮半島の命運』朝日文庫、朝日新聞出版、2011年。

王俊生『朝核問題与中国角色──多元背景下的共同管理』北京、世界知識出版社、2012年。

趙甲済、洪棻訳『韓国の自衛的核武装論』統一日報社、2014年。

日高義樹『日本人が知らない「アジア核戦争」の危機──中国、北朝鮮、ロシア、アメリカはこう動く』PHP研究所、2015年。

イ・ヨンジュン、崔誠姫訳『ゲームの終焉──検証・六者会談破局と北朝鮮核危機のゆくえ・北朝鮮の核の罠・鎖・泥沼・瀬戸際・迷夢・幻想の終焉』ピスタ・ピー・エス、2015年。

大韓民國『板門店地下で第三の「南侵トンネル」発見』ソウル、海外公報館、1978年。

大韓民國『奇襲南侵用トンネル──非武装地帯の地下にある北韓国のカタコム』ソウル、海外公報部、1985年。

大韓民国『ラングーンの惨劇――北韓共産政権のテロリズム』ソウル／東京、大韓民国海外公報館、1983年。

松本明重編『北の赤い牙――証言・大虐殺・南侵トンネル』日本民主同志会本部、1980年。

全冨徳『北朝鮮のスパイ戦略』講談社、1999年。

深田祐介『高麗奔流――金正日・野望のトンネル』文春文庫、文藝春秋、1999年。

日本共産党中央委員会宣伝局編『ラングーン事件を考える』日本共産党中央委員会出版部、1984年。

崔銀姫・申相玉『闇からの谺――北朝鮮の内幕』上・下、文春文庫、文藝春秋、1989年。

Departnebt of State, *The Record on Korean Unification, 1943-1960: Narraive Summary with Principal Documents*, Washington, DC: USGPO, 1960.

朝鮮統一問題資料編関係集委員会編『朝鮮統一問題資料集――民族統一のために』民族統一新聞社、1973年。

田駿・石原萌記編『韓国・北朝鮮統一問題資料集』自由社、1979年。

『朝鮮民主主義人民共和国平和統一方案集』ピョンヤン、外国文出版社、1982年。

廬重善編『民族と統一I資料編』ソウル、四季節出版社、1985年。

外務部『朝鮮統一問題――略資料文献(1943～1960)』ソウル、外務部、1988年。

浦野起央・崔敬洛『朝鮮統一の構図と北東アジア』勁草書房、1989年。

浦野起央「朝鮮半島の統一をめぐるシナリオと認知構造」法学紀要、第33巻、1992年。

朝鮮通信社編『祖国統一をめざして――朝鮮民主主義人民共和国80年代の統一提案資料集』朝鮮通信社、1990年。

南北調節委員会(ソウル側)『南北対話白書』3冊、ソウル、南北調節委員会(ソウル側)。

『南北對話白書』ソウル、南北調節委員会(ソウル側)、1975年。

『南北對話白書――「南北調節委員會―南北赤十字會談』』ソウル、南北調節委員会(ソウル側)、1975年。

『南北對話白書』ソウル、南北調節委員会、1979年。

大韓民國國土統一院『南北對話題白書』ソウル、國土統一院、1982年、1985年、1988年。

金明基『南北共同聲明と國際法』ソウル、法文社、1975年。

金明基『國際法上南北韓の法的地位』ソウル、華學社、1980年。

金明基『北韓聯邦制統一論』ソウル、探究苑、1988年。

金明基『分斷韓國の平和保障論』ソウル、法志社、1988年。

金明基『北方政策と國際法』ソウル、國際問題研究所、1989年。

金明基『駐韓國際聯合軍と國際法』ソウル、國際問題研究所、1990年。

金明基『南北基本合意書　要論』ソウル、國際問題研究所、1992年。

金明基『南北韓統一政策』ソウル、國際問題研究所、1992年。

東亞日報社編『分斷國家の對話』ソウル、東亞日報社、1979年。

鄭東星『スポーツと政治――韓国・北朝鮮の統合・交流』ソウル、図書出版人と人、1998年。

林東源、波佐場清訳『南北首脳会談への道――林東源回顧録』岩波書店、2008年。

金日成、金日成首相の著作集『南朝鮮と祖国の統一』翻訳委員会訳『南朝鮮革命と祖国の統一』未來社、1970年。

金日成『祖国統一への道』讀賣新聞社、1973年。

Kim Il Sung, *For the Independent Peaceful Reunification of Korea*, New York: Guardian Association, 1976.

金日成、キム・イルソン主席著作翻訳委員会訳『朝鮮の自主的平和統一』未來社、1976年、増補版1980年。

金日成、金日成主席著作翻訳委員会訳『朝鮮統一と高麗民主連邦共和国』白峰文庫、チュチェ思想国際研究所、1981年。

金日成、金日成主席著作翻訳委員会訳『統一戦線の理論と経験』白峰文庫、チュチェ思想国際研究所、1983年。

金日成、金日成主席著作翻編訳委員会訳『非核平和地帯の創設について』白峰文庫、チュチェ思想国際研究所、1985年。

金日成、金日成主席著作翻訳委員会訳『南北朝鮮の対話と統一について』白峰文庫、チュチェ思想国際研究所、1986年。

金日成、金日成主席著作翻訳委員会訳『民族の大団結と朝鮮統一』白峰文庫、チュチェ思想国際研究所、1991年。

日本関西地区三民主義統一中國大同盟編『中共の所謂「一國二制度」の批判』日本関西地区三民主義統一中國大同盟、1985年。

《瞭望》周刊海外版編輯部編『"一国両制"与祖国統一』北京、新華出版社、1988年。

楊建新・他編『一国両制与台湾前途』北京、華文出版社、1989年。

国務院弁公室・新聞弁公室「中国の「台湾白書」」1993年8月31日、世界週報、1993年9月28日号。

行政院大陸委員会「台湾海峡関係説明書」上・下、中華週報、1994年7月25日号、8月8日号。

中央文献研究院編『一國兩制重要文献選編』北京、中央文献出版社、1997年。

中華民國國際新聞處『「特殊鎖國與相關資料」彙編』台北、中華民国國際新聞處、1998年。

中華人民共和国国務院台湾弁公室・国務院弁新聞弁公室「一つの中国の原則と台湾問題」2000年2月、北京週報、2000年第10号。

「中国政府の台湾問題白書」世界週報、第81巻第20号、2000年5月。

鄭海麟『台灣問題考驗中國人的智慧——探討兩岸和平統一重要的法律與政治問題』香港、香港海峡兩岸關係研究中心、2000年。

陳春生『台湾主權與兩岸關係』台北、翰盧圖書出版、2000年。

張亞中『兩岸統合論』台北、生智文化事業公司、2000年。

黃昭元主編『両國論與台灣國家定位』台北、峯林文化事業、2000年。

李登輝・他『一國兩制下的香港』台北、群策會、2003年。

李登輝・他『兩岸交流與國家安全』台北、群策會、2004年。

李登輝.他『民主台灣vs中華帝國面對反分裂法及中國熱危機』台北、群策會、2005年。

甘超英、土屋英雄訳「アジア立憲主義の新たな模索——中国憲法と「一国二制度」原則」、全国憲法研究会編『アジア立憲主義の展望——アジア・オセアニア立憲主義シンポジウム』信山社、2003年。

黃裔『香港問題和一国兩制』北京、大地出版社、1990年。

施漢栄『"一国兩制"與香港』広州、広東人民出班社、1995年。

陳雪英主編『鄧小平与香港』北京、当代世界出版社、1997年。

黃炳坤『"一國兩制"法律問題面面觀』香港、三聯書店、1989年。

肖蔚雲主編『一国両制与基本法律制度』北京、北京大学出版社、1990年。

李后「百年屈辱史的終結」北京、中央文献出版社、1997年。

興梠一郎『一国二制度下の香港』論創社、2000年。

宋小庄『論「一国両制」下中央和香港特区的関係』北京、中国人民大学出版社、2003年。

林泉忠「「一国」VS「二制度」の力学――「終審権論争」から観た「香港人」帰属意識のイデオロギー基盤」琉大アジア研究、第5号、2004年。

林泉忠『「辺境東アジア」のアイデンティティ・ポリティクス――沖縄・台湾・香港』明石書店、2005年。

廣江倫子「返還後香港法と『一国両制』――居留権事件における基本法解釈の帰属」一橋論叢、第125巻第1号、2001年。

廣江倫子「香港基本法の研究――「一国両制」における解釈権と裁判管轄を中心に」成文堂、2005年。

岱旭『一國兩制――新挑戦與新課題』香港、鏡報文化企業、2004年。

陳健民・徐承恩作『一國兩制』香港、研習所、2008年。

梁栄植「統一外交と北方政策に関するいくつかの構想」コリア評論、1975年5月号。

武貞秀士「「北方政策」に転じた韓国――その狙いと問題点をみる」国防、1983年9月号。

K. Hwang, *One Korea via Permanent Neutrality: Peaceful Management of Korean Unification*, Cambridge: Schenkman Books, 1987/洪停杓訳『中立化統一論』ソウル、新丘文化社、1988年。

成鎬『韓半島非武装地帯論――DMZ(非武装地帯)を平和地帯に』ソウル、ソウルプレス、ND。

慶南大極東研究所編『朝鮮半島の統一展望――可能性と限界』ソウル、慶南大極東研究所、1986年。

鄭相九『韓半島の永世中立化統一論』ソウル、内外新書、内外圖書、1987年。

崔鳳潤・廬承禹『民衆主體中立化統一論』ソウル、チョンイェ ウォン、1988年。

姜光植『中立化政治論――韓半島適用可能性探索』ソウル、人間愛、1989年。

Yong C. Kim、篠田豊訳「韓国の北方政策――その米韓関係へのインパクト」世界、1990年3月号。

李鍾元「韓国の北方政策と環日本海経済圏――各政権の経済的視点から」経済科学、第47巻第1号、1999年。

金成浩「韓国の北方政策とソ連――秘密(1988-1990年)に関する新資料を中心として」政策科学・国際関係論集、第8号、2006年。

木下奈津紀「「北方政策」に見る1980年代の韓国における政府と財閥の関係――「北方政策」で財閥が果たした役割」愛知淑徳大学現代社会研究科研究報告、第8号、2012年。

崔源起・鄭昌鉉、福田恵介訳『朝鮮半島のいちばん長い日――南北首脳会談の真実』東洋経済新報社、2002年。

林東源、波佐場清訳『南北首脳会談への道――林東源回顧録』岩波書店、2008年。

金大中、韓国問題キリスト者緊急会議訳『最後の勝利をわかちあうまで』新教出版社、1984年。

金大中『大韓民国の太陽政策』ソウル、韓国弘報院、1995年。

金大中、金容雲訳『民族と統一に思う』三一書房、1997年。

金大中・金大中アジア太平洋財団、波佐場清訳『金大中平和統一論』朝日新聞社、2000

年。

金大中『和解と共存への道』岩波書店、2001年。

金大中『金大中自伝』岩波書店、2011年。

金大中、波佐場清・康宗憲訳『歴史を信じて──平和統一への道』金大中自伝2、岩波書店、2012年。

金大中『証言──外交を通して見た金大中大統領』ソウル、ビジョンとリーダーシップ、2015年。

大韓民国統一研究院『韓国の対北朝鮮抱擁政策と日本』ソウル、統一研究院、2001年。

韓国統一部『国民の政府5年──平和と協力の實践』ソウル、韓国統一部、2003年。

池東旭『朝鮮半島「永世中立化」論』中央公論新社、2004年。

徐勝・中戸佑夫編『朝鮮半島の和解・協力10年──金大中・盧武鉉政権の対北朝鮮政策の評価』御茶の水書房、2009年。

李度珩『北朝鮮化する韓国』草思社、2004年。

西岡力『北朝鮮に取り込まれる韓国──いま"隣国"で何がおこっているか』PHP研究所、2004年。

坂眞『韓国が世界に誇るノ・ムヒョン(盧武鉉)大統領の狂乱発言録』飛鳥新社、2007年。

統一日報編集部編『民団＋総連の「和解」のウラで何が起こっていたのか?』洋泉社、2006年。

ハンナラ党編、慶應義塾大学曽根泰教研究室訳『李明博政権の韓国マニフェスト──「実用政府」のすべてがわかる』アスペクト、2008年。

中戸佑夫「相生・共栄政策と法要政策の比較・検討──関与(engagement)の観点から」、徐勝・中戸佑夫編『朝鮮半島の和解・協力10年──金大中・盧武鉉政権の対北朝鮮政策の評価』御茶の水書房、2009年。

中央情報部『北朝鮮對南工作史』2巻、ソウル、中央情報部、1972‒73年。

在日朝鮮民主法律家協会編『これがKCIAだ──「韓国中央情報部」黒書』一光社、1976年。

在日朝鮮民主法律家協会編『KCIA[韓国中央情報部]──日本における暗躍の実態』朝鮮青年社、1976年。

朝鮮時報社取材班編『青瓦台の密使──KCIAの米政界買収工作事件』朝鮮青年社、1977年。

金炯旭『権力と陰謀──元KCIA部長金炯旭の手記』合同出版、1980年。

趙甲済、黄民基・皇甫允訳『国家安全企画部──韓国現代史の影の権力!』JICC出版局、1990年。

金忠植、鶴眞輔訳『実録KCIA──南山と呼ばれた男たち』講談社、1994年。

具本韓、秋那訳『二重スパイ』新潮社、2003年。

青木理『北朝鮮に潜入せよ』講談社現代新書、講談社、2006年。

金基三、荒木信子訳『金大中仮面の裏側──元韓国情報部員の告発』草思社、2011年。

崔錫『韓國統一問題の対する模索──韓国統一問題と対する共産陣営の戦略と戦術』ソウル、新文化社、1967年。

Kim C. I. Eugene ed., *Korean Unification: Problems and Prospects,* Kalamazoo: Korea Research and Publications, 1973.

亞細亞問題研究所編『韓國の未来』ソウル、高麗大学出版部、1975年。

現代朝鮮問題講座編集委員会編『朝鮮の統一問題』二月社、1979年。

アジア太平洋平和政策研究所編『朝鮮統一とアジアの平和』三省堂、1971年。

『朝鮮における統一戦線運動』平壌、外国文出版社、1980年。

梁好民・李相禹・金學俊編『民族統一論の展開』ソウル、形成社、1984年。

李洪九・金學俊・他『分断と統一そして民族主義』博英社、1984年。

金漢教・他『韓半島の統一展望——可能性と限界』ソウル、慶南大學校極東問題研究所、1986年。

小牧輝夫編『朝鮮半島——開放化する東アジアと南北対話』アジア経済研究所、1986年。

朴文甲・他『南北韓比較論』ソウル、文佑社、1986年。

呉正萬編『朝鮮半島とアジアの平和』八千代出版、1987年。

アジア太平洋平和政策研究所編『朝鮮統一とアジアの平和』三省堂、1987年。

曹圭河・李庚文・姜聲才『南北の對話』ソウル、高麗苑、1987年。

李相禹編『統一韓國の模索——理念、環境と政策的努力』ソウル、博英社、1987年。

在日本朝鮮言論出版人協会編『自主・民主・統一のために——南朝鮮各界のこえ・資料』在日本朝鮮言論出版人協会、1988年。

Michael Haas ed., *Korean Reunification: Alternative Pathways*, New York: Praeger, 1989.

河信基『朝鮮が統一する日——盧泰愚大統領の挑戦』日本評論社、1990年。

大阪経済法科大学アジア研究所、関寛治・姜昌周編『南北朝鮮統一論』日本評論社、1991年。

金基湘『韓国民衆の問題意識——自由・民主・統一への道』批評社、1992年。

鄭利根『朝鮮の統一——焦眉の問題』ピョンヤン、外国文出版社、1993年。

郭東儀、「わが祖国統一論」刊行委員会訳『我が祖国統一論』柘植書房、1994年。

Nicholas Rberstadt, *Korea Approaches Reunification*, Amonk: M.E. Shape, 1995.

康民華『統一朝鮮の国家像——金日成の遺産』朝鮮青年社、1995年。

キム・ミョンチョル『金正日朝鮮統一の日——北朝鮮戦争と平和のシナリオ』光人社、1998年。

西岡力『金正日と金大中——南北宥和に騙されるな!』PHP研究所、2000年。

黒田勝弘『誰も書けなかった朝鮮半島3つの鍵』徳間書店、2000年。

李泳禧、南祐恵・広瀬貴子訳『朝鮮半島の新ミレニアム——分断時代の神話を超えて』社会評論社、2000年。

白楽晴、李順愛・他訳『朝鮮半島統一論——揺らぐ分断体制』クレイン、2001年。

白樂晴、青柳純一訳『朝鮮半島の平和と統一——分断体制の解体期にあたって』岩波書店、2008年。

白善燁『朝鮮半島——対話の限界』草思社、2003年。

鄭敬謨『南北統一の夜明け——朝米関係の軌跡をたどる』技術と人間、2001年。

統一研究院『韓国の対北朝鮮包容政策と日本』ソウル、統一研究院、2001年。

孫忠武『金大中・金正日最後の陰謀——テロ戦争の最終ターゲットは北朝鮮・国際ジャーナリスト、ワシントンから襲撃をレポート』日新報道、2002年。

森千尋『朝鮮半島は統一できるのか——韓国の試練』中公新書、中央公論新社、2003年。

金喆洙『朝鮮半島の統一展望と財政的課題』日本貿易振興機構アジア経済研究所、2004年。

礒崎敦仁「脱北者をめぐる中国・北朝鮮・韓国関係」国際情勢紀要、第75号、2005年。

礒崎敦仁「北朝鮮の対日インバウンド政策1987〜2002」国際情勢紀要、第77号、2007年。

礒崎敦仁「北朝鮮の視点から見た2007年南北首脳会談」国際情勢紀要、第78号、2008年。

李鎔哲『韓国プロテスタントの南北統一の思想と運動——国家と宗教の間で』社会評論社、2007年。

姜萬吉編、太田修・庵逧由香訳『朝鮮民族解放運動の歴史——平和的統一への模索』法政大学出版局、2005年。

徐仲錫、林哲・他訳『現代朝鮮の悲劇の指導者たち——分断・統一時代の思想と行動』明石書店、2007年。

玄武岩『統一コリア——東アジアの新秩序を展望する』光文社新書、光文社、2007年。

衆議院調査局『北朝鮮をめぐる国際政治と我が国の対北朝鮮政策——「祖国再統一政策」破綻後の北朝鮮の「生き残り戦略」に関する一考察』調査レポート、第2号、衆議院調査局、2007年。

黄擬珏『朝鮮半島統一への道——北朝鮮の危機と南北統一のシナリオ』日本地域社会研究所、2010年。

チョン・ソンファ『北朝鮮外交戦略の理解と對北朝鮮政策——認知陥穽の克服』ソウル、世宗研究所、2010年。

平岩俊司「韓国における政権交代と対外関係——北朝鮮政策を軸とする対外関係の変化」国際安全保障、第38巻第3号、2010年。

申榮錫、中戸裕夫・李虎男編訳『韓国歴代政権の統一政策変遷史』明石書店、2011年。

浅羽裕樹『したたかな韓国——朴槿恵(パククネ)時代の戦略を探る』NHK出版新書、NHK出版、2013年。

ヒョンジン・プレストン・ムン『統一コリアへのビジョン——Korean dream』幻冬舎メディアコンサルティング、2015年。

12　済州島

高野史男『韓国済州島——日韓をむすぶ東シナ海の要石』中公新書、中央公論社、1996年。

津波高志『東アジアの間地方交流の過去と現在——最終と沖縄・奄美を中心として』彩流社、2012年。

金日字・文素然、石田徹・木下順子訳『韓国・済州島と遊牧騎馬文化——モンゴルを抱く済州』明石書店、2015年。

青柳鋼太郎「『濟州島案内——朝鮮之寶庫』博文館、1905年。

全羅南道済州島廳編『未開の寶庫済州島』済州、全羅南道済州島廳、1924年。

朝鮮總督府『済州島』京城、朝鮮總督府、1929年／ソウル、景仁文化社、1995年。

金斗奉『濟州島實記』済州島實蹟研究社、1932年／『濟州島實記——勝地沿革』済州、濟州島實蹟研究社、1936年。

泉靖一『済州島』東京大学出版会、1966年。

張籌根『韓国の民間信仰——済州島の巫俗と巫歌』2冊、金花舎、1973年／興山舎、2010年。

玄容駿『濟州島巫俗資料事典』ソウル、新丘文化社、1980年。

玄容駿『済州島の巫俗の研究』第一書房、1985年。

伊地知紀子『生活世界の創造と実践——韓国・済州島の生活誌から』御茶の水書房、2000年。

桝田一二・洪性穆編『濟州嶋の地理學的研究』済州、濟州市愚堂圖書館、改訂版2005年。

襄炳雨『濟州島』パイインターナショナル、2014年。

金奉鉉編『濟州島歴史誌』金中林、1960年／ソウル、景仁文化社、2005年。

玄容駿『濟州島神話』瑞文文庫、瑞文堂、1976年。

韓東亀『濟州島——三多の慟哭史』国書刊行会、1975年。

金奉鉉『濟州島血の歴史——〈4・3〉武装闘争の記録』国書刊行会、1978年。

金奉鉉『濟州島流人伝』国書刊行会、1981年。

金奉鉉『濟州島地名考』国書刊行会、1988年。

宋錫範『濟州島古代文化の謎』成甲書房、1984年。

姜龍三・李京洙編『大河實録——濟州百年』ソウル、泰光文化社、1984年。

金泰能、梁聖宗訳『済州島略史』新幹社、1988年。

ジョン・メリル、文京洙訳『済州島4・3蜂起』新幹社、1988年。

済州社会問題協議會『濟州島現代史の再証明』済州、濟州社會問題協議會、1988年。

済州4・3事件40周年追悼記念講演集刊行委員会編『済州「4・3事件」とは何か——済州島4・3事件40周年追悼記念会講演集』新幹社、1988年。

済州4・3事件調査報告書作成企画団『済州4・3事件眞相調査報告書——日本語版』新幹社、1988年／ソウル、済州4・3事件眞相究明及び犠牲者名誉回復委員会、2003年。

「済州日報」4・3取材班『済州島四・三事件』新幹社。
第1巻 文京洙・金重明訳『朝鮮解放から四・三前夜まで』1994年。
第2巻 金重明・朴郷丘訳『四・三蜂起から単独選挙まで』1995年。
第3巻 文京洙・金重明訳『流血惨事への前哨戦』1996年。
第4巻～第6巻 文京洙・金重明訳『焦土化作戦』上・中・下、1998年。

済州島『4・3事件』を考える会『済州島4・3事件抗争論議の現段階』済州島4・3事件を考える会、1993年。

濟州道議会『4・3被害調査第1次報告書』済州、濟州道議会、1995年。

老田裕美・他編『21世紀東アジア平和と人権——済州島シンポジウム報告集』国際シンポジウム「東アジアの冷戦と国際テロリズム」日本事務局、1999年。

申相俊『濟州島4・3事件』上、済州、韓國福祉行政研究所、2000年。

梁祚勲「済州島4・3良民虐殺事件」、徐勝編『東アジアの冷戦と国家テロリズム——米日中心の地域秩序の廃絶をめざして』御茶の水書房、2004年。

藤永壮「済州島4・3事件と私たち」、徐勝編『東アジアの冷戦と国家テロリズム——米日中心の地域秩序の廃絶をめざして』御茶の水書房、2004年。

文京洙『済州島現代史——公共圏の死滅と再生』新幹社、2005年。

文京洙『済州島4・3事件——「島(タムナ)のくに」の死と再生の物語』平凡社、2008年。

金得中「麗順事件と民間人虐殺」、徐勝編『東アジアの冷戦と国家テロリズム——米日中心の地域秩序の廃絶をめざして』御茶の水書房、2004年。

済州島43事件60周年記念事業委員会〈大阪〉『済州島43事件60周年記念事業資料集〈大阪〉』大阪、済州島43事件60周年記念事業委員会〈大阪〉、2008年。

済州島4・3事件を考える会・東京編『記憶と真実——済州島4・3事件・資料集——済州島4・3事件60年を越えて』新幹社、2010年。

金昌厚、李美於訳『漢拏山(ハルラサン)へひまわりを──済州島4・3事件を体験した
　金東日の歳月』新幹社、2010年。
金瓊炯、横田英明編『済州島4.3事件を生き抜いて──聞き書・金瓊炯の半生』リーブ
　ル、2010年。
許榮善、村上尚子訳『語り継ぐ済州島4・3事件』新幹社、2014年。
李恢成『李恢成集』河出書房新社、1972年。
李恢成「いきつもどりつ」新潮、1997年1月号。
李恢成「韓国国籍取得の記」新潮、1998年7月号。
李恢成「「無国籍者」の往く道──金石範氏への返答」世界、1999年1月号。
李恢成『地上生活者』5冊、講談社。
　第1部『北方から来た愚者』2005年。
　第2部『未成年の森』2005年。
　第3部『乱像』2008年。
　第4部『痛苦の感銘』2011年。
　第5部『邂逅と思索』2015年。
李恢成『流域へ』講談社文芸文庫、講談社、2010年。
李恢成『可能性としての「在日」』講談社文芸文庫、講談社、2012年。
金石範「再びの韓国、再びの済州島」(1)(2)、世界、1997年2月号、4月号。
金石範『鴉の死』新興書房、1967年/講談社、1971年/講談社文芸文庫、講談社、1985
　年──「看守朴書房」、「鴉の死」、「観徳亭」、「愛と自由と」を収める。
金石範『火山島』1〜7、文藝春秋、1967〜1997年/7冊、文藝春秋、1983－97年。
金石範『万徳幽霊奇譚』筑摩書房、1971年/講談社文芸文庫、講談社、1991年。
金石範『言葉の呪縛』筑摩書房、1972年。
金石範『夜』文藝春秋、1973年。
金石範『詐欺師』講談社、1974年/講談社文芸文庫、講談社、1991年。
金石範『1945年夏』筑摩書房、1974年。
金石範『口あるものは語れ』筑摩書房、1975年。
金石範『民族・言葉・文学』創樹社、1976年。
金石範『遣された記憶』河出書房新社、1977年。
金石範『マンドギ物語』筑摩書房、1978年。
金石範『往生異聞』集英社、1979年。
金石範『祭司なき祭り』集英社、1981年。
金石範『「在日」の思想』筑摩書房、1981年/『新編「在日」の思想』講談社文芸文庫、
　講談社、2001年。
金石範『幽冥の肖像』筑摩書房、1982年/講談社、1982年。
金石範『金縛りの歳月』集英社、1986年。
金石範『故国行』岩波書店、1990年。
金石範『転向と親日派』岩波書店、1990年。
金石範『夢、草深し』講談社、1995年。
金石範『地の影』集英社、1996年。
金石範「いま、「在日」にとって「国籍」とは何か──李恢成君への手紙」世界、1998
　年10月号。
金石範「再び、「在日」にとっての「国籍」について──準統一国籍の制定を」世界、
　1999年5月号。

金石範『鵡の死夢、草深し』小学館文庫、小学館、1999年。

金石範『海の底から、地の底から』講談社、2000年。

金石範・金時鐘、文京洙編『なぜ書きつづけてきたかなぜ沈黙してきたか──済州島 4・3事件の記憶と文学』平凡社、2001年、増補版2015年。

金石範『満月』講談社、2001年。

金石範『虚日』講談社、2002年。

金石範「日本人は歴史を忘れたのか」情況、第4巻第1号、2003年。

金石範『国境を越えるもの──在日の文学と政治』文藝春秋、2004年。

金石範『金石範作品集』2冊、平凡社、2005年。

金石範『地底の太陽』集英社、2006年。

金石範『金石範』「在日」文学全集第3巻、勉誠出版、2006年。

金石範『死者は地上に』岩波書店、2010年。

金石範・他『朝鮮戦争──断』コレクション戦争と文学第1巻、集英社、2012年。

金石範『過去からの行進』上・下、岩波書店、2012年。

金石範「戦後70年、がけっぷちに立つ日本──過去喪失の日本はどこへ行く？」情況、第4巻第2号、2015年。

岸部組『在日朝鮮人作家の「朝鮮──金石範試論」』新日本文学、第29巻第3号、1974年。

竹田青嗣『「在日」という根拠──李恢成・金石範・金鶴泳』国文社、1983年／『「在日」という根拠』ちくま学芸文庫、筑摩書房、1995年。

中村福治『金石範と「火山島」──済州島4・3事件と在日朝鮮人文学』同時代社、2001年。

磯貝治良『〈在日〉文学論』新幹社、2004年。

圓谷真護『光る鑑──金石範の世界』論創社、2005年。

金石範・小林孝「インタビュー『看守朴書房』から『火山島』へ──ナショナリズムの風景のなかで」社会文学、第26号、2007年。

金石範、安達史人・木霊幹夫インタヴュー『金石範《火山島》小説世界を語る──済州島4・3事件／在日と日本人／政治と文学をめぐる物語』右文書院、2010年。

高澤秀次「金石範論──「在日」ディアスポラの『日本語文学』」文學界、第67巻第9号、2013年。

金時鐘『「在日」のはざまで』立風書房、1986年。

金成禮「韓國近代への喪章──暴力と済州島の記憶」現代思想、1998年6月号。

高鮮徽『20世紀の滞日済州島人──その生活と意識』明石書店、1998年。

イルムの会編『金(キム)ソンセンニム──済州島哀史、民族教育に生きた在日一世』新幹社、2011年。

北海道文学館編『李恢成の文学──根生いの地から朝鮮半島・世界へ』北海道文学館、2012年。

石川郁子『「在日」になった道──済州島と大阪』弦書房、2015年。

林浩治「金石範文学論・在日の実存を済州島に結ぶ──イデーとしての済州島」神奈川大学評論、第83号、2016年。

13　韓国の対馬併合要求

花田禎輔編『對島現勢一覧』稲垣弘報堂、1916年。

兼元淳夫『海の国境線——対馬の表情』富士書苑、1954年。

嶋村初吉編『対馬新考——日韓交流「宝の島」を開く』梓書院、2004年。

星亮一『国境の嶋・対馬のいま——日韓、交流と摩擦のあいだで』現代書館、2015年。

松尾鐵次編『對馬近代史』對馬日日新聞社、1930年。

フランク・ツィース、伊沢鋭太郎・半田弘平訳『對馬海峡』高山書院、1938年。

フランク・ツィース、納戸正訳『対馬——日本海海戦とバルチック艦隊』文芸社、2011年。

ノヴィコフ・プリポイ、佐野英・本間七良訳『ツシマ——對島』上・下、国際書院、1933年。

日野清三郎、對島教育會編『對島島誌』對島教育會、1940年／名著出版、1976年。

阿比留綏治編『対馬神社誌』長崎県対馬神社総代会、1966年。

斉藤隼人『国境線対馬』対馬新聞社、1972年。

佐藤隼人『戦後対馬三十年史』対馬新聞社、1983年。

永留久恵『古代史の鍵・対馬——日本と朝鮮を結ぶ島』大和書房、1975年。

李炳銑『任那國と對馬島』ソウル、亞細亞文化社、1987年。

泉澄一『対馬藩の研究』関西大学出版部、2002年。

小松津代志『対馬のこころ——日露・対馬沖日本海海戦』対馬歴史顕彰事業推進委員会、2003年。

岡崎敬『儀志倭人伝の考古学』上巻対馬・壱岐篇、第一書房、2003年。

鶴田啓『対馬からみた日朝関係』山川出版社、2006年。

佐伯弘次『壱岐・対馬と松浦半島』吉川弘文館、2006年。

佐伯弘次『対馬と海峡の中世史』山川出版社、2008年。

佐伯弘次『中世の対馬——ヒト・モノ・文化の描き出す日朝交流史』勉誠出版、2014年。

尾道博『近世日朝流通史の研究——博多・対馬・釜山海域経済圏の構築』五絃舎、2013年。

岩下明裕・花松泰倫編『国境の島——対馬の観光を創る』国境地域研究センター、2014年。

『対馬宗家文書』5巻、マイクロフィルムリール、ゆまに書房、1998 – 2004年。

申叔舟「海東諸国紀」1471年／京城、朝鮮史編集会、1933年／国書刊行会、1975年／日本庶民生活史料集成第27巻『三国交流誌』三一書房、1981年／田中健夫訳『海東諸国紀——朝鮮人の見た中世の日本と琉球』岩波文庫、岩波書店、1991年。

田保橋潔『江戸時代の日鮮關係』岩波講座日本歴史、岩波書店、1934年。

田保橋潔『近代日鮮關係の研究』2冊、京城、朝鮮總督府中樞院、1940年／文化資料調査会、1963 – 64年／宗高書房、1972年／原書房、1973年。

田保橋潔「明治維新期に於ける対州藩財政及び藩債に就いて」、『近代日鮮関係の研究』下巻、吉川弘文館、1965年。

荒野泰典「幕藩制国家と外交——対馬藩を素材として」歴史学研究別冊「世界史認識における民族と国家」1978年11月。

荒野泰典「朝鮮通信使の終末——申維持翰「海游録」によせて」歴史評論、355号、1979年11月。

糟谷憲「なぜ朝鮮通信使は廃止されたか——朝鮮資料を中心に」歴史評論、第355号、1979年11月。

田代和生『近世日朝貿易史の研究』創文社、1981年。

田代和生『対馬古文書目録』対馬郷土研究会、1981年。

田代和生『書き換えられた国書——徳川・朝鮮外交の舞台裏』中公新書、中央公論社、1983年／孫承喆・柳在春訳『近世韓日外交秘史——國書改作と韓日外交の深層分析』江原、江原大學校出版部、1986年。

田代和生「倭館における日朝関係と対馬藩——外交・貿易・文化交流をめぐって」中央史学、第20号、1997年。

田代和生「白石・芳洲論争と対馬藩」史学、第69巻第3号、2000年。

田代和生『日朝交易と対馬藩』創文社、2007年。

長節子『中世日朝関係と対馬』吉川弘文館、1987年。

長節子「16世紀対馬の朝鮮通交独占体制の一考察——牧山源正和を中心として」、村上四男退官記念論文集編集委員会編『朝鮮史論文集——村上四男博士和歌山大学退官記念』開明書院、1991年。

長節子『中世国境海域の倭と朝鮮』吉川弘文館、2002年。

山本博文『対馬藩江戸家老——近世日朝外交をささえた人びと』講談社、1995年／講談社学術文庫、講談社、2002年。

李炳銑『對馬島は韓國の屬島だった——地名考證のための關係史研究』ソウル、以會文化社、2005年。

荒木和憲『中世対馬氏領国と朝鮮』山川出版社、2007年。

李薫、池内敏訳『朝鮮後期漂流民と日朝関係』法政大学出版局、2008年。

金城糞編『對馬外寇史料』金城糞、1895年。

田邊太一『幕末外交談話』冨山房、1898年／2冊、東洋文庫、平凡社、1966年／賊日本史籍協會宋書、東京大学出版会、1976年。

武藤虎太「文久元年露艦の対州碇泊につきて」歴史地理、第6巻第3号、1904年。

大隈重信『開國大勢史』早稲田大学出版部／實業之日本社、1913年。

徳冨猪一郎『近世日本國文明史』開國初期編、民友社、1934年／講談社学術文庫、講談社、1979年。

禰津正志「文久岩塩露艦ポサドニックの對島占據について」法と経済、第2巻第2・3・4号、1934年／横山伊徳編『幕末維新と外交』吉川弘文館、2001年。

大塚武松『幕末外交史の研究』寶文館、1952年、増補版1967年。

山口宗之「幕末征韓論の背景」日本歴史、第155号、1961年。

日野清三郎、長正統編『幕末における対馬と英露』東京大学出版会、1968年。

植田正昭「『征韓論』とその思想」三千里、第3号、1975年。

鶴田啓「天保期の対馬藩財政と日朝貿易」論集近世、第8号、1983年。

上野隆生「幕末・維新期の朝鮮政策と対馬藩」年報・近代日本研究、第7号、1983年。

木村直也「文久3年対馬援助要求運動について——日朝外交貿易体制の矛盾と朝鮮進出論」、田中健夫編『日本前近代の国家と対外関係』吉川弘文館、1987年。

諸洪一「明治初期日朝関係の再編と対馬」、横山伊徳編『幕末維新と外交』吉川弘文館、2001年。

ヒョン・ミョンチョル『19世紀後半の對馬洲と韓日關係』ソウル、國學資料院、2003年。

木村直也「移行期の相克——幕末における対馬の"位置"、近代日本と千島アイヌ」、浪川健治、デビッド・ハウエル、河西英通編『周辺史から全体史へ——地域と文化』清文堂出版、2009年。

日本人文科學會「特集對島調査」人文、第1巻第1号、有斐閣、1951年。

対馬地域総合開発振興協議会・長崎県企画室編『対馬地域総合開発振興計画』現況編、
　　対馬地域総合開発振興協議会、1965年。
長崎大学対馬調査団『対馬の経済と社会』対馬地域総合開発振興協議会、1965年。
日本会議地方議員連盟編『防人の島「対馬」が危ない!──国境離島を守るために』明
　　成社、2009年。
永留久恵『盗まれた仏像──対馬と渡来仏の歴史的背景』交隣舎出版企画、2013年。
永留史彦・上水流久彦・小島武博編『対馬の交隣』交隣舎出版企画、2014年

索引

あ

愛国老人会	245, 345
アイゼンハワー	273
アチソン	255
安倍孝良	106
アルゴノート島	236
安龍福	229
安龍福談判事件	229

い

慰安婦問題	15
離於島	211, 310
威化島	104
李瑾栄	324
李炯石	99
石島	242
伊集院彦吉	77
李重煥	5
李重夏	59
李承晩	13, 269, 270, 271, 307, 319, 331, 334
磯竹島	227, 266
李燦	265
一国両制	327

李泰植 ほか

李泰植	267
伊藤博文	72
イドリ島	100
稲妻プロジェクト	318
李漢基	265
李厚洛	312
李範允	61
李明博	12, 253, 319, 321, 324
一然	30

う

于山島	230, 236
鬱陵島	224, 227, 228, 229, 231, 234, 236, 240, 242, 254, 258, 266
烏喇管穆克登	35, 54, 55, 58
ウワン	251

え

奕山	175
奕訴	176
延坪島	204
延辺朝鮮族自治州	20, 27, 29, 100, 308, 309, 326, 328

お

王儉朝鮮	29
凰城	6
鴨緑江の奇蹟	323
オールコック	339

か

カーター	319
海上軍事境界線	209
海神神社	350
核開発	318, 319, 326
核武装論	319
革命史跡	85
加藤達也	11
川口順子	260
韓	1
韓国退役軍人抗議団	349
韓国防衛水域	276
間島	17, 35, 56, 60, 65, 67, 76, 77, 79, 97, 308
間島事件	67
間島問題	27
咸豊帝	175, 177

き

北沢正誠	242
金日成	81, 83, 84, 95, 96, 99, 105, 307, 319, 320

金植清ほか

金植清	59
金正均	265
金正日	12, 84, 321
金正淑	83, 105
金宗瑞	69
金鍾泌	251
金正浩	6
金辰明	96
金石範	334, 335
金大中	16, 317, 320, 321, 323, 324, 327
金學俊	265
金亨稷	81
金柄烈	265
金命煥	61
金明基	265
金潤圭	324
金容雲	27
金榮球	265
金泳三	244, 334
金英柱	312
共同開発区域	284, 285, 288, 289

く

久保田豊	107
クラーク、マーク・ウェイン	275, 276

け

鶏林	1

こ

黄海	203
康熙帝	35, 58
高句麗	17, 19, 20
高句麗研究財団	20
高句麗古墳群	18
高句麗論争	24
紅土水説	59
高麗民主連邦共和国	312, 313, 314
国籍論争	335
国民行動本部	321
国連軍韓国防衛水域	275
国家情報院	324
小村寿太郎	77
コルネット	236

さ

西海	203
済州島	258, 331, 332, 333, 335
済州島4・3事件	332, 334, 335
斎藤季治郎	72
佐藤栄作	262
三峡ダム	101
三條實慶	340
三姓神話	332

し

シーボルト	236

し

篠田治策	72, 79
司馬遷	33
下條正男	267
周恩来	99, 100
主体的統一論争	317
上昇型渦巻き権力	11
小中華主義	13
ジョンソン	221
白鳥庫吉	23
白熊計画	318
申基碩	264
申淑舟	348
申錫雨	246
親日反民族行為者	325
慎鏞廈	265

す

水豊ダム	101, 102, 104, 114
陶大均	77

せ

清濬	2
善春元	32
全斗煥	314

そ

宗貞盛	348
宋炳基	265
宗義智	338

索引

蘇岩礁	211
族譜	80
祖国光復会	82
祖国統一の3大原則	315
孫文	101

た

ダージュレー島	236
太陽政策	317, 320, 321, 323, 326
大陸棚自然延長	280, 283, 287
高島肇久	217
財部能成	348
竹島	14, 227, 228, 229, 231, 234, 236, 240, 242, 243, 253, 254, 255, 260, 262, 263, 266, 279, 306, 310
竹島切手事件	258
竹島の日	263, 347
竹島放棄論	266
竹島問題研究会	231, 267
檀紀神話	12
檀君建国	308
檀君神話	27, 29, 309

ち

崔南隆	61
崔南善	264
将軍峰	54
張志淵	56
チュチェ思想	12
朝鮮	1

朝鮮半島エネルギー開発機構	319
朝鮮半島の非核化	317
長白山	52
趙甲済	324

つ

対馬	247, 248
対馬島	306, 337, 339, 346
対馬島の日	348
対馬紛争	345
津田左右吉	100

て

丁若鏞	56
鉄のシルクロード	323
天安	210
天池	95, 98
天池の畔	55

と

土肥隆一	266
統一シナリオ	326
東海	203
東海論争	216
統監府派出所	72, 73, 74
東北亞歴史財団	20, 21, 217, 265, 280
東北工程	20, 21, 23, 24
独島	228, 231, 234, 245, 253, 254, 260, 264, 306, 310

415

独島義勇守備隊	252	盧泰愚	12
独島研究保全協会	265	野々山丹後	340
独島破壊提案	251	盧武鉉	260, 263, 320
図們江経済区	169		
土門説	59		
豊臣秀吉	338	**は**	
トルーマン	271		
ドルフ	246	朴珪寿	13
		朴槿恵	326
な		朴相培	324
		朴成壽	12
内藤湖南	56, 75, 100	朴正煕	221, 318, 325
内藤正中	265	白頭山	18, 30, 52, 56, 83, 84, 91, 95, 96,
南北首脳会談	317, 320, 322		98, 102, 308
南北連合	322	朴炳渉	266
		朴裕河	15
に		パラン島	211
		波浪島	211, 255, 306, 309, 310
ニーダム、ジョゼフ	2	波浪島論争	215
西豆水説	59	範一民族闘争運動	80
日韓請求権	15	方鍾鉉	264
日本人拉致	16	韓昇洙	267
日本文化開放	14	バン・フリート	273
		反民族行為処罰法	325
ぬ			
		ひ	
ヌルハチ	69		
		非核・開放・3000	321, 327
の			
		ふ	
盧啓鉉	265		
野田佳彦	219	桓雄	29
		黄長燁	12

416

索引

風水	2, 3, 7
プエブロ号事件	221, 318
仏像事件	14, 350

へ

白忠鉉	265
ヘンダーソン、グレゴリー	11

ほ

北東アジア経済発展会議	158
北東アジア経済発展国際会議	170
保坂祐二	231
渤海	20, 21
北方限界線	208, 209, 211
北方政策	320
洪以燮	264
清太宗	67

ま

馬大正	23
松岡洋右	107
マッカーサー・ライン	254, 255, 257, 271, 274, 275, 279
松島	228, 231, 236, 240, 242, 266
馬羅島	306
万歳	12

み

南次郎	106, 107
任那日本府	31, 32
妙高山	30
民生団事件	82
民団	320

む

武藤平學	241

め

銘安	58

や

山県有朋	308
梁佑燦	255
梁泰鎮	265

ゆ

宥和・関与政策	317, 320
尹永寛	260

よ

横条勝仁	218, 219
4大軍事路線	312

417

ら

ラスク	256, 257
ラ・ベルーズ	236
ラポオメム	247

り

リアンクール	240, 255
利益線	308
李鴻章	60
両班	11
李ライン	244, 252, 269, 271, 273, 274,
	275, 278, 279

る

ルーズベルト	270

〔アルファベット〕

K

Korea	1

【著者】

浦野　起央（うらの　たつお）
1955年、日本大学法学部卒業。政治学博士。
現在、日本大学名誉教授、北京大学客座教授。

〈主要著書〉
主な著書に、『資料体系アジア・アフリカ国際関係政治社会史』『現代における革命と自決』（パピルス出版）、『ジュネーヴ協定の成立』（厳南堂書店）、『ベトナム問題の解剖』（外交時報社）、『パレスチナをめぐる国際政治』『現代紛争論』『新世紀アジアの選択——日・韓・中とユーラシア』『日・中・韓の歴史認識』（南窓社）、『中日相互認識論集』（香港社会学科出版社）、『釣魚臺群島（尖閣諸島）問題研究資料匯編』（勵志出版社／刀水書房）『国際関係理論史』『人間的国際社会論』『国際関係のカオス状態とパラダイム』『朝鮮統一の構図と北東アジア』（勁草書房）、『20世紀世界紛争事典』（三省堂）、『南海諸島国際紛争史』（刀水書房）、『ユーラシアの大戦略—3つの大陸横断鉄道とユーラシア・ドクトリン』（時潮社）、『世界テロ事典』『尖閣諸島・琉球・中国—日中国際関係史』『冷戦・国際連合・市民社会——国連60年の成果と展望』、『チベット・中国・ダライラマ—チベット国際関係史』、『日本の国境［分析・資料・文献］』、『地図と年表で見る日本の領土問題』、『南シナ海の領土問題［分析・資料・文献］』（三和書籍）、他多数。
訳書では、ダグラス・パイク『ベトコン』（鹿島研究所出版会）、クラウス・クノール『国際関係におけるパワーと経済』（時潮社）、ハッサン・ビン・タラール『パレスチナの自決』、張聿法・他『第二次世界大戦後 戦争全史』（刀水書房）、アラン・ラブルース／ミッシェル・クトゥジス『麻薬と紛争』（三和書籍）、他多数。

朝鮮の領土　【分析・資料・文献】

2016年 8月 25日　第1版第1刷発行

著　者	浦　野　起　央
	©2016 Tatsuo Urano
発行者	高　橋　考
発行所	三　和　書　籍

〒112-0013　東京都文京区音羽2-2-2
　　　　　TEL 03-5395-4630　FAX 03-5395-4632
　　　　　info@sanwa-co.com
　　　　　http://www.sanwa-co.com/
　　　　　印刷／製本　モリモト印刷株式会社

乱丁、落丁本はお取り替えいたします。価格はカバーに表示してあります。　　ISBN978-4-86251-202-4　C3031

本書の電子版（PDF形式）は、Book Pub（ブックパブ）の下記URLにてお買い求めいただけます。
http://bookpub.jp/books/bp/443

三和書籍の好評図書
Sanwa co.,Ltd.

毛沢東と周恩来　中国共産党をめぐる権力闘争
トーマス・キャンペン 著／杉田米行 訳
四六判　上製　228頁　定価：2,800円＋税

●本書は、アメリカ、ドイツなどで渉猟した膨大かつ貴重な資料をもとに、毛沢東と周恩来、そして"28人のボリシェヴィキ派"と呼ばれる幹部たちの権力闘争の実態を徹底検証した渾身の一冊である。

麻薬と紛争　麻薬の戦略地政学
アラン・ラブルース、ミッシェル・クトゥジス 著／浦野起央 訳
四六判　上製　192頁　定価：2,400円＋税

●何故、世界は麻薬の完全な撲滅に本気で立ち上がろうとしないのか。麻薬による無秩序の危険にさらされた国際関係を、歴史的経過とともに解説する。世界政治を鳥瞰するうえで、地政学的考察の一素材として注目される一冊。

世界テロ事典
浦野起央 著
B6判　並製　293頁　定価：3,000円＋税

●最新テロ情報満載！全米を震撼させた同時多発テロ！ 世界中に広がる炭疽菌テロの脅威！ テロは身近に迫っている！ アブサヤフ・アルカイダ・ジハード・タリバン・パレスチナ解放機構・武装イスラム集団など組織情報も同時掲載。

日中関係の管見と見証　国交正常化三十年の歩み
張　香山 著／鈴木英司 訳
A5判　上製　275頁　定価：3,200円＋税

●日中国交正常化交渉の生き証人、張香山氏による対日政策理論のすべてをここに凝縮！日中関係の超一級資料を初公開。

徹底検証！ 日本型ODA　非軍事外交の試み
金　熙徳 著／鈴木英司 訳
四六判　並製　340頁　定価：3,000円＋税

●本書では対外援助理論の探究と戦後日本外交の考察という二重目的から出発し、戦後日本のODAの主要内容とその特徴を明らかにすることをメイン・テーマとし、日本のODAの理論、歴史およびその重点事例を順に追って論述するものである。また、そのなかのいくつかの新しい理論問題や日本の外交問題について、重点的に分析を加える。

三和書籍の好評図書
Sanwa co.,Ltd.

増補版【分析・資料・文献】尖閣諸島・琉球・中国
日中国際関係史
浦野起央 著
A5判　上製　290頁　定価：10,000円＋税

●日本、中国、台湾が互いに領有権を争う尖閣諸島問題……。それぞれに立場を異にした多くの論客によって、これまでに実に様々な言説がなされてきたにも関わらず、未だに解決の糸口さえ見えないこの問題について、特定のイデオロギーに与することなく、極めて客観的かつ学究的な視点から分析を試みている。

日本の国境　【分析・資料・文献】
浦野起央 著
A5判　上製　543頁　定価：10,000円＋税

●ロシアとの北方領土問題、中国・台湾との尖閣諸島紛争、韓国との尖閣諸島紛争と、日本は、周辺諸国との間にいくつもの領土問題を抱えてきた。本書は、これら領土・領海・領空に関する紛争とその外交交渉の経緯を、日本と相手国そして第三国の各時代の文献や法律条文・外交文書・声明文といった客観的資料を、豊富に掲載して分析するとともに、国境はどのように認識され、成立してきたのか冷静な考察を加える。

南シナ海の領土問題　【分析・資料・文献】
浦野起央 著
A5判　並製　388頁　定価：8,800円＋税

●南シナ海をめぐる各国の争奪・支配はどうなっているのか？　南シナ海に対して中国はどのように意図し、どうしようとしているのか？　南シナ海争奪の焦点は石油だけなのか、シーレーンの海域はどうなっているか？　入手困難なものを含め、豊富な資料・文献にもとづき南シナ海領有紛争の経緯と現状を分析する。

180年間戦争をしてこなかった国
スウェーデン人の暮らしと考え
早川潤一 著
四六判　上製　176頁　定価：1,400円＋税

●福祉大国として知られるスウェーデン。男女平等への積極的なチャレンジ、無料で参加できる公的生涯教育システムなど、素晴らしい理念の数々を実現させようとしている姿を、2年余のスウェーデン滞在での体験を通して描く。

中国人は恐ろしいか!?　知らないと困る中国的常識
尚 会鵬・徐 晨陽 著
四六判　並製　241頁　定価：1,400円＋税

●なぜ中国人は自分がミスしてもすぐに謝罪しないのか、なぜ中国人は平気で他人に頼み事をするのか、なぜ中国人は時間や約束を守れないのか、なぜ中国人は独断で物事を進めるのか…など、日中両国に横たわる深い溝を具体的にあげ、どうすれば最良な関係が築けるかを模索する。

三和書籍の好評図書
Sanwa co.,Ltd.

中国共産党のサバイバル戦略
菱田雅晴 著
A5判　並製　520頁　定価：6,000円＋税

●中国共産党は1970年代の改革開放政策着手によってもたらされた内外環境の激変から危機的様相を強めたが、存続自体が危殆に瀕しているのだろうか。それとも変化を好機として存在基盤をより強固なものにしているのか。

チベット・中国・ダライラマ
チベット国際関係史【分析・資料・文献】
浦野起央 著
A5判　上製　1040頁　定価：25,000円＋税

●かつて北京からラサまで3カ月以上かかることもあったチベットは、いまや直通列車50時間で結ばれ、民主化と経済開発が進んでいる。本書は、その現状と法王制、グレート・ゲーム、改革開放下にあるチベットの姿を的確に伝えている。

ダライラマの般若心経　日々の実践
ダライラマ14世テンジン・ギャツォ 著／マリア・リンチェン訳
A5判　並製　212頁　定価：2,000円＋税

●ダライ・ラマ法王が「般若心経」を解説！！法王は「般若心経とは、私たちの毎日を幸せに生きるための「智慧」の教え」と読み解く。

ビジュアル版　地図と年表で見る日本の領土問題
浦野起央 著
B5判　並製　112頁　定価：1,400円＋税

●尖閣諸島問題、竹島問題、北方領土問題を中心に、日本の領土・領海・領空に関する気になるポイントをビジュアルにわかりやすく整理して紹介した。また、日本の防衛体制や特異な国境認識、そして、琉球諸島、沖縄トラフまでも狙う中国の動向といったことまで網羅したおすすめの1冊。

国際日本学とは何か？　周恩来たちの日本留学
百年後の考察
王 敏 編著
A5判　上製　408頁　定価：4,800円＋税

●中国人の日本留学生が増えた背景として歴史的な事情のあることはいうまでもない。19世紀末にさかのぼって清国の若者たちが日本への留学のレールを敷いた明治期を見逃せない。当時の資料などを検証するにつれ日本側の懸命の努力が浮かび上がってくる。

三和書籍の好評図書
Sanwa co.,Ltd.

中南海の 100 日　秘録・日中国交正常化と周恩来
鈴木英司 著
四六判　並製　283 頁　定価：1,900 円＋税

●本書は、日中関係の打開を目指した人々による数々のドラマを、特に周恩来など中国側関係者の人間像を中心に描いている。新たに明らかとなった資料を基に構成されたフィクションであるが、重要事実を裏付けるために著者が中国側関係者から直接聴いた貴重な証言が多数収録されている。

国際日本学とは何か？
日本留学と東アジア的「知」の大循環
王　敏 編著
A5 判　上製　444 頁　定価：4,400 円＋税

●古代・中世・近世・近代、そして現代。それぞれの時代において、日本と東アジア各国とは、文化的・思想的、あるいは歴史的にどのような影響を与え合ってきたのか？　その中で形作られた自他の「日本意識」の共通性と相違とは？

国際日本学とは何か？　東アジアの日本観
文学・信仰・神話などの文化比較を中心に
王　敏 編著
A5 判　上製　412 頁　定価：3,800 円＋税

●本書は、東アジアにおける異文化の鏡に映った像を手がかりに、日本文化の混成的な素性と性格を、またそれがアジアや世界へと越境していく有り様を浮き彫りにしていくものである。

国際日本学とは何か？　中国人の日本観
相互理解のための思索と実践
王　敏 編著
A5 判　上製　433 頁　定価：3,800 円＋税

●本論文集の基本的コンセプトの 1 つは、外国の日本学研究者の視点を取り入れて、「ジャパン・テクノロジー（日本学研究）」をより科学的に深化させたい。もう 1 つは、他者の視点による「異文化」という観点から日本文化を再発見・再発掘し、日本文化研究に新局面を切り拓くことにある。

国際日本学とは何か？　日中文化の交差点 友岡史仁
王　敏 編著
A5 判　上製　337 頁　定価：3,500 円＋税

●日中の文化的相似や相違を分析・解説し、両国の文化的交流を促進。

三和書籍の好評図書
Sanwa co.,Ltd.

国際日本学とは何か？　内と外からのまなざし
星野　勉編
A5判　上製　316頁　定価：3,500円＋税

●ヨーロッパから見た日本研究、日本から見た日本研究。

中国の公共外交　「総・外交官」時代
趙　啓正著／王　敏編・監訳
A5判　並製　270頁　定価：3,000円＋税

●グローバル化の時代、「公共外交」と「政府外交」は国家の総体的な外交を構成する。公共外交の参与者は、それぞれの視点で自国の国情を外国の大衆に伝え、自国の政策を説明し、外国の不理解を解明する役割を果たすのである。

日中新時代をひらく　創意は中国を変える
中国トップリーダーの視点
厲　無畏著
A5判　上製　378頁　定価：3,800円＋税

●本書は、創意は富の創造・雇用機会・世界の都市の持続的な発展・技術変革・産業革新および都市と国家を増強させるためのエンジンであることを述べている。世界の都市の経済発展は、普通のサービス業から、より創造的能力と知的財産を重視した創造的経済形態に転換している。創造的産業の発展は、国際都市の現代化にとって重要な措置である。

日中新時代をひらく　転換期日中関係論の最前線
中国トップリーダーの視点
王　敏編
A5判　上製　390頁　定価：3,800円＋税

●日中関係の変化を再認識し、課題を整理・検証・研究することが緊急を要している。とりわけ日中交流における共通の体験知を抱き、非西洋的価値基準による互恵関係の可能性及びその問題点を掘り下げ、利益共有への通路を開拓すべきだろう。変化しつつある日中新時代へのアプローチが本論文集の目的である。

美しい日本の心
王　敏編
四六判　並製　263頁　定価：1,900円＋税

●日本の生活文化は美的感性にあふれている。芸術の生活化が見事に行われている。しかし、その美的感性の裏側には、日本を国際的に孤立させ軋轢を生む契機が潜んでいるのである。本書は、日本人を日本人たらしめている原風景を明確に規定し、世界における日本文化の地域性を浮き彫りにしつつ、わが国の愛国心がいかに独自の背景を持っているかなどを鋭く分析してみせる。